Contemporary Spain

Essays and texts on Politics, Economics,
Education and Employment, and Society

LONGMAN CONTEMPORARY EUROPE SERIES

Series Editor: Professor Jill Forbes, University of Bristol

Published titles:

Contemporary France
Jill Forbes and Nick Hewlett

Forthcoming titles:

Contemporary Germany
Mark Allinson with
Jeremy Leaman and Stuart Parkes

Contemporary Spain

Essays and texts on Politics, Economics, Education and Employment, and Society

TERESA LAWLOR and MIKE RIGBY

With

JOSÉ AMODIA, ANA MARÍA PLYMEN,
MANUEL PÉREZ YRUELA and
RAFAEL SERRANO DEL ROSAL

LONGMAN
London and New York

Addison Wesley Longman Limited
Edinburgh Gate, Harlow,
Essex CM20 2JE
United Kingdom
and Associated Companies throughout the world.

*Published in the United States of America
by Addison Wesley Longman, New York*

© Addison Wesley Longman Limited 1998

First published 1998

ISBN 0 582 29422 3

British Library Cataloguing-in-Publication Data

A catalogue record for this book is available from the British Library

Library of Congress Cataloging-in-Publication Data

  Lawlor, Teresa, 1945–
    Contemporary Spain: essays and texts on politics, economics,
  education and employment, and society / Teresa Lawlor and Mike Rigby,
  with José Amodía . . . [et al.].
      p.   cm.
    English and Spanish.
    Includes bibliographical references and index.
    ISBN 0-582-29422-3
      1. Spain—Economic conditions—1975–   2. Spain—Social
  conditions—1975–   3. Spain—Politics and government—1975–
  I. Rigby, Mike, 1946– .   II. Title.
  HC385.L34   1998   97-32380
  306'.0946—dc21   CIP

Set by 35 in 10/12pt Baskerville
Produced through Longman Malaysia, PP

Contents

Part III   Education and Employment in Spain: A Labour Market In Transition

List of Tables and Figures

Tables

Figures

List of Texts

Glossary of Spanish Terms

AEB	Asociación Española de Banca Privada
AES	Acuerdo Económico y Social
AIE	Agencia Industrial Española
AMI	Acuerdo Marco Interconfederal
ANE	Acuerdo Nacional de Empleo
AP	Alianza Popular
AVE	Alta Velocidad Española
BOE	Boletín Oficial del Estado
BUP	Bachillerato Unificado Polivalente
CAICYT	Comisión Asesora de Investigación Científica y Técnica
CCAA	Comunidades Autónomas
CCOO	Comisiones Obreras
CDS	Centro Democrático y Social
CE	Comunidad Europea
CECA	Confederación Española de Cajas de Ahorros
CEE	Comunidad Económica Europea
CEOE	Confederación Española de Organizaciones Empresariales
CEPAL	Comisión Española para América Latina
CEPYME	Confederación Española de la Pequeña y Mediana Empresa
CES	Consejo Económico y Social
CESID	Centro Superior de Investigación de la Defensa
CGT	Confederación General del Trabajo
CiU	Convergència i Unió (Catalan)
CNMV	Comisión Nacional del Mercado de Valores
CNT	Confederación Nacional del Trabajo
COAG	Co-ordinadora de Organizaciones de Agricultores y Ganaderos
COU	Curso de Orientación Universitaria
CSIC	Consejo Superior de Investigaciones Científicas
EEUU	Estados Unidos
EGB	Enseñanza General Básica
EMN	Empresa Multinacional
ENDESA	Empresa Nacional de Electricidad
EPA	Encuesta de Población Activa
ESO	Educación Segundaria Obligatoria
ETA	Euskadi Ta Askatasuna (Basque)

FEDEA	Fundación de Estudios de Economía Aplicada
FEDER	Fondo Europeo de Desarrollo Regional
FEOGA	Fondo Europeo de Orientación y Garantía Agrícola
FIP	Formación e Inserción Profesional
FMI	Fondo Monetario Internacional
FO	Formación Ocupacional
FOESSA	Fomento de Estudios Sociales y Sociología Aplicada
FORCEM	Fundación para la Formación Contínua
FP	Formación Profesional
GAL	Grupo Antiterrorista de Liberación
I&D	Investigación y Desarrollo
ICEX	Instituto de Comercio Exterior
ICO	Instituto de Crédito Oficial
INE	Instituto Nacional de Estadística
INEM	Instituto Nacional de Empleo
INH	Instituto Nacional de Hidrocarburos
INI	Instituto Nacional de Industria
INSERSO	Instituto Nacional de Servicios Sociales
INSS	Instituto Nacional de la Seguridad Social
IPC	Indice de Precios al Consumo
IPMI	Instituto de la Pequeña y Mediana Empresa Industrial
IRPF	Impuesto sobre la Renta de las Personas Físicas
IVA	Impuesto sobre el Valor Añadido
LGE	Ley General de Educación
LOAPA	Ley Orgánica de Armonización del Proceso Autonómico
LODE	Ley Orgánica de Derecho a la Educación
LOGSE	Ley Orgánica de Ordenación General del Sistema Educativo
LRP	Ley de Reforma Política
LRU	Ley de Reforma Universitaria
MEC	Ministerio de Educación y Ciencia
MINER	Ministerio de Industria y Energía
OCDE	Organización de Cooperación y Desarrollo Económico
OIT	Organización Internacional del Trabajo
ONG	Organización no Gubernamental
OPEP	Organización de Países Exportadores de Petróleo
OTAN	Organización del Tratado del Atlántico Norte
PAC	Política Agraria Común
PCE	Partido Comunista de España
PIB	Producto Interior Bruto
PNV	Partido Nacionalista Vasco
PP	Partido Popular
PSOE	Partido Socialista Obrero Español
PSP	Partido Socialista Popular
PVP	Precio de Venta al Público

PYME	Pequeña y Mediana Empresa
RENFE	Red Nacional de Ferrocarriles Españoles
RTVE	Radiotelevisión Española
SA	Sociedad Anónima
SEPI	Sociedad Estatal de Participaciones Industriales
SME	Sistema Monetario Europeo
SMI	Salario Mínimo Interprofesional
SODI	Sociedad para el Desarrollo Industrial
SODIAN	Sociedad para el Desarrollo Industrial de Andalucía
SODICAL	Sociedad para el Desarrollo Industrial de Castilla León
SODIEX	Sociedad para el Desarrollo Industrial de Extremadura
SODIGA	Sociedad para el Desarrollo Industrial de Galicia
UCD	Unión de Centro Democrático
UE	Unión Europea
UGT	Unión General de Trabajadores
UNED	Universidad Nacional de Educación a Distancia
ZUR	Zona de Urgente Reindustrialización

Acknowledgements

This book has been very much of a team effort, with all the contributors participating in discussion of the different chapters and the compilation of the chronology. Pilar Bonet contributed to discussions on the language exercises. Others have also contributed their comments to particular chapters and these are acknowledged in the relevant sections of the book. Students of Spanish on whom parts of the material have been tried and tested have also played their part, in particular from Bradford, Kingston and South Bank Universities. Jill Forbes as commissioning editor for the series and co-editor of the sister book *Contemporary France* has given invaluable advice and guidance. Mary Tuddenham has provided indispensable support at the end in putting together the different sections of the manuscript. Their help is gratefully acknowledged here.

We are indebted to the following for permission to reproduce copyright material:

Agencia Literaria Carmen Balcells for an extract from Santiago Carrillo: *Rocommunismo y Estado*, Grijalbo, 1977; Cáritas for an article from *Documentación Social*; CEDEFOP for extracts from publications; The Colegio de Economistas de Madrid; Confederación Sindical de Comisiones Obreras; the author, Jose Luis Garcia Delgado for an extract from Velarde, Garcia Delgado & Pedreno: *El estado en la economia*, 1994, Civitas SA Editorial; Dirigentes Asociados SA for an article from *Nuestros Negocios*; Editorial Espasa Calpe for an extract in Salvador Giner(dir) *Espana, sociedad y politica*, Espasa Calpe, Madrid, 1990; Editorial Labor SA for an extract from Jorge deEstaban & Luis Lopez Guerra: *La crisis del estado franquista*, Labor, 1977; Elsevier Science Ltd for a table from the *European Management Journal*; El País Internacional SA for articles and tables from editions of *El País, Anuario El País*; The FOESSA Foundation (Fomento de Estudios Sociales y de Sociología Alpicada); Fundación de las Cajas de Ahorros Confederadas para la Investigación Económica y Social; Grupo Negocios for an extract from *Anuario de Economía de Negocios*; Revista de Estudios Regionales; Revista Española de Investigaciones Sociológicas; Revista Internacional de Sociología; Unidad Editorial SA for articles from *El Mundo* (Madrid).

Thought every effort has been made to trace the owners of copyright material, in a few cases this have proved impossible, and we take this opportunity to offer our apologies to any copyright holders whose rights may have been unwittingly infringed.

Preface

This book, as with the sister book *Contemporary France* (Longman, 1994), owes its origins to courses taught at various universities for students of Spanish who are required to study contemporary Spain to considerable depth as part of their undergraduate programme. However the essays in English will also provide a useful source of information for a wider readership, including those whose knowledge of the Spanish language is much more limited.

The book is divided into four parts, looking at the politics, economy, education and employment, and society of contemporary Spain. The focus is primarily on the period since the death of Franco in 1975 and the development of a democratic and modern Spain, but looks back, where relevant, to the historical antecedents. A chronology starting from the end of the Civil War in 1939 provides further background information. Each chapter is accompanied by a series of texts in Spanish, chosen both to illustrate particular topics in the essays and for their linguistic interest. The texts are intended to encourage students to extend their reading and comprehension skills. Each one is followed by a series of exercises designed to further develop their awareness of lexical, grammatical and stylistic aspects of Spanish. There are also topics for general discussion or written work at the end of each set of exercises. Suggestions for further reading, both in English and in Spanish, are included after each chapter.

Introduction

Contemporary Spain seeks to provide a comprehensive analysis of the most important features of Spanish society in the late-1990s. Although each chapter focuses on distinct aspects of contemporary Spanish society, it is interesting to identify a number of common themes which are relevant to a great deal of the discussion.

The story of much of contemporary Spain in recent decades has been one of modernization. This process began with early efforts to modernize the economy which are discussed in Part II but subsequently was reflected in the changes in politics, society, education and employment which are discussed in the other parts. The restructuring of Spanish industry to enable it to compete effectively in an increasingly globalized economy, the development of stable democratic institutions, the construction of a comprehensive education system and the creation of a skilled and flexible labour force can be seen as key objectives of this process of modernization. In a very real sense, therefore, Spain has been involved in seeking to 'catch up' with other major European countries during the period covered by this book.

Inevitably, the concentration of this process of modernization within a relatively short period of three decades has also been associated with major difficulties of adjustment and dislocation. Changes such as the move from agriculture to industry, rapid urbanization, the decline of traditional industries, and the removal of the protected status of domestic industry have brought in their train significant problems such as unacceptably high unemployment and controversial social change.

The entry of Spain into the European Union is a recurring theme in the different chapters. The initial entry of Spain into the EU was seen as an indication of its new political maturity as a modern democracy. The yardstick for measuring the success of institutional reform in Spain has tended to be the standards obtaining in other EU countries. The need to comply with European practice is commonly used by Spanish politicians to justify particular legislative initiatives. In the employment field much governmental action aimed at creating a more flexible labour market has been justified by reference to labour markets in other European countries. Above all, in the economic area, Europe has been the key comparator. This is seen perhaps most clearly in the current efforts of Spain to comply with convergence criteria to enable the country's participation in the single European currency. Much of the pride of Spanish people in the achievements of the modernizing efforts of recent years is expressed in not just being Spanish but also European.

In emphasizing the process of modernization which has been taking place in contemporary Spain, the various chapters also stress the importance of not exaggerating the degree of disjuncture between Franco's Spain and contemporary Spanish society. In important areas, one can only explain current institutions and culture by reference to the legacies of pre-transition Spain. In the area of employment, the rigidities of the labour market can be traced back to the legislation in force under the Franco regime. The regional question, and its most problematic manifestation – the terrorism of ETA – is another example of continuity. Several of the most important weaknesses of the economy are problems which have persisted through both the Franco and democratic regimes, such as the predominance of small firms and the inefficiencies of agriculture. The social, economic and political changes which are emphasized in this book, therefore, must not hide the elements of continuity in important areas of Spanish life.

Finally, the balance of opinion represented in the different chapters can be described as one of relative optimism. The modernization process has been on the whole a success. It has not been without social tension and, on occasions, political instability: major problems of competitiveness and unemployment still remain to be resolved. However, given the pace of modernization and the distance travelled by Spain in a relatively short period, Spanish people can be (and are) rightly proud of their achievements in the period we have reviewed. In 1997, Spain's economic performance was complimented by the European Commission and it was identified as one of the EU members well on course to meet the requirements necessary for participation in the common European currency. The country is now a stable and plural democracy which has been able to maintain a level of *solidaridad* which is exemplary among its European neighbours.

Part I
Politics in Contemporary Spain: Establishing and Consolidating a New Democracy

José Amodia

The Francoist past

Introduction

Spain is now a democratic country whose main features and institutions are in harmony with those of the Western world. It is no longer different, at least in a political sense. The change is still relatively recent, but the new democratic system appears to be consolidated and the violent and authoritarian past is receding fast from the national memory.

Franco's demise on 20 November 1975 is usually seen as the dividing line between what has been called *la larga noche de la dictadura* and the new democratic dawn. To interpret the death of a single man as the cause of such a large-scale change would be extremely simplistic. Nevertheless, it is undeniable that the dictatorship created a political regime totally dependent on the figure of its leader to the point that, when his supporting presence was removed by death, the regime fell apart. Hence the eponymous label attached to the period of his rule – Francoism. It seems an accurate and pithy name to encapsulate the long period from the end of the Civil War in 1939 to 1975 – more than three and a half decades of dictatorial rule during which not only did the outside world undergo profound transformations, but Spain too evolved socially, economically and culturally. Even the regime itself could not remain impervious to the fluid environment and had to adjust in order to survive. The only constant in this changeable process was the authoritarian presence of the dictator [see Text 1.1. La crisis del Estado franquista.]

El Caudillo

Franco's life has been analysed in numerous historical and biographical studies which pull towards two opposite poles – unashamed hagiography at one end and total condemnation at the other.[1] Between the implacable dictator and the providential leader there seems to be little room for objectivity.

Caudillo was the title Franco chose for himself. It was the equivalent of *Führer* or *Duce*, applied to Hitler and Mussolini respectively. It is a word with military connotations which brings to mind the idea of a victorious warlord. Such an image was fed and sustained by propaganda and indoctrination, claiming at times divine intervention in the choice of Franco as leader of Spain – Spanish coins used to carry the words: *Francisco Franco, Caudillo de España por la gracia de*

Dios. And yet, behind this exceptional facade there was a most unremarkable man. He was small, a poor orator, narrow-minded and superstitious, and with a purely militaristic view of life. Luck possibly played an important part on his way to the top, but once installed in power he felt the desire to hang on to it and had the necessary cunning and ruthlessness to do so.

His authority was immense and remained with him till the end of his days [see Text 1.2 Franco]. He was invested with constituent powers, which simply meant that he could legislate without reference to any other institution. He controlled the succession inasmuch as it was left to him to decide who the future king should be. He monopolized all the major posts: Head of State, Prime Minister, leader of the single party, and *Generalísimo* or Head of the Armed Forces. He was always presented as a charismatic figure: to begin with as the brave general who had saved Spain from communism in the Civil War; then as the skilful politician who had protected his country from the ravages of the Second World War; later, in the 1960s, as the provider of economic growth and prosperity; and towards the end of his life as the nation's grandfather concerned exclusively with the welfare of his people. That most of these claims were largely fictitious mattered little. Censorship and propaganda supplanted reality with make-believe.[2]

No single satisfactory factor can be found to account for Franco's long rule in Spain. The explanation is necessarily complex. Luck was undoubtedly on his side on a number of important occasions both in the battlefield and in the political arena. The upper classes and the most influential institutions, such as the Catholic Church and the Armed Forces, were more than willing to support a dictator who was protecting their interests. The institutional framework set up over the years was largely founded upon Franco's leadership. Western democracies, though initially opposed to the dictatorship, soon came to the pragmatic conclusion that Franco and his regime were preferable to the uncertainties of a sudden change which might very well have produced a revolutionary swing to the left. And, of course, Franco himself must be given some of the 'credit'. After all, he was a cruel autocrat, ruthless with his enemies – having gained power through a bloody civil war, he was still signing death sentences at the very end of his life.[3]

Change within continuity

As stated above, the Francoist regime had to adjust and evolve in order to survive. In fact this flexibility was another factor contributing to the regime's long life. In the very early stages, during the Civil War and the years immediately after, Franco and his supporters aped and adopted the style and institutions of Fascism, prevalent in many parts of Europe at the time and represented in Spain by the *Falange*, which soon became the core of the regime's single party. It was a totalitarian period – the word totalitarian was proudly used in official documents and speeches – which came to an end with the Second World War.

The defeat of Germany and Italy forced Franco to abandon the adherence to Fascist symbols and totalitarian aspirations.

During the second half of the 1940s the dictatorship lived through its most perilous moments. The regime was condemned by the Western democracies, a diplomatic boycott was imposed on the country, and Spaniards had to suffer all the hardship and deprivation of *los años del hambre*. Internationally isolated, Franco played a defensive game, showing defiance and resistance in the face of external pressure whilst at the same time introducing some institutional changes to make his regime more acceptable. He did not have to wait long for things to improve.

The importance of Spain's geographical location, between two seas and two continents, was to turn rejection into acceptance. As the Cold War intensified, Spain's territory became a valuable part of the Western powers' strategy towards the Soviet bloc, and Franco and his regime were little by little allowed back into the international community. The end of diplomatic isolation and the return of foreign ambassadors to Madrid was followed by membership of UNESCO in 1952, a Concordat with the Vatican and a treaty with the USA – granting the Americans military bases in Spain in exchange for economic aid – in 1953. Finally, in December 1955, Franco's Spain was accepted into the United Nations.

Until the mid-1950s the evolution of Francoism was largely determined by external events and pressures. But from then on, with the regime no longer threatened from outside, the political centre of gravity shifted to the inside of the country, cracks began to show in the monolithic dictatorial structure as a result of growing divergences among Francoist groups, and some signs of opposition started to appear among the new generations of Spaniards. This was the time too when economics took centre stage in Spanish public life. Political survival became dependent on economic success. The 1960s, with their development plans, were a decade of tremendous growth, the so called *milagro económico*, based largely upon foreign investment, income from tourism and the money sent home by the thousands of Spaniards who had emigrated in search of work to other European countries.

The period of economic development, stretching up to the world oil crisis of 1973, coincided with the final stages of Franco's life. The dictator, born in 1892, was showing clear signs of senility. Steps had to be taken to secure the continuity of Francoism beyond Franco's life. The *Ley Orgánica del Estado* in 1967 tried to complete the constitutional process. In 1969 Franco chose Prince Juan Carlos to be his successor and future king. In 1973 he appointed his most loyal servant, Admiral Carrero Blanco, as Prime Minister. However, all these arrangements were to prove futile. Prince Juan Carlos already had in mind ideas very different from those of Franco when choosing him. Carrero Blanco was assassinated by a terrorist bomb in Madrid six months after his appointment while nobody had much faith in the viability of Franco's constitutional provisions.

The last two years of Franco's life were a long and painful agony for the dictator and his regime. It was a time of economic crisis and political uncertainty. The so often heard question *¿Después de Franco, qué?* now required an answer.

The transition to democracy

Introduction

Transición, just as its English equivalent, transition, simply means the change or passage from one state or stage to another. In Spain, however, from the mid-1970s this word acquired a more specific meaning. Transition by itself came to be equated in the Spanish mind with political transition, the evolutionary process from a dictatorship to a democratic regime.

Looking back, the transition must be judged as a great achievement without precedent in the turbulent history of modern Spain; an achievement made all the more remarkable by the fact that at the time of Franco's demise the way ahead was clouded with fear and uncertainty. In November 1975 few, if any, knew what the future held for the country. Among the many solutions propounded, none offered any guarantee of success or commanded sufficient support to be easily implemented. In fact, the transition was to be a strange combination of daring, pragmatism, luck, and political common sense.

There is no general agreement on the chronological boundaries of the transition. For some its beginnings go back to the mid-1960s, a period of rapid and profound economic and social renewal in Spain which also saw, in a political context, the introduction, in 1966, of the *Ley Orgánica del Estado*, the last of the regime's Fundamental Laws, an attempt at providing an institutional framework for a future without Franco.

Others point to the end of 1973 as a more appropriate starting point. On 20 December, Admiral Carrero Blanco, Spain's Prime Minister and the man chosen to ensure the long-term survival of Francoist principles, was assassinated by Basque terrorists in Madrid. His death, they argue, made the transition inevitable.

Needless to say, Franco's demise on 20 November 1975 and the coronation of King Juan Carlos two days later drew a clear symbolic line between the past and the future, and this change of head of State can obviously be seen as the dawn of a new era. But there are those who would claim that the evolutionary process did not really get underway until Adolfo Suárez was appointed prime minister in July 1976.

Similar doubts and differences of opinions have been expressed concerning the point at which the transition can be said to have been completed. In a purely formalistic and legal sense the process reached its conclusion with the approval of a new constitution in December 1978. The end of transition is located at a later date by those who state, not without foundation, that real change only occurred when power was transferred to Franco's opponents, the so-called democratic opposition, and this did not happen until the Socialist Party won the parliamentary elections in October 1982. Some would even contend that the transition ought to encompass the 1980s and beyond, since political modernization and the development of a genuinely democratic culture are part of a long-term process.

Without wishing to adjudicate in the dispute over chronological boundaries, the term *transición* will be used here to refer primarily to the three-year period stretching from the end of 1975 to the promulgation of the 1978 Constitution. But, as our intention is to discuss developments in Spain up to the present day, it also seems appropriate to provide a political review of the last two decades, setting out some of the main markers along the way.

Chronological outline of the transition

The story begins in 1975, a year dominated by Franco's long illness and death. 1976 was the year when reform got under way, both with the dismantling of Francoist institutions and the approval of the *Ley para la Reforma Política*, which provided the legal key to the transition. Consensus was the prevailing feature over the next two years: a spirit of cooperation among the main political contenders was clearly present in the months leading up to the first democratic elections in June 1977 and in the subsequent constituent period which, after eighteen months, gave Spain a new constitution in December 1978.

Consensus soon gave way to dissent and confrontation, particularly after the second parliamentary elections in the Spring of 1979. There followed a period of considerable instability, culminating in the resignation of the then prime minister, Adolfo Suárez, followed soon after, in February 1981, by an attempted military coup which made Spaniards realize how fragile their nascent democracy still was.

In 1982 hope returned with an overwhelming socialist victory at the polls. The PSOE, with its large majority in parliament, was able to steady the badly shaken political system and set in motion the process of democratic consolidation. Two major events stand out in the first four years of socialist rule: Spain's acceptance into the European Community, and the referendum held in March 1986 to confirm Spain's membership of NATO. They were followed by another general election which produced a second socialist majority, albeit reduced.

Broadly speaking it can be said that from the moment the Socialists gained power the centre of gravity of public life moved from the political issues of the transition to the pressing economic questions facing Spain. In this area the policies of the socialist government during its first period in office, coinciding as it did with a downturn in the Western economies, yielded disappointing results; but the second half of the 1980s were years of considerable growth and economic optimism leading to a third consecutive socialist victory in 1989.

The 1990s, with the PSOE still in power, were dominated by an apparently endless list of financial and political scandals. Not even the glittering celebrations of 1992 (*annus mirabilis* in Spain, with the Barcelona Olympics and the fifth centenary of Christopher Columbus's discovery of America) could hide the ugliness of corruption. The Socialists were just able to hang on to power in the 1993 elections, and they struggled on, now with a minority government, for another three years. Finally, in March 1996, the long period of socialist rule came to an end.

The nature of the transition

The transition to democracy in Spain can be accounted for in different ways, but any explanation must include the following factors:

- The marked discrepancy, the *desfase*, between on the one hand an authoritarian system based on obsolete and retrograde ideas, and on the other a country which had undergone a profound social, cultural, economic and religious transformation.[4]
- The crumbling of a political edifice whose only foundation was the mythical charisma of its *Caudillo*. With his disappearance the institutional framework he left behind could not last.[5]
- A general desire for democracy and freedom: a peaceful and genuine change was expected by the majority of Spaniards, demanded by the opposition, and accepted as inevitable by a growing number of those inside the Francoist establishment.
- The international scene at the time was also a contributing factor. The collapse of dictatorships in Greece and Portugal, though different in several respects from the Spanish case, nevertheless set a precedent which could not be ignored. The Western democracies, the USA in particular, wanted Spain to carry out some changes so as to avoid destabilizing political upheavals. In any case, if Spain wished to be accepted as an equal partner in the Western world (EC, NATO, and so on) some form of democratization was the price that would have to be paid.[6]

It has often been said that *la transición fue una transacción*. The clever alliteration of this phrase conveys in a succinct form the very nature of the transition, because it was basically the result of a transaction or pact between political groups which appeared to hold divergent and, at times, irreconcilable views as to what was needed and how it should be done.

When Franco died there were three possible ways ahead. The first one we can call *perfeccionamiento* – to use a euphemistic term often heard in the last years of the dictatorship to refer to the pseudo-democratic changes the regime underwent in order to survive. *Perfeccionamiento* simply meant continuity. Without the dictator the system had to be adjusted, this was obvious to all, but the adjustments would have been kept to the minimum necessary to allow the old institutions to operate. It was a solution propounded by those die-hard Francoists who were reluctant to leave the past behind. This is to a large extent what the first post-Franco government, headed by Arias Navarro, tried to do. It soon became obvious that that road led nowhere. The experiment barely lasted six months.[7]

The other two avenues towards the future were soon labelled *reforma* and *ruptura*. The reformist solution acknowledged the necessity for change, but this had to be done slowly, step by step, and making use of the legal mechanisms left behind by Franco. In other words, it did not envisage a break in the continuity between the existing regime and the future democratic system. Naturally, most of the reformists came from the later generations of Francoist politicians. Many of them were still part of the regime or else on the periphery of it.

On the opposite side stood those groups claiming to represent the political values so painfully eradicated and suppressed by the Civil War and the dictatorship. For them the Franco regime was impervious to any really democratic change. Therefore, they advocated the setting up of a provisional government in which all the main democratic forces would be represented; this government would in turn legalize political parties and trade unions, restore human rights, declare a political amnesty, and create a suitable environment for the holding of parliamentary elections. They demanded too the celebration of a referendum which would allow Spaniards to express their preference between a monarchy and a republic. These were the proposals known as the *ruptura*.[8]

At the beginning both *reformistas* and *rupturistas* appeared entrenched in their respective camps and totally unwilling to yield or compromise, but it soon became evident that neither side was in a position to impose its preferred solution. Power was in the reformists' hands, in as much as they controlled all the institutions of the moribund regime, but any attempt on their part to bring about change without involving the anti-Franco forces was doomed to failure. A democracy without a left wing would never take off.

For their part the *rupturistas* saw themselves as the heirs and defenders of democratic legitimacy. *Oposición democrática* was their proudly held title, but they lacked real power to bring down the institutional remnants of the dictatorship on their own, and Spain did not offer suitable conditions for a revolution or popular uprising, had they ever contemplated such a possibility – which they did not.

Reformistas and *rupturistas* were, then, forced to accept a compromise. It is much to their credit that both sides were pragmatic and flexible enough to cooperate in the search for a solution. This gives meaning to the phrase: *la transición fue una transacción*. Negotiation and consensus led finally to what Santiago Carrillo, the communist leader, aptly called *una ruptura pactada*, meaning that the transition was reformist in the way it was carried out, but in the end it brought about nearly all the changes demanded by the *rupturistas*.

The main protagonists in the transition

Although the Spanish people, with their desire for change and their moderation and with their support and their votes, facilitated the process of reform and contributed to its success, it is generally agreed that the transition was largely the work of a small elite group who acted as its protagonists. Any selection is bound to be arbitrary and debatable, but most lists will include the three names we are going to discuss here. It has often been said that in the transition the King acted as the producer, Torcuato Fernández-Miranda was the scriptwriter, and Adolfo Suárez played the main character. This theatrical metaphor – usually attributed to Fernández-Miranda – though reductionist in its simplicity, does provide a fairly accurate distribution of responsibilities.

The phrase 'the King can do no wrong' might very well have been coined with the Spanish monarch in mind. His role in the transition has been extolled beyond hyperbole. From very early on he was seen as *el motor de la transición*.[9] Julián Marías, one of Spain's leading philosophers, went so far as to claim that during his first few years on the throne King Juan Carlos did not make a single mistake.[10] All this monarchist enthusiasm, exaggerated though it sounds, was not lacking in substance. From the moment of his coronation Juan Carlos announced his intention to be *el Rey de todos los españoles* [see Text 1.3 Mensaje de la Corona], suggesting with his words that under his crown there would be room not just for those who had served the dictatorship, but for those who had opposed it too. And he went on to fulfil his promise and become one of the most popular monarchs the country has ever had. Nevertheless, one has the impression that the direct influence of the King on the transition has often been overstated. It was important but largely contingent on the fact that the monarchy became, by dint of some exceptional historical circumstances, the vital link between the dictatorial past and the democratic future.

Prince Juan Carlos, born in Rome in 1938, was from the age of ten educated in Spain under Franco's tutelage. In 1969 the *Caudillo*, making use of the exceptional powers he had over the succession, chose Juan Carlos as heir to the Spanish throne. In accepting his appointment Juan Carlos had to swear loyalty to the regime and its ideological principles, even though, we are now told by his defenders, he realized that one day he would have to retract his solemn promises. It is not possible to ascertain at what point and under whose guidance the Prince began to see the future in democratic terms. Political conjecture, selective memory, and monarchist propaganda tend to get in the way of objectivity.

When Juan Carlos was crowned in November 1975 he had no right to the throne other than the one conferred upon him by Franco back in 1969. His legitimacy stemmed solely from the legal provisions of a dictatorial regime, and as such it was unlikely to sustain him on the throne for long. At that stage, both monarch and monarchy lacked democratic and dynastic legitimacy.

Aware of these shortcomings and convinced of the need for change, Juan Carlos accepted and encouraged the process of reform leading to a parliamentary monarchy. He did so with moderation and ability, distancing himself from the more controversial issues in the transition – except in moments of real crisis, like the attempted coup in February 1981. He used guile and charm to convince all but the most obstinate *continuistas* that the new system did not represent a rejection of the Francoist legacy, and even turned many a republican *rupturista* into a fervent monarchist.

His unquestionable merits and achievements as Head of State and symbol of the emerging democracy were complemented by a well-organized campaign which presented Spaniards with the image of a king who could not only do no wrong, but was in fact doing a great deal of good. The enormous popular support thus engendered invested the monarchy with a democratic legitimacy it did not have before.

The cycle was completed when, in May 1977, a few weeks before the first democratic elections were held, the Count of Barcelona, father of Juan Carlos and in the normal line of descent rightful heir to the Spanish throne, abdicated in favour of his already crowned son. By then the transition was well under way and King Juan Carlos could claim to be the linchpin in the whole operation, but he still needed that essential ingredient of any hereditary monarchy, the dynastic legitimacy his father was handing over to him.

It is usually said that a king is as good as his advisers. Juan Carlos was no exception to this rule. Among those who guided him through the often troubled waters of the transition nobody was more influential than Torcuato Fernández-Miranda, a Machiavellian figure who played a crucial, if somewhat opaque, role in the first year following Franco's death. Up to that date his political biography did not hold much democratic promise. He had always been seen as an enigmatic character, an intellectual inclined to sophistry, and a politician with undisguised authoritarian leanings. In his writings we find a staunch defence of the most reactionary forms of Catholicism, an impassioned admiration for José Antonio Primo de Rivera, the founder of the Spanish fascist party, *Falange*, a clear rejection of liberal democracy, and even a lukewarm attitude towards the monarchy.[11] Furthermore, during his four years, 1969–1973, in Franco's government he was always grouped with the ministers most reluctant to accept any kind of liberalizing change.

And yet, it now seems that there was another very different side to Fernández-Miranda. During the 1960s he had been one of Juan Carlos's private tutors. As an expert in political science he had instructed the Prince in the skills and subtleties he was to require once on the throne. In particular, we are now told, he had already shown the Prince how, when Franco died, it would be feasible to dismantle the institutions of his regime while still using its own devices and without violating the letter of its Fundamental Laws. It was, in the words of Fernández-Miranda, simply a question of *pasar de la ley a la ley con la ley*[12] [see Text 1.4 Torcuato Fernández – Miranda: el taumaturgo de la transición].

The first important decision taken by the King after his coronation was to appoint his old tutor President of the Cortes and the Council of the Realm. Under the Francoist legislation still in force at the time, this dual post was the most powerful after that of prime minister. From that position of power and influence Fernández-Miranda was to serve the King with loyalty and efficiency. He skilfully steered the Political Reform bill through the various parliamentary stages, finally extracting from an assembly of predominantly Francoist deputies a vote of approval which was to represent for many of them the end of their political careers. He was equally cunning and instrumental in bringing about the downfall of Arias Navarro in the summer of 1976, and in having him replaced by Adolfo Suárez.

Prior to democracy, the appointment of the prime minister was made according to the *sistema de ternas*, a curious mechanism developed under the previous regime. The Council of the Realm would select a *terna*, a list of three candidates, from which the Head of State would then pick the future prime minister. When, after Arias Navarro's resignation, the Council met to choose a new *terna*, Fernández-Miranda's ingenuity secured the inclusion of a name that both he and the King wanted. At the end of that meeting Fernández-Miranda was able to tell the press that he had in his briefcase *lo que el Rey me ha pedido*: namely, Adolfo Suárez's candidacy.[13]

In the same way as his mentor's, Suárez's political career had been closely linked to the dictatorial regime. He had held a number of posts inside the National Movement, Franco's single party. At the time of his promotion he was in fact the minister in charge of that party. Not surprisingly, his appointment was very badly received by those who were pressing for democratic changes. But with hindsight we can understand why his designation would prove so successful. He was young and, therefore, unaffected by direct memories of the Civil War. He was a personal friend of the King, he had an attractive personality and was a good communicator. His appointment did not alarm the Francoist establishment because they saw him as one of them. What they failed to appreciate were the qualities which had probably appealed to the King and Fernández-Miranda in the first instance, such as his pragmatism and his ideological flexibility. Initially he was seen as a kind of marionette in Fernández-Miranda's hands, but he soon asserted his individuality and took control of the situation. In a very short time too, Suárez won over to his side the democratic opposition and got the process of reform under way.

The early stages of the transition

Considering the magnitude of the task, it can be concluded that the transition was carried out with considerable rapidity and efficiency, and, in spite of some heinous crimes committed by those who opposed the changes from both the extreme right and extreme left, in relative tranquillity. In little more than three years a dictatorship was transformed into a liberal democracy.

The beginnings were not, however, very auspicious. The first seven months, with Arias Navarro, the last prime minister appointed by Franco, still at the helm, were a period of confusion and uncertainty, but his replacement by Adolfo Suárez signalled an immediate change both in style and content. The Francoist nostalgia displayed by Arias Navarro gave way to a forget-the-past, the-future-lies-ahead attitude on the part of Suárez. The granting of political amnesty, frequent meetings with leaders of the democratic opposition, a tolerant attitude towards trade unions and political parties, neither of which had yet been legalized, were substantial indicators of change. The Political Reform bill, announced by Suárez in mid-September, was the first legal step in the process of transition, and arguably the most important too. The *Ley para la Reforma Política* [see Text 1.5 Ley para la Reforma Política] is a short and intentionally ambiguous document, with far-reaching constitutional repercussions, many of them merely implied rather than overtly stated – instead of changing things it simply made change possible. Its main provisions can be reduced to four:

(1) Popular sovereignty and the rule of law were to be the basis of the new democracy.
(2) The constitutional powers of the King and the government were reinforced, as an extra weapon to overcome any reluctance to change on the part of other Francoist institutions.
(3) It established a few basic electoral rules for a two-chamber parliament.
(4) And finally, without specifically repealing any previous legislation, it made large sections of Franco's Fundamental Laws redundant.

As explained earlier, Fernández-Miranda's astuteness eased the passage of the bill through the Cortes in the Autumn of 1976, and on 15 December it was put to a referendum. After a campaign carefully organized and controlled by Suárez's government, the Spanish people gave their overwhelming approval to the law. Of the 17.5 million Spaniards who voted that day (which represented a 77 per cent turnout), more than 94 per cent voted *sí*. Support for the *continuistas*, who had campaigned for a no vote, was only 2.6 per cent.

The ambiguities of the Political Reform Law, its passage through the various parliamentary stages, and its final approval in a referendum highlight one of the distinguishing features of the early stages in the transition. The aims were democratic, but the means used were usually much less so. As is often the case in politics, idealism had to yield to expediency. The democratic opposition sustained its utopian demands for a *ruptura* until the December referendum. They campaigned in favour of abstention because they had little faith in the vague promises of the new law. But having failed to convince the majority of the voters (the abstention only reached 22.5 per cent), they too realized the need for a more pragmatic attitude. From the beginning of 1977 the transition became a transaction.

The transaction or negotiation was initially a rather unequal one. Suárez and his government had been considerably strengthened by the referendum results. Although they needed the cooperation of the democratic opposition, they could now afford to impose their will whenever agreement was not possible. A good example was provided by the electoral rules established by decree-law in March 1977. The system had been discussed and negotiated with the opposition, but the government was able to produce a set of rules which, it was assumed, would favour the right rather than the left.

In the first few months of 1977 and with a view to the forthcoming elections, parties began to acquire legal status. The great test facing Suárez was the legalization of the Spanish Communist Party (PCE). Francoist propaganda had always presented the Civil War as a crusade against communism. During the dictatorship the PCE had come to epitomize the opposition to the regime. The party was still being led by Pasionaria and Carrillo, whose biographies went back to the Civil War years. To legalize them was to risk a backlash from the so called *bunker*, the most reactionary of Franco's supporters. Their presence and influence in the Armed Forces was powerful enough to threaten the embryonic transition. After careful consideration, and consultation with a few close advisers, Suárez bravely went ahead and legalized the PCE on what became known as *Sábado Santo rojo*.[14] As expected, the Armed Forces reacted unfavourably. The minister in charge of the Navy, an old colleague of Franco's, resigned. But, otherwise, the generals' protest did not go beyond the issuing of an official note expressing both acceptance and disapproval. Suárez had thus cleared one of the most perilous obstacles on the way to democracy.

Elections were called for the middle of June, a novel and exciting experience for Spaniards. The campaign was to be an exercise in improvisation. Neither citizens, nor parties, nor politicians had any experience to draw on. In the area of politics Spain had no democratic culture. The electoral system had not been tested, and there were few studies – none really reliable – of voters' ideological preferences. The National Movement had been disbanded to be replaced by a myriad of parties and alliances whose acronyms created a confusing *sopa de letras*. With the help of some of his ministers, Suárez improvised at the beginning of May an electoral coalition of some fifteen small right-of-centre parties which took on the name of *Unión de Centro Democrático* (UCD). The more Francoist right had already set up, a few months earlier, another coalition which went under the name of *Alianza Popular* (AP). The PCE, legalized in early April, as explained above, had to muster its forces and organize its campaign with great rapidity; among the Socialists, ideological and generational clashes led to divisions and separate electoral offers; whilst in some of the periphery regions nationalist banners were being waved by numerous parties.

It is worth noticing too that, notwithstanding the political ignorance, the uncertainty, and the improvisation surrounding the 1977 elections, the country welcomed them with tremendous enthusiasm. During the weeks leading up to polling day Spain enjoyed a real *fiesta electoral*, in a way that has not been repeated since. Although the background to the election could not be described as democratic – the institutions and habits of the Franco years had not entirely disappeared – Spaniards were celebrating the arrival of freedom.

The purpose of these first elections was never clearly stated, perhaps for fear of a backlash from the *bunker*. But there was a widely held assumption that the newly elected parliament would undertake the task of writing a new constitution to replace the archaic Fundamental Laws left behind by Franco, which, in any case, had already been largely abrogated by the Law of Political Reform. In fact that was exactly what happened: the Cortes elected in June 1977 became a constituent assembly.

A democratic constitution

The outcome of the 1977 elections conveyed two clear messages. Firstly, with no one gaining an overall majority, no party would be able to impose its will and ideas unilaterally in the new Cortes; and secondly, the electorate voted for moderate reform by lending their support primarily to the parties situated nearer to the centre of the political spectrum. UCD, the coalition led by Adolfo Suárez, was the winner, with the *Partido Socialista Obrero Español* (PSOE), in its rejuvenated version under the leadership of Felipe González, becoming the main opposition force. *Alianza Popular* and the PCE were left a long way behind, whilst the nationalist parties, in both the Basque Country and Catalonia, made their presence felt.

Any form of progress in the newly elected Cortes was going to require a great deal of give and take on all sides. It was forthcoming: political consensus was the predominant feature in Spanish public life over the next eighteen months, leading to the approval of a new constitution in December 1978. It was the seventh in a long constitutional history going back to 1812, but it was the first without winners or losers. It provides a flexible legal framework within which any democratic party of either right or left can govern, and consequently it has become known as the *constitución de la concordia*.

The constituent process was relatively long and not entirely harmonious. There were inevitable confrontations over certain sensitive issues which separated the main parliamentary forces and made consensus difficult to achieve. Among them one could mention the question of whether Spain should be a monarchy or a republic (though it has to be said that the republican solution was never seriously considered, and the socialist arguments in its favour were little more than political posturing); the status of Catholicism and the disestablishment of the Catholic Church; the balance between state and private schools, an issue with strong religious overtones given the ideological and economic interests of the Church in education; the abolition of the death penalty; abortion; the nature of the electoral system; and, above all, the provisions for regional autonomy. The delicate negotiations over these issues were at times disturbed by terrorism, which seemed determined to derail the constituent process. During those eighteen months 71 people were killed, more than two thirds members of the police or the Armed Forces.[15]

Seven deputies, representing the main parliamentary parties, were given the task of drafting the constitution. They soon became popularly known as the *padres de la constitución*, the plural paternity being a suitable indicator of the underlying consensus. However, during the parliamentary debates it was not always possible to sustain the consensual approach and, when that happened, the two major players, UCD and PSOE, were never loath to seek that consensus by extraparliamentary routes of dubious legality. The wording of many a clause was agreed around the table of some expensive Madrid restaurant or in somebody's private office, by Fernando Abril, member of UCD and at that time deputy prime minister, and Alfonso Guerra, second in command in the PSOE, to be later on rubber-stamped by parliament.[16] Once again, the transition was proving to be more democratic in its aims than its means.

Except in the Basque Country, where it was felt that their nationalist aspirations were not being taken into account, the constitutional text was well received by the Spanish people. In a referendum held in December 1978, with a turnout of 67.1 per cent, 87.8 per cent voted in favour. On the other hand, when it was finally approved, some experts on constitutional law were not so enthusiastic. It was criticized for many things: being too long and cumbersome, not very original or forward-looking, ambiguous when dealing with controversial issues like regional autonomy, avoiding clear pronouncement on matters such as divorce or the right to strike, and so on. However, the Constitution has stood the test of time and it is now usually interpreted in a favourable light.

The 1978 Constitution finally and formally turned Spain into a liberal democracy. Its *Título Preliminar* [see Text 1.6] summarizes its main features. Spain is a parliamentary monarchy. Sovereign power rests with the Spanish people who exercise it through universal suffrage and under the safeguard of the rule of law. Moving away from the obsession with unity which permeated Franco's Fundamental Laws, the new Constitution recognizes and protects plurality in all areas: political, social, regional, linguistic, cultural, and so on. Catholicism ceases to be the official religion of the state, although there is an acknowledgement of its relevance in Spanish society. After so many years without some basic rights, the legislators felt the need to define freedom in very generous terms. The Constitution itself, as the apex of the legal pyramid, is protected against possible abuses or infringements by a Constitutional Court, and the change or abrogation of any of its articles is subject to fairly strict rules.

If, as the saying goes, 'politics is the art of the possible', it can be stated that the 1978 Constitution went as far as it was possible at the time of the transition, and it has since more than proved its viability. The fact that some aspects may require modification – that is, it has been suggested that the constitutional text gives the executive too much power over the legislature, or that the Senate is a chamber without a clearly defined function – does not greatly detract from what must be a very positive conclusion.

Political parties and electoral processes

Introduction

Over the last twenty years Spaniards have been called to the polls with considerable frequency, almost as if there was a general desire to compensate for the dictatorial period when public opinion counted for nothing. They have had seven parliamentary elections, numerous regional and local elections, and three European elections, plus three national referenda and several regional ones. Parties and voters have been kept in an almost constant state of electoral readiness.

Before discussing the major parliamentary forces in Spain – which is the real purpose of this section – it seems appropriate to provide a broad outline of the electoral processes to date.

The seven general elections (1977, 1979, 1982, 1986, 1989, 1993 and 1996) held since Franco's death can be grouped into three categories or periods. The first two clearly had a systemic nature, that is to say, it was the political system, democracy itself, that was at stake. The voters were invited to decide what kind of system they wanted and who should be entrusted with the responsibility of setting it up. The essentialist nature of the party slogans used during the 1977 campaign requires no elucidation: *El centro es la democracia* (UCD), *España lo único importante* (AP), *Socialismo es libertad* (PSOE), *Votar comunista es votar democracia* (PCE).

Although not so overtly, the 1979 election was also a systemic contest. It is true that the Constitution had been approved a few months earlier, and that, therefore, the democratic system was legally defined, at least in a purely formalistic sense. But a constitution is no more than a set of basic rules, a kind of legal framework which requires further development, and Spaniards were being asked to decide who should carry out such work.

As Table 1.1 shows, the results of the first two elections were very similar. UCD was the winner, followed by the PSOE, on both occasions, but without obtaining an overall majority. The system of proportional representation adopted in Spain was not expected to produce majority governments. However, at the next election, in October 1982, all this was to change. A serious economic crisis, the collapse of UCD, which had lost its leader and would soon disappear as a political party, and the shock generated by a military coup in February 1981 – the coup failed but made Spaniards realize how fragile their democracy still was – all contributed to a landslide socialist victory. Although these parliamentary elections can already be called programmatic, inasmuch as the voters were primarily choosing from party programmes on offer rather than deciding about the basic nature of the political system, they were still systemic in some respects. After all, it was the first time that power was passing into the hands of Franco's enemies, and for that reason the 1982 elections have often been called *las elecciones del cambio*.

The 1980s was a period of socialist hegemony in Spanish politics. The PSOE maintained an overall, though decreasing, parliamentary majority in the Cortes throughout the decade and into the early 1990s. But the natural wear and tear of the long years in power, the disenchantment produced by the dilution of many of their early promises, the numerous cases of corruption, and the improved image of the conservative opposition were to bring about a new stage in the electoral process. The parliamentary majorities disappeared, which, given the nature of the electoral system, could be seen as a return to normality. Normality in this case means minority governments and coalition politics.

In 1993 the PSOE, against many pollsters' predictions, still managed to hang on to power with a greatly reduced share of the vote, needing, in order to run the country, the parliamentary support of Catalan and Basque nationalist parties. Three years later the story repeated itself with an important reversal in the script. The PP, after a generational renewal and an ideological face-lift, won by a very small margin, and they found themselves, as the Socialists before them, having to form a minority government with the help of the same nationalist parties.

Table 1.1. Electoral results 1977–1982

Parties	1977 (a)		1979 (b)		1982 (c)	
	Votes (%)	Seats	Votes (%)	Seats	Votes (%)	Seats
UCD	34.34	165	34.96	168	7.14	12
AP	8.02	16	5.76	9	26.18	106
PSOE	29.12	118	30.50	121	48.40	202
PCE	9.12	20	10.81	23	4.13	4
CiU	—	—	2.70	8	3.69	12
PNV	1.65	8	1.54	7	1.89	8
CDS	—	—	—	—	2.89	2
HB	—	—	0.96	3	1.01	2
Others		23		11		2

Table 1.2. Electoral results 1986–1996

Parties	1986 (d)		1989 (e)		1993 (f)		1996 (g)	
	Votes (%)	Seats	Votes (%)	Seats	Votes (%)	Seats	Votes (%)	Seats
PSOE	43.44	184	39.56	176	38.79	159	37.48	141
AP/PP	26.00	106	25.84	106	34.77	141	38.85	156
IU	4.61	7	9.05	17	9.24	18	10.58	21
CDS	9.23	19	7.91	14	1.76	—	—	—
CiU	5.02	18	5.04	18	4.94	17	4.61	16
PNV	1.53	6	1.24	5	1.24	5	1.28	5
HB	1.15	5	1.06	4	0.88	2	0.73	2
Others		6		10		7		9

Sources:
(a) J. C. González, 'Partidos políticos y elecciones en Europa Occidental', *Revista de Estudios Políticos*, 1, January/February 1978.
(b) J. de Esteban et al., *Las elecciones legislativas del 1 de marzo de 1979* (C.I.C., 1979).
(c) *Anuario El País 1983.*
(d) *Anuario El País 1987.*
(e) *Anuario El País 1990.*
(f) *Anuario El País 1994, Anuario El Mundo 1994.*
(g) *Anuario El Mundo 1996.*

Key:
AP/PP:	Alianza Popular / Partido Popular
CDS:	Centro Democrático y Social
CiU:	Convergència i Unió
HB:	Herri Batasuna
PCE/IU:	Partido Comunista de España / Izquierda Unida
PSOE:	Partido Socialista Obrero Español
PNV:	Partido Nacionalista Vasco
UCD:	Unión de Centro Democrático

The right

The democratic reform had both advantages and disadvantages for all those right-wing politicians who had been involved with Franco's regime. A number of them were able to control the transition, to reap many of the benefits of a peaceful transformation, and to recycle themselves so as to continue their political careers in the forthcoming democracy. However, their past was not easy to disguise, and for some at least the services rendered to the dictator became a kind of ballast weighing them down when freedom arrived. Many, individually or in groups, had started making ready for the future some years before Franco died. However, the way in which right-wing forces aligned themselves at the end of the dictatorship is better explained by reference to two specific factors: their attitude to Franco and Francoism, and the uncertainty of the transition.

The first factor, based on the differences in feelings and views towards the immediate past, divided right-wing politicians into three categories. The *nostálgicos*, or unwavering Francoists, rejected any form of political change as an act of betrayal. They were determined to remain loyal to Franco's political legacy. Their melancholy claim: *con Franco vivíamos mejor* – true in their case – had little appeal for the majority of Spaniards. Except in the very early stages, their influence on the transition was minimal and decreased rapidly, though there were occasions when they made their presence felt in dramatic ways, such as the assassination of five communist lawyers in Madrid in January 1977, or the constant plotting to bring democratization to a sudden end via a military coup. After their failed attempt in February 1981, these ultra-right *nostálgicos* ceased to be a force in Spanish politics.

The next group can be identified by the term *respetuosos*. They were politicians who accepted that without Franco change was inevitable, but they saw this change as a natural development from the previous regime. The viability of the new Spanish democracy, they would argue, was largely due to the solid social and economic foundations laid down during the Franco years. Spaniards had to acknowledge this and show respect for the Francoist legacy. Most of those who adhered to this kind of view found their new political home in the ranks of *Alianza Popular*.

The *olvidadizos*, or forgetful, made up the third and, in the long term, most influential group. They came mostly from the later generations of Francoists. Their 'bad memory' can be easily understood. The transition, with its blend of *reforma* and *ruptura*, required the filing away of the more recent past. The death of the dictator represented a new beginning and there was little point in revisiting the period stretching back to the Civil War. Besides, this induced or voluntary amnesia provided them with an easy escape from any possible responsibility for what had happened. Those who had served the dictatorship could thus pretend that it had had nothing to do with them. These *olvidadizos* were the main architects of the transition and the founders of *Unión de Centro Democrático*.

The uncertainties of the transition also had considerable influence in shaping the future of conservative forces. The meandering course of political events during the first twelve months after Franco's death produced a deep split in the ranks of the right. The change of government in the summer of 1976 drew the dividing line. Arias Navarro had formed the first government under the monarchy, including in his team Manuel Fraga, as Minister of the Interior, and José María de Areilza, as Minister of Foreign Affairs. Both were seen – and saw themselves – as potential leaders in the search for democracy, but the rapid failure of Arias Navarro's policies soon put paid to their aspirations. The subsequent appointment of Adolfo Suárez, at the head of a new and much younger cabinet, which would exclude people like Fraga and Areilza, led to the formation of two conservative camps, separated not only by their attitude to the past, but also by age, ideology and events. As a result, two mutually hostile parties were created: *Unión de Centro Democrático* and *Alianza Popular*.

(1) Unión de Centro Democrático (UCD)

Initially, UCD was a coalition formed and led by Suárez in preparation for the first democratic elections. At that time, in the Spring of 1977, there was an enormous proliferation of reformist parties in Spain. They went under a diversity of labels including liberals, Christian democrats and social democrats. What they all had in common was their proclivity towards the centre of the political spectrum and their small size. Most of them had no more than an improvised rudimentary organization sustained by the prestige of one or two well-known public figures.

When Suárez, from his position as prime minister, realized that in a competitive democracy one needed the support of a political organization, he had little difficulty in convincing many of those emergent parties to join him in a coalition, which was given the name of *Unión de Centro Democrático*. The small groups – some 15 of them – found strength and success in unity. Suárez's popularity, resulting from his reformist policies, together with his skilful use of some of the institutional tools of the previous regime, such as the state-controlled television, were sufficient to give UCD victory in the 1977 election, with 34.3 per cent of the vote and a total of 165 seats in a Congress with 350 members.

They won again, and by a similar margin, in 1979 (35 per cent of the vote and 168 deputies), but from these very early stages one can detect the structural flaws and weaknesses which led to a crushing defeat in 1982 and to the disappearance of the party a few months later. UCD was a coalition created from above, by those who were already in power, as a means of hanging on to that power. Although it did serve that purpose for five years, during its short life it suffered an interminable series of internal confrontations and external challenges which the party structures were not equipped to handle.

A simple example can illustrate the point: during the five years UCD was in government, there were eleven ministerial reshuffles, seven of them major ones. It was a short history of constant struggle for survival, particularly after the approval of the Constitution in December 1978. Prior to that date the political consensus of the early transition had served to hide some of the problems, but after their second electoral victory internal strife became difficult to control and UCD soon entered a terminal period of decline.

UCD, which had started as an electoral coalition, officially became a single party in August 1977. The change was largely apparent and nominal. UCD never achieved the internal cohesion required to run a complex political organization. To begin with, it was a presidential party – *caudillista*, some would say – in the sense that it was dominated by its leader Suárez, who headed both party and government. In a way, this was the inevitable result of the UCD having been established from above and its electoral success being largely dependent on Suárez's popularity. However, the preponderance of a quasi-charismatic leader was not enough to bridge the ideological splits in the party (it encompassed liberals, Christian democrats, social democrats, ex-Francoists who called themselves independents, conservatives of various hues, and so on), nor to give it a strong functional organization – not even in its better days when it was claiming a party membership of over 150,000.[17] In addition, Suárez's leadership was resented by the barons heading the various groups inside UCD. This, combined with the absence of appropriate internal institutions to handle dissent, generated growing factionalism, and led to increasingly bitter confrontations concerning the distribution of power in party and government, the composition of electoral lists, or controversial policy issues such as divorce, education, or tax reform.

Throughout 1979 and 1980 UCD's original weaknesses became more apparent. Suárez's prestige, the party's most valuable political asset, had started to decline. His minority government was staggering from day to day in the face of constant and bitter attacks from the socialist-led opposition; economic indicators were a source of permanent gloom: negative growth, inflation at 16 per cent, unemployment which had more than doubled in the last three years, and so on; Basque terrorism was escalating out of control, causing 78 victims in 1979 and 93 in 1980; it was proving impossible to find a formula which would satisfy regional demands for self-government without endangering the unity of Spain; and the rumours of possible military intervention were getting louder as some officers made more overt their displeasure with many of the democratic changes taking place.

Weighed down by so many concerns, Suárez resigned in January 1981. In his resignation speech [see Text 1.7], addressed to all Spaniards through the state-controlled television, he did not specify the reasons for his departure, but he ominously admitted that something was threatening the transition: *Yo no quiero que el sistema democrático de convivencia sea, una vez más, un paréntesis en la Historia de España.* If he remained in power, he claimed, the country might have to pay a very high price. What the price was or who was demanding it has never been made clear, but it can be safely assumed that the internal strife in UCD and the generals' sabre-rattling were important factors in Suárez's decision. His resignation was the beginning of the end for UCD. The new prime minister, Leopoldo Calvo Sotelo, had to suffer the humiliation of seeing his investiture violently interrupted when a group of armed civil guards, led by lieutenant colonel Tejero Molina, took over the Cortes building as the deputies were casting their votes. Although the attempted coup lasted less than twenty-four hours, it had a considerable impact on the process of democratization, slowing it down and projecting a threatening shadow over the last eighteen months of UCD rule in Spain.

Suárez not only stepped down as prime minister, he also gave up the leadership of UCD. Over the next twelve months the party had three different leaders. Internal fragmentation, latent from the very beginning, turned into open confrontation over issues such as the formation of a great right-wing coalition with *Alianza Popular*, which some saw as the only way of saving UCD, and others as an ideological abomination. Many deputies started to abandon the sinking ship. On the left, a group of social democrats led by Fernández Ordóñez formed their own separate organization and eventually joined the PSOE. The drain to the right was even greater with many of the deserting deputies finding their new political home in the ranks of AP. Even Suárez, in June 1982, abandoned the party he had founded to create a new one, the *Centro Democrático y Social* (CDS). When, a few weeks later, Calvo Sotelo decided to dissolve the Cortes and called new elections, UCD had lost nearly a quarter of the 168 deputies it had in 1979. The result of the elections, held in October 1982, was an unprecedented catastrophe for the ruling party. It was reduced to 12 deputies; even the Prime Minister, Calvo Sotelo, lost his seat. UCD, which had contributed so much to the democratization of the country, was to disappear a few months later, almost as if, having completed its task, it had lost its raison d'être.

(2) Alianza Popular/Partido Popular (AP/PP)

The *Partido Popular*, which has become the dominant force in the mid-1990s, is in some ways trying to revive the memory and successes of UCD. Its victory in the 1996 general election was based on a double-fronted offer: a moderate centre-right programme on the one hand, and on the other a 'second transition'[18] to wipe out the legacy of thirteen and a half years of socialist rule.

However, the origins of this party were very different. It was born as *Alianza Popular*, a coalition of *nostálgicos franquistas* hurriedly put together in the Autumn of 1976. Of its seven founding fathers, six had served as ministers in Franco's governments. Their democratic credentials were more than doubtful and their attitude to Suárez's reforms was one of total rejection.

From the very beginning Manuel Fraga was the official spokesman, the dominant figure and the natural leader of AP. He had been Minister of Information and Tourism under Franco, and in the early 1970s was Spanish ambassador in London, where he wrote a number of books expounding his ideas for the post-Franco period. His main tenet was that in order to succeed, the transition would have to find its way down the political centre, as in fact it did but not under his guidance. Fraga's intellectual capacity and theoretical foresight were undermined by his political past and by his authoritarian temperament. Furthermore, the vicissitudes of the transition forced him to take a stance much more to the right than he might have wished. In AP he found himself in alliance with some of the most reactionary of Franco's surviving ministers. As he was to acknowledge later, the politics of the transition had made some very strange bedfellows.

The results of the first democratic election were very disheartening for AP. The alliance got 8 per cent of the vote and only 16 deputies in the new Cortes. Most of the conservative electors had shown their preference for the more moderate UCD. AP's electoral failure – for that is what it was – put a great deal of strain on the alliance, and it was not long before Fraga found himself on his own at the head of it. His greater willingness to accept the changes instigated by Suárez had much to do with this. Eventually Fraga would represent AP in the committee entrusted with the task of drafting a new constitution. But Fraga's adaptability was not enough to change the image of his party. In 1979 the results were even worse than two years earlier – less than 6 per cent of the vote and just 9 seats. Both party and leader touched their nadir at that moment, and Fraga seriously considered resigning.[19]

AP's fortune changed noticeably in the early 1980s, a change brought about by the sudden collapse of UCD and the transformation of AP into a liberal, conservative and reformist party (that is how AP defined itself at its fourth congress held in February 1981), with a wider electoral appeal, which Fraga hoped would produce a *mayoría natural*. It did not go that far, but there was a marked improvement in their electoral performance. In October 1982 AP, with 26.18 per cent of the vote and 106 deputies, found itself as the main opposition party facing a socialist government with a large majority in parliament.

There followed a period of upbeat pronouncements and high expectations in the AP ranks. The parliamentary party was granted the status of official opposition to the socialist government, party membership increased considerably, and there was even talk of a British-style two-party system developing in Spain, with PSOE and AP as the only contenders for power. Reality did not live up to such optimistic hopes. The Socialists hung on comfortably to power at all levels, and in the 1986 general election gained another overall, albeit reduced, majority. However AP did not make any gains, and political commentators started to talk about *el techo de Fraga*, suggesting that a conservative party led and dominated by one of Franco's old ministers would never obtain sufficient electoral support to form a government. Fraga got the message and resigned in December 1986.

Deprived of its founding father and *jefe natural*, AP went through a crisis of identity and leadership. A. Hernández Mancha, a younger but rather dull and little-known figure, took over at the head of the party, but he was unable to improve matters and two years later he was forced out and returned to the anonymity he had come from. It still looked as if AP could not manage without Fraga. He was called back in 1989 to oversee the delicate task of finding a new party image and a new leader. It started with a change of name – *Alianza Popular* was re-baptized *Partido Popular* – and concluded with the appointment as party leader of José María Aznar who was at the time head of government in the autonomous community of Castille-Leon.

Aznar set in motion a process of modernization aimed at producing a generational, ideological and structural renewal in the PP. The new leader, although of good Francoist stock – both his grandfather and father having been closely associated with the dictatorship – was only thirty-seven and immediately surrounded himself with people of his generation who, like him, were too young to have been politically active under the previous regime. They soon took over control of the party organization at all levels and filled its electoral lists with their names. Fraga was encouraged to stay in his Galician fiefdom, where he was head of the autonomous government, and little by little his paternalistic presence ceased to overshadow the party. The PP looked to widen its voter appeal by turning itself into a catch-all party. The word *centro* became a kind of mantra in all its congresses and electoral campaigns.

Progress was laborious and slow but in the end it brought success to the party. In the 1989 general election Aznar's PP did not manage to break through the so-called *techo de Fraga*. However, in the 1990s, helped undoubtedly by the rapid decline of the ruling PSOE, the PP began to reap the benefits of its transformation: it made sizeable gains in the 1993 parliamentary election, won the European election in 1994 and the local and regional elections in 1995, and, finally, was able to obtain a majority in the Cortes in March 1996. It was a meagre majority, well below what the pre-electoral polls had predicted, but sufficient to allow them to form a government. Aznar's position as prime minister was rather precarious and dependent on the support of regionalist parties. The positive side of this situation was that the Spanish right, staunchly centralist, has, under Aznar's leadership, changed sufficiently to reach some kind of compromise or working agreement with the representatives of Catalan and Basque nationalism [see Text 1.8 Aznar].

The left

During the 1970s, when democracy started to turn from hope to reality, in the ranks of the left, the fact of having been detained, or better still imprisoned, for political crimes under the dictatorship, was a sign of distinction, something to boast about. It proved that one had fought against Francoism and in favour of democracy. It was the hallmark of the genuine *rupturistas* who after nearly forty years of struggle were now expecting to be acknowledged and rewarded. Their recompense, however, did not correspond to the efforts and sacrifices made.

The two main currents on the left were represented by communists and socialists. The anarchists, who had been so influential in the earlier part of the century, had ceased to be a force to be reckoned with after the Civil War. The *Partido Comunista de España* and the *Partido Socialista Obrero Español*, with their long histories, saw themselves as the bearers of the republican and democratic legacy of the 1930s, but between the Second Republic and the new democracy there was a long dictatorial parenthesis and this was to generate serious problems for both parties.

At the end of the Civil War most communist and socialist politicians had to flee Spain in order to survive, regrouping abroad to continue the struggle from there. But life in exile, or the clandestine activities of those who had stayed behind or had later returned, generated structures and attitudes inside the parties totally unsuited to the flexible ways and open competition of a democratic system.

The long absence from Spain and the dispersion of exiles over a number of countries made it difficult to maintain single-party unity or to coordinate the activities between different parties. As time went by, the exiled politicians lost contact with the reality of the country they had been forced to abandon. Spain was evolving, even politically. Among the younger generations of Spanish workers, students and intellectuals, many sympathized with socialist and communist ideas and identified with the historical parties which represented them, but little by little they started to question the authority of the exiled leaders and to create autonomous groups inside Spain.

Relations between Spanish communists and socialists have always been tense and acrimonious. Their antagonism goes back to the 1920s when the PCE was born as the result of a split in the socialist ranks, and it was further embittered by the circumstances of the Civil War, thus making any collaboration between the two parties in the fight against Francoism impossible. In this fight the Socialists – in spite of their claims to the contrary – played a very minor role. It fell to the Communists to carry most of the burden in the struggle. Both inside and outside Spain the PCE became the symbol of anti-Franco opposition, though its efforts were far greater than its achievements. Even so, many thought that with the resumption of democracy the communists would be rewarded by the voters for their toil and sacrifices. They were not. In fact, one of the most ironic and surprising outcomes of the transition was that the main beneficiaries of change on the left were not the communists but the socialists.

(1) The Socialists

The plural form 'socialists' used in the above title seems entirely appropriate to open this section on the PSOE. At the beginning of the transition there were several groups which called themselves socialists and claimed to be the rightful heirs to the Socialist Party founded by Pablo Iglesias in 1879. Even the name of the party was under dispute. There was a PSOE(h) led by Rodolfo Llopis and other old socialists then recently returned from exile – the small 'h' underlined their preoccupation with the past, with their historical roots. There was a PSOE(r), a group which had broken away from the previous one in the first half of the 1970s with Felipe González at its head. The 'r' attached to the party's acronym stood for *renovado*, putting the emphasis very much on a renewed image for the future. Some years earlier and inside Spain Tierno Galván, a professor at Salamanca University, had founded a small party which entered the transition under the name of *Partido Socialista Popular* (PSP). To complete the picture there were various regional parties also waving socialist banners.

It was not long, however, before Felipe González's group, with their success in the first parliamentary election and with the support they received from the Socialist International, managed to appropriate the legacy of Spanish socialism and to take over its historical acronym, PSOE, forcing the other factions in the dispute either to disappear, as happened with PSOE(h), or to join them, as was the case with Tierno Galván and his followers in 1978. Once socialist unity had been achieved, the next step was to modernize the party so as to widen its electoral appeal.

The road to power

1979 is generally accepted as a key year, possibly the key year, in the PSOE's recent history. Over a period of five months in 1979, the Socialists held two congresses which, after a great deal of bitter debate, approved the transformation of the party into a social-democratic or left-of-centre organization, a conversion that eventually led to the PSOE's overwhelming electoral victory in 1982. However, rather than a rapid conversion it was the culmination of a longer evolutionary process.

To begin with, the PSOE adopted a radical attitude, inasmuch as it rejected any possible compromise with those who advocated a reformist solution. In June 1975, together with other small opposition groups, it had set up the *Plataforma de Convergencia Democrática*, a coordinating body not dissimilar to the *Junta Democrática*, founded a year earlier in Paris under the aegis of the PCE. Both the *Plataforma* and the *Junta*, which would join forces a few months later, demanded a total *ruptura* in the early days of the transition. Under no circumstances would they countenance the possibility of negotiating a way forward with representatives of the previous regime. Thus throughout 1976 the Socialists condemned the lack of any change or progress under Arias Navarro, they were bitterly dismissive of Adolfo Suárez's appointment, they were equally critical of his Political Reform bill, and they campaigned against it and in favour of abstention in the referendum held at the end of the year. How much of this verbal rejection stemmed from sincere conviction and how much was just political posturing is not possible to ascertain.

At the beginning of December 1979, two weeks before the Political Reform bill was put to a referendum, the PSOE held its first official congress in Spain since the Civil War. The party did not yet have legal status, but Suárez and his government, convinced that the Socialists would soon be their partners in the reform, allowed the congress to go ahead. They were not wrong in their assumption. The PSOE was then a small party overloaded with utopian aspirations, and with a very uncertain future. The delegates voted to define their organization as '*un partido de clase y, por lo tanto, de masas, marxista y democrático*'. Its programme aimed at '*la superación del modo de producción capitalista*'. But the congress was to be the swan-song for revolutionary socialism. Such radical pronouncements satisfied many of the young and idealistic party members attending the congress, but the leadership was already beginning to think along different lines.

The massive support given to Suárez's Political Reform bill in December 1976 produced a marked change in the PSOE. The party abandoned its radical stance to enter cautiously into negotiations with the government and then become a major player in the political consensus which produced the *ruptura pactada*. During the first half of 1977 the PSOE was legalized, it was involved in discussions with the government about the new electoral system, Felipe González appeared for the first time on Spanish television, and in May he had a meeting with King Juan Carlos, as a kind of symbolic renunciation of his and of his party's republican beliefs. In the June general election which followed, the Socialists were rewarded with more than 29 per cent of the vote and 118 seats in the Congress. The PSOE was no longer an anti-system party. It now occupied an enviable parliamentary position as the main political force challenging the UCD government.

The election held in April 1979 produced very similar results for the PSOE. In the period separating the two general elections the Socialists had continued to contribute to Suárez's reform. In particular, they had been one of the signatories to the Moncloa Pacts, a wide-ranging agreement between government, opposition parties and trade unions to find an answer to the pressing problems facing the national economy at the time. Additionally, of course, the PSOE had played a central role in the making of the 1978 Constitution.

The 1979 election was not a victory for the PSOE but it confirmed the party as the main challenger to the UCD government. In fact, it could be argued that the results obtained by the PSOE in the first two general elections gave the Socialists a kind of triumph in defeat: they did not have to bear on their shoulders the heavy and debilitating responsibility of carrying out the transition, as Suárez and the UCD had had to do, but they could still claim a share in the successful outcome of the operation, and they were left in a sufficiently strong position to challenge for power in the not very distant future.

However, before making its final bid for power, the PSOE had to undergo an ideological transformation to turn itself into a social-democratic party – curiously enough, a definition rejected by all those who instigated such a change. Although this transition was successful in the end inasmuch as it widened the electoral appeal of the party and contributed to its victory a few years later, its approval was strongly opposed and it required the holding of two congresses in 1979 – the normal one in May and an extraordinary one called for September after Felipe González, on seeing his proposals rejected by a majority of delegates, resigned as party leader.

The debate seemed to centre on whether the PSOE should or should not be defined as a Marxist party. Felipe González had proposed dropping the word Marxist which he saw as a reductionist term and ideological ballast which was stopping the party from reaching the finishing line ahead of its rivals. The resignation that followed the rejection of such a proposal was a bold but finely calculated move on the part of Felipe González. The party needed him as he was by a long way its most highly valued asset. His reappointment as leader in

September surprised no one. In reality the controversy over the question of *marxismo sí – marxismo no* had been a manifestation of deeper tensions and disagreements inside the PSOE, between on the one side the more flexible modernizers, many of them from Seville, and often referred to as *felipistas*, and on the other, those more to the left and strongly represented in the Madrid branch of the party. They were fighting to gain control of the party machinery to determine the ideological price to be paid for power, a power which was beginning to look tantalizingly close. In the end Congress reached a compromise. The PSOE ceased to be defined as Marxist, but it was accepted that Marxism was and would continue to be a theoretical and non-dogmatic tool available to the party. Greater ambiguity was difficult to imagine. At first sight the change did not seem very radical as the word Marxist had only appeared in the official definition of the PSOE at the previous congress three years earlier, but at a deeper level, it was equally true that the party was shedding its traditional *señas de identidad* which for a whole century had clearly been left-wing and working-class.[20]

Of course circumstances were very different. Spain had changed and so had the party. Membership had spiralled from less than 10,000 to more than 100,000[21] in three years, and many of the new members were young, middle-class professionals very much in sympathy with Felipe González's proposals. They all realized too that whatever the party's ideas and aspirations they could only be put into practice if they gained power. The pro-Marxist faction lost the battle and its most representative figures – F. Bustelo, P. Castellano, L. Gómez Llorente – eventually abandoned the party, leaving Felipe González and his acolytes in total control. It could be argued that in 1979 the PSOE set in motion its own ideological *ruptura*. A party which had claimed to be working-class, republican, opposed to capitalism and in favour of international nonalignment was to turn into a catch-all party with a significant appeal to the middle classes, prepared to accept the monarchy, to encourage the market economy, and to support Spain's membership of NATO – an astonishing ideological transmutation which would bring the party to its finest hour.

The years of socialist government

There is no doubt that the PSOE victory in the 1982 general election was one of the most exciting moments in the Spain of the last twenty years. It was an event of historical proportions. Not only was power being transferred to Franco's enemies – for many the real litmus test of the transition – but the Socialists had for the first time in their history won an overall majority in parliament. The excitement among Spaniards extended well beyond the ten million who had cast their vote in favour of the PSOE. The socialist campaign, personified by the youthful and smiling face of Felipe González and succinctly summarized in the slogan *Por el cambio*, had caught the public's imagination. The PSOE had asked for a large majority which would allow them, they promised, to strengthen the democratic system, to bring to an end the economic crisis, and above all to raise moral standards in public life. First and foremost it was the ethical message that caught the voter's eye. Felipe González returned to it repeatedly during the campaign, and in an article published in *El País* under the title '*España merece la esperanza*' [see Text 1.9] developed its significance. The change, he promised, would mean simply *que España funcione*. The state had to be 'nationalized' in order to be at the service of all its citizens. Spaniards for their part would have to show solidarity, meet their obligations, do their jobs properly, not exploit their position, act with propriety and honesty in public life . . .

Thirteen years later the PSOE, some of its leaders, even Felipe González himself, stood accused of numerous abuses of power, of political corruption and of financial irregularities. The contrast between what Felipe González has sometimes called the *ética de las ideas* and the *ética de la responsabilidad*, that is to say, the gap between the moralizing idealism of their early promises and the all-is-allowed pragmatism they showed once in government, is so large and amazing that it is almost impossible not to arrive at cynical and sarcastic conclusions. However, it would be unfair not to acknowledge the many achievements of the PSOE in government. *Felipismo*, the eponymous label often applied to the years of socialist rule, had both *luces y sombras*.

Modernization is possibly the word that best describes the changes brought about by Felipe González and his party during their long period in office. They carried out or, more accurately, completed the long-delayed bourgeois revolution which allowed Spain to harmonize its life and institutions with those of other nations in the Western world. Among their more important measures one could mention the following: consolidating a democratic system which was still rather shaky when the Socialists gained power; accelerating the process of regional autonomy; developing a civil society and bringing to an end the inveterate proclivity of the Spanish Armed Forces to intervene in public affairs; taking Spain into the European Community and keeping the country inside NATO – although the latter was a very controversial issue and the handling of it by the PSOE government left a great deal to be desired. All these should be considered as socialist achievements.

In the economic sphere, assessments of Felipe González's performance are far from unanimous. From the very beginning the socialist government adopted policies which were anything but socialist, and at times did not even reach the minimum levels expected from social democrats. It is, however, an exaggeration to state, as some have done, that during the 1980s the Spanish government adhered to neoliberal principles akin to those of Thatcherism in Great Britain. Equally, it must be acknowledged that the Spanish economy was in 1982 in a parlous state as a result of the UCD government's concentration, of necessity, on the urgent matters of the political transition. Furthermore, in a country like Spain with a dependent economy, the government has often very little room for autonomous decision making. All these are factors to be taken into account in any evaluation of the development of the Spanish economy under socialist rule.

After thirteen years in government Felipe González and his ministers could claim that Spain was a wealthier nation, though not necessarily a fairer society.

Economic growth was based on a strict monetary policy and on a careful control of inflation; it required sizeable tax increases as well as a rather painful programme of industrial restructuring – though without a parallel programme of agrarian reform; there was more concern with protecting the freedom of the market than people's jobs – the level of unemployment, always high, was allowed to reach the alarming figure of 24 per cent of the economically active population in 1994.[22]

The impact of such an economic programme on the weaker sectors of Spanish society was at least partly softened by a number of social measures such as the extension of educational opportunities and improvements in social security cover, including increases in unemployment benefits and pensions and a more widely available health service. Nevertheless, the constant subordination of social justice to economic growth created a rift between the government and the trade unions – the socialist *Unión General de Trabajadores* (UGT) included – and led to open confrontation on more than one occasion, the general strike of December 1988 being perhaps the most prominent example.[23]

What finally brought down Felipe González and his government was not so much the unpopularity of some of their economic policies as a succession of political and financial scandals. These started to come out into the open in the late 1980s and have since continued in an ever increasing number, affecting the party, the government and many of their supporters and appointees. During the last six years a sequence of cases of nepotism, bribery, misuse of public money, insider dealing, financial irregularities in party funding, and the so-called *terrorismo de estado* or 'dirty war' against Basque terrorists have beset the government and shocked the public. The reaction of many of the alleged offenders – in some instances those at the very top of party and government – has been not only to reject the accusations, as was to be expected, but to be unwilling to accept political responsibility for the misdemeanours and sleaze, and on occasion to interfere with police investigations and with the judicial process. It is not surprising that many of those Spaniards who in 1982 voted for the *cambio ético* offered by Felipe González should now feel cheated and disillusioned.

(2) The Communists

Whilst the life of the PSOE since Franco died was, as we have seen, the classic rags-to-riches story, albeit rather tarnished towards the end, the PCE had the opposite experience. The communist story started with high hopes but it soon turned to disenchantment, desperation, and in the end, to a struggle for survival.

Throughout the dictatorship the Communists had been at the forefront of the opposition movement, from their attempts at guerrilla warfare in the 1940s to their involvement in student activism and illegal workers' organizations in the regime's later years. The PCE became the standard-bearer in the fight against Franco: a symbolic role unintentionally reinforced by the regime itself with its insistence on depicting communism in general and the PCE in particular not just as their political enemies but as the enemies of Spain. Thus when the transition got under way one of the major difficulties was how to incorporate the Communists as partners in the process. Suárez considered the possibility of excluding them for a while, until the new democracy had been firmly established, and discussed such a possibility with the PCE leadership. Santiago Carrillo refused and Suárez valiantly went ahead and legalized the PCE in the Spring of 1977. In return Carrillo and his party reacted with extreme moderation and placed themselves wholeheartedly behind the process of reform.

But the electorate did not reward them with their support. In the first election the PCE gained 20 seats, having polled less than 10 per cent of the vote. It was much worse than they had expected and their disappointment was compounded by the excellent performance of the PSOE, their main rivals on the left. In the 1979 election, in spite of a slight improvement, the results confirmed the PCE as a marginal force in the new democracy. And there was much worse to come. The election of 1982 turned into a real debacle for the Communists. They suffered the humiliation of seeing the Socialists in power and their own parliamentary presence reduced to 4 deputies.

Under the leadership of Santiago Carrillo, the PCE undertook a long ideological journey from hard Stalinism and unquestioned loyalty to Moscow to Eurocommunism, a doctrinal position very prevalent in the late 1970s. At the time of the first democratic election in 1977 Carrillo published a small book entitled *Eurocomunismo y Estado*[24] in which he explained his new ideological stance [see Text 1.10 Eurocomunismo y Estado]. Eurocommunism was a form of communism adapted to the needs and characteristics of each country and had as its main generic features the following: 1) the party renounced violence and revolution as a means of gaining power; 2) the dictatorship of the proletariat was no longer seen as a necessary stage on the road to real socialism; 3) political plurality and individual rights and freedoms had to be recognized and protected; 4) the Leninist idea of the party as the vanguard of the revolution was abandoned; 5) communist parties would no longer be accountable to Moscow.

Eurocommunism was very much in accord with the centripetal tendencies displayed by all Spanish parties, from both right and left of the political spectrum, during the transition. It also invested the PCE with the democratic credentials that in the eyes of many it had previously lacked. But as the electoral results were to show, Eurocommunism did not strengthen the party, nor did it turn it, as Carrillo had hoped, into a major force in Spanish politics. In some ways it had the opposite effect, as it generated bitter confrontations and splits in its ranks. Many of the younger members, known as *renovadores*, wanted Eurocommunism to be taken to its logical conclusion and be applied to the running of the party itself, a party which still stubbornly adhered to the hierarchical principle of democratic centralism. On the other hand, veteran communists objected to many of the new Eurocommunist tenets, being particularly upset by the proposal for severing connections with Moscow. In the midst of these internecine confrontations Carrillo, unable to legitimize his authority or his proposals with electoral successes, swung between appeals to unity and the expulsion of dissidents, but to little or no avail. By the beginning of the 1980s the PCE appeared to be in total disarray.

Of course, the reasons for the party's decline were more complex. The impact of Eurocommunism was a contributing factor but by no means the only one. The lack of young faces at the top did not help. The PCE had returned to Spain with an ageing leadership that seemed an anachronism in the new democracy. Santiago Carrillo, Pasionaria, Ignacio Gallego, and so on were politicians whose long biographies, however worthy, reminded Spaniards of a past they were all trying to leave behind. There was widespread fear of revanchism. After all, many of the communist leaders had been directly involved in the Civil War, a tragedy which still hovered over the national psyche. The intense anti-communist propaganda over many years had left in the electorate a sediment of mistrust and reticence towards the PCE. Furthermore, the party soon discovered that the structures and methods which had proved so effective in the clandestine struggle against Francoism were totally inappropriate in an open democratic system.

The electoral collapse of 1982 made Santiago Carrillo's position untenable and he resigned. He would soon be forced ignominiously to abandon the party he had led for more than twenty years. He was replaced by Gerardo Iglesias, a little-known miners' leader from Asturias, who over the next six years tried, with some success, to heal the wounds opened by the disputes over the significance of Eurocommunism, and later helped to launch *Izquierda Unida* (IU), a federation of parties and groups with progressive tendencies, which has since become the PCE's lifeline.

IU was formed almost spontaneously by the coming together of all the forces which in 1986 had campaigned against Spain's membership of NATO. Fighting in the referendum against a socialist government which had at its disposal much more powerful means, they managed to gain the support of some 6.8 million Spaniards, nearly 40 per cent of those who voted. Given this wide appeal and the rightward drift of the PSOE in government, it was almost inevitable that they should consider the possibility of establishing a more permanent coalition to offer the electorate a genuine left-wing alternative.

Its beginnings were not, however, very promising. IU's performance in the general election held three months after the NATO referendum was far from encouraging. But it was assumed that in the longer term things would improve, especially if IU was able to acquire a distinctive identity, separate from that of the PCE, by far the largest group in the coalition. The tearing down of the Berlin Wall and the subsequent disintegration of the Soviet bloc brought into question the survival of communist parties throughout Western Europe. In Spain many, both inside and outside the PCE, thought that the moment had come to dissolve the party so as to allow IU to acquire internal cohesion and external autonomy. But so far all attempts in that direction have failed.

Had Gerardo Iglesias continued as PCE leader such a change might have taken place, but at the 1988 party congress he was replaced by Julio Anguita, a very different type of politician. Anguita had previously been mayor of Córdoba, the only communist to reach such a high position in any provincial capital. His charismatic image and populist style had gained him the title of *califa rojo*. Anguita,

PCE General Secretary and IU leader, is a conviction politician, with an almost didactic attitude towards the masses – possibly a reflection of his teaching background – and an apparently unshakeable faith in the communist dream. Under his leadership IU has, particularly in electoral periods, become much more visible, but he steadfastly refuses to consider the possibility of disbanding the PCE. This duality of IU-PCE is proving controversial inside the party, and in practice difficult to sustain and justify. As things stand at the moment, IU could not survive without the PCE. Its leader, the majority of its members and most of its deputies come from the Communist Party. On the other hand, the communist predominance in IU makes the coalition look like little more than an electoral disguise for the PCE.

The ambiguous formula defended by Anguita has not produced the expected results. IU may be, as he claims, *la única alternativa de progreso y de izquierda* [see Text 1.11 Programa de Izquierda Unida], but Spanish electors remain to be convinced. Since 1989 IU has increased its share of the vote, though not by as much as might have been expected in view of the difficulties experienced by its main rival, the PSOE. In the most recent election, in March 1996, IU, with 10.6 per cent of the vote and 21 parliamentary seats, still did not improve on the disappointing figures reached by the PCE on its own in the early years of the transition. It does seem that, unless they find a better way of blending the PCE and IU, Anguita and his communist supporters are unlikely to become a more influential force in Spain in the foreseeable future.

The regional question

Spain, one of the oldest nations in Europe and also one of the most internally diverse, had, until very recently, been unable to find a formula to blend the demands for recognition and autonomy from some of her regions with the need to maintain national unity. Finding such a formula was to be one of the great achievements of the transition. In fact, without it, the transition itself would not have been viable [see Text 1.12 El Estado de las Autonomías Consolidado].

It was clear to all from the beginning that the new democratic system would have to include a high degree of political and administrative decentralization. Not only was it being demanded by the democratic opposition and by the nationalist elites in Catalonia and the Basque Country, many Francoists too accepted it as inevitable. In spite of such a broad agreement its implementation proved extremely problematic and perilous. There were differences of opinion as to how many regions should be granted autonomy and how far devolution should go. The possibility of the Armed Forces – always obsessed with the unity of Spain – reacting violently at the slightest hint of separatism was a constant threat during the transition. There was also considerable pressure from below:

Catalans and Basques were urgently demanding the immediate recognition of their national and cultural identity.

Even before the Constitution was approved, Suárez and his government had been forced to find a way of appeasing the loud nationalist claims by granting to Catalonia, the Basque Country and Galicia first, and then to ten other regions, some small degree of recognition, what was at the time called pre-autonomous status. The constituent Cortes formed after the July 1977 election would later devise a set of ambiguous and pragmatic mechanisms to carry the process further and turn Spain into an *estado autonómico*.

Autonomy and the Constitution

The complexities of the issues involved and the compromises required to arrive at some workable solution are well illustrated by the wording of Article 2 of the Constitution [see Text 1.6]. The words did not satisfy anybody's aspirations in full, but were sufficiently vague to be accepted by the majority, with only those on the extremes of the nationalist debate rejecting them. With their favourable vote, the Cortes first and then the Spanish people in a referendum, lent their support to two fundamental ideas: 1) Spain is an indivisible nation – the term nation is applied exclusively to Spain, though only once in the Constitution; 2) the Spanish nation is made up of a number of nationalities and regions which have the right to enjoy a certain degree of autonomy. The legislators did not define the meaning of either nationality or region, nor did they establish which parts of the country would be entitled to one or other denomination. Equally, the controversial term *nacionalidades* is not repeated anywhere else in the constitutional text, the legislators preferring to refer to both nationalities and regions, outside Article 2, with the more neutral expression *comunidades autónomas*.

Apart from the sensitive linguistic nuances of Article 2, in matters of regional autonomy the Constitution had to address four major questions:

- First and foremost it had to find a way of granting the largest possible amount of regional self-government without endangering the unity of Spain. It was the crucial issue but not the only one.
- Secondly, communities were obviously different; to treat them equally would have been a mistake as well as an injustice. The use of the two categories, nationalities and regions, was already a recognition of diversity.
- Thirdly, it was important too to prevent diversity turning into discrimination. For reasons of fairness, equal rights and equal opportunities had to be made available to all Spanish citizens. The national identity of certain groups could not be allowed to become a source of privileges.
- Finally, bearing in mind that the transition was a perilous journey and the nationalist question the most likely to cause a derailment, it was imperative to move cautiously but in the right direction.

Section VIII of the 1978 Constitution provided the means to answer the above questions. It did not predetermine the nature and organization of the state. It simply set up various legal avenues for the nationalities and regions – whichever and however many they were – to accede to some form of self-government. There were basically three paths to autonomy:

(1) A fast route open only to those communities which at some time in the past had already approved a statute of autonomy – this meant Catalonia, the Basque Country and Galicia. It was widely assumed that the word *nacionalidades* had been inserted in the Constitution to distinguish these three from all the others. The fast road to autonomy entitled the communities following it to enjoy the devolution of a wide panoply of powers and functions, though their range and transference have remained a source of friction to this day.

(2) A slower track to be followed by all the other regions. Their autonomy would be far more limited, though it would be open to them to extend it at a later date.

(3) Finally, a third route could theoretically be taken by any region wanting to have a range of powers similar to those enjoyed by the nationalities. In order to achieve this, the region in question would have to be successful in two referendums – one to show that there was popular support for full autonomy, and the other to approve the statute of autonomy. In practice only Andalusia opted for such a difficult path.

The Constitution did not dictate solutions, it simply supplied the legal means to arrive at them. Of course, history, cultural traditions, and the immediate past had to a considerable extent sketched out the new configuration of Spain. When the Constitution was finally approved the thirteen communities already enjoying pre-autonomous status went through the necessary legal procedures to confirm and expand their self-governing institutions. Soon after, four more would join them to complete the new Spanish map, now comprising seventeen autonomous communities.

The nature of the autonomous communities

The degree of self-government varies considerably between the seventeen communities; different too are the bases for their claims to autonomy. Some spring from profound nationalist feelings, others are the result of political expediency or mere administrative tidiness. Four communities followed the fast road to full autonomy: Catalonia, the Basque Country, Galicia and Andalusia. The autonomy of Catalans and Basques rests upon solid foundations, both in objective and subjective terms. Distinctive historical, linguistic and economic features are supported by a deeply felt awareness of their own national identity. Catalans and Basques represent clear examples of what are usually called cultural nations, both of them with a strong political undercurrent which manifests itself in the form of extremely active and electorally popular nationalist parties. A strong desire for self-determination is to be found among sections of Catalans and Basques, and although a minority feeling, it represents a major threat to the democratic stability and unity of Spain, particularly through the terrorist campaigns carried out by ETA in pursuit of an independent Basque Country.

The problem of Basque terrorism has so far proved insoluble. ETA, like terrorist organizations in other democratic countries, is having an influence on Spanish public life well beyond its real weight and political support. Its supporters' share of the vote in the Basque Country has fluctuated around the 15 per cent mark. In the most recent election, in March 1996, Herri Batasuna, ETA's political wing, only received 12 per cent of the vote, a level of support which falls below 1 per cent when calculated on a national scale. These figures, it must be said, are of little concern to ETA militants. Their irredentist nationalism does not, in their view, require a confirmation by the ballot box.

ETA was set up in the late 1950s by a group of radical university students disenchanted with the moderate and gradualist approach taken by the PNV (Basque Nationalist Party), the main political force in the Basque Country. Although not launched as a terrorist organization, ETA soon found itself embracing the dogmatic and uncompromising ideas of such groups: 1) independence for Euskadi, which, they claim, is divided and colonized by the Spanish state; 2) an ideology based upon revolutionary socialist principles; 3) the use of violence as a legitimate weapon in their so-called war of liberation. Their first victim occurred in 1968 – a police inspector renowned for his repressive methods – but their most sensational operation was the assassination in December 1973 of the then Spanish prime minister, Admiral Carrero Blanco.

The democratization of Spain has had no effect on ETA's killings. Paradoxically enough their activism increased considerably after Franco's death. The new political system is seen by ETA as an unacceptable bourgeois democracy, and the 1978 Constitution as a denial of Basque historical rights. In spite of some internal splits over ideology and strategy, ETA's terrorist struggle continues to this day. Some 800 people have been killed by ETA since 1975. Successive Spanish governments have failed to find an answer either through repression or negotiation. Basque terrorism still hovers menacingly over the democratic future of Spain.

Galicia too can lay claim to cultural distinctiveness, but nationalism has always been weaker there, proving perhaps that ethnic and linguistic singularity is not enough by itself to support a strong nationalist movement. Galicia is still an underdeveloped agrarian region; much of its population is divided into small rural pockets; it lacks many of the bureaucratic, urban, and modernizing factors which contribute to the development of a common nationalist psyche. In the Galician case there is, however, another element that has often been put forward in support of demands for autonomy: the social and economic underdevelopment of the region in comparison with much of the rest of Spain. For many Galicians autonomy now represents a possible escape route from the poverty and back-wardness suffered for centuries under a centralist state.

Andalusia shares some of these features. Andalusia was the only community to opt for full autonomy without a nationalist movement or a national identity to support it. It epitomizes the type of regionalism propelled primarily by what has often been called *conciencia de agravios*, which might be rendered as an awareness of being the victims of exploitation and neglect. The Andalusian case – full autonomy without nationalist pedigree – served to provide a kind of bridge between the three historical nationalities on the one hand and the rest of the autonomous communities on the other. Possible complaints of discrimination were partly defused by the creation of a hierarchical continuum which kept alive the hopes of the majority to climb up the autonomy ladder, whilst at the same time meeting the demands of the nationalist communities to protect their distinct-iveness at the top of it.

The rest of the communities offer, if anything, greater diversity. Navarre's autonomy was established as a natural extension of its old statutory rights – the so-called *fueros* – but its proximity to and cultural bonds with the Basque Country are a threat to its separate identity. The most radical sectors of Basque nation-alism see in Navarre one of the seven provinces which make up their ancestral homeland. Asturias and Aragon, though proud of their ancient historical lin-eage, harbour no serious nationalist aspirations. The two archipelagos – the Balearic and the Canaries – obviously share their clear geographical separate-ness, but are otherwise very different. The Balearic Islands, like Valencia, find themselves within the influence of Catalan nationalism, with which they have many cultural and linguistic features in common, whilst the Canary Islands, always aware of their remoteness from peninsular Spain, are prone to secession-ist tendencies.

Most of the other communities are more difficult to categorize. Their auto-nomy can be described as functional, as residual, or even, in one or two cases, as totally artificial. Among them are to be found some of the smallest and some of the most extensive communities: at one extreme Cantabria and La Rioja – the old provinces of Santander and Logroño respectively – and at the other the two Castilles which encompass most of Spain's central plateau. In some of these cases internal cohesion, overt regionalist feelings, or distinctive cultural features are fairly weak. Their separate existence is partly explained by the desire to extend the autonomous process to the whole of Spain. This certainly was the motive behind the creation of the autonomous community of Madrid. With its hetero-geneous population, with a large proportion of the administrative and financial weight of the nation on its shoulders, and with the machinery of central govern-ment in its midst, Madrid could not lay claim to any kind of regional identity. Turning it into an artificial autonomous community was a functional decision whose whole justification was to complete the *estado de las autonomías*.

Spain's foreign policy

Introduction

'Spain has undergone an external as well as an internal transition', wrote Calvo Sotelo, the man who as Head of Government took Spain into NATO in May 1982.[25] The claim, though on the whole accurate, requires some elucidation. Foreign policy tends to be a non-ideological policy, in the sense that changes in government do not normally alter a country's international outlook. In the last twenty years Spain has been governed by three different parties: the right-of-centre UCD, the socialist PSOE, and the conservative PP, but without any noticeable alteration in foreign policy aims. In fact, this continuity can be traced through the Franco years as far back as the end of the Second World War, becoming even more evident from the mid-1950s when the dictatorship began to be accepted, however reluctantly, by other countries and by some international agencies.

Throughout this long period the goals of Spanish foreign policy have remained basically the same. And yet Spain's position in the world has improved considerably over the last two decades. The country now enjoys global recognition and has an influence that it did not have before. This, however, has not been due to any major shift in Spanish foreign policy, but is rather the result of the internal transition or democratization which has fully opened to Spain the doors of the international community. The real change has been in the attitude of other nations towards Spain. Diplomatic isolation and marginal status are a thing of the past, and the Spain of today has a presence and a voice in all the political, economic and defensive forums of the Western world [see Text 1.13 Entrevista con Juan Luis Cebrián].

Lack of space does not allow any detailed discussion here of the many different aspects of Spain's foreign policy: the long-standing dispute with Great Britain over Gibraltar, the last colony on European soil; the special ties with the Spanish-speaking countries in Latin America, which Felipe González and his governments did so much to foster by establishing cultural and trade agreements, mediating in internal disputes in those countries, and acting as intermediaries between Latin America and the European Community; the balancing act of establishing diplomatic relations with Israel in 1986 whilst at the same time remaining on good terms with the Arab world – although there has been a great deal of friction with Morocco over the decolonization of the Western Sahara, over fishing limits, and over the status of Ceuta and Melilla, two Spanish enclaves in North Africa, which in some respects resemble in reverse the Gibraltar question. But notwithstanding the many-sided nature of Spain's international interests, during the last twenty years two issues have tended to monopolize the attention of Spanish foreign policy makers: membership of NATO and membership of the European Community.[26]

NATO: a controversial issue

Having stated earlier that in matters of foreign policy ideological divergence between parties is often minimal, we have to add now that the question of Spain joining NATO was an important exception to such a rule. In the radically changed world of the 1990s, after the collapse of the Soviet bloc, the international neutrality of Spain has ceased to be the divisive issue it was ten years before. But in the 1980s it did cause acrimonious debates and confrontations.

When Spain's membership of NATO was put to the Spanish parliament for approval by Calvo Sotelo's government in the Autumn of 1981, the outcome was quite close: 186 votes for and 146 against. The left-wing parties were not just opposing NATO and defending Spain's neutrality, they were also venting deep anti-American feelings. The USA had had military bases on Spanish soil since 1953, and it was felt that through NATO Spain would become even more subservient to the Americans. This was at least the Communists' view. The PSOE's position was always less clear. Their tactics have accurately been described as *ambigüedad calculada.*[27] The passing of time would show why.

The Socialists fought the 1982 election with a linguistically clever slogan: *OTAN, de entrada, no,* which could be interpreted as either an outright or just a temporary rejection of the Atlantic Alliance, promising also a referendum so that Spaniards could decide whether they wished their country to remain inside NATO. After their electoral victory Felipe González and his government did not take long to adopt a pro-NATO stance. They explained their volte-face with the argument that if Spain wished to join the European Community it had to be part of the West's defence system. The referendum was highly confrontational and the outcome uncertain until the very end. Of the seventeen million Spaniards who voted, just over nine million (52.5 per cent) said *sí*, and nearly seven million (40 per cent) *no.* In the embittered atmosphere of the referendum Alianza Popular, a clearly pro-NATO party, made the incongruous tactical error of asking voters to abstain.

The socialist government had promised that in the event of winning the referendum: 1) Spain would not form part of NATO's military structure; 2) Spain would be a nuclear-free country; 3) American presence on Spanish territory would be considerably reduced. This time the Socialists kept their word, although the conditions of NATO membership were so involved that it became almost impossible to establish whether Spain was in or out of the Alliance's military structure.

The subject has since lost much of its polemical nature. It has been revived on one or two occasions such as the Gulf War, with Spain's involvement in it, but it is no longer the controversial issue it once was. In fact, Javier Solana, at one time Spanish foreign secretary, went on to become NATO's general secretary and the PP government elected in 1996 indicated its intention to seek full membership of the Alliance.

The European Community: a non-controversial issue

Few objectives, if any, have given Spaniards so common a purpose as their desire to form part of the European Community (EC) – their claims to Gibraltar, perhaps, but the recovery of the Rock is more a question of national pride than a guiding principle of Spanish foreign policy. For many years Europe was seen as the natural destination by the majority of Spaniards. One could almost talk of enthusiastic unanimity among Spanish political parties and economic and social organizations and institutions [see Text 1.14 El Esfuerzo de Todos] about integration in Europe. Europe, on the other hand, was at times less than welcoming. Spain's road to membership of the EC was long and littered with obstacles.

Spain approached the EC for the first time in February 1962 in a letter sent by F. M. Castiella, foreign minister at the time, requesting the opening of negotiations with a view to exploring possible forms of cooperation. The fundamental incompatibility between Franco's dictatorial regime and the liberal and democratic principles of the European Economic Community made any substantial advance impossible. After numerous delays and exchanges, in 1970 a preferential trade agreement was signed which progressively lowered barriers and tariffs between Spain and the Community members.

Once Franco's death and the transition had removed all political impediments the Spanish government submitted a new application for membership in July 1977, only to find its path obstructed by countries like France which felt their economies would be threatened by Spain joining the Community. Negotiations only got under way in February 1979 and they dragged on for another six years until finally, in June 1985, the honour of signing the treaty of accession fell to Felipe González's socialist government. Spain's membership started officially from 1 January 1986.

From the very beginning of its membership Spain was to prove one of the most pro-Europe countries in the Community, and not just in economic matters where national self-interest tends to predominate, but in respect of longer term social and political objectives too. It is generally agreed that until now membership of the EC/EU has been good for Spain inasmuch as it has accelerated the process of modernization and helped to consolidate the democratic system. During the years of socialist rule the Spanish government lent its enthusiastic backing to any move inside the Community towards greater political integration, including the proposals for monetary union. Successive PSOE governments, and since March 1996 the PP government, have been running the economy with a view to Spain meeting the Maastricht criteria and joining the first group of countries to share a single currency. Some of the measures needed to achieve that end are proving painful and as a result Euro-sceptic opinions are beginning to be heard from the social groups and unions most directly affected. But the predominant attitude is still overwhelmingly pro-European. Even IU, usually the discordant voice, is in favour of a federal Europe, albeit with a more sensitive social conscience. Regional governments and parties are no different. Most autonomous communities, certainly those with a strong national identity like Catalonia and the Basque Country, see in a future Europe of the Regions an opportunity for shaking the Spanish state off their backs and being free to play a more independent role in international affairs.

Conclusion

As the end of the present century approaches, Spanish people have ample reason to contemplate the new millennium with a mixture of satisfaction and hope. In the last two decades – a relatively short period in historical terms – the country has finally shaken off the political inferiority complex hovering over the national psyche since at least the beginning of the nineteenth century. Spain is now a developed industrial nation, with a consolidated democratic system, and is fully integrated into the international community.

The Civil War and the Francoist regime are no more than another chapter in the history books. In spite of all the fears, errors and setbacks referred to in this chapter, the transition to democracy must be adjudged a success, for it has allowed the country to find an answer to many of its ancestral problems. Its public life is framed by a constitution fashioned out of political consensus and accepted by the majority of Spaniards. Monarchy and King enjoy popularity and respect in equal measure. The old chasm between *las dos Españas*, separated for so long by irreconcilable differences, appears to have been bridged. Ideological polarization has been replaced by centrist politics and peaceful alternation in power via regular democratic elections. National sovereignty has been returned to the Spanish people. In the new social order, the Catholic Church and the Armed Forces, so influential in the past, are now confined to their specific functions and subject to the authority of civic powers. The so-called *estado de las autonomías*, although far from completed, is helping to ease the tensions generated by the historical and cultural plurality of Spain. All these changes have allowed Spaniards to gain a presence and a voice on the international stage, from NATO to the European Union.

The optimistic tone of these closing words should not lead one to the conclusion that Spain has become a kind of political paradise. Far from it. Some of the afflictions besetting the country are serious and not easy to overcome – widespread corruption in public life, demands for self-determination which might threaten the survival of Spain as a single nation, the ever open wound of Basque terrorism, to mention but a few of the more obvious examples. Nevertheless, it must be remembered that other democratic nations are confronted by similar concerns. What the transition achieved should not be undervalued. It gave long-awaited answers to specifically Spanish problems, and in so doing proved wrong the demeaning clichés which proclaimed that Spain was different, or that Europe came to an end at the Pyrenees.

Notes

1 Contrast for instance L. Ramírez, *Francisco Franco. Historia de un mesianismo* (Ruedo Ibérico, 1964) with R. de la Cierva, *Francisco Franco. Un siglo de España* (Editora Nacional, 1972).
2 J. Amodia, *Franco's political legacy* (Allen Lane, 1979) pp. 43–51.
3 In September 1975, two months before Franco died, five terrorists were executed in Spain.
4 V. Pérez Díaz, *La primacía de la sociedad civil* (Espasa, 1993) pp. 23–25.
5 J. de Esteban and L. López Guerra, *La crisis del estado franquista* (Labor, 1977).
6 C. Powell, 'La dimensión exterior de la transición política española', in *Revista del Centro de Estudios Constitucionales* 18, May/August 1994, pp. 79–116.
7 P. Preston, *The triumph of democracy in Spain* (Methuen, 1986) pp. 75–90.
8 S. Carrillo, *La ruptura democrática* (La Gaya Ciencia, 1976).
9 J. Ma. de Areilza, *Cuadernos de la transición* (Planeta, 1983) p. 134.
10 J. Marías, *Cinco años de España* (Espasa, 1982) p. 10.
11 J. Amodia, 'Torcuato Fernández-Miranda: El taumaturgo de la transición', in *ACIS*, Vol 5, No 1 Spring 1992, pp. 40–51.
12 P. Fernández-Miranda and A. Fernández-Miranda, *Lo que el Rey me ha pedido* (Plaza y Janés, 1995) Chapter 5.
13 J. M. Colomer, *El arte de la manipulación política* (Anagrama, 1990) pp. 50–61.
14 J. Bardavío, *Sábado Santo rojo* (UVE, 1980).
15 S. Gallego-Díaz and B. de la Cuadra, 'La Constitución', in S. Juliá, J. Pradera and J. Prieto (eds), *Memoria de la transición* (Taurus, 1996) p. 315.
16 B. de la Cuadra and S. Gallego-Díaz, *Del consenso al desencanto* (Saltés, 1981) pp. 67–72.
17 M. Caciagli, *Elecciones y partidos en la transición española* (C.I.S., 1986) p. 255.
18 J. Ma. Aznar, *España. La segunda transición* (Espasa, 1994).
19 M. Fraga, *En busca del tiempo servido* (Planeta, 1987) p. 149.
20 E. Díaz, *Socialismo en España: El partido y el estado* (Mezquita, 1982) pp. 104–170.
21 J. F. Tezanos, 'Continuidad y cambio en el socialismo español: El PSOE durante la transición democrática', in J. F. Tezanos, R. Cotarelo and A. de Blas (eds), *La transición democrática española* (Sistema, 1989) pp. 438–39.
22 R. Tamames, *La economía española: 1975–1995* (Temas de Hoy, 1995) p. 546.
23 S. Juliá (ed.), *La desavenencia: Partido, sindicatos y huelga general* (Aguilar, 1989).
24 S. Carrillo, *Eurocomunismo y estado* (Grijalbo, 1977).
25 L. Calvo Sotelo, *Memoria viva de la transición* (Plaza y Janés, 1990) p. 124.
26 For a general assessment of Spanish foreign policy see J. M. Armero, *Política exterior de España en la democracia* (Espasa, 1989) or B. Pollock, *The paradox of Spanish foreign policy* (F. Pinter, 1987).
27 R. Cotarelo, 'La política exterior', in J. Tusell and J. Sinova (eds), *La década socialista* (Espasa, 1992) p. 226.

Suggestions for further reading

The most challenging, thorough and up-to-date work on Franco and his period is P. Preston, *Franco. A biography* (HarperCollins, 1993). Very concise and informative studies are to be found in J. P. Fusi, *Franco. A biography* (Unwin Hyman, 1987) and S. Ellwood, *Franco* (Longman, 1994). In Spanish, J. Tusell, *La España de Franco* (Historia 16, 1989) offers a very readable global assessment of the Franco years.

The Spanish transition from dictatorship to democracy has generated thousands of publications. Among the historical studies, R. Carr and J. P. Fusi, *Spain. Dictatorship to democracy* (George Allen and Unwin, 1979) is one of the most illuminating. P. Preston, *The triumph of democracy in Spain* (Methuen, 1986) provides a detailed narrative of the period stretching from the Carrero years to the first socialist victory in 1982. J. de Esteban and L. López Guerra, *La crisis del estado franquista* (Labor, 1977) is arguably the best explanation of the long-term lack of viability of the Francoist regime.

Theoretical studies of the transition can be found in L. García San Miguel, *Teoría de la transición. Un análisis del modelo español, 1973–1978* (Editora Nacional, 1981); R. Morodo, *La transición política* (Tecnos, 1984); V. Pérez Díaz, *The return of civil society. The emergence of democratic Spain* (Harvard University Press, 1993); M. Redero (ed.), *La transición a la democracia en España* (M. Pons, 1994).

For a comparative approach which places the Spanish experience in a wider international context see J. Santamaría (ed.), *Transición a la democracia en el sur de Europa y América Latina* (C.I.S., 1982); G. Pridham (ed.), *The new Mediterranean democracies* (F. Cass, 1984); A. Williams (ed.), *Southern Europe transformed. Change in Greece, Italy, Portugal and Spain* (Harper and Row, 1984); G. O'Donnell et al., *Transition from authoritarian rule (Southern Europe)* (Johns Hopkins University Press, 1986).

Among the more recent assessments of the process of democratic change and consolidation in Spain two stand out for their breadth and scientific rigour: J. F. Tezanos, R. Cotarelo and A. de Blas (eds), *La transición democrática española* (Sistema, 1989) and R. Cotarelo (ed.), *Transición política y consolidación democrática* (C.I.S., 1992) whilst S. Juliá, J. Pradera and J. Prieto (eds), *Memoria de la transición* (Taurus, 1996), though journalistic in approach, is enjoyable and informative.

Constitutional and institutional studies are often dry and legalistic, but R. Tamames, *Introducción a la constitución española* (Alianza, 1980) succeeds in making the 1978 Constitution intelligible to the non-expert. Something similar can be said of the wider and more ambitious work by J. García Morillo, *La democracia española* (Alianza, 1996). Clarification of constitutional issues can be obtained by reference to J. Fernández Vega and J. Mariscal de Gante, *Diccionario de la Constitución* (Planeta, 1983). P. Heywood, *The government and politics of Spain* (Macmillan, 1995) offers an excellent analysis of the institutional framework and the political processes in the new Spanish democracy. Some useful factual information can be gleaned from M. Newton, *Institutions of modern Spain* (Cambridge University Press, 1997).

Of the main protagonists in the transition, King Juan Carlos is the one who has attracted by far the greatest attention. Among the many publications about his life one can single out P. Nourry, *Juan Carlos. Un rey para los republicanos* (Planeta, 1986); C. Powell, *El piloto del cambio* (Planeta, 1991) and J. L. de Vilallonga, *El Rey* (Plaza y Janés, 1993) – the latter written in rather sycophantic tones. Suárez has not fared so well. The best biography, though in many ways a rather harsh one, is still G. Morán, *Adolfo Suárez. Historia de una ambición* (Planeta, 1979). On T. Fernández-Miranda see J. L. Alcocer, *Fernández-Miranda: Agonía de un Estado* (Planeta, 1986), and P. Fernández-Miranda and A. Fernández-Miranda, *Lo que el Rey me ha pedido* (Plaza y Janés, 1995) – the latter extremely well-documented, though partly marred by the family ties between the authors and their subject.

Spain has had seven general elections in the last twenty years. The press offers excellent coverage of all of them. H. Penniman and E. Mujal León (eds), *Spain at the polls* (Duke University Press, 1986) provides an analysis of the first three elections, as does, in Spanish, M. Caciagli, *Elecciones y partidos en la transición española* (Siglo XXI, 1986). The important October 1982 election is exhaustively covered in J. J. Linz and J. R. Montero (eds), *Crisis y cambio: Electores y partidos en la España de los años ochenta* (C.E.C., 1986). The electoral system and electoral processes, with an historical perspective and the 1996 election coming up, are analysed in M. Martínez Cuadrado, *La democracia en la España de los años noventa* (Ariel, 1996).

On the formation of a party system in the new democracy see J. J. Linz et al., *Informe sociológico sobre el cambio político en España* (Euramericana, 1981), and R. Gunther, G. Sani and G. Shabad, *Spain after Franco. The making of a new competitive party system* (University of California Press, 1986). In F. Jacobs, *Western European political parties* (Longman, 1989) detailed and accurate information about individual parties can be found. The best study of the UCD is C. Huneeus, *La Unión de Centro Democrático y la transición a la democracia en España* (Siglo XXI, 1985). For an insider's view consult E. Attard, *Vida y muerte de UCD* (Planeta, 1983).

On Alianza Popular, R. de la Cierva, *La derecha sin remedio* (Plaza y Janés, 1987) is rather controversial. More objective and scholarly are L. López Nieto, *Alianza Popular: Estructura y evolución electoral de un partido conservador (1976–1982)* (Siglo XXI, 1988), and J. R. Montero, 'More than conservatism, less than neo-conservatism: Alianza Popular in Spain', in B. Givin (ed.), *The transformation of contemporary conservatism* (Sage, 1988).

On the PCE see E. Mujal-León, *Communism and political change in Spain* (Indiana University Press, 1983); D. S. Bell, 'The Spanish Communist Party in transition', in D. S. Bell (ed.), *Democratic politics in Spain* (F. Pinter, 1983); J. Amodia, 'Requiem for the Spanish Communist Party' in D. S. Bell, *Western European communists and the collapse of communism* (Berg, 1993). The numerous works by S. Carrillo are an invaluable source, especially his recent *Memorias* (Planeta, 1993).

The bibliography dealing with the PSOE is very extensive. R. Gillespie, *The Spanish Socialist Party. A history of factionalism* (Clarendon Press, 1989) is the best source available in English. E. Díaz, *Socialismo en España. El partido y el estado* (Alhambra, 1982) is brief, perceptive and highly recommended. See also D. Share, *Dilemmas of social democracy. The Spanish Socialist Workers Party in the 1980s*, and J. Amodia, 'A victory against all the odds. The declining fortunes of the Spanish Socialist Party', in R. Gillespie (ed.), *Mediterranean politics* (F. Pinter, 1994). The long years of socialist rule in Spain have received a great deal of attention. A rather favourable assessment can be found in C. Alonso Zaldívar and M. Castells, *Spain beyond myths* (Alianza, 1992), and A. Guerra and J. F. Tezanos, *La década del cambio* (Sistema, 1992). A more critical view is offered by J. Tusell and J. Sinova, *La década socialista. El ocaso de Felipe González* (Espasa, 1992), and by I. Sotelo, *Los socialistas en el poder* (Ediciones El País, 1986), or his more recent *El desplome de la izquierda* (Akal, 1994).

Catalonia and the Basque Country, with their more clearly defined identity and their greater economic and cultural weight, have tended to monopolize the interest of scholars in the area of regional autonomy and nationalism in Spain. C. Mar-Moliner and A. Smith (eds), *Nationalism, and the nation in the Iberian peninsula* (Berg, 1996) looks at the historical roots of the problem and discusses in depth the question of language and national identity. J. P. Fusi (ed.), *España: Las autonomías* (Espasa, 1989) offers a good descriptive chapter on each of the seventeen autonomous communities. Brief but extremely clear pictures of Catalan and Basque nationalism are provided by A. Balcells, *El nacionalismo catalán* (Historia 16, 1991) and F. Garcia de Cortázar and J. Manuel Azcona, *El nacionalismo vasco* (Historia 16, 1991). The complex issues of Basque terrorism are analysed in R. P. Clark, *The Basque insurgents: ETA 1950–1980* (University of Wisconsin Press, 1983), J. Sullivan, *ETA and Basque nationalism: The fight for Euskadi* (Routledge, 1988), and P. Unzueta, *Los nietos de la ira. Nacionalismo y violencia en el País Vasco* (Ediciones El País, 1988).

Spain's foreign policy is covered by some of the publications already mentioned, such as *Spain beyond myths, La década del cambio* or *La década socialista*. B. Pollack, *The paradox of Spanish foreign policy* (F. Pinter, 1987) is the only global study available in English. In Spanish, both R. Mesa, *Democracia y política exterior* (Eudema, 1988) and J. Armero, *Política exterior de la España democrática* (Espasa, 1989) can be recommended. The thorny question of Spain's membership of NATO is analysed in P. Preston and D. Smyth, *Spain, the EEC and NATO* (Routledge and Kegan Paul, 1984).

Text 1.1

La crisis del Estado franquista

1   Parece haberse extendido la opinión de que la muerte de Franco, en noviembre de 1975, constituye un punto crítico y decisivo en la vida del país, ya que ha hecho desaparecer la principal dificultad para la instauración en España de un Régimen democrático. La solución del
5   'problema español' sería, pues, relativamente simple, y de carácter político: bastaría con sustituir un régimen autoritario por uno democrático, y todo lo demás se daría por añadidura. Además, dicho cambio sería relativamente breve. La misma noción de 'ruptura democrática', que ha alcanzado notable difusión en los últimos años, contiene un
10   carácter de 'momentaneidad', de solución inmediata.

    (. . .) La situación de crisis en que nos encontramos no es la de un mero cambio de instituciones políticas ni, exclusivamente, el paso del autoritarismo a la democracia. Se trata de una situación mucho más compleja, resultado de un conjunto de causas seculares, cuyo
15   momento actual podríamos definir de acuerdo con las siguientes características:

    – En primer lugar, se trata de la *culminación de un proceso* (iniciado antes) *de desmantelamiento del poder estatal*, que se ha traducido en todos los órdenes en una desorganización creciente de la vida del país
20   y en una inseguridad respecto al futuro. La muerte de Franco vino a coincidir con un momento crítico en este proceso, cuando los problemas políticos, de orden público, sociales, económico e internacional, se agudizaban en forma desusada en los demás países europeos. Obviamente, la muerte de Franco hizo aún más clara la
25   precaria situación del país, pero no fue, ni mucho menos, el único factor decisivo en su evolución. Las raíces de los acontecimientos posteriores estaban ya ahí, a veces desde muchos lustros antes: la escalada de violencia, de huelgas, etc., había comenzado mucho antes, y la crisis económica también.

30   – En segundo lugar, no se trata únicamente de un problema de autoritarismo *versus* democracia. La experiencia muestra que un Régimen autoritario puede ser eficiente en la resolución de los problemas económicos y sociales y, por el contrario, un Régimen democrático, aún cuando garantice en forma superior la dignidad y
35   libertad humanas, puede ser a veces absolutamente incapaz de resolver los problemas. El hecho de que en los últimos cuarenta años haya sido una dictadura la forma de gobierno, y que sus resultados hayan sido deficientes, empuja, en forma natural, a la busca de un

modelo democrático como alternativa. En este sentido, es evidente
40 que en la opinión pública, democracia y resolución de la crisis española
aparecen como conceptos emparejados. Sin embargo, al no tratarse
únicamente de una crisis política, cabe precaverse ante la ilusión de
que un mero cambio institucional – Parlamento elegido libremente,
Gobierno responsable, libertad para partidos y sindicatos – tendrá
45 efectos taumatúrgicos inmediatos. Si el cambio político no va unido a
medidas profundas de reforma sociales, administrativas, educacionales
y económicas, sus efectos serán nulos y quizá negativos sobre la crisis
actual. Pero, claro está, esas medidas son más propias de un gobierno
democrático que reaccionario.
50 – En tercer lugar (. . .) los cambios exigidos para la resolución de la
crisis española se orientan en una dirección marcada por los países
más desarrollados. Es decir, el *compromiso directo del Estado* en asegurar
a los ciudadanos, sin excepción, un nivel suficiente de bienestar,
educación y seguridad económica y jurídica, lo que supone no sólo
55 una reforma global del sistema fiscal y de Seguridad Social, al ser
racionalizado y extendido, sino también la creación de un sistema
de educación universal y la intervención activa del Estado en la
economía. (. . .)
Si esto no ocurre (. . .) aparecerá una situación conflictiva que, si
60 no es adecuadamente resuelta, puede repercutir en todo el sistema
político. Lo que importa – y esto es lo que hay que tener en cuenta
en el caso español, cara al futuro – no es el fundamento ideológico
del Régimen, sino su adecuación a las demandas sociales, tanto
valorativas y simbólicas como materiales.
65 – Como consecuencia de la profundidad y los antecedentes de la
crisis actual, no cabe, en nuestra opinión, esperar una solución rápida.
En otros países la respuesta a los problemas que hoy se plantean en
España ha exigido muchos esfuerzos y largos años. No serán un
Referéndum, ni unas elecciones libres, ni una Constitución demo-
70 crática los elementos que *por sí solos* podrán convertir de la noche a
la mañana a España en un Estado moderno. Desde luego, mucho
menos puede esperarse que una vuelta atrás pueda efectuar un
milagro, como reclaman los nostálgicos del pasado. La posición realista
es ser consciente de que España se encontrará, durante largos años,
75 en una situación de crisis, hasta que se paguen los errores de épocas
anteriores.
– Finalmente, los condicionamientos para que la situación de crisis
pueda remontarse son tan considerables que parece evidente que una
solución unilateral, impuesta o motivada dogmáticamente, resulta
80 muy improbable. Los condicionamientos sociales, económicos, militares e internacionales son de tal calibre, que sólo un compromiso
entre las múltiples partes afectadas puede hacer posible un avance

pacífico hacia la superación de los problemas del país. En este sentido, el 'desentrenamiento democrático' durante la época de Franco, la
85   atomización de los partidos políticos (que es quizá la peor herencia del Régimen) y el hábito por parte del Poder de imponer sus decisiones, sin atenerse a razones, constituyen un hándicap quizás insalvable en mucho tiempo.

(Jorge de Esteban and Luis López Guerra, *La crisis del estado franquista*, Labor, 1977, pp. 223–26.)

Ejercicios

Léxico

Explica el significado de los vocablos y expresiones siguientes:

por añadidura (l.7)	taumatúrgico (l.45)
causas seculares (l.14)	seguridad jurídica (l.54)
agudizarse (l.23)	sistema fiscal (l.55)
desusada (l.23)	repercutir (l.60)
ni mucho menos (l.25)	cara al futuro (l.62)
lustro (l.27)	de la noche a la mañana (ll.70−71)
la escalada (ll.27−28)	remontarse (l.78)
precaverse (l.42)	atenerse (l.87)

Gramática y estilo

(a) Compara el uso del condicional en el primer párrafo del artículo – 'sería' (l.5), 'bastaría' (l.6) – con el del segundo – 'podríamos' (l.15). Explica las razones para su utilización en ambos casos. ¿Se podría sustituir cualquiera de ellos por el futuro? ¿Por qué (no)?

(b) Observa los vocablos 'desaparecer' (l.3), 'desmantelamiento' (l.18), 'desorganización' (l.19), etc. ¿Qué se expresa por medio del prefijo 'des-'? Proporciona más ejemplos de vocablos formados con este prefijo. ¿Qué valores tiene?

(c) Explica el significado del adverbio 'aún' en las frases: '. . . hizo aún más clara la precaria situación del país . . .' (ll.24−25) y '. . . aún cuando garantice en forma superior . . .' (l.34). ¿Es su ortografía correcta en ambos casos?

(d) Explica la utilización de 'caber' en las frases: '. . . cabe precaverse . . .' (l.42) y '. . . no cabe . . . esperar . . .' (l.66). Conjuga el presente y pretérito de indicativo y el presente e imperfecto de subjuntivo.

(e) ¿De qué lengua proviene el vocablo 'hándicap' (l.87)? ¿Cómo se explica su acentuación? ¿Existe un vocablo castellano con el mismo significado? Defiende o condena su utilización en el texto.

Comprensión

(a) ¿Estás de acuerdo con la afirmación: 'La experiencia muestra que un Régimen autoritario . . . puede ser . . . incapaz de resolver los problemas' (ll.31–36)? Proporciona ejemplos concretos.

(b) El autor parece disputar la idea de que 'democracia y resolución de la crisis española' (l.40) sean conceptos emparejados. ¿Qué opinas tú?

(c) 'Lo que importa . . . no es el fundamento ideológico del Régimen . . .' (ll.61–63). Explica el significado de esta afirmación en el contexto del artículo y luego di si estás de acuerdo.

(d) ¿Qué entiendes por 'desentrenamiento democrático' (l.84)? ¿Y por 'atomización de los partidos políticos' (l.85)? Traduce al inglés desde 'En este sentido . . .' (l.83) hasta el final del artículo.

Preguntas orales y escritas

(a) 'La muerte de Franco constituye un punto crítico y decisivo en la vida de España' (ll.1–3). Critica o defiende esta afirmación.

(b) Los comentarios de este texto fueron escritos en los albores del posfranquismo. ¿Hasta qué punto puede decirse que los autores acertaron en sus pronósticos?

Text 1.2

Franco

1 De tanto verlas, ya no nos damos cuenta de que en muchas monedas de curso legal sigue presente su rostro y la leyenda que lo proclama 'caudillo por la gracia de Dios'. ¿Qué pensará un niño o un adolescente español de 1992 que pueda significar esa inscripción jaculatoria que
5 relaciona al severo personaje con Viriato, por una parte, y con los emperadores medievales, por otra? No resulta fácil explicar las razones por las que ese general hizo creer a muchos, y hasta llegó a creerse él mismo, lo que las monedas aún pregonan.

  El hombre de cuyo nacimiento mañana se cumplirá un siglo fue
10 reverenciado y odiado como ningún otro español contemporáneo lo fuera nunca. En eso consiste su excepcionalidad. Por lo demás, Francisco Franco fue un general golpista. Puede que fuera otras cosas, pero fue eso ante todo. Fue también un dictador que consagró la segunda mitad de su vida a un solo designio: perpetuarse en el poder
15 como fuera. Podrá discutirse sobre si eso fue bueno o malo, y para quién, pero no negarse que, si hubo otras, esa obsesión por mantenerse en el poder fue la dominante desde el fin de la guerra y la decisiva en la trayectoria del régimen por él fundado.

  Al revisionismo sobre su significación histórica puede concedérsele
20 la hipótesis de que tal vez la victoria del otro bando tampoco hubiera desembocado en una democracia liberal. Es posible. Pero carece de fundamento la pretensión de que la desembocadura de su régimen en la actual monarquía parlamentaria legitime retrospectivamente aquél. Si fuera cierto que Franco se limitó a intervenir ante una situación de
25 emergencia, pero que su intención era preparar al país para un futuro normalizado en el marco de una Europa próspera, habría intentado promover la reconciliación entre los españoles. No lo hizo en 40 años, pese a que tuvo varias ocasiones para ello y sin otro riesgo que el de tener que someterse al veredicto de las urnas o abandonar su poder
30 omnímodo.

  Pudo hacerlo tras su victoria, en 1939, o en 1945, después del triunfo de los aliados en la Segunda Guerra Mundial, lo que no sólo habría ahorrado muchos sufrimientos a sus compatriotas, sino seguramente adelantado el reencuentro de España con la modernidad
35 europea. En lugar de eso, prolongó los rasgos esenciales de un régimen fundado sobre la guerra civil, cuyos métodos, de extremada crueldad, aplicó, como gustaba decir, sin que 'le temblase el pulso': 23.000 republicanos fusilados (30.000, según otras fuentes); 270.000

encarcelados; medio millón de exiliados, de los que 150.000 no

40 regresarían nunca. La exclusión de los derrotados, la discriminación de los desafectos a la hora de ocupar cargos en la Administración e incluso en las empresas – en los periódicos, sin ir más lejos –, se prolongó durante decenios; en algunos aspectos, hasta su muerte.

La otra falacia alentada al calor del centenario es la de la con-

45 tinuidad entre aquel régimen y el actual. Su versión más necia dice que, en el fondo, franquismo y felipismo son la misma cosa: dos manifestaciones de la tradicional mentalidad autoritaria que sólo se diferenciarían en la forma de acceso al poder. Pero los rasgos compartidos que aducen como prueba – desprecio a la opinión pública,

50 resistencia a las destituciones y remodelaciones ministeriales, inquina hacia la prensa – podrían predicarse, en uno u otro momento, en uno u otro grado, de casi cualquier régimen. Y si a lo que se refiere es a características sociológicas, como, en particular, las relaciones entre gobernantes y gobernados, o entre los ciudadanos y el Estado, esa

55 continuidad existe, pero no sólo respecto al franquismo, sino a todos los sistemas políticos habidos en la España contemporánea. En resumen, esa analogía suscitada por la caverna no deja de ser una estupidez basada en la manipulación histórica.

(Artículo editorial, *El País*, 3 de diciembre de 1992.)

Ejercicios

Léxico

Explica el significado de los vocablos y expresiones siguientes:

de tanto verlas (l.1)	sin temblarle el pulso (l.37)
de curso legal (l.2)	desafectos (l.41)
el rostro (l.2)	sin ir más lejos (l.42)
la leyenda (l.2)	al calor de (l.44)
jaculatoria (l.5)	necia (l.45)
pregonar (l.8)	en el fondo (l.46)
trayectoria (l.18)	aducir (l.49)
someterse (l.29)	inquina (l.50)
urnas (l.29)	

Gramática y estilo

(a) ¿Podría achacársele un uso emotivo al demostrativo en la frase '. . . ese general' (l.7)? ¿Cambiaría su connotación si alterásemos el orden sintáctico a '. . . el general ése'?

(b)   Precisa el tiempo/modo del verbo en la frase: 'Si fuera cierto . . .' (ll.24–27) y justifica su utilización. Construye frases similares utilizando otros verbos.

(c)   Construye frases con 'cuyo/a/os/as'. ¿Qué preposición eliminan en su mayoría? Explica la utilización de la preposición 'de' en la oración: 'El hombre de cuyo nacimiento se cumplirá un siglo . . .' (ll.9–11).

(d)   Explica los usos de la preposición 'ante' en '. . . ante todo' (l.13) y '. . . ante una situación . . .' (l.24). ¿Cuáles son las diferencias de uso entre 'ante' y 'delante', 'delante de', 'en adelante'? Ejemplifícalo con distintas frases.

Comprensión

(a)   Explica, con tus propias palabras, las líneas que van desde 'Franco fue un general golpista . . .' (l.12) hasta '. . . como fuera' (l.15). Indica qué otra expresión o expresiones se podrían utilizar en lugar de 'como fuera'.

(b)   Explica el significado de las frases 'resistencia a las destituciones' (l.50) y 'remodelaciones ministeriales' (l.50).

(c)   ¿A quién puede referirse el autor del artículo cuando dice que la analogía fue suscitada 'por la caverna' (l.57)?

(d)   ¿Cree el autor que hay razones bien fundadas para afirmar que la democracia española se estableció sobre las bases que había echado el franquismo?

Preguntas orales y escritas

(a)   ¿Cómo interpretan las nuevas generaciones de españoles el recuerdo de Franco?

(b)   La obsesión por mantenerse en el poder es común a todos los políticos. Critica o defiende esta afirmación.

Text 1.3

Mensaje de la Corona

1   En esta hora cargada de emoción y esperanza, llena de dolor por los acontecimientos que acabamos de vivir, asumo la Corona del Reino con pleno sentido de mi responsabilidad ante el pueblo español y de la honrosa obligación que para mí implica el cumplimiento de las

5   Leyes y el respeto de una tradición centenaria que ahora coinciden en el trono.

    Como Rey de España, título que me confiere la tradición histórica, las Leyes Fundamentales del Reino y el mandato legítimo de los españoles, me honro en dirigiros el primer mensaje de la Corona que

10   brota de lo más profundo de mi corazón.

    Una figura excepcional entra en la Historia. El nombre de Francisco Franco será ya un jalón del acontecer español y un hito al que será imposible dejar de referirse para entender la clave de nuestra vida política contemporánea. Con respeto y gratitud quiero recordar

15   la figura de quien durante tantos años asumió la pesada responsabilidad de conducir la gobernación del Estado. Su recuerdo constituirá para mí una exigencia de comportamiento y de lealtad para con las funciones que asumo al servicio de la Patria. Es de pueblos grandes y nobles el saber recordar a quienes dedicaron su vida al servicio de un

20   ideal. España nunca podrá olvidar a quien como soldado y estadista ha consagrado toda la existencia a su servicio.

    Yo sé bien que los españoles comprenden mis sentimientos en estos momentos. Pero el cumplimiento del deber está por encima de cualquier otra circunstancia. Esta norma me la enseñó mi padre desde

25   niño, y ha sido una constante de mi familia, que ha querido servir a España con todas sus fuerzas.

    Hoy comienza una nueva etapa de la Historia de España. Esta etapa, que hemos de recorrer juntos, se inicia en la paz, el trabajo y la prosperidad, fruto del esfuerzo común y de la decidida voluntad

30   colectiva. La Monarquía será fiel guardián de esa herencia y procurará en todo momento mantener la más estrecha relación con el pueblo.

    La institución que personifico integra a todos los españoles, y hoy, en esta hora tan trascendental, os convoco porque a todos nos incumbe por igual el deber de servir a España. Que todos entiendan

35   con generosidad y altura de miras que nuestro futuro se basará en un efectivo consenso de concordia nacional. El Rey es el primer español obligado a cumplir con su deber y con estos propósitos. En este momento decisivo de mi vida afirmo solemnemente que todo mi

tiempo y todas las acciones de mi voluntad estarán dirigidos a cumplir
40 con mi deber (. . .)

Soy plenamente consciente de que un gran pueblo como el nuestro,
en pleno período de desarrollo cultural, de cambio generacional y de
crecimiento material pide perfeccionamientos profundos. Escuchar,
canalizar y estimular estas demandas es para mí un deber que acepto
45 con decisión. La Patria es una empresa colectiva que a todos compete.
Su fortaleza y su grandeza deben de apoyarse por ello en la voluntad
manifiesta de cuantos la integramos. Pero las naciones más grandes
y prósperas, donde el orden, la libertad y la justicia han resplandecido
mejor, son aquellas que más profundamente han sabido respetar su
50 propia Historia. La Justicia es el supuesto para la libertad con dignidad,
con prosperidad y con grandeza. Insistamos en la construcción de un
orden justo, un orden donde tanto la actividad pública como la privada
se hallen bajo la salvaguardia jurisdiccional. Un orden justo, igual
para todos, permite reconocer dentro de la unidad del Reino y del
55 Estado las peculiaridades regionales, como expresión de la diversidad
de pueblos que constituyen la sagrada realidad de España. El Rey
quiere serlo de todos a un tiempo y de cada uno en su cultura, en su
historia y en su tradición.

Al servicio de esa gran comunidad que es España debemos de estar:
60 la Corona, los Ejércitos de la Nación, los Organismos del Estado, el
mundo del trabajo, los empresarios, los profesionales, las instituciones
privadas y todos los ciudadanos, constituyendo su conjunto un firme
entramado de deberes y derechos. Sólo así podremos sentirnos fuertes
y libres al mismo tiempo (. . .)
65 Como primer soldado de la Nación me dedicaré con ahinco a que
las Fuerzas Armadas de España, ejemplo de patriotismo y disciplina,
tengan la eficacia y la potencia que requiere nuestro pueblo.

El mundo del pensamiento, de las Ciencias y de las Letras, de las
Artes y de la Técnica, tienen hoy, como siempre, una gran responsa-
70 bilidad de compromiso con la sociedad. Esta sociedad en desarrollo
que busca nuevas soluciones está más necesitada que nunca de
orientación. En tarea tan alta, mi apoyo y estímulo no han de faltar.

La Corona entiende también como deber fundamental el reconocimiento de los derechos sociales y económicos, cuyo fin es asegurar
75 a todos los españoles las condiciones de carácter material que les
permitan el efectivo ejercicio de todas sus libertades. Por lo tanto,
hoy, queremos proclamar que no queremos ni un español sin trabajo,
ni un trabajo que no permita a quien lo ejerce mantener con dignidad
su vida personal y familiar, con acceso a los bienes de la cultura y de
80 la economía para él y para sus hijos. Una sociedad libre y moderna
requiere la aparición de todos en los foros de decisión, en los medios
de información, en los diversos niveles educativos y en el control de

la riqueza nacional. Hacer cada día más cierta y eficaz esa participación debe ser una empresa comunitaria y una tarea de Gobierno.
85   El Rey, que es y se siente profundamente católico, expresa su más
respetuosa consideración para la Iglesia. La doctrina católica, singular-
mente enraizada en nuestro pueblo, conforta a los católicos con la
luz de su magisterio, que supone el principio de libertad. El respeto a
la dignidad de la persona religiosa es un elemento esencial para la
90   armoniosa convivencia de nuestra sociedad.

Confío plenamente en las virtudes de la familia española, la primera
educadora y que siempre ha sido la célula firme y renovadora de la
sociedad. Estoy también seguro de que nuestro futuro es prometedor
porque tengo pruebas de las cualidades de las nuevas generaciones (. . .)
95   España es un núcleo originario de una gran familia de pueblos
hermanos. Cuanto suponga potenciar la Comunidad de intereses, el
intercambio de ideales y la cooperación mutua es un interés común
que debe ser estimulado. La idea de Europa sería incompleta sin una
referencia a la presencia del hombre español y sin una consideración
100   del hacer de muchos de mis predecesores. Europa deberá contar con
España y los españoles somos europeos. Que ambas partes así lo
entiendan y que todos extraigamos las consecuencias que se derivan
es una necesidad del momento.

No sería fiel a la tradición de mi sangre si ahora no recordase que
105   durante generaciones los españoles hemos luchado por restaurar la
integridad territorial de nuestro solar patrio. El Rey asume este objetivo
con la más plena de las convicciones.

Señores Consejeros del Reino, señores Procuradores, al dirigirme
como Rey, desde estas Cortes, al pueblo español, pido a Dios ayuda
110   para todos. Os prometo firmeza y prudencia. Confío en que todos
sabremos cumplir la misión en la que estamos comprometidos. Si
todos permanecemos unidos, habremos ganado el futuro.

¡VIVA ESPAÑA!

(*Mensaje de la Corona* pronunciado en Las
Cortes el 22 de noviembre de 1975.)

Ejercicios

Léxico

Explica el significado de los vocablos y expresiones siguientes:

asumir (l.2)	un jalón (l.12)
honrosa (l.4)	un hito (l.12)
mandato (l.8)	la clave (l.13)
brotar (l.10)	estadista (l.20)

estrecha (l.31)
convocar (l.33)
incumbir (l.34)
altura de miras (l.35)
cumplir con (l.37)
competer (l.45)
entramado (l.63)

ahinco (l.65)
proclamar (l.77)
enraizada (l.87)
solar patrio (l.106)
Consejeros del Reino (l.108)
Procuradores (l.108)

Gramática y estilo

(a) ¿Con qué función se utilizan los infinitivos en las frases: 'Es de pueblos grandes y nobles el saber . . .' (ll.18–19) y 'Escuchar, canalizar y estimular estas demandas es para mí . . .' (ll.43–44)? ¿Por qué va el artículo antepuesto al infinitivo del primer caso?

(b) Estudia el significado de 'gobernación' (l.16) y 'Gobierno' (l.84). ¿Hay alguna diferencia de significado?

(c) Explica la diferencia que existe entre 'ser consciente' (l.41) y 'estar consciente'. Proporciona ejemplos similares y utilízalos para describir la diferencia de uso entre 'ser' y 'estar'.

(d) ¿Cambia de significado el vocablo 'orden' (l.48) según sea masculino o femenino? Proporciona ejemplos de otros vocablos en el que éste sea el caso.

(e) Justifica el orden sintáctico de la frase: 'En tarea tan alta, mi apoyo y estímulo no han de faltar' (l.72). Busca otras frases en el texto en el que no se ha seguido el orden sintáctico 'regular'.

(f) El Rey utiliza el tuteo en su mensaje incluso junto a fórmulas de respeto tales como: 'Señores Consejeros del Reino, señores Procuradores . . . Os prometo . . .' (ll.108–110). Justifica su uso. Compáralo con el tratamiento formal empleado en el discurso de Adolfo Suárez (Texto 1.7). Explica la utilización de las dos formas de tratamiento y da tu parecer sobre el hecho de que el tuteo esté ahora tan extendido en España.

Comprensión

(a) ¿En qué términos describe el Rey a la persona de Franco? ¿Cómo lo describirías tú?

(b) ¿Qué entiendes por 'voluntad colectiva' (ll.29–30)? ¿Y por 'voluntad manifiesta' (ll.46–47)?

(c) ¿Cómo deben entenderse las palabras: 'La institución que personifico integra a todos los españoles' (l.32)?

(d) ¿A qué alude el Rey con las palabras: '. . . permite reconocer dentro de la unidad del Reino y del Estado las peculiaridades regionales como expresión de la diversidad de pueblos que constituyen la sagrada realidad de España' (ll.54–56)?

(e)   Discute la afirmación: 'La idea de Europa sería incompleta sin una referencia a la presencia del hombre español . . .' (ll.98–99).

Preguntas orales y escritas

(a)   Interpreta las promesas democráticas contenidas en el mensaje de la Corona.

(b)   ¿Hasta qué punto cabe afirmar que el Rey Juan Carlos ha sido fiel a la herencia de Franco?

Text 1.4

Torcuato Fernández-Miranda: El taumaturgo de la transición

1   La muerte embellece las biografías. Obituarios y notas necrológicas suelen abundar en hazañas y virtudes. No puede decirse, sin embargo, que el fallecimiento de Torcuato Fernández-Miranda inspirase las plumas del recuerdo encomiástico. Sirvan de ilustración algunos

5   ejemplos. *El País* recogió y comentó la noticia con su característica sobriedad informativa. 'El ex-presidente de las Cortes, Torcuato Fernández-Miranda, falleció en una clínica de Londres', rezaba el titular de la comunicación enviada desde la capital inglesa por el corresponsal del periódico madrileño. A continuación se añadía un

10   artículo de Bonifacio de la Cuadra en el que se reconocía a Fernández-Miranda como 'hombre esencial de la transición', pero en el que también se insinuaba que 'su nombre volvía a surgir a la palestra política . . . en la boca de determinados sectores de la ultraderecha'. Por su parte, la revista *Triunfo* comentó la muerte con las finas ironías,

15   no exentas de un cruel sarcasmo, de Víctor Márquez Reviriego, para quien habría que situar la figura del político desaparecido entre 'los saduceos y los ucedeos', o lo que es lo mismo, dicho en lenguaje paladino, entre la confusión semántica y la promiscuidad política. En fin, hay que acercarse a las páginas de la prensa asturiana para hallar

20   juicios verdaderamente elogiosos, y aun en este caso, la razón del encomio no es tanto la trayectoria política de Torcuato Fernández-Miranda, cuanto el haber sido éste 'un asturiano ejemplar', según el diario *La Nueva España* de Oviedo.

      Junto a este recato necrológico es de notar también, en la mayor

25   parte de lo que se ha escrito sobre el período posfranquista, una cierta tendencia a minusvalorar o relativizar la contribución de Torcuato Fernández-Miranda al proceso transitorio. Rodolfo Martín Villa, en su libro de memorias, *Al servicio del Estado*, nos dice que fue el propio Torcuato Fernández-Miranda el que, después de haber abandonado

30   la política activa, dijo que 'la reforma había tenido un empresario, el Rey, un autor, él mismo, y un actor, Adolfo Suárez'. La oración hizo fortuna y esta distribución de papeles aparece repetida en todos los libros escritos sobre la transición. Ricardo de la Cierva recoge otra versión parecida, que dice haber oído de labios del propio Torcuato

35   Fernández-Miranda en una recepción celebrada en la Embajada de los Estados Unidos en Madrid en abril de 1979. En tal encuentro, nos

cuenta de la Cierva, Fernández-Miranda se mostró reticente respecto a Suárez, y dijo que él había sido el estratega de la transición y que Suárez había hecho el papel de táctico ejecutor.

40   De un lado la transición, como ha sido ampliamente reconocido, fue obra de élites, y entre éstas resalta sobremanera el papel del triunvirato antes mencionado: el Rey Juan Carlos, Adolfo Suárez y Torcuato Fernández-Miranda. Cada uno de ellos hizo una aportación en consonancia con su posición y capacidades. Pero a la hora de
45   sopesar la labor del Rey – labor importante sin duda alguna, importantísima, si se prefiere – se ha exagerado su relevancia hasta caer en lo que yo he llamado en más de una ocasión monarcofilia. Lo de 'motor del cambio', que un día escribiera Areilza para definir el protagonismo del Rey en la transición, se convirtió en dogma de
50   aceptación universal e incuestionable, y, por si fuera poco, ahora se ha enfatizado aún más con la nueva denominación de 'piloto del cambio', que sirve de título al libro de Charles Powell, ganador este año del premio Espejo de España.

En cuanto a Suárez, especie de maletilla político al que dio la
55   alternativa Torcuato Fernández-Miranda, cuando se vio en el ruedo, con la muleta del poder en la mano, acabó lanzando el grito aquel del torero soberbio: '¡Dejadme solo!', temeroso quizá de tener que compartir las glorias de trance tan histórico. No queriendo ser visto como mero personaje en un guión escrito por otro, decidió
60   monopolizar la obra, que bien le hubiera gustado titular 'La reforma soy yo'.

En contraste con el alto relieve concedido a uno y el protagonismo espectacular del otro, a Torcuato Fernández-Miranda le correspondió la labor callada, difícil y sin brillantez aparente del que diseña y planea,
65   del que, sin hacer directa y personalmente, posibilita y potencia la acción de otros. A esta diferencia en los papeles respectivos habría que añadir también toda una serie de rasgos personales y políticos de Torcuato Fernández-Miranda que dificultaban un protagonismo más visible por su parte.

70   Pero, lo que es más importante, el nuevo sistema político y, sobre todo, la monarquía parlamentaria en que se encarnaba, requería para legitimarse romper sus conexiones con el período histórico anterior. Y no cabe duda de que en este proceso Torcuato Fernández-Miranda representaba un pesado lastre ideológico y biográfico del que convenía
75   deshacerse. Hay quien ha querido ver en la aceptación por parte de Torcuato Fernández-Miranda de este rechazo, orillamiento u olvido, su servicio final a la Corona. Si así fue, el sacrificio debió de causarle considerable dolor y amargura.

(José Amodia, 'Torcuato Fernández-Miranda: El taumaturgo de la transición', ACIS, Vol 5, No 2, Spring 1992, pp. 40–41.)

Ejercicios

Léxico

Explica el significado de los vocablos y expresiones siguientes:

hazañas (l.2)	sopesar (l.45)
fallecimiento (l.3)	monarcofilia (l.47)
encomiástico (l.4)	por si fuera poco (l.50)
rezar (l.7)	maletilla (l.54)
el titular (ll.7–8)	dar la alternativa (ll.54–55)
el corresponsal (ll.8–9)	la muleta (l.56)
la palestra (l.12)	soberbio (l.57)
paladino (l.18)	trance (l.58)
elogioso (l.20)	relieve (l.62)
recato (l.24)	rasgos (l.67)
hacer fortuna (ll.31–32)	lastre (l.74)
oír de labios de (l.34)	orillamiento (l.76)
sobremanera (l.41)	amargura (l.78)

Gramática y estilo

(a) Fernández-Miranda hace uso del lenguaje metafórico al describir la transición: '. . . la reforma había tenido un empresario, el Rey, un autor, él mismo y un autor, Adolfo Suárez' (ll.30–31). Similarmente, el autor del artículo utiliza el lenguaje taurino para describir el papel desempeñado por Suárez. ¿Por qué han escogido hacer esto? Utiliza lenguaje metafórico – el que tú quieras – para describir una situación que te resulte familiar.

(b) Identifica el tiempo y modo del verbo en la frase: 'Sirvan de ilustración algunos ejemplos' (ll.4–5). Justifica su utilización y construye frases similares.

(c) ¿Qué tipo de verbo es 'servir' (l.4)? ¿En qué tiempos/personas se dan las irregularidades? Da ejemplos de verbos similares.

(d) El vocablo 'la palestra' (l.12) suele ser utilizado con los verbos 'subir' o 'saltar'. ¿Crees que es correcta aquí su utilización con 'surgir'? ¿Por qué?

Comprensión

(a) Trata de explicar, con tus propias palabras, la descripción que sitúa a Fernández-Miranda 'entre los saduceos y los ucedeos' (ll.16–17).

(b) ¿Qué razones explicarían las denominaciones de 'motor del cambio' o 'piloto del cambio' aplicadas al papel desempeñado por el Rey en la transición? En tu opinión, ¿están justificadas?

(c) ¿Qué opinión le merece Suárez al autor? ¿Y Fernández-Miranda?

Preguntas orales y escritas

(a) ¿Por qué crees que las personas fueron más importantes que las instituciones en el proceso democratizador?

(b) Elige uno de los protagonistas de la transición y describe su papel en la misma.

Text 1.5

Ley para la Reforma Política

1   La Ley para la Reforma Política, aprobada por las Cortes franquistas el 18 de noviembre de 1976 (lo que suponía su autodesaparición) y en referéndum el 15 de diciembre, iba a permitir construir una democracia. Este era su texto.

5   Art.1º.–1. La democracia en el Estado español se basa en la supremacía de la ley, expresión de la voluntad soberana del pueblo. Los derechos fundamentales de la persona son inviolables y vinculan a todos los órganos del Estado. 2. La potestad de elaborar y aprobar las leyes reside en las Cortes. El Rey sanciona
10   y promulga las leyes.

Art.2º.–1. Las Cortes se componen del Congreso de Diputados y del Senado. 2. Los diputados del Congreso serán elegidos por sufragio universal, directo y secreto de los españoles mayores de edad. 3. Los senadores serán elegidos en representación de las
15   entidades territoriales. El Rey podrá designar para cada legislatura senadores en número no superior a la quinta parte de los elegidos. 4. La duración del mandato (. . .) será de cuatro años. 5. El Congreso y el Senado establecerán sus propios Reglamentos y elegirán sus respectivos presidentes. 6. El presidente de las Cortes y del
20   Consejo del Reino será nombrado por el Rey.

Art.3º.–1. La iniciativa de reforma constitucional corresponderá: a) Al Gobierno. b) Al Congreso de Diputados.

2. Cualquier reforma constitucional requerirá la aprobación por la mayoría absoluta (. . .) del Congreso y del Senado. El Senado
25   deliberará sobre el texto (. . .) aprobado por el Congreso y si éste no fuera aceptado en sus términos, las discrepancias se someterán a una Comisión Mixta, bajo la presidencia de quien ostentara la de las Cortes y de la que formarán parte los presidentes del Congreso y del Senado, cuatro diputados y cuatro senadores (. . .)
30   Si esta Comisión no llegara a un acuerdo o (. . .) no mereciera la aprobación de una y otra Cámara, la decisión se adoptará por mayoría absoluta de los componentes de las Cortes en reunión conjunta de ambas Cámaras.

3. El Rey, antes de sancionar una ley de Reforma Consti-
35   tucional, deberá someter el proyecto a referéndum de la Nación.

Art.4º.–En (. . .) los proyectos de ley ordinaria, el Senado deliberará sobre el texto (. . .) aprobado por el Congreso. En caso

de que éste no fuera aceptado (. . .), las discrepancias se someterán
a una Comisión Mixta, compuesta de la misma forma que se
40   establece en el artículo anterior.

Si esta Comisión no llegara a un acuerdo o los términos del
mismo no merecieran la aprobación, por mayoría simple, de una
y otra Cámara, el Gobierno podrá pedir al Congreso (. . .) que
resuelva (. . .) por mayoría absoluta de sus miembros.

45   Art.5°.–El Rey podrá someter directamente al pueblo una
opción política de interés nacional, sea o no de carácter constitucional, para que decida mediante referéndum, cuyos resultados se impondrán a todos los órganos del Estado.

Si el objeto de la consulta se refiriera a materia de competencia
50   de las Cortes y éstas no tomaran la decisión correspondiente de
acuerdo con el resultado del referéndum, quedarán disueltas,
procediéndose a (. . .) nuevas elecciones.

DISPOSICIONES TRANSITORIAS

PRIMERA. El Gobierno regulará las primeras elecciones a Cortes
55   para constituir un Congreso de 350 diputados y elegir 207 senadores
(. . .) Los senadores serán elegidos por sufragio universal, directo
y secreto de los españoles mayores de edad (. . .) Las elecciones al
Congreso se inspirarán en criterios de representación proporcional,
conforme a las siguientes bases: 1ª Se aplicarán dispositivos correctores
60   para evitar fragmentaciones inconvenientes de la Cámara, a cuyo
efecto se fijarán porcentajes mínimos de sufragios para acceder al Congreso. 2ª La circunscripción electoral será la provincia, fijándose un
número mínimo inicial de diputados para cada una (. . .) Las elecciones
al Senado se inspirarán en criterios de escrutinio mayoritario (. . .)
65   TERCERA. Desde la constitución de las nuevas Cortes y hasta que
cada Cámara establezca su propio Reglamento, se regirán por el de
las actuales Cortes en lo que no esté en contradicción con la presente
ley (. . .)

DISPOSICION FINAL. La presente ley tendrá rango de ley Fundamental.

*Dada en Madrid, a 4 de enero de 1977. JUAN CARLOS. El presidente de
las Cortes Españolas, TORCUATO FERNANDEZ-MIRANDA Y HEVIA.*

(Texto de la Ley para la Reforma Política.)

Ejercicios

Léxico

Explica el significado de los vocablos y expresiones siguientes:

la voluntad soberana (l.6)	la potestad (l.8)
inviolable (l.7)	sancionar (l.9)

promulgar (l.10)

la legislatura (l.15)

el mandato (l.17)

someterse (l.26)

ostentar (l.27)

proceder a (l.52)

regirse (l.66)

rango (l.69)

Gramática y estilo

(a) A partir del Artículo 2°, el tiempo verbal utilizado es el futuro. ¿Por qué? ¿De qué lenguaje es típica esta utilización?

(b) Justifica el uso de la voz pasiva en la oración: 'El Presidente de las Cortes y del Consejo del Reino será nombrado por el Rey' (ll.19–20). Pásala a la voz activa. ¿Qué recursos se pueden utilizar en castellano para evitar la voz pasiva? Da ejemplos.

(c) Explica el uso del subjuntivo en la frase: 'En caso de que éste no fuera aceptado ...' (ll.37–38) ¿Qué otras expresiones cabrían bajo la misma explicación?

Comprensión

(a) Explica, con tus propias palabras, lo que son el Congreso y el Senado, las Cámaras y las Cortes.

(b) Explica el significado de las líneas: 'Si el objeto de la consulta se refiriera a materia de competencia ... procediéndose a ... nuevas elecciones' (ll.49–52).

(c) ¿En qué consiste la representación proporcional? ¿Cómo se aplicarán los criterios de la misma?

(d) ¿Puedes definir los criterios de 'escrutinio mayoritario' (l.64)?

Preguntas orales y escritas

(a) 'La Ley para la Reforma Política decía mucho con pocas palabras'. Elucida el significado de esta afirmación.

(b) La Ley para la Reforma Política fue el principio de la reforma por vía legal. ¿Qué significado tenía tal reforma y en qué se diferenciaba de la ruptura?

Text 1.6

Constitución: Título Preliminar

---

1 Artículo 1

1. España se constituye en un Estado social y democrático de Derecho, que propugna como valores superiores de su ordenamiento jurídico la libertad, la justicia, la igualdad y el pluralismo político.

5   2. La soberanía nacional reside en el pueblo español, del que emanan los poderes del Estado.

3. La forma política del Estado español es la Monarquía parlamentaria.

Artículo 2

10 La Constitución se fundamenta en la indisoluble unidad de la Nación española, patria común e indivisible de todos los españoles, y reconoce y garantiza el derecho a la autonomía de las nacionalidades y regiones que la integran y la solidaridad entre todas ellas.

Artículo 3

15   1. El castellano es la lengua española oficial del Estado. Todos los españoles tienen el deber de conocerla y el derecho a usarla.

2. Las demás lenguas españolas serán también oficiales en las respectivas Comunidades Autónomas de acuerdo con sus Estatutos.

3. La riqueza de las distintas modalidades lingüísticas de España

20 es un patrimonio cultural que será objeto de especial respeto y protección.

Artículo 4

1. La bandera de España está formada por tres franjas horizontales, roja, amarilla y roja, siendo la amarilla de doble anchura

25 que cada una de las rojas.

2. Los Estatutos podrán reconocer banderas y enseñas propias de las Comunidades Autónomas. Estas se utilizarán junto a la bandera de España en sus edificios públicos y en sus actos oficiales.

Artículo 5

30 La capital del Estado es la villa de Madrid.

Artículo 6

Los partidos políticos expresan el pluralismo político, concurren a la formación y manifestación de la voluntad popular y son

instrumento fundamental para la participación política. Su creación
35 y el ejercicio de su actividad son libres dentro del respeto a la Constitución y a la ley. Su estructura interna y funcionamiento deberán
ser democráticos.

Artículo 7
Los sindicatos de trabajadores y las asociaciones empresariales
40 contribuyen a la defensa y promoción de los intereses económicos y
sociales que les son propios. Su creación y el ejercicio de su actividad
son libres dentro del respeto a la Constitución y a la ley. Su estructura
interna y funcionamiento deberán ser democráticos.

Artículo 8
45 1. Las Fuerzas Armadas, constituidas por el Ejército de Tierra,
la Armada y el Ejército del Aire, tienen como misión garantizar la
soberanía e independencia de España, defender su integridad territorial y el ordenamiento constitucional.
2. Una ley orgánica regulará las bases de la organización militar
50 conforme a los principios de la presente Constitución.

Artículo 9
1. Los ciudadanos y los poderes públicos están sujetos a la Constitución y al resto del ordenamiento jurídico.
2. Corresponde a los poderes públicos promover las condiciones
55 para que la libertad y la igualdad del individuo y de los grupos en que
se integra sean reales y efectivas; remover los obstáculos que impidan
o dificulten su plenitud y facilitar la participación de todos los ciudadanos en la vida política, económica, cultural y social.
3. La Constitución garantiza el principio de legalidad, la jerarquía
60 normativa, la publicidad de las normas, la irretroactividad de las
disposiciones sancionadoras no favorables o restrictivas de derechos
individuales, la seguridad jurídica, la responsabilidad y la interdicción
de la arbitrariedad de los poderes públicos.

(*Título Preliminar, Constitución Española de 1978.*)

Ejercicios

Léxico

Explica el significado de los vocablos y expresiones siguientes:

Estado de Derecho (ll.2–3)	franjas (l.23)
la soberanía nacional (l.5)	la enseña (l.26)
el patrimonio (l.20)	la villa (l.30)

concurrir (l.32)

la voluntad popular (l.33)

los sindicatos (l.39)

promoción (l.40)

ley orgánica (l.49)

conforme a (l.50)

plenitud (l.57)

jerarquía normativa (ll.59–60)

irretroactividad (l.60)

sancionadoras (l.61)

interdicción (l.62)

arbitrariedad (l.63)

Gramática y estilo

(a)   ¿En qué casos introduce 'que' una oración de relativo en el texto? ¿En cuáles de ellas se puede sustituir el pronombre relativo por 'el cual/la cual/los cuales/las cuales'? ¿Por qué?

(b)   Explica la utilización de 'las demás' en 'Las demás lenguas . . .' (l.17). ¿Se podría sustituir por 'las otras'? ¿En qué ocasiones se utiliza 'lo demás'?

(c)   '. . . contribuyen a la defensa y promoción de los intereses económicos y sociales que les son propios' (ll.40–41). Escribe de nuevo esta frase, eliminando la oración de relativo con la que termina e incluyendo su significado en la oración principal. ¿En qué se diferencia el estilo de la original?

(d)   Contrasta y justifica el uso del presente y el futuro en el texto del Artículo 6.

Comprensión

(a)   ¿En qué consiste la Monarquía parlamentaria?

(b)   Explica la diferencia que existe entre 'Nación' (l.11) y 'patria' (l.11).

(c)   ¿Crees que es justo que todos los españoles tengan el deber de conocer el castellano?

(d)   ¿Qué se entiende por 'ordenamiento constitucional' (l.48)? ¿Y por 'ordenamiento jurídico' (l.53)?

(e)   Explica los principios que se recogen en el Título Preliminar de la Constitución Española.

Preguntas orales y escritas

(a)   Expón las razones por las que se estableció en España una Monarquía parlamentaria a la muerte de Franco y explica en qué se diferencia de la Monarquía que quería el propio Franco.

(b)   Expón las ventajas y desventajas de la existencia de una monarquía en la actualidad.

Text 1.7

Discurso con el que Adolfo Suárez anunció por televisión española, el 29 de enero de 1981, su decisión de abandonar la Presidencia del Gobierno y de la UCD

1   Hay momentos en la vida de todo hombre en los que se asume un especial sentido de la responsabilidad. Yo creo haberla sabido asumir dignamente durante los casi cinco años que he sido Presidente del Gobierno. Hoy, sin embargo, la responsabilidad que siento me parece
5   infinitamente mayor. Hoy tengo la responsabilidad de explicarles (. . .) las razones por las que presento irrevocablemente mi dimisión como Presidente del Gobierno y mi decisión de dejar la presidencia de la Unión de Centro Democrático.

   He llegado al convencimiento de que hoy, y en las actuales
10 circunstancias, mi marcha es más beneficiosa para España que mi permanencia en la Presidencia. Me voy, pues, sin que nadie me lo haya pedido (. . .) con el convencimiento de que este comportamiento, por poco comprensible que pueda parecer a primera vista, es el que creo que mi patria me exige en este momento.

15 No me voy por cansancio, no me voy porque haya sufrido un revés superior a mi capacidad de encaje. No me voy por temor al futuro. Me voy porque ya las palabras no parecen ser suficientes y es preciso demostrar con hechos lo que somos y lo que queremos.

   Nada más lejos de la realidad que la imagen que se ha querido dar
20 de mí como la de una persona aferrada al cargo. Todo político ha de tener vocación de poder, voluntad de continuidad y de permanencia en el marco de unos principios. Pero un político que además pretende servir al Estado debe saber en qué momento el precio que el pueblo ha de pagar por su permanencia y su continuidad es superior al precio
25 que siempre implica el cambio de la persona que encarna las mayores responsabilidades ejecutivas de la vida de la nación.

   (. . .) Pero como frecuentemente ocurre en la Historia, la continuidad en la obra exige un cambio de personas, y yo no quiero que el sistema democrático de convivencia sea, una vez más, un paréntesis en la
30 Historia de España. Trato de que mi decisión sea un acto de estricta lealtad. De lealtad hacia España, cuya vida libre ha de ser el fundamento irrenunciable para superar una historia repleta de traumas y frustraciones; de lealtad hacia la idea de un centro político que se estructure en forma de partido interclasista, reformista y progresista,

35   y que tiene comprometido su esfuerzo en una tarea de erradicación
de tantas injusticias como todavía perviven en nuestro país; de lealtad
a la Corona, a cuya causa he dedicado todos mis esfuerzos, por
entender que sólo en torno a ella es posible la reconciliación de los
españoles y una patria de todos; y de lealtad, si me lo permiten, hacia
40   mi propia obra (. . .)

Yo, por mi parte, les prometo que como diputado y como militante
de mi partido seguiré entregado en cuerpo y alma a la defensa y
divulgación del compromiso ético y del rearme moral que necesita la
sociedad española.

45   Todos podemos servir a este objetivo desde nuestro trabajo y desde
la confianza de que, si todos queremos, nadie podrá apartarnos de las
metas que, como nación libre y desarrollada, nos hemos trazado.

Se puede prescindir de una persona en concreto. Pero no podemos
prescindir del esfuerzo que todos juntos hemos de hacer para construir
50   una España de todos y para todos.

Por eso no puedo permitirme ninguna queja ni ningún gesto de
amargura. Tenemos que mantenernos en la esperanza, convencidos
de que las circunstancias seguirán siendo difíciles durante algún
tiempo, pero con la seguridad de que si no desfallecemos vamos a
55   seguir adelante.

Algo muy importante tiene que cambiar en nuestras actitudes y
comportamientos. Y yo quiero contribuir, con mi renuncia, a que
este cambio sea realmente posible e inmediato.

Debemos hacer todo lo necesario para que se recobre la confianza,
60   para que se disipen los descontentos y los desencantos. Y para ello es
preciso convocar al país a un gran esfuerzo. Es necesario que el pueblo
español se agrupe en torno a las ideas, a las instituciones y a las
personas promovidas democráticamente a la dirección de los asuntos
públicos.

65   Los principales problemas de España tienen hoy el tratamiento
adecuado para darles solución. En UCD hay hombres capaces de
continuar la labor de gobierno con eficacia, profesionalidad y sentido
del Estado, y para afrontar este cambio con toda normalidad. Les pido
que les apoyen y que renueven en ellos su confianza para que cuenten
70   con el necesario margen de tiempo para poder culminar la labor
emprendida.

Deseo para España, y para todos y cada uno de ustedes y de sus
familias, un futuro de paz y bienestar. Esta ha sido la única justificación
de mi gestión política y va a seguir siendo la razón fundamental de mi
75   vida. Les doy las gracias por su sacrificio, por su colaboración y por
las reiteradas pruebas de confianza que me han otorgado. Quise co-
rresponder a ellas con entrega absoluta a mi trabajo y con dedicación,
abnegación y generosidad. Les prometo que donde quiera que esté

me mantendré identificado con sus aspiraciones. Que estaré siempre
80   a su lado y que trataré, en la medida de mis fuerzas, de mantenerme
en la misma línea y con el mismo espíritu de trabajo.
Muchas gracias a todos y por todo.

Ejercicios

Léxico

Explica el significado de los vocablos y expresiones siguientes:

llegar al convencimiento (l.9)	diputado (l.41)
a primera vista (l.13)	las metas (ll.46–47)
un revés (l.15)	queja (l.51)
capacidad de encaje (l.16)	gesto (l.51)
aferrarse (l.20)	desfallecer (l.54)
en el marco de (l.22)	renuncia (l.57)
irrenunciable (l.32)	afrontar (l.68)
repleta (l.32)	entrega (l.77)

Gramática y estilo

(a)   Justifica la repetición del verbo en el mismo párrafo: 'No me voy por
cansancio, no me voy porque haya sufrido un revés . . . No me voy por
temor al futuro. Me voy porque . . .' (ll.15–17), explicando el efecto que se
desea obtener.

(b)   Explica la función que cumple 'pues' en la frase 'Me voy, pues, sin que
nadie me lo haya pedido' (ll.11–12). ¿Qué otras funciones puede tener?
Utilízalo en ejemplos de distinto tipo y trata de identificar sus efectos
expresivos en cada caso.

(c)   'Todo político ha de tener . . .' (ll.20–21), 'Pero un político . . . debe saber . . .'
(ll.22–23): aquí tenemos dos ejemplos de expresiones de obligación pero
¿implican esta obligación en el mismo grado? ¿Ves alguna diferencia entre
ellas?

(d)   Explica el uso del subjuntivo en la frase '. . . dondequiera que esté . . .'
(l.78) ¿De qué lenguaje crees que es propia la expresión 'dondequiera'?
¿De qué otra forma podrías expresar lo mismo? ¿Qué otras expresiones se
pueden formar con el operador '-quiera'?

Comprensión

(a)   Explica con tus propias palabras las cualidades que, según Suárez, debe
tener todo político. ¿Cambiarías o añadirías tú alguna?

(b)   ¿A qué puede estar refiriéndose Suárez cuando habla de '. . . una historia
repleta de traumas y frustraciones' (ll.32–33)?

(c)   ¿Qué debemos entender por '. . . un centro político que se estructure en
forma de partido interclasista, reformista y progresista . . .' (ll.33–34)?

Preguntas orales y escritas

(a)   Explica las razones del desgaste sufrido por Suárez durante los años que
ocupó la Presidencia del Gobierno.
(b)   ¿Qué consecuencias tuvo para la UCD la dimisión de Suárez?

Text 1.8

Aznar

1   Aznar tomó ayer prestada una cita clásica del maoísmo – 'el gran salto adelante' – para definir un proyecto político que ha dejado de ser un mero programa teórico para convertirse en alternativa de poder. La travesía del desierto, iniciada hace seis años, tocará a su fin el

5   próximo 3 de marzo si el PP es capaz de materializar en las urnas la notable ventaja de la que ahora goza en los sondeos de opinión.

    En un clima de euforia apenas contenida, Aznar clausuró el XII Congreso del PP con un discurso inequívocamente centrista, con continuas referencias a la necesidad de recuperar el consenso social

10   entre los españoles y un rechazo expreso del 'sectarismo' que han practicado los socialistas.

    Especialmente significativa fue la referencia a Antonio Gutiérrez, secretario de CCOO, que escuchó, entre fuertes aplausos, el compromiso de Aznar de entablar un diálogo con los sindicatos para

15   lograr un gran pacto de empleo. La propia presencia del líder de CCOO – como la de Aznar en el reciente congreso de la central – demuestra la voluntad de ambas organizaciones de mantener unas relaciones fluidas en el marco del respeto a sus profundas diferencias ideológicas.

20   No tuvo la intervención de ayer novedades relevantes, pero sí quedó patente el esfuerzo de Aznar para desmarcarse de la derecha tradicional, dejando implícito el mensaje de que el PP, si gana las elecciones, no gobernará para los poderes fácticos sino que hará una política mucho más cercana al legado de Suárez y UCD.

25   ¿Será capaz Aznar de cumplir sus promesas? Tiene importantes bazas en su contra y también a su favor. En contra tiene la tradición derechista del partido, refundado por su actual presidente pero nacido para preservar la herencia franquista. El PP aglutina hoy en sus filas a militantes que simpatizan con la socialdemocracia y a otros que

30   añoran una derecha autoritaria. De ahí quizás su limitada capacidad de proyección hacia el mundo intelectual y de la cultura, puesta ayer de relieve tanto por las ausencias como, sobre todo, por algunas presencias en las filas de invitados.

    A diferencia de Francia, Italia o Austria, en España no existe ningún

35   partido de extrema derecha con un mínimo de implantación. Esta ausencia ha desplazado hacia el PP a un sector marcadamente conservador, que puede volverse contra Aznar si éste persiste en un ideario centrista.

Por primera vez desde la transición, un partido se dispone a
40 gobernar ocupando a la vez el espacio electoral del centro y la derecha.
UCD tenía a AP a un lado y al PSOE y al PCE, en el otro. Los socialistas
han gobernado con el PP a la derecha y con IU, a la izquierda. El PP
va a ocupar un gran espectro, sólo limitado por PSOE e IU en el
flanco izquierdo, reforzados probablemente por los sindicatos.
45 Este enorme espacio que ahora cubre el partido de Aznar es el que
le puede reportar la victoria en las próximas elecciones, pero a la vez
constituye el germen de una futura e hipotética fractura que el propio
líder del PP puede provocar si, como es de desear, su acción de
gobierno se decanta hacia el centro, desoyendo los cantos de sirena
50 de la derecha fáctica.
Para evitar este riesgo, Aznar ha tenido la habilidad de ir rodeándose
en la dirección del partido de un equipo homogéneo y cualificado,
que constituiría el 'núcleo duro' de un futuro Gabinete. Tras el
Congreso, Rato se perfila claramente como el responsable de la política
55 económica, Mayor Oreja parece destinado al Ministerio de Interior,
Rajoy ocuparía la cartera de Administraciones Públicas, mientras que
Cascos, Matutes, Trillo y Arenas estarían también llamados a puestos
de relieve. Se trata de un grupo de dirigentes cohesionado y leal, con
más experiencia de la que tenían los socialistas al llegar al poder.
60 Con o sin 'el turbo' del ingeniero Alvarez Cascos, el PP sale
catapultado de este XII Congreso, concebido *ad maiorem gloriam* de
Aznar, que se ha mostrado como un político de consenso, preocupado
en lanzar mensajes positivos. El 'trabajo sucio' lo han hecho el propio
Alvarez Cascos y Trillo, cuyas intervenciones se centraron en la
65 corrupción y la denuncia de los abusos del felipismo. Trillo apuntó
incluso a los orígenes de la fortuna personal de González, pidiéndole
explicaciones sobre su chalé, las cuentas de Sarasola en Panamá y
los fondos reservados cobrados por su secretaria, Pilar Navarro.
Aznar aprovechó la ocasión para hacer un llamamiento a los
70 nacionalismos moderados, con alusiones a la corresponsabilidad fiscal
y a una nueva definición del marco de competencias. Un gesto
escasamente apreciado por CiU y el PNV, que siguen desconfiando
del PP. Pujol habló ayer de 'involución autonómica' si los populares
ganan las elecciones, lo que pone de relieve que la relación con ambas
75 formaciones nacionalistas es la gran asignatura pendiente del PP,
que en este capítulo tiene mucho que aprender del talante de UCD.
Aznar se refirió también al Tratado de Maastricht, subrayando que
España cumplirá con los criterios de convergencia en la fecha prevista.
Un compromiso que difícilmente va a poder satisfacer el nuevo
80 Gobierno que salga de las urnas, que tendrá apenas año y medio para
proceder a un recorte brutal del gasto público si quiere reducir el
déficit al 3% del PIB, como exige Maastricht.

No ha habido sobre este tema – ni sobre otros – el más mínimo
debate político o ideológico en este Congreso, concebido para presentar
85   al PP y a Aznar como una alternativa moderada frente a los excesos
del felipismo. El eslogan – 'gana el centro' – y la imaginería del acto
han contribuido a realzar este mensaje que va ser el *leit motiv* de la
campaña popular frente al discurso del miedo que barajan sin recato
los dirigentes del PSOE.
90   Es, sin duda, la baza del centrismo el principal arma electoral de
Aznar y el gran compromiso que asume ante todos los ciudadanos,
sean o no votantes de su partido. El presidente del PP ha arrojado los
dados. Merece un buen resultado.

(*El Mundo*, 22 de enero de 1996.)

Ejercicios

Léxico

Explica el significado de los vocablos y expresiones siguientes:

una cita (l.1)	añorar (l.30)
la travesía (l.4)	poner de relieve (ll.31–33)
tocar a su fin (l.4)	el flanco (ll.43–44)
gozar (l.6)	reportar (l.46)
los sondeos de opinión (l.6)	el germen (l.47)
el compromiso (ll.13–14)	decantarse (l.49)
entablar un diálogo (l.14)	la cartera (l.56)
la intervención (l.20)	aprovechar (l.69)
novedades (l.20)	un llamamiento (l.69)
quedar patente (ll.20–21)	el talante (l.76)
desmarcarse (l.21)	satisfacer (l.79)
bazas (l.26)	realzar (l.87)
aglutinar (l.28)	recato (l.88)
en sus filas (l.28)	arrojar los dados (ll.92–93)

Gramática y estilo

(a)   En este artículo aparecen bastantes siglas. Léelas en voz alta: PP, UCD,
PCE, PSOE, CCOO, IU. ¿Cómo se leerían las siguientes: AVE, RENFE?
¿Se leen todas de la misma manera? ¿Por qué se doblan las letras en
algunas siglas, por ejemplo, CCOO, EEUU? ¿Crees que las siglas contribuyen
positivamente a la formación de nuevas palabras?

(b)   Estudia la perífrasis verbal utilizada en la frase: '. . . para definir un proyecto
político que ha dejado de ser un mero programa teórico . . .' (ll.2–3). ¿Qué
trata de expresarse con 'dejar de' + infinitivo? ¿Existe alguna diferencia

entre esta construcción y 'parar de' + infinitivo? ¿Se te ocurre alguna forma de expresar lo mismo sin el uso de una perífrasis? Haz frases con 'no dejar de' + infinitivo en presente, perfecto y futuro de indicativo y en subjuntivo: ¿hay alguna diferencia de matiz?

(c)　¿De qué lengua se ha tomado prestada la expresión '*leit motiv*' (l.87)? ¿Podríamos expresar la misma idea sin necesidad de recurrir a esta expresión?

(d)　'Es, sin duda, la baza del centrismo el principal arma . . .' (l.90). ¿Es 'arma' masculino o femenino? ¿Cómo podemos explicar la utilización del artículo masculino?

Comprensión

(a)　¿Por qué describe el autor del artículo el devenir del PP con la frase: 'la travesía del desierto' (l.4)?

(b)　¿A qué se refería Aznar al hablar del 'sectarismo' (l.10) practicado por los socialistas?

(c)　¿Qué entiendes por 'poderes fácticos' (l.23)?

(d)　¿Qué problemas puede acarrearle a Aznar su giro centrista? ¿Qué medidas ha tomado para tratar de minimizar los riesgos de que éstos surjan?

(e)　Explica el significado de la frase: '. . . desoyendo los cantos de sirena de la derecha fáctica . . .' (ll.49–50).

(f)　¿Qué se entiende por 'corresponsabilidad fiscal' (l.70) y por 'marco de competencias' (l.71)?

(g)　Aznar parecía no tener dudas sobre el cumplimiento, por parte de España, de los criterios de convergencia, dentro del plazo fijado. ¿Compartes su confianza?

Preguntas orales y escritas

(a)　Describe la línea de desarrollo que va desde el establecimiento de Alianza Popular en 1976 hasta el Partido Popular que lidera en la actualidad José María Aznar.

(b)　¿Qué es el centrismo? ¿Es el PP un partido de centro? ¿En qué se diferencia su centrismo del de la UCD?

(c)　'La era del socialismo en Europa está tocando a su fin'. Defiende o critica esta afirmación.

Text 1.9

España merece la esperanza

1   Hace unos días, en un programa de televisión, un periodista me interrogaba sobre el contenido del cambio que los socialistas vamos a realizar desde el Gobierno. La pregunta se prestaba a una larga exposición de las medidas que nos proponemos tomar en cada campo,

5   y que figuran en nuestro programa. Sin embargo, preferí responder con una sola frase que, a mi juicio, refleja exactamente la dimensión histórica del paso que vamos a dar el 28 de octubre: el cambio es hacer que España funcione.

    Esta formulación puede parecer a algunos poco ambiciosa, lo que

10   me parece una crítica superficial. Es posible que plantear como objetivo que el país funcione no tenga una especial significación en naciones en las que los mecanismos sociales e institucionales tienen un rodaje de muchos años, y su funcionamiento básico está garantizado cualquiera que sea la orientación política del Gobierno. En España,

15   sin embargo, a estas alturas del siglo XX, aún no hemos superado problemas elementales de funcionamiento del sistema socio-político que otros países de nuestro entorno tienen resueltos desde hace decenios, y la causa de ese retraso está, a mi juicio, en el egoísmo y la absoluta carencia de sentido del Estado que históricamente ha

20   caracterizado a la derecha española, que ha renunciado desde siempre a realizar la tarea de modernización que en los países europeos han llevado a cabo hace ya tiempo las clases dirigentes.

    Alguna vez he dicho, al ser interrogado sobre el tema de las nacionalizaciones, que lo primero que hay que hacer en España es

25   nacionalizar el propio Estado. Y hacerlo en un doble sentido: por una parte, hacer que el Estado sea considerado por los ciudadanos como algo propio y de todos, no como un poder anónimo y ajeno frente al que se siente recelo y desconfianza. En segundo lugar, lograr que quienes dirigen el aparato del Estado por delegación del pueblo no se

30   comporten como si estuviesen en un predio personal donde cualquier desmán es posible sin que nadie se escandalice por ello.

    Creo que no exagero al decir que España no funciona, entre otras cosas, porque las viejas e ineficaces estructuras de la Administración han permanecido intocadas, haciendo baldío el esfuerzo de muchos

35   de los que en ella trabajan, lo que ha permitido que nuestra Administración pública siga siendo una trinchera de privilegios y prebendas, un aparato hostil a los ciudadanos y a los contribuyentes,

porque sectores decisivos como la Seguridad Social y la empresa
pública están presididos por el derroche y la ineficacia como criterios
40   de actuación; porque el egoísmo corporativo de ciertos sectores
privilegiados está minando constantemente el impulso de solidaridad
que nuestra sociedad necesita para salir adelante, y porque los niveles
de moralidad pública están bajo mínimos desde hace demasiado
tiempo.
45   Hay muchas cosas que cambiar en España, evidentemente. Pero lo
primero es cambiar los comportamientos, modificar profundamente
el estilo con el que se ha dirigido el país hasta hoy, y simultáneamente
poner a punto la herramienta, conseguir unos aparatos públicos que
cumplan sus cometidos bajo los principios de la eficacia y de la sana
50   administración de los fondos de todos. Ello hará que los responsables
de la gobernación del país tengan credibilidad y autoridad moral,
sin las cuales la colaboración ciudadana es una entelequia. La llegada
de los socialistas al Gobierno ha de traer consigo un impulso de
regeneración pública y de esperanza colectiva, sobre las que se van a
55   sustentar nuestras realizaciones de gobierno: la lucha contra el paro,
la superación de las desigualdades, el desarrollo de la Constitución, la
política internacional, etc.
España es hoy como un vehículo situado en una pendiente y
caminando marcha atrás. Hace falta detener el retroceso, meter la
60   primera y hacer que el vehículo avance. Los conductores que hemos
tenido hasta ahora han demostrado su falta de pericia; el 28 de octubre
tenemos una nueva oportunidad de hacer que España funcione. El
conseguirlo va a depender en buena medida de la voluntad no sólo
del partido socialista, sino del conjunto del pueblo. Por eso decimos
65   que el cambio no es patrimonio del PSOE, sino que éste no es sino un
instrumento – parece que el único instrumento válido en estos
momentos –, cuya misión será articular políticamente la mayoría
social que va a apoyar el cambio en las urnas y lo va a llevar adelante,
con la colaboración de todos, después de esa fecha.
70   Al vehículo del progreso sólo se le conoce una dirección: hacia
adelante, hacia la modernidad y la justicia. Esta es precisamente la
dirección que quiere tomar la mayoría de los españoles, y por eso el
cambio es un objetivo nacional por encima de la opinión que cada
uno pueda tener sobre tal o cual medida, o sobre el ritmo que hay
75   que imprimir a la marcha. La convicción general de esta necesidad y
la realidad de que hoy es posible conseguirlo será, sin duda, un
elemento fundamental de juicio para muchos españoles que van a
contribuir con su voto el 28 de octubre a decidir en qué sentido vamos
a caminar durante los próximos años.

(Felipe González, *El País*, 8 de octubre de 1982.)

Ejercicios

Léxico

Explica el significado de los vocablos y expresiones siguientes:

prestarse (l.3)	una trinchera (l.36)
a mi juicio (l.6)	prebendas (l.37)
plantear (l.10)	el derroche (l.39)
un rodaje (l.12)	minar (l.41)
a estas alturas (l.15)	estar bajo mínimos (l.43)
entorno (l.17)	poner a punto (l.48)
decenios (l.18)	cometidos (l.49)
carencia (l.19)	entelequia (l.52)
ajeno (l.27)	sustentar (l.55)
recelo (l.28)	una pendiente (l.58)
desconfianza (l.28)	pericia (l.61)
delegación (l.29)	en buena medida (l.63)
un predio (l.30)	urnas (l.68)
desmán (l.31)	por encima de (l.73)
ineficaz (l.33)	tal o cual (l.74)
baldío (l.34)	

Gramática y estilo

(a)   Felipe González utiliza la expresión 'a mi juicio' (ll.6 y 18) en el primero y segundo párrafos. Proporciona, al menos, cinco alternativas distintas para esta expresión.

(b)   Ilustra con ejemplos la diferencia de significado, si es que la hay, de las siguientes expresiones: 'alguna vez' (l.23), 'de vez en cuando', 'alguna que otra vez', 'a veces', 'en vez de', 'a mi vez', 'una vez'.

(c)   Haz el mismo ejercicio con 'frente a' (l.27), 'al frente', 'de frente', 'enfrente'.

(d)   Explica la utilización del imperfecto en el primer párrafo y contrástala con la del pretérito que aparece en el mismo párrafo.

(e)   'Ineficaces' (l.33), 'intocadas' (l.34). Explica el significado del prefijo 'in-' e ilústralo con, al menos, diez ejemplos más. ¿Delante de qué letras sufre un cambio la ortografía de este prefijo?

Comprensión

(a)   ¿Qué se desprende de la frase: 'El cambio es hacer que España funcione' (ll.7–8)?

(b)   ¿A qué se refiere el autor cuando habla de 'los mecanismos sociales e institucionales' (l.12)?

(c)   ¿A qué achaca Felipe González el retraso del sistema sociopolítico español a principios de los años 80?

(d)   ¿Qué debemos entender por la nacionalización 'del propio Estado' (l.25)?

(e)   ¿Qué opinión le merece a González la Administración que precedió al PSOE? ¿Crees que la misma mejoró durante su Gobierno? ¿Piensas que la frase 'Vuelva Vd mañana', con la que a veces se ha descrito la Administración pública española es aplicable hoy en día?

(f)   Compara el funcionamiento de la Administración pública española con el de la de tu país.

(g)   Explica el significado de la frase: '. . . éste [el PSOE] no es sino un instrumento cuya misión será articular políticamente la mayoría social que va a apoyar el cambio en las urnas' (ll.65–68).

Preguntas orales y escritas

(a)   Este artículo fue publicado tres semanas antes de la primera victoria electoral del PSOE. Analiza los años de gobierno socialista a la luz de lo que en él se dice.

(b)   ¿Qué han hecho los socialistas para que 'España funcione' (l.8)?

Text 1.10

Eurocomunismo y Estado

1   En la política al uso, hasta en un país como España, que sale penosa
e inciertamente de cuarenta años de dictadura, los partidos políticos
– no el nuestro – acuden a todos los trucos que tácticamente les
ayuden a erguirse y afirmarse, sin embarazarse demasiado por los
5   principios. A esos partidos se les perdona y disculpa todo; se les
admiten esos métodos como de buena ley puesto que se parte del
principio de que, aunque ganen, no van a modificar el sistema
social. En cambio sobre los comunistas están plantados los focos de
la atención general; con nosotros no existe esa tolerancia. Se sabe
10   que nos proponemos cambiar el sistema social, puesto que no hacemos misterio de ello. Y muchos temen que destruyamos también
irreversiblemente las libertades políticas y anulemos los derechos de
la oposición, puesto que otros partidos comunistas lo han hecho así
en los países donde han triunfado.

15   Para las vías que nos proponemos – la conquista de un socialismo
que mantenga y enriquezca, dándoles además nueva dimensión
económica y social, las libertades democráticas políticas y los derechos
humanos, que son un logro histórico irrenunciable del progreso
humano –, para la realización de ese ideal no basta con que nos
20   desembaracemos de algunas fórmulas acuñadas por nuestros teóricos
– como la de *dictadura del proletariado* – ni que afirmemos nuestro
respeto por el juego democrático. Hace falta un análisis global de la
sociedad capitalista desarrollada de hoy y su contexto mundial; de las
consecuencias del progreso de los medios de producción y las nuevas
25   estructuras sociales que ha promovido. Se impone, particularmente,
el estudio del Estado actual y, sobre todo, de las posibilidades de
transformarlo por una vía democrática, e, igualmente, la profundi-
zación crítica de las ideas del marxismo.

Mientras no elaboremos una concepción sólida sobre la posibilidad
30   de democratizar el aparato de Estado capitalista, transformándole
así en una herramienta válida para construir una sociedad socialista, sin necesidad de destruirle radicalmente, por la fuerza, o bien
se nos acusará de tacticismo, o bien se nos identificará con la
socialdemocracia.

35   Porque el aparato del Estado, en su conjunto, sigue siendo el
instrumento de la clase dominante, y un instrumento de mucho
cuidado. Esta es una verdad marxista. El Estado no está por encima
de las clases, no es un árbitro entre ellas, como pretende repetir una

40 ideología que se remonta, en unas u otras versiones, por lo menos hasta Hegel y que el fascismo ha llevado al extremo límite. Sin transformar el aparato del Estado, toda transformación socialista es precaria y reversible, no ya por un resultado electoral, ante el que sería lógico y natural inclinarse, sino por un golpe de fuerza de los mismos encargados de defender teóricamente la legalidad.

45 La experiencia chilena muestra que bajo el régimen de Unidad Popular, comprometido en una experiencia socialista, el aparato del Estado continuaba siendo un instrumento de dominación de los capitalistas, penetrado además profundamente por el imperialismo norteamericano, sus servicios y sus multinacionales. Este aparato dio 50 *la vuelta a la tortilla*, abolió la constitución democrática y estableció una feroz dictadura militar en cuanto surgió una coyuntura favorable.

(Santiago Carrillo, *Eurocomunismo y Estado*,
Grijalbo, 1977, pp. 16–18.)

Ejercicios

Léxico

Explica el significado de los vocablos y expresiones siguientes:

al uso (l.1)	acuñadas (l.20)
penosamente (l.1)	herramienta (l.31)
acudir (l.3)	en su conjunto (l.35)
trucos (l.3)	de mucho cuidado (ll.36–37)
erguirse (l.4)	remontarse (l.39)
de buena ley (l.6)	dar la vuelta a la tortilla (ll.49–50)
los focos (l.8)	feroz (l.51)
un logro (l.18)	coyuntura (l.51)

Gramática y estilo

(a) ¿Qué tipo de verbo es 'erguirse' (l.4)? Conjúgalo en presente y pretérito de indicativo y presente e imperfecto de subjuntivo.

(b) ¿Qué tipo de verbo es 'abolir' (l.50)? ¿Cuáles de sus formas son correctas?

(c) Justifica el uso del subjuntivo en la frase: '. . . aunque ganen . . .' (l.7) ¿Qué otras expresiones introducen este tipo de oración? Da ejemplos.

(d) ¿En función de qué se utilizan los participios pasados 'comprometido' (l.46) y 'penetrado' (l.48)?

(e) Explica la utilización del gerundio en la perífrasis verbal: '. . . continuaba siendo . . .' (l.47) ¿Qué otros verbos se comportan del mismo modo? ¿Qué se expresa mediante esta construcción y cómo se diferencia de las formas contínuas o durativas?

(f)   ¿A qué tipo de lenguaje pertenece la expresión 'dar la vuelta a la tortilla' (ll.49–50)? Proporciona una alternativa más literaria para expresar la misma idea.

Comprensión

(a)   ¿Cómo se explica la diferencia de actitud hacia el PC y hacia los otros partidos?
(b)   ¿Qué entiendes por 'aparato del Estado' (l.35)?
(c)   Resume en una frase las ideas que se encierran en el segundo párrafo. Haz lo mismo con el tercer párrafo y tradúcelo luego al inglés.
(d)   ¿Estás de acuerdo con los requisitos que el autor mantiene son necesarios para que la transformación de la sociedad sea una realidad?

Preguntas orales y escritas

(a)   Este artículo se refiere al Eurocomunismo, el modelo de cambio que el PCE ofrecía en los años de la transición. ¿Qué entiendes por Eurocomunismo? ¿Cómo se explica su desaparición?
(b)   ¿Qué consecuencias tuvo para el PCE el Eurocomunismo?

Text 1.11

Programa de Izquierda Unida: Elecciones generales, marzo 1996

1 Existe otro modelo, tradicionalmente defendido por la izquierda y
los nuevos movimientos sociales que, en gran medida, recogido en
nuestro texto constitucional, se define por el pleno empleo, por unos
derechos de ciudadanía social de carácter universal, por el man-
5 tenimiento y defensa de un sistema público de pensiones suficiente,
por un sector público fuerte y con poder real para planificar democráticamente la economía, solidario con el tercer mundo. Un modelo
social impulsor de otro tipo de desarrollo humano y sostenible.

Ciertamente este modelo exige y necesita de otra correlación de
10 fuerzas, necesita sindicatos fuertes y con capacidad de intervención
político-social, de movimientos sociales y ciudadanos articulados y
con propuestas definidas, de Instituciones Locales que dinamicen el
territorio y promuevan poderes sociales y de una izquierda dotada de
una estrategia realista y transformadora. Este modelo social exige
15 también de una democracia participativa concebida como un instrumento de autoorganización de control de las poblaciones en lo
público, que no cabe confundir con lo estatal.

La mayoría de los hombres y mujeres de izquierda aspiramos a este
modelo, queremos este modelo y, por ello, hay que optar. La única
20 fuerza política que defiende programáticamente este modelo de
sociedad y que está en disposición de impulsar las alianzas sociales y
políticas para conseguirlo es Izquierda Unida, y la garantía de que se
frene el modelo de inseguridad que se está imponiendo y de que pueda
avanzar el modelo solidario es Izquierda Unida. Cuando hablamos de
25 programa nos referimos no a la suma de buenas intenciones, sino a
un conjunto articulado y coherente de medidas posibles y practicables
en la realidad social y legal de nuestro país.

Para la izquierda, la política es un proyecto colectivo de transformación social. IU nunca ha tratado de acceder al gobierno a cual-
30 quier precio, ni mucho menos intercambiando programa por poder
en las instituciones. Tampoco hemos pretendido estar en la oposición
por la oposición. Nuestra opción es más concreta y precisa: queremos
gobernar para transformar, gobernar para cambiar efectivamente
nuestra sociedad. Siempre hemos estado abiertos a esta posibilidad y
35 lo seguiremos estando en el futuro. Es más: estamos convencidos de
que IU será una fuerza determinante política y socialmente tras las
elecciones.

Muchos de los que después se rasgaron las vestiduras ante tanto escándalo y corrupción, habían exigido de IU, para ganar credibilidad
40 e influencia, – se decía –, llegar a acuerdos con el PSOE aun a costa de sustanciales rebajas programáticas. Luego ha ocurrido lo que todos sabemos. El problema, ante el cual los hombres y mujeres de izquierdas deben reflexionar hoy, es el siguiente: ¿Qué habría ocurrido si IU se hubiese comprometido en la gestión con el PSOE con una concreción
45 programática débil y eludiendo la lucha por la regeneración democrática del país? ¿Qué futuro tendría la izquierda? ¿Quién habría traducido políticamente la lucha social, la ilusión y la esperanza en una nueva política?

Dignidad de la izquierda, defensa de su patrimonio moral e in-
50 telectual, lucha sistemática por dar voz y apoyo a los que no tienen poder en esta sociedad e iniciativa política definen el tipo de trabajo que IU ha realizado y realizará después de las elecciones generales.

Ahora, como siempre todo dependerá de los hombres y mujeres que siguen apostando conscientemente por cambiar esta sociedad. IU
55 está disponible.

(Julio Anguita, *Programa de Izquierda Unida: Elecciones generales, marzo 1996*, pp. 5–6.)

Ejercicios

Léxico

Explica el significado de los vocablos y expresiones siguientes:

en gran medida (l.2)	a costa de (ll.40–41)
pensiones (l.5)	comprometerse (ll.43–44)
dotar (l.13)	la gestión (l.44)
impulsar (l.21)	eludir (l.45)
frenar (l.23)	apoyo (l.50)
a cualquier precio (ll.29–30)	apostar (l.54)
rasgarse las vestiduras (l.38)	

Gramática y estilo

(a) '... este modelo exige y necesita de otra correlación de fuerzas, necesita sindicatos fuertes ...' (ll.9–10), '... exige también de una democracia participativa ...' (ll.14–15). Explica la utilización de la preposición 'de' tras 'necesitar' y 'exigir' en los casos en los que aparece. Construye frases con ambos verbos con y sin la preposición 'de'. ¿Cuál es la diferencia?

(b) ¿Qué significa la frase: 'estar en la oposición por la oposición' (ll.31–32)? Construye frases similares.

(c) Propón distintas alternativas para la frase: 'Es más, . . .' (l.35).

(d) Expón la diferencia entre 'ante' (l.38), 'antes' y 'adelante'. Da ejemplos.

(e) Explica la utilización del gerundio en la frase: ¿'Qué habría ocurrido si IU se hubiese comprometido . . . con una concreción programática débil y eludiendo la lucha?' (ll.43–45).

Comprensión

(a) Explica lo que se entiende por 'derechos de ciudadanía social de carácter universal' (l.4).

(b) Con tus propias palabras, explica los objetivos del programa de IU.

(c) ¿Qué quiere decir Julio Anguita con: 'Este modelo social exige también de una democracia participativa concebida como un instrumento de auto-organización de control de las poblaciones en lo público que no cabe confundir con lo estatal' (ll.14–17)? Traduce luego las mismas líneas.

(d) Contesta las preguntas que se hace el autor desde: '¿Qué habría ocurrido si IU se hubiese comprometido . . . ?' (ll.43–44) hasta el final del párrafo.

Preguntas orales y escritas

(a) Explica las relaciones entre el Partido Comunista de España e Izquierda Unida.

(b) ¿Por qué parece ser tan difícil cualquier acuerdo entre IU y los socialistas?

(c) Analiza la evolución de IU durante los últimos 10 años.

Text 1.12

El Estado de las Autonomías consolidado

1 Desde el primer momento los socialistas apostamos porque el proceso
democratizador estuviese ligado a la instauración de un modelo de
Organización Territorial fuertemente descentralizado. El proceso,
medido desde la perspectiva que nos dan estos años, ha sido de sin-
5 gular envergadura, rápido y racional. Podemos calificarlo como un
verdadero proceso de aceleración histórica, que ha recuperado en
escasos años el tiempo no aprovechado en las etapas precedentes.

El marco consensuado en que se movió la redacción de la Constitución ha presidido todo el desarrollo normativo ulterior, como
10 no podía ser menos. La Organización Territorial del Estado ha sido,
es, y debe ser, motivo de permanente consenso. De la aceptación
permanente, por todos, del modelo y de su desarrollo depende la
eficacia del sistema.

Desde la perspectiva de los socialistas que han trabajado en las
15 Comunidades Autónomas, hay que hacer notar el importante esfuerzo
realizado desde un primer momento, en las etapas preautonómicas,
para hacer posible la constitución de un sistema capaz de solucionar
los litigios y contenciosos históricos, o de generar nuevas esperanzas
en pueblos que demandaban de sus legítimos representantes una
20 mayor y más cercana preocupación por lo inmediato. Los socialistas
acogimos con entusiasmo esa idea-fuerza institucionalizadora de
nacionalidades o creadora de nuevos entes regionales, aun sin
referente institucional en el pasado, que dando impulso a la naciente
democracia, constituían la base territorial de la nueva España
25 constitucional. De este modo, es necesario recordar que el primer
acuerdo del Gobierno socialista en 1982 fue la petición al Congreso
de la tramitación urgente de los Estatutos de Autonomía pendientes.

Los socialistas, desde los diversos niveles de responsabilidad, tanto
en lo autonómico como en lo local o central, contribuimos al
30 nacimiento del nuevo mapa territorial, desde una perspectiva de
racionalidad, coherencia y responsabilidad.

El que las elecciones autonómicas de 1983 hicieran recaer en los
socialistas la gobernación de 12 de las 17 Comunidades Autónomas,
permitió sin duda un desarrollo más coordinado, completo y rápido
35 del proceso. El PSOE se convirtió en el verdadero impulsor del sistema
institucional. Hubo que formar los nuevos gobiernos, buscar sedes
permanentes donde alojar las Consejerías y el resto de las instituciones,
crear, en definitiva, una Administración que además de recibir traspaso

de servicios importantes tenía que darse a conocer al ciudadano y
40 empezar a generar los servicios que la sociedad le demandaba, a fin
de cambiar las condiciones de vida y de trabajo de los ciudadanos.

Hoy podemos decir que el Estado de las Autonomías está perfectamente asentado, aceptado por los ciudadanos y, en definitiva,
absolutamente consolidado: las Comunidades Autónomas han
45 alcanzado un elevado nivel de autogobierno y son responsables
de importantes servicios públicos, controlando ya un volumen de
gasto de 5,5 billones de pesetas. Hemos sido capaces de contribuir a la
construcción del nuevo modelo desde una perspectiva de Estado, y
desde la presencia política en todo su territorio.

50 En síntesis, los socialistas, sobre los que ha recaído en estos años
la responsabilidad de articular el funcionamiento de un Estado
descentralizado, debemos seguir reiterando la defensa del modelo
constitucional, que ha demostrado su eficacia.

Ahora bien, el proceso no ha estado exento de problemas, por lo
55 que la propia dinámica obliga, y en particular al Partido socialista, a
seguir perfeccionando todos aquellos instrumentos que el funcionamiento cotidiano del Estado demanda.

El PSOE ha mantenido una posición coherente y comprometida en
el complejo proceso autonómico, para favorecer la más importante y
60 trascendental reforma política y administrativa del Estado, atendiendo
a la singularidad de cada nacionalidad o región, tratando de incorporar éstas a la configuración de un Estado moderno integrado
por cuantas peculiaridades aportara cada Comunidad Autónoma.
Entendemos que el perfeccionamiento del sistema debe seguir sus-
65 tentándose en el consenso entre las opciones políticas democráticas.

Durante los primeros años el proceso autonómico ha estado
marcado por enfrentamientos que poco ayudaban a una implantación
sin traumas. Afortunadamente esta práctica parece haber decaído, y,
desde la lógica del mantenimiento de posturas firmes, se ha entrado
70 en dinámicas más cercanas a consensuar las discrepancias y los
conflictos. A título de ejemplo, durante 1983 fueron presentados 21
recursos de inconstitucionalidad frente a los 3 presentados en 1991.

Los socialistas a lo largo de todos estos años hemos pensado y
defendido que el desarrollo del Estado autonómico sólo era posible
75 desde el consenso. Desde esta filosofía los socialistas creemos necesario
completar su desarrollo mediante un Pacto que entendemos debe
abarcar, al menos, las siguientes cuestiones: Por un lado, establecer
un nuevo marco competencial para las CC.AA. del art. 143. Por otro,
un sistema de financiación estable, y, por último, perfeccionar los
80 mecanismos de cooperación existentes para lograr una dinámica
efectiva de coordinación y cooperación entre las Comunidades Autónomas y el Estado.

En el debate para avanzar hacia ese acuerdo, los socialistas seguimos defendiendo la lealtad a un proyecto de España que se enmarca en las
85 tradiciones más democráticas y progresistas de nuestro país, el desarrollo del Estado de las Autonomías con una clara delimitación de los poderes que corresponden a la Administración del Estado y a las Autonómicas, que implique también una clarificación de las obligaciones que tiene cada parte en el terreno de la coordinación y,
90 finalmente, el avance decidido hacia el establecimiento de más amplios poderes para las Corporaciones Locales.

(PSOE, 'El Estado de las autonomías consolidado',
Tiempo de Progreso, 1992.)

Ejercicios

Léxico

Explica el significado de los vocablos y expresiones siguientes:

estar ligado (l.2)	impulsor (l.35)
envergadura (l.5)	sedes (l.36)
escasos (l.7)	Consejerías (l.37)
etapas (l.7)	traspaso (l.38)
la redacción (l.8)	estar asentado (ll.42–43)
no podía ser menos (l.10)	en síntesis (l.50)
litigios (l.18)	cotidiano (l.57)
contenciosos (l.18)	atender a (ll.60–61)
acoger (l.21)	decaer (l.68)
ente (l.22)	a título de (l.71)
naciente (l.23)	recursos (l.72)
la tramitación (l.27)	abarcar (l.77)

Gramática y estilo

(a) Analiza la utilización de la preposición 'desde' a través del artículo. Explica sus usos. ¿Se puede hablar de un abuso de su utilización en este texto?

(b) '... los socialistas apostamos porque...' (l.1): ¿Te parece correcta la utilización de 'porque' aquí? Explica las diferencias de uso entre las expresiones: porque, por qué, porqué.

(c) Busca en el texto todas las expresiones de obligación utilizadas. Añade otras que conozcas pero que no figuren. Haz frases con ellas y explica la diferencia de matiz, si es que existe alguna.

(d) ¿De dónde se deriva el adjetivo 'naciente' (l.23)? A este tipo de adjetivos también se los conoce como participios activos. ¿Puedes pensar en otros? ¿Qué es lo que expresan?

(e) Proporciona sinónimos para la expresión: 'En síntesis . . .' (l.50).

(f) Explica la utilización de los gerundios en las frases: 'El PSOE ha mantenido una posición coherente y comprometida en el complejo proceso autonómico . . . atendiendo a la singularidad de cada nacionalidad o región, tratando de incorporar éstas a la configuración de un Estado moderno . . .' (ll.58–62).

Comprensión

(a) Explica las ideas contenidas en las líneas: 'El marco consensuado en que se movió la redacción de la Constitución . . . como no podía ser menos' (ll.8–10).

(b) ¿A qué se está refiriendo el autor cuando habla de 'litigios y contenciosos históricos' (l.18)?

(c) ¿Qué quiere decir la frase: '. . . sin referente institucional en el pasado' (ll.22–23)?

(d) Explica, utilizando tus propias palabras, el significado de las líneas: 'Hemos sido capaces de contribuir . . . desde la presencia política en todo su territorio.' (ll.47–49).

(e) ¿Crees que el Estado de las autonomías está realmente consolidado?

Preguntas orales y escritas

(a) Describe el mapa del Estado de las autonomías.

(b) ¿Cuáles fueron los logros principales en materia autonómica durante los años de gobierno socialista?

Text 1.13

Felipe González: entrevista con Juan Luis Cebrián

1   Estamos a una década de las primeras elecciones democráticas; del comienzo de los debates sobre la Constitución; de los Pactos de la Moncloa.
Buena ocasión para describir el cuadro general de la situación de España.
   Desde hacía más de un siglo, vivíamos en un claro aislamiento
5 político y cultural, con miedo o rechazo a todo lo que venía de fuera,
sin asimilar la pérdida del imperio colonial. España estaba enquistada
en sus propias fronteras y se cocía en su propia salsa. Este aislamiento
produjo largos períodos autoritarios, le dio una fuerza relativa mayor
a las posiciones políticas de los extremos y se la quitó a las más
10 templadas, la mayoría más amplia de nuestra sociedad. Con el
aislamiento político se correspondía, también, un sistema económico
cerrado, hiperproteccionista, y perdimos el tren de la primera y de la
segunda revolución industrial.
   La década democrática ha producido una apertura al mundo
15 sin precedentes, y un cambio sustancial en las reglas de juego del
funcionamiento socioeconómico. Se ha roto el aislamiento político y
nos integramos en espacios más amplios – Europa y Occidente –, y se
pasa de un sistema hiperproteccionista a una eliminación de barreras
arancelarias y de controles burocráticos al desarrollo de las actividades
20 económicas, tratando de ganar competitividad interna y externa.
   No sólo tiene lugar una intensa dinámica de reconocimiento internacional y apertura al exterior, sino que todo ello se produce mediante
una definición de los parámetros en los que va a jugar España
internacionalmente. El factor fundamental de esta definición es el
25 ingreso en las Comunidades Europeas, en un proceso, a su vez, de
tímida reforma interna con el desarrollo del Acta Única. A partir, o
a través de esta vinculación a Europa, a España se le planteaban
también los problemas de inclusión en un sistema de paz y seguridad
compartido. Lo hemos resuelto, con las contradicciones que se
30 conocen, mediante la decisión de permanencia en la Alianza Atlántica.
   No se agotan aquí los problemas de nuestra proyección exterior,
lógicamente, pero otros de gran envergadura se han ido encauzando,
y se han ido optimizando nuestras posibilidades de acuerdo con
nuestra dimensión como país. Tenemos una potencialidad nueva,
35 como democracia, en la relación con el continente latinoamericano.
Y éste es un elemento importante del relieve que se reconoce políticamente a España en el proceso comunitario. También se han
resuelto problemas tan delicados como el establecimiento de relaciones

con Israel, manteniendo un buen clima con los países árabes. Creo
40   que es positiva nuestra relación con la gran potencia occidental,
Estados Unidos, con quien compartimos la Alianza. Ha mejorado,
asimismo, sustancialmente nuestra relación con los países del Este, y
hay fenómenos notables como la consideración que sobre el papel de
España se hace desde una gran potencia como la URSS.

45   En resumen, en política exterior, los problemas principales están
en un cauce correcto, lo que no quiere decir que no quede mucho por
hacer. Pero el trabajo se desarrolla con una orientación que, en lo
fundamental, no creo que vaya a ser modificada por ningún Gobierno.

El cambio en las reglas de juego del funcionamiento de la economía
50   se deriva, primero, de un esfuerzo interior y, segundo, de nuestra
incorporación a Europa. Empieza a notarse en España la entrada de
aire fresco, de competencia, de libertad de movimiento en la economía.
Tenemos a nuestro país creciendo a un ritmo prácticamente el doble
que la media de la Comunidad Europea, con una inflación controlada
55   en torno al 5%, espero que con tendencia a bajar, siempre lo diré
prudentemente; con una buena balanza de pagos; se ha convertido
en un país muy atractivo para la inversión de capital extranjero;
están creciendo las inversiones internas a un ritmo intenso los dos
últimos años; se está generando empleo neto en cantidades que nos
60   hubieran parecido hace dos años casi inconcebibles. Tenemos algunas
amenazas, naturalmente; no podemos descuidar la vigilancia sobre
la inflación, ni perder de vista que una balanza comercial negativa
no puede sostenerse indefinidamente. Pero podemos tener la razonable
esperanza de que al final de la década, España, además de un salto
65   considerable en la competitividad y modernización del aparato
productivo, siga por esa senda de crecimiento.

Todos éstos son factores positivos que dan una gran seguridad y
confianza hacia el interior y hacia el exterior. Quizá lo único que me
preocupe es que todavía no somos conscientes los responsables
70   políticos de que eso es así, y que a veces se reduce el alcance del
debate político. Todavía, por ejemplo, estamos sometidos a discusiones
sobre si estamos o no en la estructura militar de la Alianza Atlántica.
Uno no tiene más que coger el esquema de funcionamiento de la
Alianza, el organigrama, y ver que España y Francia no están dentro
75   de esa estructura militar, cada una con su especificidad, lo mismo
que los que están dentro de la estructura militar lo están también
cada uno con su peculiaridad; pero no estamos dentro de esa
estructura. Es un debate relativamente pequeño, como le decía, en
relación a lo que de verdad son las grandes direcciones de la política
80   exterior y de la política económica de España.

A mi juicio, queda un gran problema por resolver: es el terrorismo
y su impacto negativo sobre algunas cuestiones importantes, como la

articulación del Estado o la inserción del proyecto vasco dentro de esa evolución positiva del conjunto del país. Porque todo eso que digo de
85 un crecimiento económico a un buen ritmo, en el País Vasco no se está notando.

(Felipe González, 'Entrevista con Juan Luis Cebrián', *El País*, 8 de noviembre de 1987.)

Ejercicios

Léxico

Explica el significado de los vocablos y expresiones siguientes:

rechazo (l.5)   el relieve (l.36)
estar enquistado (l.6)   problemas delicados (l.38)
cocerse en su propia salsa (l.7)   la media de la Comunidad (l.54)
perder el tren de la revolución   tendencia (l.55)
  (ll.12–13)   amenazas (l.61)
una apertura (l.14)   descuidar (l.61)
barreras arancelarias (ll.18–19)   al final (l.64)
a su vez (l.25)   la senda (l.66)
encauzar (l.32)   inserción (l.83)

Gramática y estilo

(a) La utilización de: 'Estamos a . . .' al principio del primer párrafo puede dar lugar a confusión. ¿Por qué?

(b) Justifica la utilización del presente en las frases: '. . . nos integramos en espacios más amplios . . . y se pasa de un sistema hiperproteccionista a una eliminación . . .' (ll.17–18). El presente se mezcla en este párrafo con el perfecto. ¿Puedes explicar la razón?

(c) Ilustra, con ejemplos, las diferencias de uso entre 'sino' (l.22) y 'pero' (l.32).

(d) 'No se agotan aquí los problemas . . . otros de gran envergadura se han ido encauzando y se han ido optimizando nuestras posibilidades . . .' (ll.31–33). ¿Qué se expresa mediante el uso de estas perífrasis? ¿Se conseguiría el mismo efecto con 'venir' + gerundio?

(e) '. . . están creciendo las inversiones internas a un ritmo intenso los dos últimos años . . .' (ll.58–59). ¿Crees que la utilización de 'estar' + gerundio es correcta en este caso? ¿Por qué? Ofrece alternativas.

(f) Este texto es la transcripción de una entrevista y pone de relieve algunas de las diferencias esenciales entre la lengua hablada y la escrita. Enumera las que hayas encontrado.

Comprensión

(a) Explica las razones del aislamiento político y cultural sufrido por España.

(b) ¿De qué posiciones políticas puede estar hablando el autor cuando las define como 'las más templadas' (ll.9–10)?

(c) ¿A qué contradicciones se refiere Felipe González al hablar de la Alianza Atlántica (OTAN)?

(d) ¿En qué consiste la nueva potencialidad de España con respecto a Latinoamérica?

(e) Esta entrevista tuvo lugar en 1987. ¿Crees que las afirmaciones que hace Felipe González en las líneas que van desde: 'Tenemos a nuestro país creciendo . . .' (l.53) hasta '. . . nos hubieran parecido casi inconcebibles' (ll.59–60), son válidas en el momento actual?

Preguntas orales y escritas

(a) ¿Cómo resume Felipe González los éxitos de su política exterior?

(b) Analiza el impacto del terrorismo en los países democráticos, con especial referencia a España.

Text 1.14

El esfuerzo de todos

1 El final de nuestras negociaciones de adhesión a las Comunidades
Europeas hay que interpretarlo como una victoria del sentido común,
del sentido del compromiso y del sentido de la solidaridad; probablemente tres de los ingredientes básicos que alimentan todo el proceso
5 de ejecución de ese gran proyecto político que es la construcción de la
unión europea.

Ha sido posible finalizar nuestras negociaciones gracias al esfuerzo
y la perseverancia de todos los españoles, desde los partidos políticos
y los sindicatos hasta las organizaciones socioprofesionales y em-
10 presariales, y ha existido, por supuesto, un trabajo impresionante,
tenaz y metódico, por parte de la Administración, de los numerosos
y excelentes funcionarios que, de un modo u otro, han participado
en este empeño nacional bajo la autoridad del ministro de Asuntos
Exteriores, Fernando Morán.

15 Creo que, por primera vez en la historia, la Administración española
ha enriquecido su acervo con una experiencia valiosísima: todos
los ministerios implicados directamente han operado, a través de un
grupo de trabajo interministerial, con un alto grado de organización,
coordinación y eficacia.

20 De esta forma ha sido posible formar un bloque armónico, coherente
y perfectamente integrado, con una gran movilidad y un alto sentido
de la responsabilidad, haciendo de ese modo posible la imprescindible
globalización de nuestros intereses para afrontar la que quizá sea la
mayor operación de política exterior de España desde hace varios
25 siglos. Y ha habido, evidentemente, suerte, un factor con el cual
siempre es necesario contar.

Pero, en todo caso, nuestros esfuerzos nunca hubieran fructificado
si no hubiéramos encontrado, al llegar a la secretaría de Estado, el
enorme trabajo anterior realizado por todos los que nos han precedido
30 en esta larga negociación.

Es preciso recordar una vez más que España solicitó la apertura de
las negociaciones con la Comunidad Económica Europea el 18 de
julio de 1977, y que el comienzo formal de la negociación se produjo
dos años después, el 5 de febrero de 1979.

35 Por eso no podemos ni debemos olvidar en estos momentos el ren-
dir homenaje a los negociadores que nos han precedido, los señores
Calvo Sotelo, Punset y Bassols, así como a todos aquellos que les
acompañaron durante sus correspondientes mandatos al frente de
los equipos negociadores españoles.

40 **Hacia el porvenir**

Si nosotros hemos podido culminar ahora esta operación ha sido precisamente porque ellos la iniciaron, la echaron a andar y la hicieron progresar, llevando a cabo trabajos previos y de alcance nada despreciables hacia el acuerdo final.

45 Ante nosotros tenemos ahora, una vez salvados ciertos detalles que todavía faltan por ultimar, el panorama abierto del porvenir hacia nuestra plena participación en el ambicioso proyecto de la construcción europea. Tendremos todos los derechos de que disfrutan los ciudadanos y los Estados comunitarios, pero también tendremos

50 todas las responsabilidades que se derivan de ser miembros de pleno derecho de las Comunidades Europeas.

Quiero decir que hasta este momento, hasta el final de las negociaciones de adhesión, hemos cumplido una etapa, y que tras la firma del tratado y su ratificación por los 12 Parlamentos nacionales,

55 los españoles iniciaremos una nueva fase, instalados ya en las instituciones de Bruselas, de Estrasburgo y de Luxemburgo.

Y estoy convencido de que en esa nueva fase, y desde la experiencia adquirida, sabremos todos seguir trabajando en la elaboración de ese porvenir ya común, con el objetivo de contribuir honestamente al

60 progreso económico y a la afirmación del papel político de Europa, y, por tanto, de España.

(Manuel Marín, *El País*, 11 de abril de 1985.)

Ejercicios

Léxico

Explica el significado de los vocablos y expresiones siguientes:

la ejecución (l.5)	rendir homenaje (ll.35–36)
por supuesto (l.10)	al frente de (l.38)
tenaz (l.11)	echar a andar (l.42)
funcionario (l.12)	llevar a cabo (l.43)
empeño (l.13)	alcance (l.43)
acervo (l.16)	despreciable (l.44)
imprescindible (l.22)	salvados ciertos detalles (l.45)
solicitar (l.31)	porvenir (l.46)

Gramática y estilo

(a) Ilustra las diferencias de uso y significado entre: 'el final' (l.1), 'sinfín', 'en fin', 'al final', 'el fin', 'finalmente', 'por fin'. Construye frases con algunas de estas expresiones.

(b) Localiza en el texto todos los casos en los que el adjetivo precede al sustantivo y explica la razón en cada uno de ellos.

(c) Justifica el uso del subjuntivo en la frase: '. . . quizá sea la mayor operación . . .' (ll.23–24). ¿Podría pasarse al indicativo? ¿Qué otra expresión sinónima tiene las mismas características?

(d) ¿Cómo explicarías el subjuntivo en la frase: '. . . nuestros esfuerzos nunca hubieran fructificado . . .' (l.27). ¿Podría expresarse lo mismo con un tiempo de indicativo? ¿Cuál?

(e) ¿Qué se expresa mediante la perífrasis 'echar a' + infinitivo (l.42)? ¿Hay alguna diferencia entre ésta y 'ponerse a', 'romper a' + infinitivo? Proporciona ejemplos.

(f) Explica las diferencias de uso entre 'aún', 'todavía' (l.46) y 'ya' (l.55).

Comprensión

(a) ¿Quién hizo posible, según Manuel Marín, la entrada de España en la Unión Europea?

(b) ¿Qué papel desempeñó la Administración en este proceso?

(c) ¿Por qué considera el Sr Marín como una victoria la adhesión de España a las Comunidades Europeas?

Preguntas orales y escritas

(a) ¿Qué características comparte España con los otros países miembros de la Unión Europea?

(b) 'España está mejor dentro que fuera de la Unión Europea'. Defiende o critica esta afirmación.

Part II
The Spanish Economy:
From Autarky to Integration

Teresa Lawlor

Introduction

By 1997 favourable economic results were beginning to give new momentum to the efforts to meet the European convergence criteria, established by the Treaty of Maastricht in 1991, the achievement of which would enable Spain to be amongst the first group of countries to gain entry into the European Monetary Union. The fact that Spain found itself in this position reflects an enormous modernization effort in relation to an economy which had had its earlier industrial development interrupted from 1936 to 1960, first by a civil war and then by a highly interventionist and strongly protected economic regime, which reinforced social and regional inequalities and isolated Spain from the rest of Europe. However the modernization process, achieved at a greatly accelerated rate in comparison with many other European economies, cannot conceal a number of structural problems which are, to a considerable degree, legacies from the past. Some of these will be discussed in this part and others, related to education, employment and social change, will be referred to in Part III Education and Employment, and Part IV Contemporary Spanish Society respectively. This part seeks firstly to give the reader an understanding of the different stages through which the economy has passed during the period from the end of the Spanish Civil War. It then considers in some detail the more recent activities of the different economic sectors, the role of international trade, foreign investment and regional development and their respective contributions to the overall development of the economy. Finally, the last section evaluates the performance of the economy in relation to European convergence criteria because the degree to which Spain is successful in achieving these objectives will have major economic, and also political and social consequences for the development of Spain in the early part of the twenty-first century.[1]

Stages in the Spanish economy

1939–1958: Emergence from isolation

This period, immediately after the Civil War, is characterized by the economic principles of autarky: self-sufficiency, a large degree of state intervention and strong protectionism. This policy was adopted initially as a result of the isolation in which Spain found itself during the Second World War and after 1945, because of the political and economic boycott by the United Nations countries. The policy of autarky, however, was also the product of the strong control exercised by the Franco regime in all spheres: political, social and economic.

The self-sufficiency generated a policy of import substitution which required heavy state subsidies for certain industries. At the same time imports were discouraged by heavy duties. This led to shortages, particularly of primary goods, and these years are known as '*los años del hambre*'; they were also characterized by a flourishing black market, particularly in food.

A state holding company INI (*Instituto Nacional de Industria*) was set up in 1941, in support of the policy of autarky, to provide the necessary investment when the private sector was unable or unwilling to do so. INI was also used to control and strengthen all activities related to national defence.

These policies bore few results in terms of the economy. It was to take until the beginning of the 1950s before Spain's per capita income reached pre-Civil War levels again. At the same time autarky reinforced some of the structural weaknesses which were to create problems later: outdated technology and the absence of incentives (a product of the lack of competition because of protectionism) meant that the goods produced were not competitive. Strong centralization resulted in the location of industry in the more developed areas, which caused regional imbalance. The role of INI in shoring up loss-making industries in the interests of national self-sufficiency was to establish a pattern which has to some extent continued to the present day in relation to industries in some of the more politically sensitive areas, for example mining.

Nevertheless from the beginning of the 1950s a slight improvement can be perceived. Spain's isolation had meant exclusion from the economic aid which the United States had provided to other European countries after the Second World War through the Marshall Plan. In 1951, however, the United States began to make overtures which were to result in the bilateral economic and defence agreements signed between Spain and the United States in 1953, providing economic loans and aid in exchange for the establishment of US military bases in Spain.

This marked the beginning of a greater international interest in the economy, led by the United States. The International Monetary Fund (IMF) visited Spain and international pressure was put on Spain to open up the economy. Together the IMF, the World Bank and a more technocratic government, which took over in 1957, laid the basis for the next stage of the development of the economy in the *Plan de Estabilización y Liberalización* of 1959 (henceforth referred to as the Stabilization Plan).

1959–1974: Stabilization and growth

The objectives of the Stabilization Plan were to prepare the Spanish economy for subsequent development by stabilizing prices and opening up the economy to foreign trade. Interest rates were raised, loans restricted and wages frozen. The peseta was devalued to make exports more competitive and a fixed exchange rate was introduced, replacing a variable exchange rate system and simplifying procedures. Incentives for export were introduced and the import of foreign capital began to be liberalized. The immediate result within Spain was a drop in the standard of living in 1960 but increases followed in the next few years. The balance of payments improved and this made it possible to import capital goods and technology and to begin to modernize the economy.

The Stabilization Plan was followed by a series of Development Plans (1964–67, 1968–71, 1972–75) based on the French model, compulsory for the public sector and indicative for the private sector. The main focus of the plans was to correct regional imbalance by relocating industry to a number of designated locations outside the industrialized areas of Madrid, Barcelona and Bilbao. This was done through a series of financial incentives: tax reductions and exemptions, preferential loans and subsidies.

Although the plans achieved some success, this was limited because of the excessively short implementation period for each plan, the lack of coordination in many cases between central and local government and the fragmentation arising from the large number of initiatives, resulting in insufficient finance to fund all the measures adequately.

Nevertheless between 1961 and 1973 the economy grew spectacularly, averaging 7 per cent real growth per year,[2] placing Spanish growth second only to that of Japan. This period of the Spanish economy is often referred to as the *despegue económico* or economic take-off. Growth was not due principally to the Development Plans; it was made possible by the opening up of the economy in the Stabilization Plan resulting in the growth of exports (in particular in sectors such as textiles, footwear and citrus fruit, especially oranges), of tourism, of inward foreign investment and of the remittances sent back by workers who, from 1960, had been able to emigrate to other European countries in search of work. All these factors were related to the increasing growth and prosperity of the main European economies and the United States and contributed an increasing amount of foreign currency, which put the balance of payments into a healthy surplus.

Such improvements were gradually bringing the economy up to the levels of other European countries. As a result, the first formal steps towards closer association with Europe were taken with the signing of the preferential trade agreement with the then EEC in 1970.

However, the fact that the economy relied heavily on external factors was to exacerbate the economic problems at the time of the first oil crisis or *shock petrolífero* of 1973. The full impact of the large rise in oil prices on an economy excessively dependent on oil for energy (oil represented 70 per cent of energy sources in 1973)[3] was felt a year later in Spain, in 1974. External revenue dropped as a result of the recession in Europe and the balance of payments went into deficit. The number of foreign tourists fell for the first time since 1960, inward foreign investment slowed and job cuts forced many workers to return to Spain.

Whereas other countries reacted promptly and made adjustments to their economies Spain did not do so, partly, it has been suggested, because of an underestimation of the level of impact which the oil crisis would have[4] and partly because the crisis coincided with the last days of Franco and the disintegration of the political regime.

1975–1985: The transition years

This period is dominated by the political and social changes which took place following the death of Franco in November 1975. The transitory nature of the successive governments and the associated political uncertainties meant that it was difficult for a long-term economic perspective to emerge. No government was willing to introduce the kind of severe measures which were needed to put the economy back on course and thus risk their political future. Labour costs, for example, which had been tightly controlled under Franco, increased by 30 per cent during the period 1974–78,[5] contributing to a rise in inflation of 26.4 per cent in 1977. This problematic situation was exacerbated by a growing external deficit caused by the oil crisis and by a drop in inward investment and other generators of external income as other European economies also began to cut back in reaction to the oil crisis.

It was not, therefore, until shortly after the first democratic parliamentary elections in June 1977 had introduced a degree of political stability that concerted efforts were made to deal with the economy. The proposals, initiated by the vice-president in charge of economic affairs, Enrique Fuentes Quintana, called for consensus, in the interests of democracy, from all the political parties, in adopting a series of political and economic reforms: *una política de estado y no de partido, para posibilitar el sistema democrático.*[6] These proposals became known as the Moncloa Pacts and were agreed in October 1977. The economic proposals included both measures to control the immediate problems (reduction in inflation, the external deficit and public spending) and a series of institutional reforms, which aimed to modernize the economy, focusing on the labour market, energy conservation and industrial restructuring. The success of some of the measures was immediate: the inflation level dropped from 26.4 per cent in 1977 to 16 per cent in 1978 and monetary reserves doubled. Other measures, however, were only partially implemented before the second energy crisis hit the OECD countries in 1979.

Although all the OECD countries were badly affected, the impact was worse in Spain and recovery took longer because the underlying structural problems had not been addressed and Spain was still excessively dependent on oil imports. As in 1973, the aftermath, when stringent measures were required, coincided with a period of political instability, culminating with the resignation of the prime minister, Adolfo Suárez, in January 1981, and the attempted military coup in February 1981. Once again the consolidation of the democracy was the prime objective and the climate was not favourable for the introduction of more radical economic policies.

Thus when the Socialists took over in 1982, they inherited an economy which had regressed to an annual growth rate of only 0.5 per cent, an inflation rate of 15 per cent and an unemployment rate which had risen from 7.1 per cent in 1978 to 16.2 per cent in 1982 (double the EC average).[7] Some efforts had been made at longer term planning, in the areas of industrial restructuring, energy conservation and diversification but the underlying structural problems and the lack of resources to implement changes meant that their impact was limited.

The Medium-Term Economic Programme 1984–87 (subsequently extended to 1985–88) was to be the first concerted attempt to carry out the necessary adjustments. The aims were once again twofold, following the lines of the Moncloa Pacts: short-term adjustments to contain public sector spending, reduce the external deficit, and bring down inflation, and longer term institutional reforms of the labour market, energy sector and industry aimed at modernizing the economy. The Socialists set themselves the target over the four years of reducing inflation to 6 per cent and attaining a 3 per cent growth rate.

By 1983 growth had once again begun and in 1984 and 1985 the economy produced good results. By 1985, GDP growth reached 2.2 per cent. Company profits had returned to the levels attained in 1973, before the repercussions of the oil crisis were felt, and inflation was down to 8.8 per cent. The problem which was not resolved, however, was unemployment, which grew in 1985 to a record 21.9 per cent.

During this same period, negotiations for Spain's entry into the European Community were finalized and the date set for January 1986. This resulted in a considerable increase in inward investment which further improved the economy. Thus, by 1986, with Spain as a member of the European Community and a socialist government elected for a second term of office with an increased majority, the transition was over and the economy was showing clear signs of recovery.

1986–1996: Alignment with Europe

Entry into the European Community marked the beginning of a period of adaptation and harmonization. A seven-year transition period, ending in 1992, was established for almost all sectors. During this period, the process of dismantling the quotas and tariffs, which had begun intensively in the early 1970s, after the preferential trade agreement, was completed. In order to prepare for full integration with Europe a second round of industrial restructuring was undertaken for less competitive sectors of industry including steel, chemicals, shipbuilding and electrical goods. This was accompanied by wage restraint in 1986 and attempts to curb public sector spending. Measures to liberalize the economy were also introduced from 1986. These included the liberalization of prices, the further lifting of controls on foreign investment and a series of new types of labour contract. These measures were followed by the liberalization of interest rates in

1987. The economy improved, reaching a GDP growth of 5.6 per cent in 1987 (the best performance since 1973) and continued to grow.

Following accession to the EC, the process of alignment was further intensified in July 1987, when the Single European Act came into force. This established a three-stage procedure which would lead to full European Monetary Union. In June 1989 Spain formally embarked upon the first stage by joining the wide band of the European Exchange Rate Mechanism (ERM), set up to provide a more stable exchange rate for member countries.

On the 10 December 1991 Spain signed the Maastricht Treaty which ratified the three stages towards European convergence which had been established when the Single European Act was signed. The treaty laid down the criteria for convergence, the achievement of which, by 1999, would enable Spain to adopt the single European currency (see below, The Spanish economy in the 1990s: the challenges of European convergence, p. 132). In order to comply with Maastricht the Spanish government agreed a four-year convergence programme, 1992–96, in April 1992. This plan had a dual emphasis, on 'nominal' convergence (based on macroeconomic criteria related to inflation, exchange rate stability and public spending) and 'real' convergence (based on the approximation of Spain's GDP to that of the European Union). Measures designed to achieve 'real' convergence included strategies to increase employment, improve training and reduce the costs of unemployment benefit. Proposals for achieving 'nominal' convergence included measures designed to cut inflation and reduce public sector spending.

It was agreed at Maastricht that, for the four countries where the required adjustments were to be greatest (Spain, Greece, Portugal and Ireland), financial help, known as cohesion funds, would be made available. The allocation of funds was negotiated at the Edinburgh summit in December 1992 and Spain received over 50 per cent of the total. In the meantime the economy which, from the end of 1989, had showed signs of overheating, had slowed down. By the second half of 1992 it had entered a recession which was to last until the end of 1993.

The downturn in Spain mirrored the European recession, partly triggered by the Gulf War in 1990–91, but the Spanish economy felt the effect later and was hit harder. The delayed impact was due in part to the increased economic activity in construction and services, in preparation for the hosting of the World Trade Fair *Expo 92* in Seville and the Olympic Games in Barcelona in July–August 1992, which came to a sudden halt after these events had taken place. It is also suggested that German reunification and the opening up of Eastern Europe contributed to the severity of the downturn in Spain, by diverting foreign investment away from Spain to these new areas of development.

Thus, whereas the average change in GDP between 1992 and 1993 for the fifteen European Union countries was −0.6%, in Spain it reached −1.2%. By the end of 1993, however, the Spanish economy had picked up once again and by 1995 growth in GDP was 3.0 per cent, 0.5 per cent above the European Union average [see Text 2.1 La Herencia de F.G.].

The primary sector

Agriculture

In the last thirty years, as part of the process of modernizing the economy, agriculture has changed from being the most important sector in terms of employment and exports, and contributing 8.3 per cent to the GDP (average for 1964–74), to a situation in which it provided some 9.8 per cent of employment and only contributed 4.9 per cent to the GDP (1991).[8] This process of change has its parallels in other European countries (for example, France) but, in the case of Spain, it has occurred over a much shorter time span.

Traditional agricultural production consisted of cereal crops, located primarily in the large wheatfields of Castille. However, urbanization and a changing social structure (see Part IV Contemporary Spanish society), linked to greater purchasing power both in Spain and Europe, have led to changes in patterns of food consumption and the resulting development of fruit and market garden vegetables located primarily on the Mediterranean coast, in Catalonia, the Valencia region and Murcia.[9] Spain's sunny climate means that such products are ready before those of other European countries and therefore there is very high export demand early in the season. This subsector has attracted substantial investment and the introduction of new technology, combined with the development of extensive cultivation under polythene, has resulted in an increased output and made it possible for products to be ready even earlier. The most important fruits are citrus and the Valencia region is the centre of production.

Industrial crops include sugar beet, grown primarily in Andalusia and around the Ebro and Duero rivers, and tobacco which is grown in Extremadura, Andalusia and the Canary Islands. More recently sunflowers have been introduced and cultivation has developed to the point where they account for three times the combined surface area of the other industrial crops.

Livestock farming accounts for about 40 per cent of the final agricultural revenue generated, with sheep farming being the most important, followed by pig and then cattle farming. Sheep farming is located primarily in Extremadura, parts of Andalusia, Castille and Aragon while pig farming takes place throughout Spain but particularly in Extremadura, Galicia, parts of Andalusia and Castille. Cattle farming is responsible for about 10 per cent of activity. Of this, beef farming is more important, with dairy farming accounting for only a quarter.[10] Cattle farming is mainly concentrated in the northern regions of Santander, Asturias and Galicia and in Andalusia. In the north, farms have tended to be small and lack of capital has resulted in low investment in technology and, as a result, problems of competitiveness.

Wine and olive oil are also traditional products which have become important in terms of exports. Wine is produced in most parts of the country and considerable expenditure has gone into improving its quality. The best known areas are

Table 2.1. Changes in the structure of employment 1960–1995

	Agriculture	Industry*	Services
1960	41.7	31.5	26.8
1970	27.6	33.3	39.19
1975	21.7	38.2	40.1
1980	19.7	34.3	46.0
1986	16.1	31.9	52.0
1990	11.8	33.4	54.1
1995	9.6	30.7	59.7

* includes Construction
Sources: Banco de Bilbao Vizcaya, *Informe Económico* (various years) and C.E.S., *Memoria*, 1995.

Rioja and Catalonia (particularly for the sparkling white *cava*). Sherry production is located in Andalusia and most of it is exported to the UK. Spain is a leading world producer of olive oil; production is located along the whole of the Mediterranean coast, although it is more highly concentrated in Andalusia, while more recently Catalonia has begun to develop as a centre for high quality production.

Agriculture suffers from significant structural problems. A key feature is uneven land distribution. On the one hand there are very large estates (over 300 hectares), known as *latifundia*, which account for 45 per cent of the land. At the other extreme, 10.6 per cent of the land is made up of smallholdings (less than 10 hectares), known as *minifundio*. Whereas ownership of the *latifundia* is concentrated in the hands of just 0.9 per cent of owners of agricultural properties, at the other end of the scale 75 per cent of all owners are to be found in the *minifundio* category.[11] Many of the smallholdings are too small to be viable and are farmed at a subsistence level, with very little capital input, while the large estates have traditionally remained underexploited.

A second problem of Spanish agriculture is related to the employment structure. The overall decline in employment is partly the result of industrialization, both in Spain and Europe, with a rural exodus in search of better paid and more stable jobs. Table 2.1 shows the changes in employment from 1960, with the proportion of the labour force employed in the agricultural sector declining from 41.7 per cent in 1960 to 9.57 per cent in 1995, and a shift first into industry and then into services. The rural exodus has primarily involved younger people and, as a result, the labour force left in agriculture is growing older, with only an estimated 20 per cent under 40 in the early 1990s.[12] Employment is often seasonal, so there is a lack of stability, and an estimated 40 per cent of owners of smallholdings under the age of 65 have another job as their main source of income. Therefore much of agricultural development takes place on a part-time basis.[13]

In addition problems of irrigation and water shortage give rise to low productivity. Of the total cultivable land, some 19 per cent is irrigated. From the 1950s, irrigation has been the subject of government policies. Although in some areas irrigation works well, in others the methods used tend to be old-fashioned and wasteful,[14] a result of inadequate levels of investment by both public and private sectors in recent years. To complicate this issue, in the first half of the 1990s, Spain experienced a major drought, which resulted in a drop in production.

Irrigation was one of the areas where a series of reforms were initiated in the 1950s to improve agriculture. Another was land redistribution. These reforms continued in the 1960s within a broader policy framework, which focused on a reorganization of rural Spain, known as *ordenación rural*, involving modernization through initiatives linked to the Development Plans. After the death of Franco a further series of measures were introduced, originating in the Moncloa Pacts and the 1979 Programme of Change for Spanish Agriculture. All had a similar emphasis and have improved productivity but have had little impact upon the size of holdings.[15]

A major reason for the limited impact of reforms, prior to entry into the EC, was the protected position of agriculture, with central price control and subsidies which contributed to inefficiencies in production and delayed structural reforms. This resulted in considerable problems for the less competitive sectors once the protection was removed following entry into the European Community in 1986.

Under the terms of the treaty of accession the transition period to full integration within the European Union for most sectors was set for 1992. For fruit and market garden-type vegetables (*hortalizas*), however, which were felt by some of the other European countries to constitute a particular threat to their own production, initially a ten-year integration period was foreseen. Thus, from 1986, progressive tariff reductions and increases in quotas were established to ensure a staged progression towards the full integration of Spanish agriculture. Under the Common Agricultural Policy (CAP) a system of guarantees linked to minimum and threshold prices provided financial support and this is generally felt to have been favourable for Spain.[16] The sectors of agriculture which have found it most difficult to compete have been dairy farming (which, because of the size of many of the enterprises, finds it difficult to make the economies of scale which would enable it to compete with imports from the EU, particularly from France), olive oil and wine manufacture (because of quota restrictions). Since 1994, for example, wine has been subject to proposals to restrict production, which, it is estimated, could lead to a cut of as much as 20 per cent in the area cultivated.

In 1993, after pressure from Spain, the EU agreed to full integration three years early for the products which had been initially subjected to a ten-year transition period. This was primarily beneficial for fruit and market garden vegetables. In 1992, however, the Common Agricultural Policy was reformed, with the emphasis shifting from price protection to help in achieving more efficient units of production.[17] This is proving very problematic for the less competitive sectors of Spanish agriculture [see Text 2.2 Una nueva visión estratégica de la agroindustria española].

Fishing

Spain has the largest fishing fleet in the European Community and the highest per capita consumption of fish.[18] Just under half a million people are employed in fishing and related activities and it is responsible for about 1 per cent of GDP.[19] Since the early 1970s, however, Spain has had ongoing problems in securing agreement for the fishing rights necessary to maintain this level of activity.

Discussions about fishing rights have centred on three principal geographical areas. Firstly, there have been discussions with Morocco about North African waters, where there have been a number of disagreements in the past and where a new agreement was concluded in the mid-1990s. There have also been discussions (and some tensions) with North America and Canada, culminating in the *Guerra del Fletán* (halibut war), while since the 1970s there have been ongoing negotiations with the European Community.

Spain was immediately admitted to the Common Fisheries Policy on joining the EC, with access to all Community fishing waters except Irish waters (restricted until 1996). However quotas were established for different types of fish and Spain was required to cut the fishing fleet. This has been a continuing problem. Spain has attempted to purchase additional quota entitlement from other EU members. Recent discussions, however, have put new pressure on Spain to cut the fleet further. The most badly affected area is Galicia, where most of the deep-sea fishing fleet is located.

Industry

Industrial development

At the beginning of the 1960s, the opening up of the economy through the Stabilization Plan in 1959 made it possible to import plant and machinery and hence to begin the process of modernization of manufacturing industry. This was the main vehicle for the early economic growth (although the services sector was soon to overtake it) and there was an almost uninterrupted year-on-year increase in industrial GDP until 1975.

Recession followed in the period from 1975 to 1985. The oil crises hit Spanish industry hard as the heavy dependency on imported energy pushed up prices. There was a drop in consumer demand, wage costs increased and productivity declined.

After 1986, entry into the EC introduced further competitive challenges as a staged dismantling of quotas and tariffs, which had protected Spanish industry, took place. This was carried out over a seven-year transition period which ended at the beginning of 1992. Nevertheless, during the period 1985–90 there was a growth in industrial production, which averaged 4.2 per cent each year.[20] This coincided with an overall improvement in the economy, increases in demand at home and abroad, and a large injection of inward foreign investment.

From 1990 to 1993 the rate of industrial growth once again declined. An increase in real unit labour costs reduced competitiveness and exports continued to suffer from an appreciating peseta until 1992. In response to the overall economic downturn in 1992 and 1993, domestic demand slowed down. Once again, however, from 1994 the growth rate began to increase [see Text 2.3 La integración de la industria].

Underlying the overall performance of industry there are marked differences in the performance of individual sectors. There is a high concentration in Spain of sectors subject to weak demand (where there is an overcapacity and prices have to be low to encourage purchase) such as textiles, shipbuilding, iron and steel, leather and footwear, and these sectors have suffered most. They are sectors which have traditionally used a low level of technology and are very labour-intensive. They were strongly protected until the 1980s and, as a result, they are less competitive. Despite restructuring programmes they continue to have relatively low levels of productivity and find it difficult to attract foreign investment. While accounting for 36 per cent of the value added (the total revenue once the costs of materials and production have been deducted) in the 1980s, this group of industries only received 18 per cent of foreign investment.[21]

Changes in social class and increasing purchasing power as the economy grew in the 1960s, gave rise to the development of a number of new, medium-demand sectors (in which supply and demand are better matched but goods still need to be competitively priced to encourage purchase) which have performed better. These include chemicals, car manufacturing, other transport materials, rubber and plastics and food manufacturing. When foreign investment began to enter Spain, investors concentrated on the development of these new sectors for which a potential home and export market had been identified. As a result they are more capital-intensive and have benefited from foreign technology. After the economic crises in the 1970s they were also the subject of restructuring programmes which have resulted in significant increases in productivity.

There is a third group of strong-demand sectors (in which demand is greater than supply and buyers are prepared to pay higher prices) including the aeronautical industry, office machinery, electronics, precision instruments and, within the chemical sector, the pharmaceutical industry. These again are newer sectors, developed in response to demand, with high levels of technology and strong foreign penetration. One third of all foreign investment in the 1980s was directed towards this group of industries and these were the sectors in which productivity rose most rapidly.[22]

Table 2.2 illustrates the competitiveness of Spanish industry in relation to other EC and OECD countries during the period 1966–1991. Overall, exports have grown steadily from the 1970s although there have been fluctuations in the

Table 2.2. Competitiveness of industry in relation to EC and OECD 1966–1991

	1966	1975	1980	1985	1988	1991
1. Added value in relation to EC[1] (% at 1990 prices)						
High demand and t.c.*	2.7	4.8	5.2	5.3	5.9	5.4
Medium demand and t.c.	4.3	5.8	6.4	5.6	6.6	6.4
Weak demand and t.c.	6.0	9.4	9.9	9.8	10.2	10.1
TOTAL	5.2	7.8	8.2	7.8	8.4	8.2
2. Exports in relation to OECD (% in dollars at current price)						
High demand and t.c.*	0.2	—	0.8	0.8	1.1	1.2
Medium demand and t.c.	0.6	—	1.4	1.6	2.2	2.4
Weak demand and t.c.	1.2	—	2.4	2.7	2.6	3.1
TOTAL	0.8	1.4	1.7	1.9	2.1	2.4

[1] Includes Germany, France, Denmark, Belgium, Holland, Italy and UK.
* t.c. = technological content
Source: R. Myro and R. Gandoy, 'Sector Industrial', *Lecciones de Economía Española*, 1993.

relative contribution made by the different types of industry. However, if we look at the value added in relation to the EC, the position in 1991 is the same as in 1980 and has declined slightly in comparison with 1988. Thus, despite extensive restructuring, increases in investment, and the encouraging performance of high-demand industries, the overall level of industrial competitiveness in relation to the EC has been maintained but has not improved.[23] This is to a large extent because there continue to be a number of underlying structural problems.

One problem is the size of companies, with more than 93.5 per cent of all enterprises having less than 100 employees.[24] At the other end of the scale very few companies have more than 250 employees and the only company in recent years to be ranked among the 100 largest in Europe was the public sector holding company INI. The small and medium-sized enterprises or PYMEs (*pequeñas y medianas empresas*) do not have the same access to capital as the larger companies and are often labour-intensive and technologically backward [see Text 2.4 Investigación de una muerte natural]. They tend to concentrate on the domestic market rather than exporting because of insufficient technical expertise and lack of access to distribution channels. Moreover, their size makes it impossible for them to benefit from economies of scale which would increase their competitiveness. The problem is exacerbated because of the uneven sectoral distribution, with a higher concentration of PYMEs in the low-demand sectors.

In comparison with other European countries the labour market is less flexible and this increases labour costs. There are still some sectors with legally regulated job descriptions known as the *ordenanzas laborales*, dating back to the Franco period, although these are being phased out. There are also restrictions in many sectors on labour mobility. The dismissals procedure is highly regulated and expensive (see Part III Education and Employment in Spain, for more discussion on this issue).

Levels of investment in research and development (R & D), although on the increase, are amongst the lowest of all EU countries. In the period 1985–90, for example, Spain invested an average of 0.65 per cent of GDP in R & D, as compared with Germany (2.8 per cent) and the UK (2.3 per cent). There is therefore a high dependence on foreign investment for the supply of the necessary technology.

As a result of the decline in competitiveness from the mid-1970s, restructuring programmes known as '*planes de reconversión industrial*' were introduced in 1980–82 in a number of weak- and medium-demand sectors: iron and steel, shipbuilding, electrical appliances, textiles and footwear. The first Socialist government revised the plans when it came into office in June 1982, injecting a further 86,764 million pesetas.[25] It followed this with a further round of restructuring from 1986, to make Spanish industry competitive within the EU, concentrating on mining, shipbuilding, iron and steel, chemicals, mechanical and electronic equipment.

The *planes de reconversión* focused on whole sectors rather than individual companies and involved the state, employers and unions drawing up feasibility and recovery plans[26] for the future of each sector. The plans were linked to reindustrialization strategies which aimed to attract new industry to the areas most affected by the restructuring. These areas were designated *Zonas de Urgente Reindustrialización* (ZUR) and attracted new industry through a combination of subsidies and tax exemptions.

Other initiatives focused on the PYMEs. In 1978 IPMI (*Instituto de la Pequeña y Mediana Empresa Industrial*) was founded to advise and support small firms. The *Instituto de Comercio Exterior* (ICEX) has also introduced a number of measures to help the PYMEs develop external markets, for example through the development of export consortia. Some regions have established their own programmes focusing on technological innovation for PYMEs, including the setting up, in some cases, of technoparks.

Industry has benefited from a number of other initiatives, including measures to support technological development,[27] reductions in company social security contributions (in order to reduce labour costs), and the creation of a number of more flexible employment contracts (see Part III Education and Employment in Spain). In addition, the greater liberalization of the finance sector has provided easier access to loans. However, it has been suggested that if industry is to become more competitive it should not concentrate exclusively on price competition but should also seek competitive advantage in other areas, including greater attention to quality, design and innovation.[28]

Within the industrial sector there are a number of public sector enterprises, grouped together in several umbrella organizations or holding companies. The origins of the *Grupo Patrimonio* (National Assets Group) date back to the late nineteenth century and INI (*Instituto Nacional de Industria*) was set up as a state holding company in 1941. There are also some individual public sector companies such as RENFE (railways) and RTVE (the national television company).

From the 1980s there have been a number of changes in the structure of public enterprises which have affected INI, coinciding with the restructuring of both the public and private sectors of industry. The first was the separation of activities related to the energy sector, with the creation of the *Instituto Nacional de Hidrocarburos* (INH) in 1981 and, subsequently, the establishment of Repsol, to group together activities related to the oil sector (exploration, oil refining and sales) in 1987. In the 1990s further reorganization of INI took place, in which the main criteria for reallocation has been profitability. The first step was the separation of companies considered to be potentially profitable into a new company, TENEO, in 1992, still under the control of INI. Following on from this, in 1995 INI disappeared altogether, to be replaced by two holding companies: SEPI (*Sociedad Estatal de Participaciones Industriales*), grouping together the companies considered to be profitable (including those which had been part of Teneo and Repsol), and AIE (*Agencia Industrial Española*) to which the rest, in need of special support, were assigned.

Historically the role of INI was to support sectors, such as defence, which were considered to be of national strategic interest and to protect other sectors, such as mining and shipbuilding which, because of low demand, were making heavy losses. This supportive role was particularly important during the traumatic period of restructuring in the 1980s. However, from the point at which preparations began for entry into the EC, there has been pressure to cut public sector spending. This pressure increased once targets had been established in order to meet the EU convergence criteria. As a result, there has been an increasing pressure on the need for profitability, both from individual companies and from the groups of enterprises [see Text 2.5 Cambio de Agujas].

It is within this context that privatization was introduced in the early 1980s. This was firstly through the sale of public sector companies in difficulties to the private sector, such as the sale of Seat to Volkswagen, beginning in 1986 (75 per cent initially, with the remaining 25 per cent passing to Volkswagen in 1990). More recently, however, and not without some public opposition to privatization, there has been a move to sell off more profitable enterprises to other companies, such as Enfersa (fertilizers) to Ercros in 1989, and to partially privatize state-owned companies through flotation on the stock market, as for example with Repsol, Telefónica and Tabacalera [see Text 2.6 La Privatización de las empresas públicas].

The energy sector

Spain has had a high dependency on external energy sources (some two thirds of primary energy required are imported)[29] and this has weakened the competitiveness of Spanish industry by pushing up costs. Successive energy plans, developed in the aftermath of the first oil crisis, have sought to reduce the total energy bill and diversify the production of energy away from oil. Partial privatization of Repsol, the state-owned energy company, and mergers of both gas and electrical companies have strengthened the sector before deregulation.

At the same time distribution has also been liberalized. Campsa, previously a state-owned monopoly for petrol distribution was incorporated into Repsol and became part of the privatization process discussed above while foreign companies such as BP and Texaco were allowed into the market. Criticism has been expressed, however, at the uniformity of pricing by the companies in this sector and there has been a call for further liberalization.

Services

Tourism

In 1994 tourism represented approximately 10 per cent of GDP, the highest proportion of GDP of all industrialized countries.[30] It was responsible for the creation of some 400,000 new jobs during the 1980s and accounted for 1 million jobs in 1994, both directly and indirectly (approximately 10 per cent of all employment).[31] The foreign currency which tourism brings into Spain has played an important role in the balance of payments where it has offset the traditional shortfall in exports.[32] One factor which has reduced the contribution of tourism to the balance of payments in recent times has been a growing tendency for Spanish people to take their holidays abroad, but this is still in much smaller numbers than the number of foreign tourists visiting Spain.

Although there was a small amount of tourism before this time, the period of strong growth began in 1959, as a result of the devaluation of the peseta, the unification of the exchange rate and, at the same time, political considerations such as the greater ease in obtaining visas. The development of tourism can be divided into the following stages: 1959–73, which was a period of sustained and very high growth; 1974–80, which was a period of recession as a result of the impact of the two oil crises on other European economies; 1981–1991, characterized by slow growth, punctuated by one or two years of crisis; from 1993, another period of stronger growth.

Foreign tourists are attracted to Spain primarily because of the sunny climate, large stretches of beaches, particularly along the Mediterranean coast, and the ease of access from other parts of Europe. In the 1960s and early 1970s an added inducement was that prices were low. Tourists came primarily from Europe and continue to do so (an average of 86.5 per cent for the period 1990–94).[33] France has continued to be the country supplying the greatest number of tourists followed by Germany and the UK.

The most popular destinations of foreign tourists are the two island groups: the Balearic Islands (mainly Mallorca and Ibiza) and the Canaries (Tenerife, Gran Canaria and Lanzarote). Other important destinations on the Mediterranean coast include Catalonia (Costa Brava) which was the focus for tourism in the 1960s, Andalusia (Costa del Sol), which was the main area of development in the 1970s and the Valencia region (Costa Blanca), which includes Benidorm, one of the main centres for package holidays. The North (Santander, Asturias and Galicia) has also experienced quite an extensive development of tourism but because the climate is more temperate, this area tends to attract more Spanish holiday-makers and fewer foreign tourists.

Although, at first, the emphasis was on expanding as fast as possible, the later crises have given rise to considerable reflection on the problems facing the industry. One of the main problems is seasonality. The great majority of tourists go to Spain in July and August. This coincides with the peak period for Spanish holiday-makers. Hotels and other tourist services are full at this time whereas they are underutilized at other periods of the year. In the period 1988–95 for example, an average of 2.7 million people visited Spain in January, as compared to 10 million in August.[34] This has a serious impact on the quality of the workforce because the temporary nature of the seasonal work means that most of the jobs are filled by unskilled workers. Moreover, employers are not interested in making a large investment in training, which would improve the quality of service, because the insecure nature of many jobs also produces a very high turnover.[35] Some steps have been taken to address the problem of seasonality by offering significant price incentives at other times of the year, particularly to the retired population, and by developing a market for skiing holidays in the winter months. However, seasonality continues to be a problem, with many establishments closing down completely in winter.

Another problem is that Spain appeals to a particular type of tourism, mass tourism, associated with low-price holidays. Such tourism leaves only a small profit margin and, as it is very price-sensitive, does not allow the tourist industry to pass on the cost of any improvements that they make in quality to tourists by raising prices. It would also appear that average expenditure per tourist is decreasing.[36] Attempts have been made to increase the range of holidays available in order to attract a more up-market clientele. The promotion of sporting holidays (golf, water sports) and inland tourism (historical monuments, national parks and the hosting of international conventions) has introduced more variety but they continue to make up only a small part of the offer. The vast majority of the demand on which the Spanish holiday industry is based is for competitively priced sun and sea holidays.[37]

In the early boom years there was an absence of strict planning regulations and this has led to problems of pollution, inadequate infrastructure (particularly a lack of water and medical services) and high-density, high-rise concentrations of hotels in areas lacking parks and other amenities. Legislation has now been developed to tighten up on planning applications and prevent a repetition of some of the worst excesses. There remains, however, the need to modernize and upgrade a high proportion of the hotels and infrastructure constructed in the first wave of development.

The tourist industry is highly dependent on external factors. The economies of other European countries must be healthy in order to provide tourists with the purchasing power to buy holidays abroad. The crisis of the tourist industry in Spain in 1989, for example, was partly attributed to mortgage rises and the introduction of the poll tax in Britain, which, it was alleged, meant that British holiday-makers had less disposable income and stayed at home.[38]

Competition from other countries is also a threat. Competitors in other parts of the Mediterranean include Greece, Turkey, Cyprus, Tunisia and Morocco. With the fall in air fares, other destinations such as Florida and the Caribbean have also begun to compete. Spain has had to contend with rising labour costs and the appreciation of the peseta, which have put up prices and made Spanish tourism less competitive. Countries which have entered the market more recently have also tended to offer more modern facilities.

A large part of the tourist industry is dominated by the buying power of foreign tour operators. As a result, massive pressure is put on the industry to keep the prices as low as possible, squeezing profit margins. In 1990, for example, it was estimated that the tour operators were paying between 30 and 50 per cent of the official price for hotel rooms.[39] It is also estimated that only about 35 per cent of the total price of the holiday remains within the Spanish economy.[40] In the early stages of development, in the 1960s and early 1970s, the state retained some control, through the establishment of a number of state companies: ENTURSA, MARSANS and a company to control the network of state run hotels or *paradores*. Subsequently, however, ENTURSA and MARSANS have been privatized (1982)[41] and the different regions rely more on employers' organizations, such as groupings of hotel owners, to represent their own interests.

After more than forty years of development there is a need to upgrade existing establishments and introduce more new technology. The offer also needs to be more flexible in order to be able to adapt as new tastes emerge. The increase in camping holidays and a growing preference for apartment rather than hotel room hire are examples of more recent changes which have taken the industry by surprise.

Against this background, solutions have been piecemeal, in part due to the fact that the crises have been short-lived and, overall, tourism has continued to boom. In the 1960s and 1970s tourism was centrally administered and planning tended to be indicative, as in the case of the Development Plans.[42] In the early 1980s the responsibility was devolved to the governments of the regional autonomies.[43] The decision to put tourism, unlike other economic activities, under the 'exclusive' responsibility of the regions came about, it is suggested, because more emphasis was being put on the cultural rather than the economic aspects. This can be seen as a mistake, since some of the main policy instruments, such as preferential official loans at rates for tourist development, continue to be centrally administered. Problems of coordination between the different levels have made it difficult to implement policy. At the same time, the funds assigned to tourism have been insufficient to deal with the structural problems.[44]

More promising is the *Plan Marco de Competitividad del Turismo Español*, 1992–95, and its aftermath. It has focused on three areas: ways of modernizing tourism, improving the quality of the offer and the further development of training. In particular, the policy of *planes de excelencia* for local resorts seeks to improve co-ordination between the different agencies (central, regional and local) and improve quality at the same time, in pursuit of an award of excellence [see Text 2.7 España al completo].

Present policy, therefore, is to hold tourism at its current level and concentrate on quality. Recent measures have begun to address the problems and the ongoing nature of this effort is appropriately described in the comment 'La política turística en la actualidad es un edificio en construcción . . .'.[45]

The financial sector

Recent developments in the banking sector

Banking in the 1960s and 1970s was highly regulated and closely supervised. The banking reform of 1962 divided the banking sector into commercial banks, for the service of individual clients, and industrial banks, concentrating on corporate finance. The geographical area of activity was regulated, as were the number of branches and the level of interest rates. The savings banks, *Cajas de Ahorros*, developed alongside the commercial banks, providing a more limited range of services but attracting large numbers of small savers. A number of official credit institutions, providing subsidized credit to sectors such as export, housing, construction, industry and agriculture, were nationalized in 1962 and, under the law of 1971, came under the coordination of the Official Credit Institute. State control of high cash reserves, which the private banks were required to set aside, enabled money to be channelled through the official credit institutions to support public sector enterprises and other government priorities. This contributed to the high levels of protectionism and provided a readily available supply of credit for certain sectors favoured by the government, which became known as the *circuitos privilegiados*.

Liberalization began in 1973 when the distinction between commercial and industrial banks was removed. The following year banks were allowed to increase their number of branches. However in 1977, when the government wished to reform the sector further, it recognized the need to adopt a staged approach in order to maintain a stable system. This was particularly important because at the time the banking sector was experiencing a period of crisis, largely due to the constraints on development in the 1960s and early 1970s and the fact that many small and medium-sized enterprises went out of business leaving the banks with a rising number of bad debts. The crisis lasted until the mid-1980s and, as a result, a number of medium-sized banks disappeared in mergers or takeovers.

The situation was ameliorated by the collective action of the Bank of Spain and the private banks, which set up the *Fondo de Garantía de Depósitos*, a special fund to guarantee the deposits of any bank in difficulties. This was institutionalized in 1980 and, as it was responsible for rescuing banks in crisis and then selling them off, it became known familiarly as the '*hospital bancario*'. This period also saw the expropriation by the government, in February 1983, of the Rumasa empire, including several banks (most notably the *Banco Atlántico*), which were also subsequently sold off.

1985 marked the beginning of a recovery which mirrored the general improvements in the economy. A series of new liberalizing measures followed, beginning in 1987 with freedom in setting interest rates. Subsequently the compulsory reserve requirements, which the banks had been obliged to maintain, have been lowered progressively. Although, for the present, the private banks are still required to invest some of the funds which have been freed, as directed by the Bank of Spain, there is a calendar in place to phase this out completely. In the long run, therefore, lower reserve and investment requirements will make more funds available and hence improve the competitiveness of the banks.[46]

There is a high level of involvement of the banking sector in industry. This is because the private banks, primarily, and the savings banks, more recently, have traditionally been the main source of credit to the industrial sector, rather than the stock exchange. Thus they are to be found as major shareholders in large areas of industrial activity, often linking companies through their share ownership. The stock exchange's role has traditionally been peripheral, as has been that of the non-banking credit institutions, although both have begun to play a more important role in the last ten years. Nevertheless the banking sector continues to be the predominant source of credit.[47]

The Spanish financial sector was characterized by a low level of penetration of retail banking by the foreign banks, due in part to the strict regulations which kept them out until the mid-1980s. These regulations were progressively removed between 1986–92. At the same time, deregulation of the activities of the financial sector, as a result of the Single European Market, has brought an influx of foreign companies selling insurance and private pension plans and means that the banks and *cajas* now face increasing competition in their efforts to attract the small savers [see Text 2.8 El español cambia sus hábitos de ahorro].

Both the banks and the savings banks are characterized by a high number of branches which continued to grow in the 1990s (at the same time as branch closures have been occurring in many other parts of Europe). On the other hand, the average branch size is very small. Information technology (automatic cash dispensers, telephone and computer banking) has been introduced, but less rapidly than in most other countries in the European Union and it provides an additional rather than a replacement service. There have been some job losses but not as many as in the UK or, more recently, Germany, where significant restructuring and redundancies have been experienced.

Private banking

Although 109 operational Spanish banks were listed in 1995, there has traditionally been a large concentration of assets in the hands of a small number of larger banks. A series of mergers has increased the concentration of this group, the most notable recent ones being, in 1988, the merger of the Banco de Bilbao and the Banco de Vizcaya, to form the Banco de Bilbao Vizcaya (BBV) and, in 1991, the merger of the Banco Hispano Americano with the Banco Central (Banco Central Hispano). Many of the large banks are also linked through share ownership with a series of smaller banks, which further increases the degree of concentration. In 1995, the most important banking groups, in rank order in terms of assets, were Santander, BBV, Argentaria, Central Hispano Americano, and, some way behind, the Grupo Popular, between them holding over 80 per cent of the assets of the private banks.[48]

Spanish banks are small in comparison with banks in other European countries, although it has been pointed out that, in relation to the size of their respective economies, the large Spanish banks are comparable in size to German and Italian banks.[49]

The concentration of the large banks has traditionally been further consolidated by their forming an effective representative group, the *Asociación Española de la Banca Privada* (AEB) which meets regularly. This collective solidarity goes some way to explaining how the crisis in the late 1970s and early 1980s was kept under control. Nevertheless, greater competition, as the liberalization process has developed, has produced a more competitive outlook in recent times. The banks have also become more outward looking and are seeking growth through expansion, particularly into Europe and Latin America.

Savings banks

For many small borrowers and savers, the local *Caja de Ahorros* was the most obvious way to save because of its local connections. The *Cajas* are non-profit-making institutions with a regional or local identity, and any profits must either be channelled into projects such as cultural and sports activities and other local initiatives (for example seating and play equipment in local parks and the construction of old people's homes and university halls of residence) or be transferred into the reserves. For many years their activities were limited to small-scale credit and deposit activities for individual customers but since 1977 the *Cajas* have been able to offer the same services as the banks and they are now in direct competition. Moreover, from 1989, the *Cajas* have been able to expand beyond their regional base to compete for customers in the whole of Spain. Throughout the 1980s, the *Cajas* have been gaining ground and in 1996 accounted for 43 per cent of deposits (compared with 53 per cent for banks and 4 per cent for credit cooperatives).[50]

There have been a series of mergers of regional *Cajas* in order to increase competitiveness. The most notable merger was the 1991 union between the Caixa and the Caixa de Barcelona, now known as La Caixa, currently the largest of the savings banks in Spain and one of the largest in Europe. This merger has been followed by a number of others, including the merger of the Caja de Ahorros de Valencia with other smaller savings banks in the region to create Bancaja.

State-owned banking

The Bank of Spain was nationalized in 1962 as part of the Banking Reform. It has a similar role to the central banks of other countries and is responsible for implementing the government's monetary policy and monitoring the institutions which make up the banking system. In line with European policy, in preparation for the single currency, from the beginning of 1995 the Bank of Spain became autonomous from the Treasury for the purpose of determining monetary policy and, at the same time, greater transparency was introduced into all its activities.

There are a number of small state-owned banks and they were part of a major reorganization which took place at the beginning of the 1990s and separated the various institutions into two groupings. On the one hand there is the *Instituto de Crédito Oficial* (ICO), managing about 3 per cent of the assets of the financial system.[51] The ICO has been responsible since 1991 for managing all state funds and overseeing the financing, at market rates, of government initiatives considered to be of strategic interest. These include, for example, infrastructure projects, support for export and the *Renove Industrial de Vehículos* (a programme of financial support directed at the car industry, to encourage owners of older cars to exchange them for new ones).

Other state-owned financial institutions were grouped together to form one large corporation, Argentaria, in 1991. This includes the state-owned Banco Exterior de España, a source of credit for export, a further group of specialized banks which had traditionally been an important source of subsidized credits to agriculture, industry, local government and housing, and the *Caja Postal* (the Post Office Savings Bank). Since 1993 the government has extended its policy of partial privatization to Argentaria, selling off part of the corporation through stock market flotations.

Foreign banks

On 26 January 1979 foreign banks were authorized to set up business in Spain under very highly regulated conditions (hitherto only a handful of foreign banks had been allowed to do this for very special reasons, subject to the same banking regulations as Spanish banks).

The fact that the authorization had taken some three years to come into effect was an indication of the level of concern that allowing the entry of foreign banks had raised. The collapse of a number of smaller banks had demonstrated the weakness of the Spanish banking sector and it was felt that the foreign banks would be too competitive. On the other hand it was recognized that there was a need for greater liberalization and that allowing entry to foreign banks was part of this process, particularly when, in exchange, it would enable Spanish banks to invest abroad.

As a result of this concern, strict conditions for entry were established, including a very high capital investment, limits on peseta dealings and the establishment of no more than three branches. For the foreign banks such conditions made it a long-term investment rather than an opportunity for an immediate recovery of costs. In the first year 11 foreign banks entered Spain.

Shortly afterwards a few foreign banks were allowed to enter by a second route which consisted of buying up Spanish banks in difficulties. In this way, Barclays (UK) found a ready-made branch network with the purchase of the Banco de Valladolid, which had run into difficulties and been taken over by the Corporación Bancaria in December 1978. Similarly BNP (France) bought up the López Quesada Bank.

Up until 1986, the severe restrictions on the activities of the foreign banks limited their impact within the financial sector as a whole. However more liberalizing measures from 1986, leading to total liberalization in 1993, have increased the activities of the foreign banks and resulted in more direct competition with Spanish banks. In 1995 there were 56 foreign banks in Spain, 35 with head offices within the EU. The presence of foreign banks has contributed to the modernization of the banking process through the introduction of new services, new types of organization and new activities, such as the Madrid interbank monetary market. The more competitive environment since 1986 has forced Spanish banks to become more efficient. As a result, by 1992, the Spanish banking sector had already had to learn how to deal with foreign competition and the impact of the Single Market was reduced.

The development of the stock exchange

The first stock exchange was set up in Madrid in 1831, followed by Bilbao (1890), Barcelona (1915) and, much more recently, Valencia (1980). Until the mid-1980s, however, the stock exchange played a minor role and was criticized for its lack of involvement in the private sector, for its inefficiency and for its lack of transparency in dealings.

From the signing of the treaty of accession to the European Community, however, foreign capital began to take an increasing interest and, although the degree of foreign investment fluctuated for the rest of the 1980s, a series of reforms, aimed at modernizing the stock exchange and improving its transparency and general efficiency, have supported this trend by making the stock market more readily accessible to both Spanish and foreign customers. The first step was the introduction of a supervisory body, the *Comisión Nacional del Mercado de Valores* (CNMV) in 1988. This was followed by a major reform in 1989 which included a significant increase in dealing time and an electronic link-up between the four exchanges, with access from all the provinces in Spain. At the same time, the monopoly of the old system of individual brokers was replaced by a new and more open system of stockbroking firms, *Sociedades de valores y bolsa*.

The reforms brought greater activity and the stock market began to draw in more capital both from home and abroad. Nevertheless, there has tended to be a lack of involvement by private Spanish companies. The greatest interest in the last few years has been in the series of semi-privatizations of public sector enterprises such as REPSOL (oil refining), ENDESA (electricity) and Telefónica, bringing a wider involvement of both corporate and small investors.

International trade and foreign investment

Balance of payments

Since the 1960s, when the economy was opened up after the Stabilization Plan, the current account (the difference between import and exports plus the external revenue from services and inward transfers, such as the money sent back to Spain by emigrants) has fluctuated between surplus and deficit. In particular, in the period 1974–77, coinciding with an economic downturn in the rest of Europe and a rise in the price of crude oil imports, the account plunged into deficit. There followed periods of surplus (1978–79, 1984–87) and deficit (1980–83, 1987–95). More recent performance shows a deficit which reached −3.7 per cent of GDP in 1991 followed by a slow improvement which brought the balance of payments back into surplus by 1995.

The high rise in the price of crude oil was one of the main reasons for the deficit, both in the mid-1970s and early 1980s, together with an increasing dependency on imported technology and the increase in imports of intermediate products for use in manufacturing. In addition, the volume of other imports continued to grow as the progressive lowering of the protectionist barriers to trade from the early 1970s made it easier to import goods and the high level of the peseta for much of this period kept the price of imports down, therefore making them more accessible to the Spanish consumer. Conversely, exports tended to suffer from being more expensive and therefore not so competitive.

Throughout the period under review, therefore, there has been a need to improve the balance between imports and exports and, thus, a heavy reliance on the contribution of income from services, particularly tourism, to balance the current account. As a result Spain is very dependent on the performance of other economies.

Nevertheless, it has been the contribution to the capital account made by long-term inward foreign investment which has allowed the overall balance of payments to remain in surplus for most of this period. Since the 1960s Spain has attracted a steady flow of inward foreign investment, except during the period 1974–77, which coincided with the aftermath of the first oil crisis and a period of political uncertainty. In particular, there have been important increases since Spain joined the EC in 1986. More recently, income from inward investment has

been offset by a growing volume of Spanish investment abroad but the proportion of outward investment is still much lower.

Composition of foreign trade

Imports

As can be seen from Table 2.3, the highest percentage of imports (representing almost half) consists of semi-manufactured goods and capital goods. These are followed by imports of food, consumer goods and cars. Since the development of the industrial sector in the 1960s, capital goods have played an important role in the modernization of the industrial sector. Imports of consumer goods, cars and foodstuffs have increased, particularly since the lowering of tariff barriers after entry into the EC reduced prices. Increased prosperity has also brought a greater demand for imported consumer goods. The most notable change in the structure of imports is that energy now represents a smaller percentage, due to price reductions and also the implementation of policies which have reduced overall demand and facilitated diversification away from oil.

Exports

Almost half of exports are from the automobile sector (cars, tractors, motorcy-cles) or semi-manufactured goods. These are followed by capital goods, food and consumer goods. Cars, in particular, have been an important component since the early 1970s, when the commitment to export a percentage of production was a condition of the establishment of Ford and General Motors in Spain. The increase in the flow of semi-manufactured goods is linked primarily to increased

Table 2.3. Sectoral distribution of imports and exports 1995*

	Imports Total %	Exports Total %
1. Food	13.34	14.98
2. Energy	8.41	1.70
3. Raw materials	5.25	2.17
4. Semi-manufactures	23.51	23.42
5. Specialized machinery	7.04	5.50
6. Office equipment	5.29	3.09
7. Transport materials	2.51	4.17
8. Capital goods	23.01	19.69
9. Automobile sector	13.90	23.24
10. Consumer goods	12.25	13.87
11. Other goods	0.33	0.40
TOTAL	100.00	100.00

* Data for January–September
Source: El País Anuario 1996.

multinational activity (although in some sectors such as leather goods and textiles, the PYMEs have also played a significant role) and the rise in Spanish investment abroad. The importance of foodstuffs, on the other hand, which represented up to a quarter of all exports in the mid-1970s has decreased, in line with the overall decline in the agricultural sector and increased competition, particularly from other Mediterranean countries.

Geographical distribution of foreign trade

The greatest volume of trade takes place with other countries in the European Community. The preferential agreement between Spain and the then EEC in 1970 facilitated trade, which was further intensified after Spain joined the European Community in 1986. This process has continued so that by 1995 exports from Spain to the European Union had reached 72.7 per cent of the total. Within the EU, the most important countries are France, Germany and Portugal. Exports to Portugal have been growing rapidly and in 1994 narrowly overtook those to the UK. The volume of Spanish exports to Portugal far outweighs imports. A major reason for the strong performance of exports to Portugal has been the expanding internal consumer market in that country as a result of increasing prosperity. The strong presence of inward foreign investment and Spanish direct investment abroad in all these European countries has also played a role by increasing the intra-industry trade flows. In 1993 the EFTA/EC agreement

Table 2.4. Geographical distribution of imports and exports 1994 and 1995 (%)

	1994		1995*	
	Imports from	Exports to	Imports from	Exports to
Europe	68.71	75.48	70.38	77.91
–EU (15)	60.85	68.67	65.13	72.68
–EFTA (6)	4.82	3.18	2.09	1.85
–Eastern Europe	1.91	1.54	2.70	1.62
–Other European	1.12	2.10	0.46	1.76
Africa	6.36	4.08	5.80	3.81
America	12.13	11.73	11.35	10.23
–United States	6.73	4.44	6.48	4.11
–Latin America	3.66	4.95	3.94	4.64
–Other	1.73	2.34	0.92	1.47
Asia	12.18	8.18	12.06	7.53
Oceania	0.43	0.45	0.40	0.44
Others	0.19	0.08	0.01	0.08
Total	100.00	100.00	100.00	100.00

* Data for January–September
Source: El País *Anuario 1996.*

extended the European trading area to include all the EFTA countries, although it is still too early to identify any impact of this on Spanish trading patterns.

The USA was the most important area when Spanish trade first opened up in the 1960s, partly because the first foreign investment in Spain came primarily from that source. More recently, however, the USA has declined in importance as a trading partner, partly because of the more advantageous trade agreements between Spain and the other EU countries and partly because European prosperity has brought an increase in demand for trade with Spain from countries with greater geographical proximity. Whereas in 1986 the USA accounted for 8.1 per cent of total Spanish exports, by 1995 the volume had decreased to 4.3 per cent.

Latin America is an area where Spain, because of shared language, history and cultural links, has a competitive advantage over other countries. Trade with the area declined however from the beginning of the 1980s. This was as a result of the more protectionist policies of Latin American countries, which curbed Spanish exports, and also because of the payment crises suffered by a number of countries in the region. Moreover, when Spain joined the EC, the preferential trade agreements with Latin America ended and it was not until June 1987, as a result of Spanish instigation, that new agreements between the EC and Latin America once again stimulated trade. The political and economic agreements signed in 1995 between the EU and MercoSur (Mercado Común del Sur, a regional common market which includes Argentina, Brazil, Paraguay and Uruguay) constituted an important initiative in this area and are expected to strengthen trade between Latin America and the whole of the EU in the longer term. For Spain, Venezuela was an important trading partner in the early 1980s as a supplier of crude oil but this trade has now declined. The largest volume of Spanish trade is now with Argentina, Brazil and Mexico.

The oil crisis increased the purchasing power of the oil-producing countries and as a consequence of this, between 1973 and 1980 exports from Spain to the oil-producing Arab countries doubled, although subsequently returning to near the 1973 level.[52] Trade with Japan has benefited from the lowering of tariffs in the most recent GATT agreement in April 1994 (the Uruguay Round). In 1995 Japan was in ninth place amongst the countries to which Spain exports. New areas which are emerging are Eastern Europe, where there is a small amount of trade and South East Asia. China, for example, moved from twentieth place in 1990 to sixteenth in 1995 as a destination for Spanish exports [see Text 2.9 A España también le interesa Asia].

Foreign investment in Spain

During the Franco regime, prior to 1959, there were severe restrictions on inward foreign investment and therefore there was only a very small amount. In 1959, however, as part of the policy of *apertura* (opening up the economy to the outside world), linked to the Stabilization Plan, the importance of inward foreign investment was recognized and measures were introduced to make it easier and more attractive: investors could own up to 49 per cent of Spanish companies without special permission and were guaranteed the right to repatriate their investment if they wished. It also became easier to invest in stocks and shares and in property. Subsequent legislation throughout the period under review has become progressively more liberal and, since 1992, any remaining restrictions have disappeared.

There has, therefore, been a steady increase in investment from 1959 (with the exception, as previously discussed under Balance of Payments, of the period 1974–77). Investors were attracted in the first period (1960–74) by low labour costs, low taxation, a very favourable geographical location for Europe and North Africa and close links with Latin America. Increased prosperity in Spain also meant that there was an expanding internal market. In the early 1980s, countries which were not part of the European Community also saw investment as a way of gaining access to European markets once Spain became a member in 1986.

United States' investment was particularly important in the 1960s, immediately following the period of US aid and involvement in the development of the economy, but this has now declined in overall importance. Japanese investment began later, continued at a relatively low level and in the 1990s declined. Currently, the most important inward foreign investment is from EU countries and this has increased steadily since Spain's accession.[53] Additional investment by foreign companies already established in Spain also accounts for a substantial part of total foreign investment. In 1995, this represented 26 per cent of the total.[54]

Foreign investment has had many advantages for Spain. The role of foreign currency in ensuring a healthy balance of payments has already been mentioned. At the same time, it has made it possible to import new technology. Foreign capital has also made up for a lack of Spanish capital in industrial investment. As a result, net direct investment as a percentage of the Gross Fixed Capital Formation (gross investment in fixed assets) averaged 16.77 per cent for the period 1986–93.[55] Also many foreign companies have introduced new systems of production and management which have played a major role in the modernization of the economy.

The importance of the role of foreign investment in the development of the economy has meant that it has been warmly welcomed but there have, nevertheless, been some problems and it has had its critics. External competition, in what had been a very protected economy, meant that many Spanish companies were unable to survive and this gave rise to many buyouts and closures, leaving a heavy concentration of foreign investment in some sectors.

Lack of government control over foreign investors has sometimes given rise to problems when they have decided to pull out of Spain or have sought to make savings by cutting jobs. In particular, as wage costs have increased, Spain has lost some of its competitive advantage and some investors have relocated to new markets in Eastern Europe and the Far East.

Another conflict of interest has been in respect of the location of industry. While the Spanish government has sought to reduce regional inequalities, foreign investors have shown themselves, in the main, primarily interested in investing in the already well-developed regions. In 1995, 67 per cent of foreign investment was concentrated in three of the most highly industrialized regions: Madrid, Catalonia and Valencia.[56]

The use of imported technology has led to a high degree of dependency. This has been compounded by a lower than average amount of investment in research and development in comparison with other EU countries (as discussed in the section Industrial Development above). Over the years therefore the payments for technology (licensing, patents and royalties) have increased and it is estimated that they average about 24 per cent of the net income received from foreign investment.[57]

Studies have shown that companies with foreign investment engage in more external trade. However their importing activity tends to be greater than the volume of exports, which contributes to the deficit in the trade balance[58] [see Text 2.10 Las empresas multinacionales en España].

Traditionally the most common type of inward investment has been direct foreign investment, frequently as the result of a merger or takeover of an existing company, although, since the removal of restrictions in the financial sector, this position is being challenged by portfolio investment (investment in securities). The sectors receiving the largest proportion of foreign investment are certain manufacturing industries (58.3 per cent in 1995).[59] Of all the activities, the car industry is the most heavily dominated by foreign investment, being virtually totally in the hands of foreign investors since the Spanish-owned company Seat was sold to Volkswagen in two stages in 1986 and 1990, in what was considered to be a particularly successful union, announced at the time as *la boda del año*. Other sectors where foreign investment is important include chemicals, electronics, food and drink, and hotel and catering. Since the beginning of the 1990s financial services and insurance have become increasingly attractive to foreign investors. Deregulation did not begin to take place until the middle of the 1980s but since then investment in this sector has progressed rapidly.

The increase in portfolio investment, linked to the greater liberalization of capital movements, can also be explained by the greater stability of the peseta since it entered the ERM in 1989. In addition, the reforms and modernization of the stock exchange have contributed to making this type of investment more attractive.

Spanish investment abroad

Spanish investment abroad began much later than inward investment. Legislation was first introduced in the early 1970s but it was not until 1979 that a procedure was put in place which simplified transactions. Investment abroad, however, has been much less significant than inward investment. In 1986 further liberalization of the procedures took place and investment began to grow much faster, rising from 43.8 million pesetas in 1986 to over one billion pesetas by the middle of the 1990s.

Much of the investment was direct foreign investment in companies and there are a number of factors which explain this development. In Latin America, where some countries had developed highly protectionist policies, the development of a manufacturing base (rather than exporting) avoided heavy import duties. Closer proximity to cheap labour and raw materials was another factor and explains much of the growth in Portugal and the increasing attraction of the Far East. In the case of European destinations, the creation and consolidation of channels of distribution has also been an important incentive.

While manufacturing played a key role initially, it currently only accounts for about a quarter of the overall investment, with financial services now representing more than half (53 per cent as against 23.8 per cent for manufacturing in 1995).[60] Moreover, as the examples above show, the type of investment made is closely linked to the nature of the country, with the highly developed economies of the OECD as the recipients of Spanish investments in financial and other services, whereas manufacturing and projects related to infrastructure developments are more important in other locations.[61]

The most important areas for outward Spanish investment as a whole are the EU, especially Portugal, France and Italy, and also Latin America.[62] In the case of EU countries, the geographical proximity and strong trading links are important factors in explaining this trend. The attractions of Latin America include pre-existing trading relations, low labour costs, the availability of raw materials, as well as historical links and a common language.[63] Mexico has become an important receiving country within Latin America since the end of the 1980s when liberalization and privatization policies were introduced. Other important destinations are Argentina, Peru, Chile and Brazil.[64] There is also a significant amount of investment in North Africa and oil-producing Arab countries (largely in infrastructure) as well as some new developments in the Far East.

Regional development

From 1960 regional development has been closely linked to overall economic growth and can be divided into three stages. Throughout the period the main concerns of the central government have been to reduce the inequalities in living standards between the different regions and to improve overall income levels. Whereas at first policy was strongly centralized, from the late 1970s, with the establishment of the *comunidades autónomas* and the gradual transfer of responsibilities to them, it was necessary to establish between them a new, coordinated system of policy development and financial contributions. This inevitably was not without its tensions, as *autonomías* with higher per capita income levels complained that they were subsidizing the less well-off ones. What is particularly evident, however, is that the spontaneous growth of certain regions (the Mediterranean Arch and the Ebro axis, as discussed below) is not coterminous with particular *autonomías*. In the case of the Mediterranean Arch, for example, Catalonia, the *Comunidad Valenciana* and Murcia are all part of this recent development. Likewise, when bidding for funds from the European Community, the regional boundaries are much more broadly interpreted. These factors have undoubtedly helped to produce greater cohesion in the development of a coordinated overview of regional policy, although the existence of large income differentials between the *autonomías* continues to be a problem.

Early development: 1960–1973

The rapid development of the industrial sector and the decline in agriculture resulted in high internal migration to the more industrialized areas, in search of jobs. In order, therefore, to attract industry to less-developed areas, the government developed a number of strategies within the Development Plans. For example a series of *áreas de preferente localización industrial* and *áreas de descongestión industrial* were designated in the Second Plan (in the case of Madrid these consisted of Toledo, Aranjuez, Alcalá de Henares and Guadalajara). There was also a subsequent attempt to coordinate earlier policies and broaden the areas through government support targeted at '*grandes áreas de expansión industrial*' incorporating the earlier more localized sites. A series of financial and fiscal benefits were designed to provide economic incentives to companies so that they would locate their activities in these areas. However, such initiatives were only partially successful as both Spanish and foreign capital continued to prefer to locate industry in the areas which were already industrialized and had a better infrastructure.

At the same time the growth of tourism brought an increase in jobs in the service sector and also in related areas, such as the construction industry. This contributed to new development along the Mediterranean coast of Catalonia, the Valencia Region and Murcia and also in the Balearic and Canary Islands.

At the end of this period a greater convergence in levels of per capita GDP was registered.[65] This was partly because of the overall growth in industry and services but can also be explained by the fact that loss of population (as a result of migration to more industrialized areas in order to find work) brought an overall increase in productivity in the less-developed areas.[66] However, the Development Plans did little to diversify the regional location of industry and the highest population increases in this period occurred in the traditional industrial areas of Madrid, Vizcaya and Barcelona.[67]

The emergence of new areas of growth: 1974–1985

This stage, which coincided with a considerable overall reduction in growth rates in comparison with the previous period, resulted in significant differences in the development of the regions, especially in the period 1983–85, as some areas, particularly those where traditional industry was located, were affected more acutely. One result was that high levels of unemployment in industry forced some workers to return to their regions of origin. The worst affected area was the Cornisa Cantábrica (Asturias, Cantabria and the Basque Country), hit by industrial restructuring and by a decline in investment. At the same time, the areas where tourism was located, which depended more on the performance of other European economies (not so hard hit by the successive oil crises), continued to grow, for example the Mediterranean coast and the Balearic and Canary Islands.

Once the principle of regional autonomy had been established by the Constitution in 1978, the *comunidades autónomas* (CCAA) were set up and the ensuing transfer of powers for different economic activities to the respective *autonomías* began. Despite these changes, the most important regional policies relating to industry continued to be predominantly legacies of the 1960s and early 1970s. Targeted at the less-developed regions, the government sought to promote industrial development through the creation of a series of companies in the different autonomies. These were cofinanced by INI, as the majority shareholder, and by the private sector (most often in the form of the *Cajas* and banks). The first, SODIGA (Sociedad de Desarrollo Industrial de Galicia) had been created in Galicia in the early 1970s and there followed similar initiatives for Andalusia (SODIAN), Extremadura (SODIEX), and Castilla-Leon (SODICAL).

Once the autonomous governments began to take over responsibility for different economic activities, the role of central government focused primarily on ensuring the maintenance of an economic balance between the *autonomías*. A mechanism was set up to manage this, known as the Interterritorial Compensation Fund, which began operating in 1984. The different CCAA contribute to this and receive payments in relation to their level of economic development.

During this period new areas of economic growth emerged. These had begun to develop at an earlier stage but now became more clearly defined. The first, known as the *Arco Mediterráneo* or Mediterranean Arch, covers the area stretching from Catalonia, Valencia and Murcia down to East Andalusia. The second, the Ebro Valley axis, follows the Ebro Valley from Tarragona and Zaragoza to Navarre and La Rioja [see Text 2.11 La localización de la actividad económica en España].

Tourism has played an important role in the development of the Mediterranean Arch but a series of additional factors have been put forward to explain its growth. These include the location of a number of medium-sized towns which complement the two main metropolitan areas of Barcelona and Valencia, the existence of a well-developed industrial sector, based on small and medium-sized firms, an intensive and competitive agricultural sector, a strong export tradition and high levels of internal trade.[68]

In the case of the Ebro Valley, the concentration of the population in a number of urban centres and a very competitive agricultural sector have been put forward as major growth factors, together with the close relationship between agriculture and a thriving food manufacturing industry.[69]

Despite the differences in growth rates between the *autonomías*, by the end of the period the overall gap in per capita GDP between the richest and poorest CCAA had nevertheless narrowed, largely due to a continued improvement of the poorest: Andalusia, Extremadura and the Canary Islands.[70]

Consolidation: 1986–1995

Since entry into the EC all the CCAA have been required to draw up their own regional development plans and these together form the basis for the central government's strategy for coordinating regional policy. The different regional initiatives are financed primarily from three sources: the Interterritorial Compensation Fund, a fund for Regional Economic Incentives and European funding through the European Regional Development Fund.

During the period 1989–93 two main thrusts to regional policy were proposed. The first focused on the prevention of further decline of less-developed regions, in particular the northern region of the Cantabrian coast and the central regions of Castille-Leon and Castille La Mancha. In the case of the northern *autonomías*, identified as areas with a high proportion of weak-demand industries, funds have been directed towards the improvement of infrastructure and measures to attract new, more technologically based industry. In the case of Castille-Leon and Castille-La Mancha, the policy has been to improve communications with the more prosperous surrounding CCAA, in order to encourage a spillover effect.

A second proposal was the consolidation of areas showing the most economic potential, defined as the Mediterranean Arch, the Ebro Valley and Madrid, by identifying within these areas infrastructure problems and industrial restructuring needs and providing funds to solve them and improve overall development.[71] In practice, however, insufficient funding has meant that whilst some of the initiatives have been carried out (in particular improvements to the infrastructure through the construction of a network of major highways or *autovías*) nevertheless, development in other areas has not taken place. The proposals for the development of the southern part of the Mediterranean Arch (Murcia and part of Andalusia) for example are still awaiting implementation.

The situation of the *autonomías* has been consolidated as a result of these initiatives between 1991 and 1995 but there has been very little change overall in their ranking in relation to per capita GDP.

The Balearic Islands, Madrid and Catalonia continue to be ranked in the first three places. The Canary Islands however, where growth in tourism has increased prosperity, have moved up from twelfth to eighth place.

At the lower end of the scale, Asturias, still undergoing industrial restructuring, has moved down from eleventh to sixteenth place, Andalusia from sixteenth to seventeenth and Extremadura continues to be in last place.

Table 2.5. Regional ranking by per capita GDP in 1995.
CCAA above national average

	CCAA above national average (Spanish average – 100)
Balearics	159.8
Madrid	124.9
Catalonia	123.2
La Rioja	117.1
Navarre	116.4
País Vasco	113.2
Aragon	107.2
Canarias	105.3
Valencian Com	101.2

Source: Julio Alcaide Inchausti, 'Contabilidad regional de las autonomías espãnolas: un modelo simplificado', papeles No 67 *Disparidades Regionales*.

Table 2.6. Regional ranking by per capita GDP in 1995.
CCAA below national average

	CCAA below national average (Spanish average – 100)
Cantabria	90.0
Castille/Leon	88.4
Ceuta/Melilla	88.3
Castille/La Mancha	85.8
Galicia	84.9
Asturias	83.0
Murcia	81.6
Andalusia	71.9
Extremadura	67.8

Source: Julio Alcaide Inchausti, 'Contabilidad regional de las autonomías españolas: un modelo simplificado', papeles No 67 *Disparidades Regionales*.

A comparison in respect of income differentials with the period 1973–85 shows that the trend which emerged in this first period, towards a narrowing of the gap, has not been continued. If anything, the gap has widened slightly. If we take for example the ratio of per capita GDP between the highest and lowest ranked *autonomías*, in 1985 it was 2.2060 whereas by 1995 it had increased to 2.3569.[72] Social inequalities therefore persist (see Part IV Contemporary Spanish Society), and are wide in comparison with European partners, such as, for example, France.

The Spanish economy in the 1990s: the challenges of European convergence

In the 1990s the major economic challenge facing the Spanish economy, and therefore the principal objective shaping all economic policy, has been to ensure that Spain will be able to meet the criteria for convergence, as established at Maastricht in 1991, in order to become one of the founding members of the European Monetary Union. This section therefore focuses on the performance of the Spanish economy in relation to these criteria and looks at the extent to which convergence is being achieved, both in terms of nominal convergence and real convergence.

The Maastricht Treaty's criteria for nominal convergence were as follows:

- an inflation rate no higher than 1.5 points above the average rate achieved by the three EU countries with the lowest inflation;
- a public deficit no higher than 3 per cent of GDP and a debt level equivalent to no more than 60 per cent of GDP;
- two years' stability within the narrow band of the EMS, without devaluation;
- a long-term interest rate in the preceding twelve months which is no more than two points above the three member countries with the most stable price performance.

The consideration of the levels of real convergence has focused on the extent to which per capita income and unemployment levels in Spain are getting closer to the EU average.

Inflation

In 1977, immediately after the death of Franco, inflation, which had been rising since the end of the 1960s, soared to 24.5 per cent. This was due in part to the rise in prices as a result of the oil crisis but was also fuelled by an explosion in wages.

From 1980–85 inflation was brought down progressively from 16.5 per cent to 8.2 per cent. Although it rose slightly again in 1986, the overall downward trend continued, reaching the lowest point in 1987 with 4.6 per cent. Between 1988–93 inflation crept up again, averaging 5.8 per cent. From 1994 however it has shown another downward trend and by the end of 1996 had reached 3.2, the lowest since 1969. Although still outside the EU criteria, this downward trend augurs well, particularly in the context of the greater autonomy which the Bank of Spain has been given in determining monetary policy since 1995. A public sector wage freeze has contributed to the lower inflation and it will be necessary to continue to keep wage rises in check, in order to maintain the downward momentum. In addition, while industrial costs have been curbed, the costs of services, which have been less exposed to competitive pressures, have continued to rise and may prevent further reductions.[73]

Public sector deficit and debt

Public sector deficit

The public sector deficit as a percentage of GDP increased progressively from 1.7 per cent in the late 1970s to a high point of 6.9 in 1985. In the late 1980s there was an improvement and by 1989 it had been reduced to 2.7 per cent of GDP. From 1990 the deficit once again increased and reached 7.2 per cent in 1993, but more recent improvements have resulted in a progressive reduction to 4.4 per cent at the end of 1996, thus moving closer to the 3 per cent laid down by the EU.

The problems of controlling the deficit arise primarily as a result of the high expenditure on health and state benefits, in particular payments to the unemployed and state pensions. It is becoming progressively more difficult to manage health service spending, due to an increase in the number of people eligible and the increasing use of more expensive, high technology treatment.[74] The continuing high levels of unemployment also make unemployment benefit a heavy burden on the state. Longer term forecasts predict a deficit between social security contributions and benefits which, given the decline in the birth rate, could, unless corrected, reach 9 per cent of GDP by 2050[75] and would result in an imbalance between the working population and a larger group in receipt of pensions and benefits [see Text 2.12 Un país de hijos únicos].

Secondly, public sector enterprises also contribute to the deficit. The state has traditionally rescued ailing companies, when perceived to be in the public interest, and did so particularly during the industrial restructuring of the 1980s. It also has responsibility for a number of loss-making public companies such as Iberia and Renfe. Despite a programme of privatization initiated in the 1980s to sell off some of the more viable companies and realize assets, there is nevertheless still a core of loss-making companies and these represent a steady drain on the economy.

A third and growing problem is linked to the increasing contribution to the deficit from the CCAA. This is related to the progressive transfer of power to the *autonomías* to run different services. Taxes, with the exception for historical reasons of the regional governments of Navarre and the Basque Country, have been collected centrally and payments transferred by the central government to the regions. This division of roles in relation to collecting and spending tax revenue has been criticized as leading to a lack of responsibility on the part of the governments of the *autonomías* in relation to their spending. As a result, a reform in the system is currently being introduced, under which the regional governments will take a share of the responsibility for tax collection. A further burden on the state stems from the increase in the number of personnel employed. The introduction of regional governments has given rise to a new tier of administration and, although this has brought about some corresponding reductions in personnel at central government level, it has nevertheless resulted in an overall net increase.

In 1992 fiscal reforms were introduced to make good some of the shortfall in public sector spending. These included measures to eliminate tax evasion and to increase the tax base. Incentives were also introduced for small savers and to encourage private pension plans.

As a result of the heavy commitments to public spending, the public sector deficit is one of the more problematic of the Maastricht criteria. Apart from the introduction of measures to increase regional accountability, initiatives have been taken in other areas such as, for example, the reduction of personnel through natural wastage in central government departments and agreements on pension reform. However, pension reforms may prove difficult to sustain, there still needs to be more accountability in the public health service, and more restructuring of public sector enterprises will have to be undertaken if further reductions are to be achieved.

Public sector debt

From the late 1970s, in line with an increasing deficit, the debt which was accumulated in order to finance the deficit grew progressively, reaching 43.7 per cent of GDP in 1985 and 65.2 per cent in 1995. Interest repayments on the debt are currently calculated to represent more than 5.5 per cent of GDP.[76]

Some income is resulting from privatization although, to date, this has not had a noticeable effect. However, in order to make a significant impact on the debt it will be necessary to reduce the public sector deficit and, in particular, to reduce spending by the CCAA. Although the *autonomías* have been able to curb their deficit, debt liabilities have increased in the period 1990–95 in all of them except Cantabria. The highest increases have been registered in Navarre, Aragon and Extremadura.[77] Since the beginning of 1997 efforts have been made to introduce stricter controls through closer central supervision by and by linking the debt levels with the income the CCAA receive from central government. In addition, the tendency towards lower interest rates should also have a positive impact. However, the convergence criteria require a reduction to 60 per cent of GDP which, according to current forecasts, will probably make this the most difficult of the criteria to achieve.

Exchange rate stability

Following the first devaluation of the peseta in 1959, Spain devalued four more times in 1967, 1976, 1977 and 1982 before entering the wide band (6 per cent fluctuation) of the Exchange Rate Mechanism (ERM) of the European Monetary System (EMS) in 1989, which it was hoped would provide greater stability and align the Spanish economy more closely with the other countries in the European Union. The result was a surge in inward investment because of increased confidence, a reduction in the cost of imports and a lowering of inflation. Exports, however, were hit by the increasing appreciation of the peseta.

Since the second half of 1992 the peseta has been weaker as a result of further devaluations in 1992, 1993 and again in 1995. In 1993 the broad band was increased to 15 per cent to give more control to national governments. These developments have brought improvements in industrial competitiveness but at the same time there has been a rise in the cost in Spain of other goods and services, which could create future problems for the economy as these are subjected to greater international competition.[78] However, improvements in meeting the other nominal convergence criteria (particularly the downward trend in inflation) have resulted in greater exchange rate stability, and future performance will depend to a large extent on the ability to sustain these achievements.

Interest rates

Until 1989 a highly regulated and restrictive monetary policy operated, characterized by high long-term interest rates. Since then, however, there has been a progressive relaxation of control which has brought about an overall downward trend. In the mid-1990s this was reinforced by nine successive reductions in a little over twelve months, bringing the rate down from 9.25 per cent in December 1995 to 6 per cent early in 1997.[79] The differential with the EU convergence criteria is therefore narrowing, amid forecasts that interest rates will continue to decline.

Real convergence

Per capita GDP

In 1985 per capita income was 70.4 per cent of the EU average. In the period immediately after Spain's entry this increased to 76.6 but since then it has fallen back to an average of about 75 per cent. A comparison with three other less-advanced economies in the EU (Greece, Ireland and Portugal), averaging about 55 per cent over the same period, shows Spain to be in an intermediate position between them and the rest of the EU countries.[80] Overall, therefore, Spain's comparative situation has not improved in the 1990s and is still below the position it held in the 1970s (79.2 per cent in 1975).[81] As discussed in the section Regional Development above, within Spain itself the differentials between the regions are high and do not appear to be decreasing.

Unemployment

In the mid-1980s unemployment reached almost 22 per cent, then dropped as the economy improved in the late 1980s, but once again climbed to over 24 per cent in 1994. This was double the European Union average in 1994 of just over 11 per cent. Since then there has been a small improvement, but no significant change in comparison with the EU average. Whereas in terms of per capita

GDP Spain outperformed the other, less-advanced economies of the EU (Greece, Ireland and Portugal), nevertheless, their levels of unemployment are much lower than Spain's.[82]

There is no easy solution to the problem (see Part III Education and Employment for further discussion). However, it has been suggested that it will be necessary to broaden the focus of current economic policy beyond the factors involved in achieving strictly nominal convergence, to include, in particular, more investment in research and development, and in transport and commercial infrastructure, if there is to be a sustained improvement[83] [see Text 2.13 La difícil convergencia].

Evaluation

By the beginning of 1997 Spain had not fulfilled any of the criteria for nominal convergence. The shortfall in respect of inflation and interest rates has been narrowing but the deficit and public debt present more difficulties. Nevertheless, in a European context, it should be pointed out that recent international reports from early 1997 have been optimistic about Spain's chances of being among the founder members of EMU. When the measurements of real convergence are considered, however, they show that, for the present, there is little change. There are solid economic reasons for wishing to comply with the terms of nominal convergence and to do so on time, which explains why the Spanish government will continue to make efforts to achieve these targets. It is argued that interest rate and price stability will lessen the volatility of the Spanish economy, which in 1993 suffered a greater downturn than other European countries, and that trade will increase further, as the risk and uncertainty of foreign currency transactions disappear. It is also argued that exclusion would mean a loss of these benefits and would put the Spanish economy at a disadvantage compared to those countries which had achieved monetary union [see Text 2.14 El Euro, la moneda única europea]. In the end, Spanish economists predict that whether Spain is deemed to have met the criteria or not may well depend on the performance of other countries, the degree of discretion which is exercised and whether some criteria are assigned more weight than others.

Whatever the final outcome, the successive stages of integration since Spain's accession in 1986 have ensured, for the Spanish economy, a closer relationship with the rest of Europe. Alignment has brought greater stability and competitiveness. The economy recovered swiftly from the recession in the early part of the 1990s. Trade and foreign investment between Spain and the EU countries have increased and will ensure that close links are maintained with Europe. These in themselves are extraordinary achievements for an economy emerging from autarky in the 1950s, in which early industrialization had been so severely interrupted and which only seriously restarted the process of modernization in 1959.

Notes

1 The author would like to thank Professor Celestino Suárez, University of Castellón, Dr Paloma Taltavull, University of Alicante and Professor François Nectoux, Kingston University for their contributions through discussion of preliminary drafts and suggestions of source material.

2 E. Fuentes Quintana, 'Tres decenios de la economía española en perspectiva', in J. L. García Delgado (ed.), *España, economía*, edición aumentada y actualizada (Espasa Calpe, 1993) p. 4.

3 M. Boyer, 'Dos décadas marcadas por el petróleo', in *Cambio 16*, No 1000, January 1991, p. 108.

4 J. L. Leal, 'Economía entre crisis y desarrollo', in *Cambio 16*, No 1000, January 1991, p. 62.

5 See the *Report on the economic trends in Spain*, Economic and Social Committee of the European Communities No 347, 1995.

6 E. Fuentes Quintana, 'De los Pactos de la Moncloa a la Constitución', in J. L. García Delgado, *Economía española de la transición y la democracia* (Centro de Investigaciones Sociológicas, 1990) p. 28.

7 J. Segura, 'Del primer gobierno socialista a la integración en la CEE: 1983–85', in J. L. García Delgado, *Economía de la transición*, pp. 59–60. References to the European Union as the EEC, EC and EU respectively correspond to the different names at different periods in its development.

8 Figures for 1991, J. L. García Delgado, *España, economía*, op. cit., p. 1236 and M. Hidalgo Moral, 'Apectos macroeconómicos del turismo', in A. Pedreño (ed.), *Introducción a la economía del turismo en España* (Civitas, 1996) p. 163.

9 J. L. García Delgado, C. Muñoz Cid and C. Abad Balboa, 'La agricultura: cambios estructurales en los últimos decenios', in *España, economía*, op. cit., p. 187.

10 See *Hechos y cifras del sector agroalimentario español* (Ministerio de Agricultura, Pesca y Alimentación, 1995).

11 The figures given are for the 1982 Census (*España, economía*, op. cit., p. 199) but reflect a situation which has changed little since then.

12 *El sector agrario*, in the series Papeles de la economía española 60/61 (Fundación Fondo para la Investigación Económica y Social, 1994) p. XII.

13 J. Colino, 'Sector agrario', in J. L. García Delgado (ed.), *Lecciones de economía española* (Civitas, 1993) p. 175.

14 W. Chislett, *The Central Hispano handbook* (Banco Central Hispano, 1996) p. 83.

15 J. L. García Delgado, C. Muñoz Cid and C. Abad Balboa, 'La agricultura: cambios estructurales', in *España, economía*, op. cit., p. 148.

16 'Introducción', in *El sector agrario*, op. cit., p. VII.

17 'Introducción', in *El sector agrario*, op. cit., p. VIII.

18   *The Central Hispano handbook*, op. cit., p. 85.
19   *The Central Hispano handbook*, op. cit., p. 86.
20   R. Myro, 'La recuperación de la industria española, 1985–89', in J. Velarde et al., *La industria española* (Colegio de Economistas, 1990) p. 56.
21   J. M. Peñalosa, *The Spanish catching-up process: General determinants and contribution of the manufacturing industry* (Bank of Spain Working Papers No 9428) p. 43.
22   Ibid., p. 43.
23   R. Myro and R. Gandoy, 'Sector industrial', in *Lecciones de economía española*, op. cit., p. 195.
24   M. T. Costa, 'Empresas y empresarios', in *Lecciones de economía española*, op. cit., p. 156.
25   J. Vázquez, 'Crisis, cambio y recuperación industrial', in *Economía de la transición*, op. cit., p. 101.
26   Ibid., p. 101.
27   Ibid., p. 102.
28   *The Spanish catching-up process*, op. cit., p. 57.
29   *The Central Hispano handbook*, op. cit., p. 35.
30   M. Hidalgo Moral, in *Introducción a la economía del turismo*, op. cit., p. 164.
31   J. F. Vera Rebollo and M. Marchena Gómez, 'El modelo turístico español', in *Introducción a la economía del turismo*, op. cit., p. 340.
32   Ibid., p. 342.
33   *Anuario El País* (El País, 1996) p. 396.
34   Ibid., p. 396.
35   C. Camisón Zornoza, 'La empresa turística: un análisis estratégico', in *Introducción a la economía del turismo*, op. cit., p. 241.
36   J. A. Alonso, 'El sector exterior', in *España, economía*, op. cit., p. 437.
37   A. Esteban Talaya, 'El marketing turístico', in *Introducción a la economía del turismo*, op. cit., p. 257.
38   J. Cladera Cladera, 'Una nueva estrategia para el turismo I', in *El País* (29 July 1990) p. 40.
39   'El monopolio de los operadores', in *El País* (30 December 1990) p. 8.
40   J. F. Vera Rebollo and M. Marchena Gómez, in *Introducción a la economía del turismo*, op. cit., p. 342.
41   V. Bote Gómez and M. Marchena Gómez, 'Política turística', in *Introducción a la economía del turismo*, op. cit., p. 314.
42   Ibid., p. 303.
43   J. Cals, 'Turismo y política turística en España 1974–86', in *El sector terciario de la economía española* (Colegio de Economistas, 1987) p. 215.
44   V. Bote Gómez and M. Marchena Gómez, in *Introducción a la economía del turismo*, op. cit., p. 315.
45   Ibid., p. 325.
46   *The Central Hispano handbook*, op. cit., p. 105.
47   J. Cals and A. Garrido, 'Sistema y mercados financieros', in *Lecciones de economía española*, op. cit., p. 285.
48   *Anuario El País*, op. cit., p. 431, as of 30 September 1995.
49   J. Cals and A. Garrido, in *Lecciones de economía española*, op. cit., p. 291.
50   *Monthly Report* (Caixa d'Estalvis i Pensions de Barcelona, June 1996) p. 73.

51 M. Muñiz de las Cuevas, 'El Instituto de Crédito Oficial', in *Anuario El País*, op. cit., p. 428.

52 J. A. Alonso, 'El sector exterior', in *España, economía*, op. cit., p. 414.

53 M. Duce Hernando, 'El impacto de la integración en la UE sobre la inversión internacional directa en España', in *España ante la economía global*, Papeles de economía española 66 (1996) p. 201.

54 *Boletín económico* (Bank of Spain, December 1996) p. 46.

55 M. Duce Hernando, in *España ante la economía global*, op. cit., p. 201.

56 *Anuario El País*, op. cit., p. 388.

57 J. A. Alonso, in *España, economía*, op. cit., p. 450.

58 C. Martín and F. J. Velázquez, 'Una estimación de la presencia de capital extranjero en la economía española y de algunas de sus consecuencias', in Papeles 66, p. 173.

59 *Anuario El País*, op. cit., p. 388.

60 Ibid., p. 388.

61 J. M. Maté Rubio, 'La inversión directa española en el exterior', in *España ante la economía global*, op. cit., p. 227.

62 Ibid., pp. 226–30.

63 Ibid., p. 231.

64 *Anuario El País*, various years.

65 M. Martín Rodríguez, 'Evolución de las disparidades regionales: una perspectiva histórica', in *España, economía*, op. cit., p. 914.

66 Ibid., p. 917.

67 J. Villaverde Castro, *Los desequilibrios regionales en España* (Instituto de Estudios Económicos, 1991) p. 45.

68 See A. Pedreño Muñoz, 'Un eje de expansión económica: Cataluña-Mediterráneo', in *España, economía*, op. cit., pp. 991–1004.

69 J. Villaverde Castro and Patricio Pérez González, 'Los ejes de crecimiento de la economía española' in *Disparidades económicas regionales*, Papeles 67 (1996) p. 70.

70 M. Parellada, 'Distribución territorial de la renta', in *Lecciones de economía española*, op. cit., p. 363.

71 J. A. Zaragoza Rameau, 'Política regional en España: objetivos, orientaciones actuales e instrumentos', in J. Alcaide et al., *Las economías regionales en la España de los noventa* (Colegio de Economistas, 1991) pp. 258–62.

72 M. Parellada, 'Distribución territorial de la renta', in *Lecciones de economía española*, op. cit., p. 363 and A. Vázquez Barquero, 'Desarrollo local y disparidades regionales en España', in Papeles 67, p. 82.

73 C. Suárez, 'España en la Comunidad Europea: un análisis comparado', in *Lecciones de economía española*, op. cit., p. 455.

74 *Spain 1996* (OECD, 1996) p. 108.

75 Ibid., p. 108.

76 Ibid., p. 104.

77 *Memoria sobre la situación socioeconómica y laboral de España en 1995* (Consejo Económico y Social, 1996) p. 99.

78 J. Aixalá, 'La peseta en el Sistema Monetario Europeo', in J. Velarde et al., *España en la Unión Europea: balance de un decenio* (Civitas, 1996) p. 68.

79 T. Burns, 'Interest rate cut spurs Spain's EMU ambitions', in *Financial Times* (17 January 1997) p. 1.

80 C. Martín, 'La convergencia real en Europa: un referente clave para la política económica española', in *Objetivo: Convergencia*, Papeles No 63 (1995) p. 4.

81 C. Suárez, in *Lecciones de economía española*, op. cit., p. 452.

82 C. Martín, in *Objetivo: Convergencia*, op. cit., p. 4.

83 C. Martín, 'España en Europa: convergencia real "versus" convergencia nominal', in *España en la Unión Europea*, op. cit., p. 49.

Suggestions for further reading

General literature in English

K. Salmon, *The modern Spanish economy*, 2nd edn (Pinter, 1994) provides a detailed and up-to-date account of the Spanish economy. It adopts a sector-by-sector analysis and is very well documented. A useful feature is the glossary of technical Spanish terminology. Another useful and up-to-date source is *The Central Hispano handbook* (Banco Central Hispano, 1996), produced by W. Chislett. This is a new, yearly survey which gives a very readable overview of the current situation in Spain, with a principal focus on the economy. A very clear and detailed introduction to organizational aspects of the different economic institutions is provided by M. T. Newton with P. Donaghy, *Institutions of modern Spain: A political and economic guide* (Cambridge University Press, 1997).

For background information in order to situate the more recent developments within a historical context J. Harrison, *The Spanish economy in the twentieth century* (Croom Helm, 1985) is an informative and well-documented account. A. Wright, *The Spanish economy 1959–76* (Macmillan, 1977) also provides a good introduction to the early years of economic growth after the Stabilization Plan and leading up to the first democratic elections.

General literature in Spanish

In the last few years there has been a major leap forward in the provision of accessible, high quality information on the Spanish economy. An excellent starting point is J. L. García Delgado et al., *Lecciones de la economía española* (Civitas, 1997). Written by a team of academics for Spanish university students, it provides a comprehensive introduction in Spanish both to economic concepts and to the different sectors of the economy. Some of the theoretical chapters are more advanced but each chapter focuses on a particular aspect of the economy and is free standing. The chapters end with a summary of the main points and a short list of further reading.

Many of the chapters in *Lecciones* will refer the reader to J. L. García Delgado (ed.), *España, economía*, edición aumentada y actualizada (Espasa Calpe, 1993). This is another very important and accessible publication, compiled by many of the same team as *Lecciones*, and which has been regularly updated. The book contains thirty-four chapters covering a very wide range of aspects of the Spanish economy. A detailed list of contents enables quick reference and there are suggestions for further reading at the end of each chapter.

J. A. Martínez Serrano, *Economía española: 1960–1980* (H. Blume, 1982) provides a readable background study of the earlier years discussed in the chapter. Background information and an illuminating analysis of the period *1973–85* are also to be found in J. L. García Delgado et al., *Economía española de la transición y la democracia* (Centro de Investigaciones Sociológicas, 1990). This book covers different aspects of the Spanish economy in the period 1973–86 beginning with a periodization divided into four chapters: 1973–77, 1977–78, 1979–82, 1983–85, followed by a detailed examination of the different sectors, policies and economic institutions.

Another interesting overview is to be found in the chapters focusing on economic and socioeconomic development in C. A. Alonso Zaldívar and M. Castells, *España: fin de siglo* (Alianza, 1992), which covers the period 1977–92.

Specialized and more advanced literature

The best starting point is the monograph series *Papeles de la economía española*, published by the Fundación Fondo para la Investigación Económica y Social. These give very up-to-date factual information and often provide a forum for the examination of issues which are, at the time, the focus of economic debate. Of particular relevance to the areas covered in the chapter are: *Sector agrario*, 61/62 (1994), *Objetivo: convergencia*, 63 (1995), *Economía global*, 66 (1996), *Disparidades económicas regionales*, 67 (1996).

Another useful series is *Información comercial española*, a monthly publication of the Ministerio de Economía y Hacienda. The edition has a major section devoted to a monograph, followed by a section entitled *Tribuna Libre* which includes a wide selection of specialist articles. Normally there are at least two issues each year which specialize in aspects of foreign trade and investment, as for example, *Estadísticas españolas del sector exterior*, No 752 (April 1996) and *Los países de la cuenca mediterránea y la Unión Europea*, No 759 (January 1997). Other monographs of particular relevance to this chapter include: *La actividad empresarial en España*, No 746 (October 1995), *Economía del sector turístico*, No 749 (January 1996) and *El impacto de la UEM*, No 756 (August-September 1996).

The overall performance of the economy is evaluated in A. Aragandoña and J. A. García Durán, *Macroeconomía española: hechos e ideas* (McGraw-Hill, 1992). The author gives a clear and succinct overview of economic performance from 1939 before considering the development of different aspects of macroeconomic policy in separate chapters. A study by the Economic and Social Committee, *Report on the economic trends in Spain* No 347/95 (October 1995) analyses the more recent performance in the early 1990s against the criteria used for European convergence.

In relation to industry, J. Velarde, J. L. García Delgado and A. Pedreño, *La industria española* (Colegio de Economistas de Madrid, 1990) brings together a collection of articles related to industrial recovery, structure and employment, focusing primarily on the second half of the 1980s, which help to explain some of the ongoing structural problems which Spanish industry continues to face. J. M. Peñalosa, *The Spanish catching-up process: general determinants and contribution of the manufacturing industry* (Bank of Spain Working Paper 9428, 1994) looks at the performance of Spanish manufacturing industry in comparison with the EU and suggests what needs to be done to improve Spanish competitiveness.

An earlier publication, but one which continues to be relevant in understanding the problems posed by such a large proportion of small and medium-sized firms (SMEs) in the Spanish economy, is Ernst and Young, *La PYME española y el Mercado Único* (Instituto de la Pequeña y Mediana Empresa Industrial, 1989). This is an extensive analysis based on a survey of more than 11,000 SMEs about their attitude to the Single European Market. It also contains a useful breakdown of industrial production by autonomous community.

The role of the state in industry provides the focus of J. C. Jiménez (ed.), *El Estado en la economía española* (Civitas, 1994). This is a collection of essays looking at issues relating to performance and privatization of the public sector enterprises and also to public sector investment.

A comprehensive study of tourism can be found in Andrés Pedreño et al., *Introducción a la economía del turismo en España* (Civitas, 1996). As with *Lecciones*, referred to above, it has been designed with Spanish students in mind. Some parts are more technical but of particular interest are the chapters relating to the role of tourism within the economy and to policy development. The book also includes a useful statistical appendix of tourism-related data.

Two studies which provide background information on regional issues are J. Villaverde Castro, *Los desequilibrios en España* (Instituto de Estudios Económicos, 1991) and J. Alcaide et al., *Las economías regionales en la España de los noventa* (Colegio de Economistas de Madrid, 1991) (especially the recent development of the regions, regional policy and the financing of the regions).

On Spain and Europe S. Ruesga, *1993. España ante el Mercado Único* (Pirámide, 1989) is a useful review of the challenge posed by the Single Market for particular sectors and provides good background material from which to evaluate the subsequent performance of the different sectors.

A more technical approach is adopted in J. Viñals (ed.), *La economía española ante el Mercado Único Europeo* (Alianza, 1992) which looks at the effects for Spain of European integration, the consequences of the Single Market and the strategies which Spain should follow. In particular the overview in the first part is clear and illuminating. Also, Michel Galy, Gonzalo Pastor and Thierry Pujol, *Spain: converging with the European Community* (International Monetary Fund Occasional Paper, February 1993) is a more detailed and complex report which focuses on structural reforms in the financial system, income tax and fiscal decentralization.

Finally, J. Velarde, J. L. García Delgado and A. Pedreño (eds), *España en la Unión Europea: balance de un decenio* (Civitas, 1996) collects together a number of contributions which evaluate Spain's progress and achievements at the end of the first ten years in the EU.

Yearly publications, journals and papers

In English there is an annual OECD report on Spain and the Economist Intelligence Unit publishes both an annual *Country Profile* and a quarterly *Country Report*.

Banks also publish general information, notably Barclays Bank Country Report *Spain*, which appears periodically and contains a very useful overview of recent economic performance, supported by up-to-date statistical information.

In Spanish the national newspaper *El País* has two annual publications which are readily available and contain a wealth of up-to-date statistical information. These are the *Anuario*, with a section on the economy, and the more specialized *Anuario de economía y finanzas*.

Two yearly publications combining statistical information and a clear commentary on aspects of the economic performance are the *Memoria sobre la situación socioeconómica y laboral de España* by the Consejo Económico y Social, especially the chapter on the economic overview, and the more detailed and specialist *España: un balance* published by the Colegio de Economistas de Madrid.

Spanish financial institutions are also an excellent source of information, in particular the Central Hispano monthly publication *Spain: economic outlook* and the *Monthly report* from

La Caixa (both also available in Spanish and also on the Internet). The Banco Bilbao Vizcaya (BBV) has two quarterly publications: *Situación*, which consists of monographs on general economic issues and *El campo*, a very useful source of information on agriculture.

Official statistics are provided by the Instituto Nacional de Estadística (INE) and many ministries also provide annual statistical yearbooks of relevant information. The Bank of Spain publishes an *Informe anual* and a monthly *Boletín estadístico*, which has a parallel English text on the same page (particularly useful in establishing the correct terminology).

One should also not forget specialist newspaper coverage, in particular the *El País* supplement on Sundays and the specialist daily newspapers *Cinco días*, *Expansión* and *Gaceta de los negocios* which all provide very up-to-date information and alert the reader to current issues.

Text 2.1

La herencia de F.G.

1 Ningún Jefe de Gobierno elegido democráticamente en España ha permanecido tanto tiempo en el cargo como Felipe González: más de 13 años, 161 meses, han transcurrido entre aquel diciembre de 1982 y este comienzo de mayo en que entrega el testigo a José María Aznar.

5 En el último tercio del siglo pasado, Cánovas fue Presidente del Consejo en cinco ocasiones y Sagasta en siete, pero ninguno de los dos sumó en total más de una década en el puesto. Tal vez sea demasiado pronto para establecer un balance definitivo de la gestión de González, entre otras cosas porque sigue en activo – y en primer plano –, aunque

10 desde hoy al frente de la oposición. Pero es seguro que la España que gobernará Aznar será muy diferente a la que González se encontró: más moderna, más democrática y plenamente integrada en el mundo. Tiene, también, problemas graves, muy similares a los de cualquier otro país de nuestro entorno.

15 Si la eficacia de una gestión pública se mide en términos de crecimiento económico, cohesión social y reforzamiento de la democracia, el balance será seguramente positivo. La evidencia demuestra que en estos años ha cambiado la cara del país. Hoy existe una sanidad pública universalizada – con todas sus limitaciones –, una educación

20 garantizada para todos y unas infraestructuras – de las autovías al AVE – a la altura de cualquiera de los países del entorno europeo. Claro que no le faltarán problemas que resolver al Gobierno de Aznar, entre ellos el de dotar de la necesaria calidad a esos servicios, pero ya no serán los de un país manifiestamente atrasado que lucha por lograr

25 la normalización democrática.

González llegó al poder menos de dos años después del golpe del 23-F, y el mismo día de las elecciones estaba prevista otra asonada militar. De los socialistas se esperaba, sobre todo, la consolidación de la democracia. Por eso contaron con el respaldo de sectores del centro

30 y de la derecha liberal que en países más estables habrían votado a partidos de ese signo. González partía con el viento a favor de un reforzamiento del aprecio a los valores democráticos propiciado por el susto del 23-F; también, como consecuencia de lo anterior, con una mayoría absoluta que le permitía encarar algunos problemas, como

35 la reconversión industrial, que la UCD apenas había podido abordar, y otros que sí había abordado, pero no resuelto. La subordinación del Ejército al poder civil había sido durante 150 años una aspiración de los demócratas españoles. Que hoy pueda hablarse del problema

militar en pasado – hasta el punto de que el debate actual sobre las
40   Fuerzas Armadas se circunscribe a cuestiones como la de los objetores
de conciencia o propuestas como la supresión de la mili – constituye
un logro indiscutible de esta etapa. Que ni siquiera llegase a inquietar
la vieja cuestión religiosa, clave todavía en la tragedia española de los
años treinta, es un mérito que comparte toda la generación que hizo
45   la transición. Pero la experiencia de la II República había enseñado
también que nada conspira tanto contra la consolidación democrática
como una situación económica desfavorable. Por eso se consideró
prioritario garantizar un crecimiento suficiente para amortiguar las
tensiones sociales. Trece años y medio después, la economía está
50   mucho mejor que en 1982, aunque sigue enfrentada a problemas tan
serios como el del paro.

Política y economía

La renta *per cápita* de los españoles ha aumentado desde ese año
en un 43%, pero apenas ha progresado en relación a la media de
55   la Unión Europea. La tan deseada incorporación a la Europa
comunitaria, efectiva desde el 1 de enero de 1986, fue otro objetivo
prioritario de la primera legislatura socialista. Desde el inicio de la
transición se había considerado la integración en la Europa
comunitaria, próspera y democrática, como un factor de estabilidad
60   y una garantía contra tentaciones involucionistas. Esa integración
exigió una rectificación de los socialistas respecto a la OTAN que
dividió fuertemente a la izquierda, dejando cicatrices que aún
perviven. González prefirió asumir ese riesgo a los derivados de
mantener una excepcionalidad española en materia de defensa
65   que inevitablemente habría incidido en la negociación para la
incorporación a la CE. El argumento según el cual no es lo mismo *no
entrar que salir una vez dentro* sirvió para justificar una rectificación
que fue muy polémica entonces, pero casi nadie cuestiona hoy.
La vieja aspiración de los demócratas españoles de acabar con el
70   aislamiento internacional de España, una constante de los dos últimos
siglos, se ve hoy simbolizada por la presencia de ciudadanos españoles
al frente de instituciones como la OTAN, la Unesco o el Comité
Olímpico Internacional, entre otras.
El fuerte crecimiento en la segunda mitad de los ochenta se
75   caracterizó por su compatibilidad con importantes desequilibrios que
acabarían determinando la pérdida de competitividad, cuyos efectos
se harían visibles en la crisis de 1992–1993, en que se perdieron tantos
empleos como se habían creado en el lustro anterior. Con todo, la
tasa de paro registrado es ahora ligeramente inferior al existente en

80 1982, y por primera vez en muchos años la fase de crecimiento coexiste
con una reducción de los desequilibrios, especialmente la inflación.
Ello crea las condiciones para un crecimiento sostenido en el futuro,
aunque hay algunas hipotecas. La más grave, una relación entre el
número de personas ocupadas, unos 12 millones, y el de pensionistas,
85 más de 7 millones, que es la peor del continente. Es difícil, así, reducir
el déficit y la deuda de acuerdo con el plan de convergencia. El importe
actual de la deuda equivale al 65% del PIB: una proporción que dobla
el 31% de 1982.

Con esa salvedad, la situación económica, y la del país en general,
90 está ahora bastante más despejada que la que se encontraron los
socialistas, y algunos de los problemas que hoy preocupan son en
parte consecuencia de haberse superado otros más graves que les
precedieron. El paro es, en buena medida, efecto de la modernización
del aparato productivo, de la incorporación de la mujer al mercado
95 laboral y de la recuperación de los dos millones de emigrantes
españoles de los años sesenta y setenta. La elevada deuda es, en
gran parte, consecuencia de la radical transformación del viejo
Estado centralista en el actual Estado autonómico y del paralelo
fortalecimiento del Estado de bienestar. Ambas cosas son caras, pero
100 necesarias: Basta contemplar los desastres de otros países con
tensiones nacionalistas que han vivido en los últimos años procesos
de transición sin ese doble colchón amortiguador. El gasto de
protección social ha pasado de suponer el 18% del PIB en 1980 al
24% en la actualidad. Ese esfuerzo que los países desarrollados de
105 Europa habían realizado a lo largo de 30 años ha tenido que realizarse
aquí en la mitad del tiempo.

España no es ya la excepción europea, un país diferente por
su atraso, su incultura y su inclinación a la tragedia. Incluso los
problemas – el déficit público, la inserción de la juventud, el paro –
110 son similares a los de los otros países europeos, con la probable
excepción del terrorismo, nuestra herida más autóctona y a la que
siempre irá unido el gravísimo error de la actuación de los GAL. La
mayor paradoja consiste en que esa modernización del espacio físico,
de la economía y de las costumbres sociales, que ha favorecido el
115 asentamiento del sistema político democrático, coexiste con un cierto
descrédito de la política y de los políticos por efecto de la lacra de la
corrupción; algo que nadie podía sospechar en 1982 y que ahora ha
permitido a los conservadores llegar al Gobierno con la bandera de la
honestidad en la mano: la misma que enarbolaron los socialistas hace
120 13 años. La diferencia es que los ciudadanos se han curado en estos
años de cualquier ilusión ingenua sobre la naturaleza humana.

(*El País*, 3 de mayo de 1996.)

Ejercicios

Léxico

Explica el significado de los vocablos y expresiones siguientes:

seguir en activo (l.9)	la tasa de paro (l.79)
en primer plano (l.9)	hipotecas (l.83)
la gestión pública (l.15)	con esa salvedad (l.89)
a la altura de (l.21)	situación despejada (ll.89–90)
asonada (l.27)	el aparato productivo (l.94)
amortiguar (l.48)	autóctona (l.111)
renta per cápita (l.53)	GAL (l.112)
cicatrices (l.62)	asentamiento (l.115)
incidir (l.65)	la lacra (l.116)
polémica (l.68)	enarbolar (l.119)
el lustro (l.78)	

Gramática y estilo

(a) Justifica la utilización del artículo en la frase: '. . . la España que gobernará Aznar . . .' (ll.10–11).

(b) Haz una lista de todas las expresiones utilizadas en el texto para expresar intensidad en el uso de adjetivos, adverbios o verbos. Utiliza algunas de ellas en frases inventadas por ti. Añade a la lista otras expresiones que tú conozcas.

(c) 'Pero es seguro que la España que gobernará Aznar . . .' (ll.10–11), '. . . el balance será seguramente positivo' (l.17). ¿Expresan el mismo grado de probabilidad 'es seguro' y 'seguramente'? Utiliza ambas expresiones en distintos ejemplos para ilustrar tu contestación.

(d) ¿Qué tipo de verbo es 'demostrar' (l.17)? Conjuga el presente de indicativo y subjuntivo. ¿Qué otros verbos con las mismas características conoces? ¿Cómo se diferencian éstos de los del tipo de 'dormir'?

(e) Justifica el uso del futuro en las frases: 'Es seguro que la España que gobernará Aznar será muy diferente . . .' (ll.10–11), 'Claro que no le faltarán problemas que resolver al Gobierno de Aznar . . . pero ya no serán los de un país . . .' (ll.22–24). Nombra cinco verbos cuyo futuro sea irregular.

(f) Conjuga el verbo 'prever' (l.27) en presente, pretérito y condicional. Haz lo mismo con 'proveer'. ¿Cuál es el participio pasado de ambos? ¿Y el gerundio?

(g) ¿'Basta contemplar' (l.100) o 'basta con contemplar'? Estudia, mediante ejemplos, las diferencias de uso entre 'bastar', 'bastar a', 'bastar para' y 'bastar con'.

Comprensión

(a) ¿De qué manera afecta la frase: '– con todas sus limitaciones –' (l.19) el significado de la frase inmediatamente anterior: 'Hoy existe una sanidad pública universalizada' (ll.18–19)? ¿A qué limitaciones puede estar refiriéndose?

(b) ¿Estás de acuerdo con que una situación económica desfavorable puede hacer peligrar la estabilidad democrática de un país? ¿Puedes proporcionar ejemplos concretos?

(c) ¿Qué entiendes por 'tentaciones involucionistas' (l.60)?

(d) ¿Cuáles son las 'cicatrices' (l.62) a las que alude el periodista?

(e) Explica cuáles fueron los desequilibrios que determinaron la pérdida de competitividad.

(f) ¿A qué deuda hace alusión el artículo? Explica algunas de las razones por la que ésta es ahora más elevada.

(g) Resume la idea contenida en las líneas que van desde: 'La mayor paradoja . . .' (ll.112–113) hasta el final del artículo. Tradúcelas también al inglés.

Preguntas orales y escritas

(a) Haz un balance económico del gobierno socialista.

(b) Analiza los problemas que el aumento del gasto social acarrea a la economía.

Text 2.2

Una nueva visión estratégica de la agroindustria española

1   Las industrias alimentarias y agrarias compiten abiertamente en los mercados internacionales donde la eficiencia es imprescindible para sobrevivir. Las industrias agroalimentarias no pueden ni deben ser receptoras de una producción agraria dirigida e intervenida por la
5   burocracia de Bruselas, cada vez más alejada de los mercados. Una reconversión profunda de nuestros agricultores hacia modelos cada vez más profesionales, empresariales y de mercados será la única alternativa posible a la necesaria apertura de los mercados agrarios mundiales.
10   La firma de los acuerdos de la Ronda Uruguay del Gatt y los compromisos en ella asumidos en materia agraria condicionan profundamente el futuro de la Nueva Política Agraria Común establecida por la Unión Europea en mayo de 1992.

La ampliación comunitaria derivada de la incorporación de Austria, Suecia y Finlandia, y los acuerdos agrarios especiales con los
15   países del Este de Europa y del Magreb obligan igualmente a un replanteamiento de la Nueva Política Agraria Común Europea, que bien pudiera conducir a una ruptura con la antigua PAC.

Pero la crisis más relevante de la nueva PAC, hoy en vigor, se debe
20   a su elevado componente social y protector. Los necesarios vientos de liberalización mundial chocan frontalmente con una política destinada a proteger los mercados interiores europeos, a distorsionar los precios internacionales de los productos agrarios y a mantener una renta artificial para los agricultores, a la vez tan necesaria para la super-
25   vivencia como degradante para la condición humana (. . .)

El futuro de nuestros agricultores no está ni en el Plan de Empleo Rural ni en la subvención a la renta del agricultor. El futuro agrícola español estará en una transformación gradual de esas subvenciones en promoción de la industrialización del campo, de la formación y del
30   fomento del asociacionismo empresarial, que permitan migrar de una agricultura y ganadería, en la que, como consecuencia de los acuerdos del GATT, difícilmente seremos competitivos con los países en vías de desarrollo hacia una agroindustria alimentaria de productos de valor añadido a los que se incorpore tecnología de transformación mediante
35   capital formación, gestión y comercialización, funciones todas ellas más propias de los países desarrollados. Igualmente capital para el

futuro agrario será la implementación de una adecuada política
hidrológica y una nueva política financiera que garanticen la productividad del sector.

40   La clave fundamental de este cambio va a estar en la disposición de
nuestros agricultores hacia la modernización y la tecnificación,
elementos éstos sólo alcanzables con una reconversión profesional
profunda que se derivará exclusivamente de la formación y de la
profesionalización de la producción y de la gestión.

45   Invirtamos pues las subvenciones comunitarias en formar a nuestra
gente del campo y en financiar el equipamiento técnico e industrial,
así como los canales de distribución, comercialización y marketing,
en lugar de mandar los salarios a casa en un afán de falsa protección.
Busquemos fórmulas que permitan el replanteamiento de los pro-

50   cesos agrarios de producción y el apoyo a la dimensión de nuestras
industrias alimentarias que han de competir en un plano internacional
global desde una plataforma de elevados costes financieros y ener-
géticos y de rigidez laboral, difícilmente sostenibles si queremos ganar
en la carrera de la competitividad mundial.

55   El proceso de ajuste que ha de producirse en el campo español, si se
pone en marcha una reforma que transforme las subvenciones de la
renta en las de formación y gestión y de los medios de producción y
comercialización, será duro en una primera etapa, pero redundará
en una mejora de la competitividad del sector y del bienestar de los

60   agricultores y ganaderos en un horizonte no muy lejano. Pero ha de
quedar claro que es antes la competitividad que el bienestar, puesto
que sin aquella éste no será posible.

Europa dispone de diez años (la duración de la cláusula de Paz de
los acuerdos agrarios del GATT) para acomodar su agricultura

65   subvencionada a un mercado de libre competencia y eficiencia.

Los plazos parecen largos para que el proceso sea amortiguado y
políticamente digerible, pero el tiempo vuela y la liberalización pactada
debería ser un incentivo necesario para ganar competitividad desde
ahora, ya que aunque nuestra agricultura de base siga estando

70   razonablemente protegida, nuestra industria alimentaria tiene que
competir continuamente en una dimensión global y libre, y sin un
adecuado crecimiento y desarrollo de la industria, la base difícilmente
podrá prosperar.

La liberalización debe adicionalmente significar una apertura de

75   nuestra agricultura hacia proyectos de producción y comercialización
conjunta de productos agrarios con los países en vías de desarrollo de
nuestro entorno en lugar de seguir combatiendo inútilmente con ellos.
La industria alimentaria española debe plantearse seriamente la
posibilidad de crecer y ganar competitividad mediante la realización

80   de inversiones productivas en países en desarrollo, en los que podrá

abaratar notablemente los costes de producción y de materia prima y utilizarlos como plataforma de exportación a países terceros.

Estas iniciativas serán fuente de saneamiento y fortalecimiento de la empresa matriz española que podrá de esta forma acometer
85   proyectos de diversificación en España o de adquisición de competidores en España y en el extranjero, acelerando el necesario proceso de concentración.

(Also Olcense Santonja, *Anuario de Economía de Negocios*, 1996, pp. 174–5.)

Ejercicios

Léxico

Explica el significado de los vocablos y expresiones siguientes:

PAC (l.18)	amortiguado (l.66)
chocar (l.21)	la agricultura de base (l.69)
el fomento (ll.29–30)	los costes de producción (l.81)
la comercialización (l.35)	materia prima (l.81)
los canales de distribución (l.47)	la empresa matriz (l.84)
redundar (l.58)	acometer (l.84)
los plazos (l.66)	

Gramática y estilo

(a) 'Las industrias agroalimentarias no pueden ni deben . . .' (l.3), 'El futuro de nuestros agricultores no está ni en el Plan de Empleo Rural ni en la subvención . . .' (ll.26–27). ¿Por qué se utiliza 'no . . . ni' en el primer caso y 'ni . . . ni' en el segundo? Explica la diferencia de uso si es que existe.
(b) Justifica el uso del futuro, contraponiéndolo con el del presente en las líneas: 'El futuro de nuestros agricultores no está . . . estará en una transformación . . .' (ll.26–28).
(c) ¿A partir de qué se ha formado el vocablo 'bienestar' (l.59)? ¿Qué otros adverbios se emplean frecuentemente para formar palabras del mismo tipo? ¿Cuáles de ellos son más frecuentes?
(d) ¿Cómo calificarías el estilo empleado por el autor en este texto? Proporciona ejemplos sacados del mismo para razonar tu respuesta.

Comprensión

(a) Explica en qué consiste el componente social y protector de la PAC.
(b) ¿Por qué no le parece apropiada al autor la subvención a la renta del agricultor?

(c)   ¿Qué propone en su lugar?

(d)   ¿Qué papel desempeñará la formación en el desarrollo del sector agroalimentario?

(e)   ¿Cómo puede la agroindustria española ganar competitividad?

(f)   '. . . acelerando el necesario proceso de concentración' (ll.86–87). ¿A qué proceso se está refiriendo y por qué es necesario?

(g)   ¿Estás de acuerdo con las ideas expuestas por el autor en este artículo? Justifica tu respuesta.

Preguntas orales y escritas

(a)   Expón los problemas con los que se enfrenta en la actualidad la agricultura española y propón posibles soluciones.

(b)   ¿Cómo puede mejorarse la industria agroalimentaria en España?

Text 2.3

La integración de la industria

1   En los diez últimos años, la industria española ha vivido un ciclo económico completo que permite distinguir un primer subperíodo de reactivación de la producción y la productividad, de 1985 a 1989, y otro de estancamiento y recesión desde 1990 hasta 1993. Dicha

5   evolución ha estado determinada por factores internos, entre los que destacan, en el primer período, la expansión de la demanda interna apoyada por una política económica que favoreció el crecimiento de la inversión y la reestructuración del tejido industrial; y, en el segundo, una política restrictiva que acentuó el debilitamiento de la demanda,

10   y se acompañó de una ausencia de moderación salarial. Pero también han ejercido una notable incidencia los factores externos: la evolución cíclica de la economía internacional y, sobre todo, los efectos derivados del proceso de adhesión a la CEE.

A este respecto hay que insistir en el aliento que supuso sobre las

15   expectativas empresariales y la demanda de inversión la incorporación a la CEE; su impulso a la reestructuración y modernización de las técnicas y equipos productivos, facilitado, además, por considerables entradas de capital extranjero proveniente de la CE. Puede afirmarse que la recuperación no hubiese tenido la misma entidad de no ser por

20   el aliciente de la adhesión.

No obstante, el proceso de liberalización comercial ha puesto de manifiesto las dificultades estructurales propias de la economía española, más concretamente, ha propiciado un fuerte incremento de las importaciones que, al no acompañarse de una evolución si-

25   milar por parte de las exportaciones, se ha traducido en crecientes déficit comerciales, incluso en los años más recesivos del ciclo.

La respuesta de la industria española a la mayor competencia externa, en términos generales, puede calificarse de aceptable. En los primeros años, consiguió crecer más rápidamente que la media comu-

30   nitaria, aumentando su participación en la oferta y las exportaciones; ello fue posibilitado por las elevadas ganancias de productividad obtenidas gracias a los procesos de reestructuración efectuados. Sin embargo, ya empezaron a evidenciarse las dificultades más relevantes para continuar una senda de expansión: la insuficiente producción

35   de las industrias de mayor contenido tecnológico y las debilidades competitivas de las más tradicionales (su pérdida de ventajas laborales frente a la CE y su incapacidad para desarrollar nuevos factores de competitividad: diversificación de producto, tamaños inapropiados . . .).

Durante el segundo período, las manufacturas han visto cómo se
40 deterioraba su posición competitiva. Las ganancias de productividad
se han conseguido a costa de intensas reducciones en el nivel de
ocupación que, sin embargo, se han acompañado de fuertes ele-
vaciones en los salarios nominales propiciadas, en parte, por la elevada
inflación en los servicios. En un contexto de atonía de la demanda y
45 la actividad y de apreciación del tipo de cambio, los incrementos de
costes no pudieron ser trasladados a los precios finales, minando
progresivamente la rentabilidad empresarial y obstaculizando los
procesos inversores.

El último año parece poner fin a esta etapa recesiva, con significativo
50 incremento de la producción y la productividad que, apoyado esta
vez por cierta moderación salarial, ha permitido mejorar la posición
competitiva de la industria. No obstante, hay algunos factores que
pueden condicionar la continuidad de esta fase expansiva. En primer
lugar, el resurgimiento de tensiones inflacionistas en los mercados
55 industriales. Aunque sus efectos se han visto paliados por la depreciación de la peseta, si se confirman en el futuro pueden, al margen
de sus efectos sobre la tasa de inflación global, acabar constriñendo
la competitividad-precio de las producciones.

En segundo lugar, el funcionamiento del mercado de trabajo. A la
60 escasa capacidad de generación de empleo de la industria española
hay que añadirle los fortísimos ajustes de empleo que tienen lugar en
las etapas recesivas, en parte motivado por la escasa adecuación entre
salarios y productividad. Es cierto que los dos últimos años se han
caracterizado por cierta moderación salarial, pero ello no significa
65 que vaya a mantenerse una vez que se consolide la recuperación
de la demanda. La reforma del mercado de trabajo de 1994 trata
de abordar estos problemas introduciendo una mayor flexibilidad
en el mercado de trabajo; los avances en esta dirección parecen
imprescindibles para elevar los niveles de empleo de forma duradera,
70 reducir las tensiones de costes y, en consecuencia, mejorar la
competitividad.

En tercer lugar, el estancamiento de la inversión, si bien existen
indicios de su próxima recuperación. Y, finalmente, en cuarto lugar,
la notable recuperación de las importaciones en un contexto de
75 depreciación de la peseta, que parece indicar que las debilidades
específicas de la industria española siguen sin resolverse. En este
sentido, se requiere, con urgencia, la aplicación de una política industrial activa que fomente el desarrollo de las industrias más
intensivas en capital y aliente la modernización y reestructuración
80 de las menos productivas, las de contenido tecnológico débil.

(Rosario Gandoy Juste, 'La integración de la industria', *10 Años
con Europa*, Colegio de Economistas, 1995, pp. 114–15.)

Ejercicios

Léxico

Explica el significado de los vocablos y expresiones siguientes:

apoyar (l.7)	tipo de cambio (l.45)
tejido industrial (l.8)	la rentabilidad (l.47)
acentuar (l.9)	paliar (l.55)
el aliento (l.14)	la depreciación de la peseta (ll.55–56)
capital extranjero (l.18)	constreñir (l.57)
el aliciente (l.20)	ajustes de empleo (l.61)
propiciar (l.23)	indicios (l.73)
atonía de la demanda (l.44)	fomentar (l.78)

Gramática y estilo

(a) Justifica el uso de la voz pasiva en cada uno de los casos en los que se ha utilizado en el texto.

(b) Localiza todos los participios pasados que aparecen en el texto y analiza qué función desempeña cada uno de ellos.

(c) Sustituye la expresión 'de no ser' en la frase: 'Puede afirmarse que la recuperación ... aliciente de la adhesión' (ll.18–20) por otra forma verbal que exprese la misma condición. ¿Por qué ha utilizado el autor 'de no ser' en vez de 'a no ser'?

(d) ¿Existe alguna diferencia de significado entre 'significativo' (l.49) y 'significante'?

(e) Escribe de nuevo la frase: '... pueden ... acabar constriñendo la competitividad-precio de las producciones' (ll.56–58) utilizando, en primer lugar 'acabar por' y en segundo, 'acabar en'. ¿Qué otros cambios se hacen necesarios al utilizar estas preposiciones?

(f) ¿Cómo se podría eliminar el subjuntivo en la frase: '... una vez que se consolide ...' (l.65)?

(g) 'Fortísimo' (l.61) es un superlativo irregular. Haz una lista con los principales superlativos irregulares.

Comprensión

(a) Explica, a tu manera, los factores internos y externos que influyeron en la evolución económica de 1985 a 1993.

(b) ¿Por qué crees que la entrada de España en la Unión Europea impulsó la reestructuración y modernización de sus técnicas y equipos productivos?

(c) Cuando se mencionan en el texto las industrias más tradicionales, ¿a qué industrias alude concretamente?

(d) ¿Cómo consiguieron las empresas mantener sus márgenes de beneficios durante el segundo período del ciclo económico examinado?

(e) Explica el significado de las líneas: 'En un contexto de atonía de la demanda . . . a los precios finales . . .' (ll.44–46).

(f) ¿Qué factores amenazan la continuidad de la actual fase expansiva de la economía española?

(g) Enumera las que, a tu juicio, son debilidades específicas de la industria española.

Preguntas orales y escritas

(a) Justifica la afirmación que aparece en el texto: '. . . la recuperación no hubiese tenido la misma entidad de no ser por el aliciente de la adhesión (a la CE)' (ll.19–20).

(b) Explica cuáles son los problemas estructurales más importantes en la industria española desde principios de los años 80 y las medidas que se han introducido para mejorar la situación.

Text 2.4

Investigación de una muerte natural

1   Lo competitivo sobrevive. Es la ley del mercado. Lo eficiente, dura.
Aquellos que obtienen buenos resultados, crecen, y a la larga, se
afianzan. La empresa familiar española tiene todo eso: es competitiva,
resulta eficiente, y sus resultados son iguales o superiores a los de la
5   empresa no familiar de tamaño comparable, según un estudio de los
economistas Vicente Salas y Fernando Merino. Pero, por lo general,
no sobrevive más de 15 años.
   Salas y Merino, que han realizado una completa radiografía del
tema para el Instituto de Empresa Familiar, tienen una explicación.
10   Es muy difícil captar el dinero suficiente para invertir y crecer, y al
mismo tiempo, mantener el control en el ámbito estricto de la familia.
Entre la tribu o la financiación externa, el empresario familiar no
duda. La familia, antes. Falta de las inversiones necesarias, la empresa
se asfixia. Es la muerte más *natural*, dadas las circunstancias.
15   La pérdida del control no es la única traba que frena el crecimiento
de este tipo de firmas. 'La empresa familiar', aseguran Salas y Merino,
'podría verse obligada a renunciar a determinados recursos – físicos y
técnicos – porque la inversión en ellos supondría una excesiva concentración de riesgos para el patrimonio personal de sus propietarios'.
20   En otras palabras, el miedo a perder los ahorros de toda la vida impide al
empresario familiar el necesario crecimiento. Pero crecer, en el actual
panorama competitivo, es sobrevivir. Permanecer dónde se está, suicidio.
   La investigación de Salas y Merino no es baladí. Es un hecho bien
establecido que pequeñas y medianas empresas (pymes) proveen la
25   mayor parte del empleo en este país. Políticos y sindicalistas confían
en ellas para paliar el cáncer del paro. Y el 62,4% de las empresas
españolas con menos de 20 trabajadores son familiares. Así que, si se
mueren, mal asunto.
   Y se mueren. El estudio lo muestra con claridad. Casi una de cada
30   dos (47,7%) de empresas jóvenes – menos de 3 años – son familiares.
Ese porcentaje se ha reducido al 34,8% transcurridos 15 años. Y si
se toman los 25 como referencia, sólo una de cada cuatro es familiar.
La inmensa mayoría (73,5%) de empresas con más de 25 años de
antigüedad son no familiares . . .

35   **Menos titulados**

Los soles que brillan el doble duran la mitad, decía Tyrrell, un personaje de la película *Blade Runner*. Las empresas familiares logran estar

al nivel de las demás durante unos años, a pesar de no disponer de la
misma *pólvora* de calidad. Salas y Merino establecen que la proporción
40 de titulados medios o superiores sobre el total de trabajadores es menor
en las empresas familiares que en el resto; el número de eventuales es
mayor; y los sueldos que pagan, inferiores.

Misteriosamente, los resultados, según Salas y Merino, son iguales
o superiores: el margen bruto sobre ventas de la empresa familiar es
45 superior al de la no familiar. Y el desgaste, mayor. Tras funcionar
unos años brillantemente, la fórmula parece apagarse . . .

¿Soluciones? Encontrar una fórmula que permita compatibilizar
el crecimiento y la acumulación de capital físico en estas empresas
con el mantenimiento del control por parte de la familia. En una
50 conversación con este periódico, Salas y Merino apuntaron diversas
posibilidades, la mayoría de las cuales exigían cambios necesarios
en la actual legislación. La más atractiva y aparentemente más
prometedora es la llamada *golden share*, la acción dorada o de oro.

Se trata de unas acciones que permiten a su poseedor ejercer el
55 control de la empresa, independientemente de que supongan la
mayoría del capital social o no. El empresario familiar se reserva la
acción dorada, y capta capital emitiendo acciones *normales*. El brebaje
de la juventud, la llave dorada que podría permitir a las empresas
familiares superar la fatídica barrera de los 15 años.

(Javier Moreno, *El País*, 9 de mayo de 1994.)

Ejercicios

Léxico

Explica el significado de los vocablos y expresiones siguientes:

a la larga (l.2)	baladí (l.23)
afianzarse (ll.2–3)	eventuales (l.41)
radiografía (l.8)	el margen bruto (l.44)
dadas las circunstancias (l.14)	el capital social (l.56)
traba (l.15)	el brebaje (l.57)
patrimonio personal (l.19)	fatídica (l.59)

Gramática y estilo

(a) Explica la utilización del artículo neutro en: 'Lo competitivo sobrevive . . . Lo
eficiente dura' (l.1). Construye frases similares.

(b) ¿Se puede hablar de estructura comparativa en la frase: 'Pero, por lo general, no sobrevive más de 15 años' (ll.6–7). Explica, con ejemplos, la
diferencia de uso entre 'más de' y 'más que'.

(c) Estudia la frase: 'Así que, si se mueren, mal asunto' (ll.27–28). ¿Es correcta
la utilización de 'así que' en esta frase? ¿Qué debería haber utilizado el

autor en vez de esta expresión? ¿Es su posición, al comienzo de una oración, correcta? ¿Por qué?

(d) Estudia y explica la estructura '. . . una de cada dos (47%) de empresas jóvenes . . .' (ll.29–30). ¿Es necesaria/correcta la preposición 'de'? Traduce la frase al inglés y compara la estructura utilizada con la del texto. Construye frases similares.

(e) '¿Soluciones? Encontrar una fórmula . . . por parte de la familia' (ll.47–49). ¿Cuál es aquí la función del infinitivo? ¿Es esta construcción típica de la lengua escrita? Escribe las líneas de nuevo, sustituyendo la primera de forma que el resultado sea más literario.

Comprensión

(a) Explica lo que entiendes por la frase: 'Entre la tribu o la financiación externa, el empresario familiar no duda' (ll.12–13).

(b) ¿Qué debemos entender por: 'Es la muerte más *natural*, dadas las circunstancias'? (l.14).

(c) ¿Por qué supondría riesgos para la empresa familiar la inversión en ciertos recursos?

(d) Traduce al inglés las líneas: 'Políticos y sindicalistas confían en ellas para paliar el cáncer del paro' (ll.25–26) y luego explica su significado en español, con tus propias palabras.

(e) ¿Qué quiere decir el autor con 'las empresas familiares . . . a pesar de no disponer de la misma *pólvora* de calidad' (ll.37–39)?

(f) Amplía las ideas contenidas en las líneas: '. . . la proporción de titulados medios . . . inferiores' (ll.39–42).

(g) ¿Cómo podrías explicar el hecho de que los resultados de las empresas familiares son iguales o superiores a los de las no familiares?

(h) ¿Qué se entiende por 'acción dorada' (l.53)?

Preguntas orales y escritas

(a) Analiza la importancia de las empresas familiares para la economía española y propón posibles soluciones para asegurar su supervivencia.

(b) Explica los problemas con los que tienen que enfrentarse las PYMEs en España.

Text 2.5

Cambio de agujas: Renfe opta por la especialización y la calidad de servicio para convertirse en una empresa rentable

1   Pocos se libran de evocar algún recuerdo al referirse al tren. Para la mayoría, más que un medio de transporte o un servicio, el tren significa vivencias. Y, sin embargo, es un negocio, por difícil que resulte trasformar esa imagen bucólica, tan próxima a la infancia,
5   en otra que redunde en el progreso. En esa labor pedagógica se encuentran en estos momentos los responsables de Renfe. José María Lasala, director general de Finanzas y Administración de Renfe, cuenta, según sus palabras, 'con un excelente equipo para llevar a cabo esta labor', y para conseguir que las cuentas de Renfe estén
10 claras para los contribuyentes que permiten su funcionamiento.

Primera parada

En el primer semestre de 1995 Renfe consiguió un resultado positivo de 3.826 millones de pesetas, gracias, sobre todo, al incremento de los ingresos tanto del transporte de viajeros como de mercancías. Además,
15 a través del Contrato Programa suscrito entre el Estado y Renfe para el período 1994–98, el Estado asumirá el billón largo de deuda contraído con la entidad, más los intereses derivados de la misma. Una deuda que Lasala nombra con un eufemismo – 'insuficiencias de consignación de años anteriores' – y cuya explicación reside en que
20 los requerimientos de financiación para la explotación de la compañía han sido superiores a las subvenciones realmente percibidas.

    'Creemos – confía Lasala – que al final del contrato programa esta deuda puede haber disminuido en unos 200.000 millones de pesetas. Los resultados hasta la fecha son más que razonables, en tanto que la
25 deuda no está creciendo como lo hacía antaño'.

Nuevas vías

El esfuerzo del actual equipo directivo para encarrilar Renfe se funda-menta – no podía ser de otra forma – en *políticas paralelas*. Situar a la compañía entre los mejores operadores mundiales de trenes de
30 alta velocidad ha pasado a ser una prioridad. 'Hay que tener una mentalidad de empresa – indica clarividente Lasala – para huir de los avatares políticos'.

Con este ánimo se han eliminado – o, en su defecto, recortado –
algunos de los servicios y trayectos que no resultaban rentables para
35   la empresa, siguiendo la premisa por la cual el umbral de rentabilidad
se sitúa por encima de los cincuenta pasajeros por tren. Así, huyendo
de la nostalgia, Renfe ha puesto en marcha una estrategia para
desprenderse de estaciones abandonadas y poco operativas o viviendas
y solares mal posicionadas para sus objetivos.
40   'Nuestra responsabilidad – explica Lasala – es explotar lo mejor
posible, siempre en términos económicos, el ferrocarril. Nos sentimos
empresa y, como tal, debemos orientar nuestra política a obtener
beneficios'.
La filosofía de separar la paja del grano también se ha aplicado al
45   transporte de mercancías, en el que se ha eliminado el llamado 'vagón
disperso', un producto de baja calidad y alto coste por el que Renfe
facturaba muy poco.
'Pretender – dice tajante el director de finanzas – cubrir en su
totalidad el mercado del transporte, cuando algunos segmentos son
50   completamente inadecuados para nosotros, me parece una manera
muy tonta de perder el tiempo'.
La estación de destino es, pues, la especialización. No se trata de
llegar a todas partes, sino de convencer con calidad de servicio.
'Entiendo – dice Lasala – que nuestro trabajo fundamental es con-
55   vencer a los ciudadanos con hechos, y no con declaraciones de principios, de que aquello por lo que pagan les reporta valor'.
Se pretende, así, separar de la compañía las unidades de caracter
más auxiliar, paso previo para formar un grupo de empresas coordinado, en el que cada cual desarrolle su personalidad jurídica en
60   función de su actividad.
'Aunque seamos presuntamente un monopolio – advierte Lasala –
tenemos una competencia durísima en otros medios de transporte.
De aparecer competencia podríamos saber exactamente qué hacemos
bien, mal o regular. Contra lo que se pueda pensar, el actual equipo
65   directivo de Renfe está abierto a que surja una competencia que
nosotros creemos que puede ser sana'.

(Pepa Ayuso, *Economics*, No 90, diciembre 1995, pp. 60–61.)

Ejercicios

Léxico

Explica el significado de los vocablos y expresiones siguientes:

librarse (l.1)	vivencias (l.3)
evocar (l.1)	los contribuyentes (l.10)

mercancías (l.14)
suscribir (l.15) .
consignación (l.19)
requerimientos (l.20)
percibir (l.21)
antaño (l.25)
el equipo directivo (l.27)
encarrilar (l.27)
una mentalidad de empresa (ll.30–31)

con este ánimo (l.33)
recortar (l.33)
trayectos (l.34)
el umbral de rentabilidad (l.35)
desprenderse (l.38)
solares (l.39)
facturar (l.47)
tajante (l.48)
presuntamente (l.61)

Gramática y estilo

(a) Estudia la estructura de la frase: '. . . por difícil que resulte transformar . . .' (ll.3–4). Escribe la frase de nuevo, comenzando por 'aunque'. Practica ambos modelos en frases que tú inventes.

(b) ¿Qué se entiende por 'billón largo' (l.16)? ¿De qué otras maneras se puede expresar la misma idea?

(c) ¿Son correctas las terminaciones de los participios pasados en: '. . . el billón largo de deuda contraído . . .' (ll.16–17) y '. . . viviendas y solares mal posicionadas . . .' (ll.38–39)? Explica cada caso por separado.

(d) ¿Por qué utiliza el señor Lasala, cuando habla, la primera persona del plural en algunos casos – no en todos?

(e) ¿Con qué significado se emplea 'en tanto que' en las frases: 'Los resultados hasta la fecha son más que razonables en tanto que la deuda no está creciendo como lo hacía antaño' (ll.24–25)? ¿Crees que es ésta la expresión que quería utilizar? Justifica tu respuesta.

(f) Explica el uso de 'cada cual' (l.59) y construye frases con la misma expresión.

(g) Saca del texto cuantos ejemplos puedas de lenguaje figurado.

Comprensión

(a) ¿Cuál era la situación de Renfe antes de 1995?

(b) ¿A qué se debía la deuda acumulada?

(c) ¿Qué medidas se van a adoptar para convertir a Renfe en una empresa rentable?

(d) ¿Crees que su definición de umbral de rentabilidad es razonable?

(e) 'Nos sentimos empresa . . .' (ll.41–42). ¿Podía esto haberse puesto en duda? Justifica tu respuesta.

(f) Explica en qué consiste la filosofía de 'separar la paja del grano' (l.44).

(g) Explica, con tus propias palabras, el significado de las líneas: 'Se pretende así . . . en función de su actividad' (ll.57–60).

(h) ¿Cuál es la actitud de Renfe ante el posible surgimiento de competencia?

Preguntas orales y escritas

(a) 'El Estado debe asumir plena responsabilidad por lo que respecta a la financiación del transporte público'. Critica o defiende esta afirmación.

(b) 'La existencia de monopolios resulta sólo en perjuicio para el consumidor'. Debate esta afirmación.

Text 2.6

La privatización de las empresas públicas

1 **Maastricht y la reforma**

Nacidas al calor del nacionalismo, el proteccionismo y la planificación, las empresas públicas han perdido su razón de ser. En un mundo con libertad de movimientos de capitales, de bienes y servicios y, cada vez
5   más, de personas, las empresas públicas son un costoso anacronismo. En ese entorno sólo las empresas capaces de adaptarse rápidamente a los cambios tecnológicos, a modificaciones en la demanda y a la competencia en calidad y precios pueden prosperar.

   Por supuesto que los gestores públicos podrían cumplir, por capa-
10 cidad y preparación, su papel tan bien o mejor que los privados, pero su dependencia del poder político, de los avatares de la situación presupuestaria, su subordinación a intereses específicos de la política económica – como impedir alzas de precios, o forzarlas, por necesidades de la lucha contra la inflación o de recaudación – o la
15 sustitución de los propios gestores cuando hay cambios en la mayoría parlamentaria hacen a las empresas públicas inadecuadas para la competencia.

   No son menores los problemas de gestión de las empresas privadas, ligados a modificaciones en su capital; pero, en caso de fracaso em-
20 presarial, las privadas desaparecen o se transforman. Las públicas se pueden mantener, con fondos públicos, con precios diferentes de los del mercado. Y si sus pérdidas son excesivas también cierran, pero a un coste muy superior al de las privadas. Hunosa cuesta al año más de 50.000 millones y la mayor parte de los 170.000 millones de pese-
25 tas que pagan las eléctricas por comprar carbón nacional a un precio superior al internacional.

   El valor de la participación del Estado en el conjunto de empresas privatizables apenas alcanza los tres o cuatro billones de pesetas. No se trata, pues, de un recurso de primera magnitud.
30 Por contra, las empresas deficitarias han perdido, en los últimos 10 años, entre seis y diez billones de pesetas, según diversas fuentes. A esa cifra habría que sumar la parte que les corresponde del endeudamiento del sector empresarial público: más de ocho billones de pesetas.
35 La oposición a las privatizaciones utiliza varios argumentos: el temor a la pérdida de empleo, la desnacionalización, la entrega de poder a grupos privados, lo inadecuado de compensar el déficit público con

esos ingresos, el efecto que tendría en algunas regiones especialmente castigadas por el paro. Esa serie de razones no distingue entre las que
40 afectarían a empresas privatizables y las deficitarias. Esa confusión es consciente. Porque el auténtico problema se encuentra en las empresas en pérdidas, cuya situación sería más evidente si las que tienen beneficios se privatizaran.

Las empresas privatizables tienen mejor futuro fuera del Estado.
45 Dada la situación financiera del sector público, es más fácil que mantengan el empleo, crezcan, investiguen y bajen los precios si se privatizan. Por no repetir las consideraciones sobre la dependencia del Gobierno de turno hechas anteriormente. Ni siquiera el temor a la pérdida de contenido nacional tiene una justificación. Cualquier
50 propietario nacional o extranjero estará interesado en mantener y desarrollar empresas eficientes. Naturalmente, si el entorno fiscal y laboral no se modifica, las posibilidades de éxito de cualquier empresa, en particular las de mayor tamaño, son muy limitadas.

Se acusa también al Gobierno de vender las 'jovas de la corona'.
55 ¿Tiene sentido deshacerse de un patrimonio para pagar el déficit de un año? ¿No sería más lógico resolver las causas de ese déficit en lugar de taparlo con los ingresos por privatizaciones? La respuesta es que no hay, ni debería haber, ninguna relación entre ambos fenómenos. Son problemas diferentes. Ciertamente sería terrible que,
60 utilizando una 'contabilidad creativa', lográramos cumplir el criterio de déficit de Maastricht con los ingresos por privatizaciones. Hay una crítica que me parece irrebatible. Si el Gobierno hiciera, antes de privatizar, las reformas laboral y fiscal, el valor de esas empresas públicas privatizables aumentaría fuertemente, además de que las
65 posibilidades de saneamiento y supervivencia de las que están en pérdidas se reforzarían.

Los sindicatos se oponen a cualquier privatización. Unos sindicatos con pocos afiliados, sin ingresos significativos por cuotas, que dependen de los Presupuestos y que obtienen su fuerza de su presencia
70 en las empresas públicas, es lógico que califiquen las privatizaciones como negativas. ¿Cuántos miles de liberados, pagados en definitiva con fondos públicos, tienen los sindicatos en las empresas públicas? ¿Qué capacidad de presión tendrían si no pudieran paralizar los transportes públicos y las comunicaciones en momentos clave? No se
75 está hablando de la conveniencia o no de privatizar para mantener el empleo. Para los sindicatos, lo fundamental es evitar que cambie la propiedad, ante la evidencia de que el 'accionista Estado' es más fácilmente presionable, además de no poder quebrar.

Hay un problema especialmente grave con las empresas en pérdidas
80 localizadas en zonas deprimidas. El haberlas mantenido con fondos públicos durante tantos años y su subordinación al poder sindical ha

creado un círculo vicioso que ha alejado de esas zonas a la inversión privada. Sólo una política de reformas puede ofrecer una salida viable a esas regiones. Una política fiscal que permita la acumulación de
85 ahorro en manos privadas, y una reforma laboral que permita una auténtica negociación colectiva y la creación de empleo estable, con un coste cierto y reducido de los despidos, en caso de fracaso empresarial, permitirá que los gestores de esas empresas tengan incentivos – y posibilidades de negociación con los sindicatos – para
90 sanear y que, cuando eso no sea posible, o no completamente, los que pierdan su empleo puedan recuperarlo de manos de la iniciativa privada.

(Alberto Recarte, *El País*, Debates, 11 de julio de 1996.)

Ejercicios

Léxico

Explica el significado de los vocablos y expresiones siguientes:

al calor de (l.2)	saneamiento (l.65)
los gestores públicos (l.9)	en definitiva (l.71)
los avatares (l.11)	capacidad de presión (l.73)
fondos públicos (l.21)	la negociación colectiva (l.86)
empresas deficitarias (l.30)	de manos de (l.91)
el endeudamiento (ll.32–33)	

Gramática y estilo

(a) Explica la función y significado del participio pasado en: 'Nacidas al calor del nacionalismo . . .' (l.2). Construye frases similares.

(b) ¿Cómo afecta el uso del condicional el significado de lo afirmado en: 'Por supuesto que los gestores públicos podrían cumplir . . .' (l.9)? ¿Cambia el sentido si se utiliza el presente?

(c) ¿Cuál es el significado del sufijo '-ble' en 'privatizables' (l.28)? Proporciona ejemplos de adjetivos que se hayan derivado mediante el mismo sufijo para ilustrarlo.

(d) Explica la función del infinitivo en la frase: 'Por no repetir . . .' (l.47). Inventa frases utilizando la misma construcción.

(e) ¿Qué se expresa mediante el uso de 'ni siquiera' (l.48)? Contrasta su uso con el de 'tampoco'. Haz frases con ambas.

(f) ¿Por qué está 'cualquier' apocopado en 'cualquier empresa' (l.52)? ¿Cómo afecta el significado del sustantivo al que acompaña si se sitúa tras él y no delante? ¿Tiene 'cualquiera' una forma de plural?

(g)   ¿Qué función cumple el infinitivo compuesto en la frase: 'El haberlas mantenido con fondos públicos . . .' (ll.80–81)? Construye frases siguiendo el mismo modelo.

Comprensión

(a)   ¿Por qué, según el autor, ya no hay lugar para las empresas públicas?

(b)   ¿Cómo reaccionan las empresas públicas cuando fracasan?

(c)   Expón, utilizando tus propias palabras, las razones que esgrimen los que se oponen a la privatización. ¿Crees que son válidas?

(d)   ¿Sobre qué base se decide si una empresa es privatizable?

(e)   Según el texto, ¿por qué se oponen los sindicatos a la privatización de las empresas públicas?

(f)   ¿Con qué problema se enfrentan las empresas deficitarias en zonas deprimidas y qué soluciones se ofrecen?

Preguntas orales y escritas

(a)   ¿Cuál es la función primordial de las empresas públicas? ¿Crees que esa función ya no es válida y son, por tanto, anacrónicas?

(b)   Debate las ventajas y desventajas de las privatizaciones, proporcionando ejemplos extraídos a partir de las que se han llevado a cabo en España y en tu país, para añadir peso a tus argumentos.

Text 2.7

España, al completo: La calidad, única vía para una industria turística competitiva

1   Ni uno más. Éste viene a ser el resumen, hecho el balance del recién acabado año turístico del récord. El año 1995 se ha despedido con 63.255.000 visitantes – 44.886.000 turistas –, que han generado 3,1 billones de pesetas de ingresos y se han concentrado especialmente
5   en los 1.991 kilómetros de playas españolas durante los meses de verano. El ministro de Comercio y Turismo, Javier Gómez-Navarro, ha vuelto a ser muy explícito esta misma semana, dejando pocas dudas al respecto: 'El objetivo es no crecer en julio y agosto. Estamos saturados'.

Desde aquel *España es diferente*, lema que amparó la propaganda en
10   el extranjero de los años sesenta y setenta, a *Todo bajo el sol* de los ochenta y *Pasión por la vida* de los noventa, mucho ha ido cambiando en el panorama turístico. Los datos son concluyentes: los 11.079.000 turistas de 1965 se habían convertido una década más tarde en 27.360.000 y en 40.452.000 en 1985.

15   En todos estos años, además de la demanda, la oferta ha crecido sin parar – España ocupa hoy el tercer puesto de los destinos turísticos del mundo –, y no siempre con orden y concierto, dando lugar, entre otros, a un fenómeno con nombre y apellidos que hoy se analiza y estudia en todos los foros expertos: la *balearización*. O lo que es igual:
20   el surgimiento de una muralla de hormigón que impide el acceso a la costa. Al crecimiento desmañado hay que añadir también el envejecimiento de la planta hotelera, sector básico del turismo.

Para Joan Cals, autor de *Análisis de la rentabilidad social desde la perspectiva del ocio y el turismo*, y profesor de Economía Aplicada de la
25   Universidad barcelonesa de Bellaterra, 'la estrategia seguida durante décadas se ha basado en ser un destino barato, sólo determinado por el precio. Desde mediados de los ochenta algunos indicadores señalan que se está llegando al límite. En el futuro, el precio debe dar paso a la calidad'.

30   Así se entendió desde la Administración central cuando hace cinco años ponía en marcha el plan marco de competitividad del turismo – Futures –, una de cuyas líneas de trabajo eran los planes de excelencia, para aplicar en destinos turísticos maduros. Calvià, municipio del suroeste mallorquín, con 53 kilómetros de costa, que recibe dos
35   millones de turistas al año, mayoritariamente alemanes y británicos, ha servido de experiencia piloto, con la actuación conjunta de las administraciones central, autonómica y municipal, de los empresarios

y también de caudales foráneos como los 3.000 millones llegados
desde los fondos de cohesión europeos. En opinión de su alcaldesa,
40 Margarita Nájera, 'la opción era subir la calidad o la quiebra' (. . .)

El trato y la atención no profesionales, el mal estado de muchos
establecimientos, la falta de higiene, los precios elevados, el ruido,
la contaminación de las aguas y el deterioro del paisaje son los
alarmantes síntomas de un modelo caduco de explotación turística
45 que, al entender de una buena parte de los implicados, sólo puede
pasar por la calidad. Aunque de manera tímida todavía, tal evidencian
las quejas que sobre turismo llegaron en 1994 a la Unión de Con-
sumidores de España (UCE): el 35% de las reclamaciones recibidas
hacía referencia a la hostelería.

50 Guillermo Braun, presidente de Zontur, explica cómo esta asociación
hotelera que aglutina los establecimientos de costa ha apostado por
un plan *paraguas* de calidad, paso previo a una futura autoclasificación
del sector, imprescindible, a su juicio, para conseguir la competitividad
de los hoteles españoles. Con ello aborda uno de los problemas his-
55 tóricos de la hotelería española, que a base de estrellas ha provocado
una enorme opacidad de la oferta, metiendo en el mismo saco establecimientos de muy diferente catadura. 'Necesitamos marcas que nos
distingan y garanticen la calidad de nuestra oferta. Es la manera de
que los operadores paguen más y que el cliente repita', afirma Braun.

60 Grandes y pequeños entienden que ha llegado el momento del
cambio. Mientras cadenas como Sol-Meliá y NH implantan sistemas
de calidad en sus empresas, los pequeños hoteleros reaccionan,
tratando de no quedarse atrás. . . .

España cuenta con 56.000 restaurantes, 15.000 cafeterías y
65 205.300 bares y otros, de los que el 30% se concentra en la costa. Este
sector, en el que existe un exceso de oferta, ocupa a 700.000 personas – el 45% trabajadores autónomos y colaboradores familiares
– y factura en torno a 7,3 billones anuales.

Javier Crespo, consejero delegado de la Federación Española de
70 Restaurantes, Bares y Cafeterías, apunta que no han salido de la sima
en la que cayeron a finales de 1992. 'La clave del proceso de la calidad',
señala Crespo, 'está en la formación de los recursos humanos. El
problema es que casi la mitad de los trabajadores no tiene acceso al
mercado de la formación, precisamente porque el 91% de estas
75 empresas son personas físicas'.

Las previsiones para 1996 apuntan en el mismo sentido: estancamiento en el número de visitantes y aumento de'los ingresos en un
1% por encima de la inflación prevista. El mensaje se'ha repetido
hasta la saciedad: no crecer, sino mejorar la oferta.

(Carmen Burgos y María Ángeles Sánchez,
El País, 21 de enero de 1996.)

Ejercicios

Léxico

Explica el significado de los vocablos y expresiones siguientes:

hacer el balance (l.1)	la quiebra (l.40)
lema (l.9)	caduco (l.44)
amparar (l.9)	aglutinar (l.51)
concluyentes (l.12)	meter en el mismo saco (l.56)
con orden y concierto (l.17)	catadura (l.57)
dar lugar (l.17)	sistemas de calidad (ll.61–62)
hormigón (l.20)	en torno a (l.68)
desmañado (l.21)	la sima (l.70)
indicadores (l.27)	la formación (l.72)
caudales foráneos (l.38)	estancamiento (ll.76–77)
fondos de cohesión (l.39)	la saciedad (l.79)

Gramática y estilo

(a) 'Éste viene a ser el resumen . . .' (l.1). Construye frases con 'venir a' + infinitivo en distintos tiempos y explica su significado y utilización en cada caso. Sustituye 'venir' por 'ir' en tus frases y estudia las diferencias de significado en todas ellas.

(b) ¿Qué se indica mediante la perífrasis 'volver a' + infinitivo en: 'El ministro . . . ha vuelto a ser muy explícito' (ll.6–7)? Escribe la frase de nuevo, sustituyendo 'volver a' por otra estructura de manera que el significado no se altere.

(c) Justifica la utilización del pluscuamperfecto en la frase: 'los 11.079.000 turistas de 1965 se habían convertido una década más tarde en . . .' (ll.12–14).

(d) Explica la utilización del infinitivo con la preposición 'sin' en 'sin parar' (ll.15–16). Construye frases utilizando esta expresión, pero con distintos verbos, de manera que en algunas de ellas se indique modo y en otras, condición.

Comprensión

(a) Explica por qué el objetivo de la política turística española es 'no crecer en julio y agosto' (l.8).

(b) ¿Qué quiere decir el autor cuando se refiere a la balearización como 'un fenómeno con nombre y apellidos' (l.18)?

(c) Explica, ampliándolos, el impacto de cada uno de los síntomas mencionados en el párrafo que comienza con: 'El trato y la atención no profesionales . . .' (l.41).

(d)   ¿Qué se entiende por 'un plan paraguas de calidad' (l.52)?

(e)   'Con ello aborda uno de los problemas . . . de muy diferente catadura' (ll.54–57). ¿A qué hace aquí referencia el autor? ¿Qué sistema se emplea en tu país para clasificar los distintos establecimientos de hostelería? ¿Funciona?

(f)   ¿Qué entiendes tú por: '. . . precisamente porque el 91% de estas empresas son personas físicas' (ll.74–75)?

(g)   ¿Qué quiere decir el autor con eso de que 'el precio debe dar paso a la calidad' (ll.28–29)? ¿Estás de acuerdo?

Preguntas orales y escritas

(a)   Evalúa el impacto que ha tenido el turismo en la economía española.

(b)   El modelo turístico español, ¿se encuentra en crisis?

Text 2.8

El español cambia sus hábitos de ahorro: De cada 100 pesetas que se guardan, alrededor de 25 van destinadas a la jubilación

1 Las costumbres en el ahorro de los españoles han cambiado mucho en los últimos años. Esta misma semana se conocía una cifra que confirma la anterior afirmación: los fondos de pensiones acumulan en el primer semestre de 1996 un patrimonio de 2,38 billones de
5 pesetas, un 30% más que en igual periodo del pasado ejercicio. Asimismo, el patrimonio de los fondos de inversión ha crecido en lo que va de año en más de tres billones de pesetas y se sitúa por encima de los 15,5 billones de pesetas.

   Hace tan sólo 10 años, estos productos, los fondos de pensiones y
10 los de inversión, ni siquiera existían. La introducción de nuevas fórmulas de ahorro es sólo una de las causas que explican este cambio en las costumbres de los españoles, pero existen otras como son el aumento de la cultura financiera, avivada por las guerras de pasivo que han mantenido y mantienen los bancos y las cajas de ahorros.

15 Además, los continuos cambios en el régimen fiscal de las distintas inversiones y la zigzagueante evolución de los tipos de interés han provocado en los ahorradores españoles movimientos de su dinero en busca de la mayor ganancia posible con el mínimo pago posible de impuestos. La última moda en el mundo del dinero viene propiciada
20 por la inseguridad en el cobro de las pensiones públicas que está movilizando mucho dinero hacia los productos que por especificidad o por afinidad pueden servir para cubrir una jubilación que ya no está tan segura como lo estaba en el pasado.

   Éstas son las causas que explican el cambio en la mentalidad del
25 ahorrador español que, a pesar de todo, sigue dando muestras de un excesivo temor a invertir en productos que entrañen un riesgo. Ángel Martínez Aldama, desde la Asociación de Instituciones de Inversión Colectiva (Inverco), pone un ejemplo significativo: 'Los fondos garantizados en España representan en un solo año el 5%
30 del patrimonio total de los fondos de inversión, mientras que en Francia, con siete años de vida, supone únicamente el 4% del dinero total que mueven los fondos. Es una cuestión de mentalidad y a los ahorradores españoles les cuesta mucho asumir riesgos cuando se trata de su ahorro. Esta mentalidad tardará mucho tiempo en
35 cambiarse'.

Pero salvo este carácter conservador, la gran revolución ha venido del crecimiento de la inversión institucional realizada mediante los fondos, bien sean de pensiones o bien de inversión (. . .)

40   Este traspaso del ahorro que se ha producido desde los tradicionales productos bancarios hacia la inversión institucional ofrece ya cifras más que representativas, aunque siguen siendo los bancos y las cajas de ahorros los grandes protagonistas de la previsión.

En 1985 las familias destinaban 74 pesetas de cada 100 que ahorraban a las entidades financieras, mientras que el pasado año se

45   había reducido paulatinamente hasta las 55 pesetas, según un reciente estudio elaborado por Ahorro Corporación. Asimismo, la compra directa de renta fija (letras, bonos y obligaciones) o de renta variable (acciones) ha perdido notable peso.

En estos trasvases de dinero con la consiguiente pérdida de peso del

50   ahorro en las entidades financieras tradicionales los claros bene-ficiarios han sido los fondos de inversión, que tienen un peso del 18% en el ahorro total, seguido por los seguros, donde se destinan 10 de cada 100 pesetas, y los fondos de pensiones, cada vez más pujantes, y que se prevé que represente en el año 2.000 el 7% del ahorro total.

55   Esta evolución de los últimos dos lustros se asemeja a lo acontecido en otros países. Aquí, cómo no, el modelo es Estados Unidos, que va marcando la moda del dinero a todo el mundo.

El modelo el norteamericano que actualmente provoca las con-troversias entre los partidarios de los sistemas públicos de pensiones

60   y aquellos que optan por que cada uno se construya su jubilación. Así, las familias estadounidenses tienen ahorradas 35 pesetas de cada 100 en fondos de pensiones y seguros, mientras que sus depósitos en bancos apenas alcanzan el 12% del ahorro total. En Japón son 25 pesetas las que destinan a la jubilación, porcentaje que supera

65   ligeramente al que se da en Alemania.

En España se produce, asimismo, un curioso fenómeno que ex-plicaba Blas Calzada: 'Con dos billones de pesetas es más que suficiente para que los españoles atendamos a los gastos diarios. Sin embargo, hay más de siete billones de pesetas en billetes, lo que indica que una

70   buena parte del ahorro se encuentra en las casas o en las cajas fuertes de los bancos con el fin de que este dinero pueda escapar al control del ministerio de Hacienda'.

Los recientes cambios fiscales introducidos por el Gobierno son todavía en exceso novedosos para apreciar un cambio en la tendencia

75   del ahorro. Eso sí, las posibles modificaciones que se intuyen sobre productos de pensiones serán decisivas para que se produzca un trasvase de dinero de unos productos a otros. En el actual estado de cosas, los expertos estiman que la fiscalidad se ha homogeneizado mucho tras las novedades fiscales.

80   Con los precedentes de otras economías más desarrolladas y con
las transformaciones que ya se han producido, los expertos consideran
que esta tendencia hacia la inversión colectiva en detrimento de los
depósitos bancarios continuará (. . .)

(Luis Aparicio, *El País*, 4 de agosto de 1996.)

Ejercicios

Léxico

Explica el significado de los vocablos y expresiones siguientes:

el ahorro (l.1)	renta fija (l.47)
los fondos de pensiones (l.3)	letras (l.47)
el pasado ejercicio (l.5)	bonos (l.47)
los fondos de inversión (l.6)	obligaciones (l.47)
la cultura financiera (l.13)	renta variable (l.47)
las guerras de pasivo (l.13)	acciones (l.48)
las cajas de ahorros (l.14)	los seguros (l.52)
el régimen fiscal (l.15)	pujantes (l.53)
los tipos de interés (l.16)	lustros (l.55)
los fondos garantizados (ll.28−29)	las cajas fuertes (l.70)

Gramática y estilo

(a)   Justifica la combinación de los tiempos de los verbos utilizados en la oración:
'Esta misma semana se conocía una cifra que confirma . . .' (ll.2−3).

(b)   Analiza la estructura de cada una de las frases en las que aparece 'más que'.
Compara ésta con 'más + adjetivo + que'. Explica las diferencias de uso.

(c)   Explica la construcción 'en lo que va de año' (ll.6−7). Tradúcela al inglés y
compáralas.

(d)   Identifica y justifica el tiempo del verbo empleado en: '. . . mientras que el
pasado año se había reducido . . .' (ll.44−45). Construye frases utilizando
este tiempo en conjunción con otro distinto.

(e)   Explica el uso y significado de la expresión 'cómo no' (l.56).

(f)   Critica la sintaxis de las líneas: 'El modelo el norteamericano . . . su jubilación'
(ll.58−60).

(g)   Busca en el texto todos los vocablos y expresiones utilizados para coordinar
ideas. Haz una lista con todos ellos y añade otros que tú conozcas.

Comprensión

(a)   ¿Qué razones ofrece el autor para explicar el cambio en los hábitos de
ahorro de los españoles?

(b) ¿Por qué crees que hay ahora una cierta inseguridad por lo que respecta al cobro de las pensiones públicas?

(c) '. . . hacia los productos que por especifidad o por afinidad puedan servir . . .' (ll.21–22). ¿A qué tipo de productos se puede estar refiriendo el texto? ¿Puedes proporcionar algún ejemplo concreto?

(d) ¿Por qué piensas que los ahorradores españoles temen invertir en productos que entrañen un riesgo más que los de otras nacionalidades?

(e) Explica en qué consiste el fenómeno que se está produciendo en España con los billetes en circulación.

(f) ¿Crees que los nuevos hábitos de ahorro serán beneficiosos, de alguna manera, para la economía española?

Preguntas orales y escritas

(a) Explica los cambios que han sufrido las costumbres de los españoles y cómo han afectado a los bancos y cajas de ahorros.

(b) ¿Crees que los planes privados de pensiones deben sustituir, a la larga, al sistema estatal?

Text 2.9

A España también le interesa Asia

1 Hace pocas fechas se celebró la cumbre de Bangkok entre la Unión
Europea y Asia. Por parte europea, estuvieron los 15 países miembros
de la Unión junto con la Comisión; por parte asiática, China, Corea,
Japón y los países de la ASEAN (Filipinas, Indonesia, Tailandia, Malasia,
5 Singapur, Vietnam y Brunei).

Esta primera reunión ha venido a cerrar un triángulo de relaciones
a escala mundial; en otoño pasado, se lanzó el diálogo transatlántico
entre la UE y Estados Unidos y, desde 1989, existe la APEC, en la que
se encuentran los países ribereños de la cuenca del Pacífico. Ahora,
10 con el diálogo euro-asiático se completa el esquema.

Los deseos por ambas partes, aunque pudiendo coincidir, muestran
sus singularidades. La idea surgió de Singapur y fue recogida, de forma
entusiasta, por el resto de los países de la ASEAN.

A través de ella, estos países buscan asegurar la estabilidad de la
15 zona, con una doble perspectiva: de un lado, cuanto más se incorpore
a China a estos diálogos internacionales, menos imprevisibles podrán
ser sus reacciones en la época pos-Deng; de otro, una involucración
mayor de Europa puede servir de contrapeso a la presencia – o, en el
peor de los casos, a la ausencia – de Estados Unidos, así como a la de
20 Japón.

Para Europa, se trataría de reforzar su presencia en los mercados
de mayor potencial y con perspectivas de crecimiento más espectaculares. Todos – europeos y asiáticos – coinciden en que Europa se ha
quedado rezagada en relación a Japón y Estados Unidos en esa zona,
25 lo cual se pone de relieve en su menor cuota de mercado y en la que
sus inversiones son muy inferiores.

Por ello, en los dos últimos años, desde Alemania, Francia y el Reino
Unido hasta la propia Comisión, se ha fijado como zona de máxima
prioridad para su acción exterior a Asia y cada uno de sus países.

30 ¿Y qué le va en ello a España? ¿No supone tanto interés por parte
de la UE hacia Asia un riesgo de relegar las relaciones con el
Mediterráneo y Latinoamérica?

Tres aspectos pueden servir de examen y de debate: el impacto
sobre la economía y el empleo en nuestro país, nuestra proyección
35 cultural y nuestra contribución a una política exterior común.

Hay numerosos sectores de la industria española que se sienten
amenazados por los bajos costes laborales asiáticos. Pero, al mismo
tiempo, hay mucho potencial de exportación y creación de empleo si

nuestras empresas están dispuestas a apostar por la capacidad de
40 compra que tienen esos países asiáticos.

El ejemplo de China, en la que, a pesar de la lejanía y del descono-
cimiento existente sobre nuestra capacidad industrial y tecnológica,
las empresas españolas han obtenido éxitos económicos importantes
en dura competencia con empresas de los principales países indus-
45 trializados, es muestra de que ese potencial no es algo ilusorio, sino
plenamente real.

Estamos a dos años de cumplirse los 100 de nuestra salida de
Filipinas. En este tiempo, nuestra presencia cultural en Asia está
quedando más bien reducida a la patronimia de nuestros amigos y
50 colaboradores filipinos. Y recordemos el análisis de Mitterrand: 'Sólo
el Reino Unido y España son los únicos países europeos capaces de
proyectar su cultura en un contexto universal gracias a su lengua'.

Por lo tanto, tratemos entre todos – desde los partidos políticos
hasta sindicatos y empresarios – de definir una política exterior de
55 intereses españoles para Asia. Ahora bien, seamos realistas y hagamos
una valoración de eficacia y rentabilidad: ¿Qué es más conveniente,
una política bilateral, restringida a los recursos limitados de España,
o una política exterior común de la UE, donde España deje constancia
de su impronta y se aproveche de toda la influencia de Europa?
60 En los tiempos actuales no cabe duda que la vía es la segunda. Es
decir, España debe aprovechar su imagen europea y los instrumentos
que le brinda la Unión Europea para promover su presencia en Asia.
Pueden mencionarse ejemplos concretos – la referencia, una vez más,
también es China – de este tipo de planteamiento.
65 El primero sería las actividades que el Comité Empresarial Hispano-
Chino ha puesto en marcha con la ciudad de Tianjín, en China, bajo
el patrocinio de la Unión Europea, pero con un protagonismo
empresarial español. El segundo es el seminario que la Asociación
Española de Periodistas Europeos tiene intención de organizar en el
70 curso del presente año en China.

Con esta perspectiva, se trataría de lograr que esa política de la UE
para Asia sirva para utilizar el peso político y económico de Europa
en apoyo de las empresas españolas. Al mismo tiempo, se trataría
de lograr que la cultura española sea una parte sustancial de la
75 proyección de Europa en Asia. Y, a este respecto, tengamos en cuenta
que en el Reino Unido los productos *culturales* – en especial, la
proyección exterior del inglés – ocupan ya el segundo puesto en sus
exportaciones totales. Nuestro objetivo debería ser que en los mercados
de Asia la segunda exportación *cultural* de Europa pueda llegar a ser
80 nuestro idioma y nuestra cultura.

Y, por supuesto, nuestro apoyo en la política y perspectiva europeas
estaría reforzado con una política exterior española, una actuación

de nuestras embajadas y oficinas comerciales, que esté centrada claramente en el hecho de que nuestros intereses en Asia son esencialmente
85   económicos y de proyección cultural.

(Enrique Fanjul y J. P. Sebastián de Erice,
El País, 13 de marzo de 1996.)

Ejercicios

Léxico

Explica el significado de los vocablos y expresiones siguientes:

la cumbre (l.1)	contrapeso (l.18)
ASEAN (l.4)	quedarse rezagado (ll.23–24)
APEC (l.8)	cuota de mercado (l.25)
la cuenca (l.9)	relegar (l.31)
singularidades (l.12)	es muestra de (l.45)
imprevisibles (l.16)	dejar constancia (l.58)
involucración (l.17)	impronta (l.59)

Gramática y estilo

(a)   Escribe de nuevo las líneas: 'La idea surgió de Singapur . . . de la ASEAN'
(ll.12–13), eliminando la pasiva utilizada. Propón más de una alternativa.

(b)   Estudia y explica la estructura: '. . . cuanto más . . . menos . . .' (ll.15–16).
Construye frases incorporando la misma y tradúcelas al inglés.

(c)   ¿Qué tipo de registros se han utilizado en la frase: '¿Y qué le va en ello a
España' (l.30)? Expresa lo mismo en diferentes registros.

(d)   Busca en un diccionario el significado del vocablo 'patronimia' (l.49). ¿Crees
que es éste el vocablo que querían utilizar los autores? ¿Cual crees que era?

(e)   Identifica todos los imperativos que aparecen en el texto y justifica su
utilización.

(f)   Justifica el uso del condicional y del tiempo de subjuntivo que les sigue
en las frases: '. . . se trataría de lograr que esa política . . . sirva para . . .'
(ll.71–72), 'Al mismo tiempo se trataría de lograr que la cultura española
sea . . .' (ll.73–74), 'Nuestro objetivo debería ser que . . . la segunda exportación
cultural de Europa pueda llegar a ser . . .' (ll.78–79). ¿Te parece el tiempo
más apropiado? ¿Por qué?

Comprensión

(a)   Expón, con tus propias palabras, las ideas contenidas en el cuarto párrafo.

(b)   ¿Cual es el impacto que la involucración de España en Asia puede tener
sobre su economía y empleo?

(c)   Los autores piensan que, para España, actuar en Asia desde la Unión Europea es más conveniente que una política bilateral. ¿Estás de acuerdo con esta opinión? Justifica tu respuesta.

(d)   Los autores subrayan que España 'debe aprovechar su imagen europea . . .' (l.61) ¿Qué imagen es ésta?

Preguntas orales y escritas

(a)   ¿Cómo crees que la proyección cultural de un país hacia el exterior puede beneficiar su economía?

(b)   Explica el proceso de la inversión española en el extranjero desde principios de los años 8o así como el papel que desempeña la inversión en Asia dentro del proceso general.

Text 2.10

Las empresas multinacionales en España

1   La evolución, situación actual y perspectivas de la economía española
no es posible entenderlas, en su justa medida, sin hacer una especial
referencia al papel jugado por las empresas multinacionales (extranjeras). La presencia e incidencia de las empresas multinacionales (EM)
5   en la historia reciente de la economía española – desde su apertura
exterior, inaugurada con el Plan de Estabilización de 1959 –, ha sido
relevante, cualitativa y cuantitativamente hablando. Por un lado, la
inversión realizada por estas empresas ha sido creciente e ininter-
rumpida, lo que se concreta en un stock neto acumulado de inversión
10   directa extranjera durante todo este periodo por encima de los 5,5
billones de pesetas, en términos corrientes y valorados según datos de
contabilidad (balanza de pagos y registro de autorizaciones), habién-
dose producido, salvo excepciones, tasas medias anuales de desinver-
sión reducidas. Obviamente, en términos de valores de mercado y
15   atendiendo al volumen de activos productivos controlados, dicha cifra
ha de ser notablemente superior.

     Desde el punto de vista financiero-contable la inversión directa
realizada por las EM ha servido, según los periodos, para financiar los
déficit por cuenta corriente o para incrementar el nivel de reservas.
20   Su efecto en el tejido industrial y de servicios, en el grado de integración internacional, en la especialización productiva, en la capacidad empresarial y en la composición y estructura del comercio
exterior español, trasciende, como es obvio, en un análisis coste-
beneficio, los efectos que se pueden inferir de los datos contables
25   mencionados. Una primera manifestación de este hecho conduce a
afirmar que más de la mitad del valor añadido de las manufacturas se
realiza en el ámbito de las empresas multinacionales, llegándose en el
caso de algunos sectores (automoción, el primer sector exportador e
importador) a situarse en niveles cercanos al 100%. Este mismo pano-
30   rama se aprecia en algunas ramas agroalimentarias y en algunas
actividades de servicios.

     La fuerte presencia de las EM en el conjunto de los sectores de
actividad, especialmente en los de mayor valor añadido y de más
rápido crecimiento, se manifiestan no sólo en índices de concentración
35   y en la estructura de propiedad, sino en otros indicadores significativos.
Así podemos citar especialmente la incidencia tecnológica, ciertamente
relevante, de estas empresas. Un primer indicador lo encontramos en
la fuerte factura tecnológica que se registra en la balanza de pagos,

que hace que, junto a la debilidad y retraso tecnológico y el todavía
40   no muy eficaz desarrollo del sistema ciencia-industria, se traduzca
en un cuantioso déficit, ya que la tasa de cobertura (ingresos por
exportacion sobre pagos por importaciones) se sitúa, por término
medio, en los alrededores del 20%. No obstante hay que recordar,
por un lado, que algunas filiales de EM realizan actividades de
45   investigación y desarrollo en nuestro país, en algunos casos con un
esfuerzo que supera a la media de empresas españolas comparables.
De otra parte, alguno de los ingresos por exportación de tecnología se
deben a actividades de dichas filiales. Asimismo, la importación de
tecnología asociada a la inversión directa y la obtenida por medio de
50   otras relaciones contractuales (licencias, franquicias, etcétera) tienen
efectos positivos de transferencia de conocimientos a otros agentes
(proveedores, clientes, competencia) y a los propios trabajadores y
socios en los acuerdos de cooperación. El alcance de estos efectos
depende de la capacidad de asimilación y mejora que en base a dichos
55   conocimientos realicen los mencionados agentes. En su conjunto
la empresa española ha demostrado una mejora creciente de su
capacidad de asimilación y producción tecnológica. Adicionalmente
a los efectos positivos en el empleo y crecimiento económico, la
inversión directa ha facilitado la especialización productiva.
60   La EM, por definición, facilita la integración económica internacional: en general crea comercio, internacionaliza los procesos
productivos e integra (globaliza) los mercados y canaliza los recursos
financieros de donde se generan hacia donde se necesitan y son más
productivos. Como tal, y de acuerdo a los fundamentos económicos
65   en los que se sustenta, ha de generar un excedente financiero neto
durante un horizonte económico relevante. Este hecho, junto a la
antigüedad y alto nivel de *stock* de la inversión directa, han ido
incrementando los pagos por rentas de inversión (dividendos e
intereses). Adicionalmente la existencia en un comercio de servicios
70   deficitarios (tecnologías, servicios de gestión y asesoramiento), la
propensión a importar superior a la propensión-a exportar, traducida
según estimaciones, en un saldo comercial deficitario, explican la
contribución negativa del conjunto de empresas multinacionales a
la balanza por cuenta corriente española. La neutralización de dicho
75   efecto ha de venir por el lado del comportamiento de la empresa
española internacionalizada.
Hay que mencionar que la evidencia empírica ha demostrado, en
muchos países y especialmente en el nuestro, que la actividad que las
empresas multinacionales extranjeras realizan no es independiente
80   de la multinacionalización de las empresas domésticas o locales
(estrategias defensivas, inversiones directas en el exterior de filiales
españolas de empresas multinacionales, internacionalización de los

sectores y de las cadenas de valor, etcétera). Es decir, los flujos de inversión directa extranjera en España y los de la inversión directa
85 española en el exterior no son independientes. Si esto es así, surgen inmediatamente implicaciones de política económica relevantes, debido a los efectos sistémicos que dichos flujos tienen.

(Juan José Durán Herrera, *Anuario de El País*, 1994, p. 392.)

Ejercicios

Léxico

Explica el significado de los vocablos y expresiones siguientes:

en su justa medida (l.2)	licencias (l.50)
balanza de pagos (l.12)	franquicias (l.50)
registro de autorizaciones (l.12)	proveedores (l.52)
tasas de desinversión (ll.13–14)	el alcance (l.53)
déficit por cuenta corriente (l.19)	canalizar (l.62)
reservas (l.19)	excedente financiero neto (l.65)
el ámbito (l.27)	rentas de inversión (l.68)
factura tecnológica (l.38)	servicios deficitarios (ll.69–70)
cuantioso (l.41)	la propensión (ll.70–71)
la tasa de cobertura (l.41)	balanza por cuenta corriente (l.74)
ingresos por exportación (l.47)	flujos de inversión (ll.83–84)

Gramática y estilo

(a) 'La evolución, situación actual y perspectivas de la economía española no es posible entenderlas, en su justa medida . . .' (ll.1–2), 'Un primer indicador lo encontramos . . .' (l.37). Escribe ambas frases de nuevo de manera que se eliminen los pronombres de complemento directo. Justifica su utilización en cada uno de los casos.

(b) ¿Qué función cumple, en el texto, la expresión 'sin hacer' en la frase: '. . . no es posible entenderlas sin hacer una referencia . . .' (ll.2–3). ¿Se utilizaría también el infinitivo en inglés? Construye frases con otras expresiones con infinitivo (de, por, con), estudia su significado y compáralas con sus equivalentes en inglés.

(c) 'La fuerte presencia de las EM en el conjunto de . . . se manifiestan no sólo en índices . . .' (ll.32–34), 'De otra parte, alguno de los ingresos por exportación de tecnología se deben a actividades . . .' (ll.47–48). Examina la concordancia entre el sujeto y el verbo en ambas frases. ¿Qué adviertes? Justifícalo.

(d) '. . . en muchos países y especialmente en el nuestro . . .' (ll.77–78). Practica el uso de los pronombres posesivos construyendo frases.

Comprensión

(a)   ¿En qué consistía el Plan de Estabilización?

(b)   Explica cómo la inversión realizada por las multinacionales ha servido 'para financiar los déficit por cuenta corriente o para incrementar el nivel de reservas' (ll.18–19).

(c)   Analiza los efectos, positivos y negativos, que se desprenden de la fuerte presencia de las empresas multinacionales en los sectores de mayor valor añadido.

(d)   ¿Crees que el balance de la presencia de las EM en España, según el autor, es positivo o negativo?

Preguntas escritas y orales

(a)   Explica los alicientes que España presentaba para la inversión de empresas multinacionales entre los años 1960 y 1973 y compara esa situación con la actual.

(b)   Haz un balance de las ventajas e inconvenientes que se derivan para España de la instalación de empresas multinacionales en su suelo.

Text 2.11

La localización de la actividad económica en España

1   Cuando estudiamos la carrera, al manejar *El Comercio internacional* de Haberler, descubrimos en él un apéndice, donde se encontraba el ensayo *De Economía Hispana* de Perpiñá Grau. En él se señalaba cómo la actividad en España se concentraba en las provincias periféricas

5   marítimas y en Madrid, así como en Valladolid y Zaragoza, aunque sin tanto vigor como en las anteriores provincias. El resto poseía una actividad económica mucho más baja y, como lógico corolario, una mucho menor densidad de población. Estas dos Españas – la periférica, más Madrid, y la interior – no sólo existían en 1934, cuando las había

10 investigado Perpiñá, sino en 1947, cuando nosotros comenzamos a percibir su vigencia. El profesor Fuentes Quintana, fusionando *The Social Framework* de Hicks – en lo que pudo, claro es, porque la escasez de datos macroeconómicos entre nosotros era un freno notable para la investigación – y *De Economía Hispana*, y actualizando las cifras

15 de ésta, había presentado un lúcido panorama de la estructura económica de España a comienzos de los años cincuenta. La vieja afirmación de Perpiñá continuaba vigente.

     Sin embargo, el proceso industrializador comenzó a alterar las cosas. Esa periferia opulenta aumentó notablemente su riqueza en el litoral

20 cantábrico de Asturias a Guipúzcoa, y en el Mediterráneo, de Gerona a Alicante. Como continuaba el auge de Madrid, el profesor Estapé comenzó a observar que si dividíamos España por una diagonal que fuese desde Finisterre al cabo de Gata, aproximadamente eran similares las áreas – incluyendo Baleares en una y Canarias en otra –

25 que quedaban por encima y por debajo de esa línea. Pues bien; la población y las informaciones sobre la renta y riqueza de la mitad española que correspondía al nordeste crecía con más fuerza que la que correspondía al suroeste. Ya Torres había señalado por qué el cuadrante de suroeste era tenazmente pobre. Estapé enlazó todo esto

30 con conocidas afirmaciones de Myrdal, y comenzó a observar que las situaciones *norte*, o ricas, de España, que generaban a su vez más riqueza, estaban en el nordeste, y que nuestras situaciones *sur*, o pobres, se desplazaban al suroeste.

     Pronto, el que a partir de 1955 tuviésemos a nuestra disposición la

35 distribución provincial de la renta nacional de España, que desde entonces, ya cada dos, ya cada tres, años, pasó a facilitar el Servicio de Estudios, primero del Banco de Bilbao, y después del Banco Bilbao Vizcaya, permitió ahondar en el fenómeno. Además Ramón Tamames comenzó a calcular los centros de gravedad de la economía española.

40 Si se observaba su evolución temporal, era evidente que marchaban desde Madrid hacia el nordeste.

La crisis del petróleo y el hundimiento del viejo modelo productivo; la integración con Europa; ciertas consecuencias del terrorismo de ETA; la construcción de una red de autopistas que, por primera vez

45 desde el Reglamento de Postas de 1720, creaba entre nosotros una red de comunicaciones y transportes que no era radial con centro en Madrid y, más adelante, el inicio de la red distribuidora de gas natural, fueron hechos que golpearon con fuerza a Asturias, Cantabria, Vizcaya y Guipúzcoa. La consecuencia fue un casi brutal desplaza-

50 miento de nuestra actividad económica hacia la parte española del llamado Arco Mediterráneo, el que, de Roma a Alicante, pasando por el sur de Francia, complementa cada vez más ese núcleo en forma de media luna de la actividad económica de Europa que se extiende de Londres a Milán, e incluye como grandes centros urbanos a París, la

55 cuenca del Rhin-Ruhr, Munich y Zurich. La situación de las provincias costeras mediterráneas que van de Gerona a Alicante, más Baleares, que constituyeron uno de nuestros núcleos de mayor actividad, esto es, con renta familiar disponible por habitante igual o mayor que la media española, penetra hasta el borde del Cantábrico oriental –

60 Vizcaya y Guipúzcoa –, por el valle del Ebro, a través de Lérida, Huesca, Zaragoza, Navarra, La Rioja y Alava. De este valle del Ebro, a través del corredor de Guadalajara, se llega a Madrid, y por la provincia de Burgos – debido al papel de Miranda de Ebro –, se enlaza con el núcleo rico de la cuenca del Duero, constituido, además de Burgos, por Palencia

65 y Valladolid. Hacia ahí se desplaza la actividad económica. Por eso, cuando se calcula el actual centro de gravedad de nuestra economía, se observa que ha descendido en su marcha hacia La Rioja, y se desplaza por Guadalajara francamente hacia el este. Los viejos planteamientos han desaparecido, y no se percibe en estos momentos alteración

70 esencial alguna que modifique hacia dónde, en lo geográfico, tiende la localización económica española: la costa del Mediterráneo, el valle del Ebro, Madrid, la cuenca del Duero constituida por Burgos, Palencia y Valladolid y, finalmente, la Comunidad Autónoma Vasca.

(J. Velarde, J. L. García Delgado y A. Pedreño,
El Estado en la economía española, pp. 293–5.)

Ejercicios

Léxico

Explica el significado de los vocablos y expresiones siguientes:

estudiar la carrera (l.1)   vigencia (l.11)
corolario (l.7)   en lo que pudo (l.12)

claro es (l.12)

un freno notable (l.13)

el auge (l.21)

la renta (l.26)

ahondar (l.38)

los centros de gravedad (l.39)

el hundimiento (l.42)

el borde del Cantábrico (l.59)

enlazar (l.63)

tender hacia (l.70)

Gramática y estilo

(a) Busca en el texto todas las expresiones utilizadas para establecer comparaciones. Analízalas y construye frases con ellas y con otras que conozcas.

(b) Justifica el subjuntivo en la frase: '. . . el que, a partir de 1955 tuviésemos a nuestra disposición . . .' (l.34). ¿Existe alguna diferencia entre las dos formas del imperfecto de subjuntivo? Construye frases siguiendo este modelo.

(c) Explica el uso del pluscuamperfecto en los casos en los que aparece en el texto.

(d) ¿Cuál es la función de 'ya' en: '. . . ya cada dos, ya cada tres, años . . .' (l.36)? ¿Qué otros operadores cumplirían la misma función? ¿En qué se diferencia el uso de 'ya . . . ya' con el de 'ya sea . . . ya sea'? Construye frases para ejemplificar ambos.

(e) '. . . era evidente que . . .' (l.40). Pon la frase en negativo. ¿Cómo afecta este cambio al resto de la oración? ¿Por qué?

(f) ¿Qué significado tiene 'ciertas' en 'ciertas consecuencias' (l.43)? ¿Cambia su significado cuando se sitúa detrás del sustantivo? Compruébalo construyendo frases. Da ejemplos de adjetivos que cambian de significado según su posición.

(g) Examina la utilización del punto y coma en el párrafo que empieza: 'La crisis del petróleo y el hundimiento del viejo modelo . . .' (l.42). ¿Crees que es correcta o sería preferible el uso de comas? Justifica tu contestación.

Comprensión

(a) Sitúa, en un mapa de España, todos los lugares que se mencionan en el texto.

(b) ¿Por qué resulta lógico que la densidad de población fuera menor en las áreas de menor actividad económica?

(c) ¿Qué dificultó primero y más tarde facilitó la investigación de la estructura económica de España?

(d) ¿Qué crees que es el Reglamento de Postas?

Preguntas orales y escritas

(a) Explica los cambios más importantes que han tenido lugar en la localización de la actividad económica en España en los últimos 20 años.

(b) ¿Crees que el proceso de descentralización que aún se está llevando a cabo conducirá a una distribución más equitativa de la actividad económica, repercutiendo por tanto en su localización?

Text 2.12

Un país de hijos únicos

1 . . . En 15 años, la población española ha sufrido una convulsión inédita en la historia de este país en tiempos de paz. Nunca antes habían nacido tan pocos niños y de madres tan mayores como ahora. Y nunca antes habían existido tal cantidad de viejos, en tan buenas

5 condiciones de salud y con una expectativa de vida tan prolongada. Alrededor de 5,5 millones de españoles tienen más de 65 años. Si la tendencia sigue como ahora, la tradicional pirámide escalonada que representaba icónicamente la población de este país desde hace al menos cuarenta años (ancha base correspondiente a la pujanza

10 numérica de las nuevas generaciones, nacidas en los años del desarrollo, y cúpula chata y estrecha, en consonancia con el exiguo número de ancianos supervivientes a un siglo duro, con una guerra por medio) corre el riesgo de venirse abajo como un flan mal horneado y darse la vuelta en un imposible equilibrio de cono invertido. Pocos

15 niños y muchos viejos cada vez más viejos.

El salto al vacío se produjo en la década de los ochenta. En nueve años (1980–1989), un suspiro en el *tempo* demográfico, la fecundidad de las españolas pasó de una media de 2,2 hijos por mujer a sólo 1,37. Muy por debajo de los 2,1 vástagos por mujer necesarios para

20 garantizar el relevo de las generaciones y el mantenimiento de la población. En la ciudad de Madrid, por ejemplo, cada día mueren seis personas más de las que nacen. Las cuentas no salen, la población disminuye. Y todo ello sin ninguna hecatombe por medio. Ni guerras, ni epidemias ni hambrunas, tradicionales culpables de la bajada en

25 picado de la natalidad a través de la historia, han tenido nada que ver en esto. Ha sido, más bien, un asunto de mujeres (. . .)

Son la primera generación de españolas que ha accedido mayoritariamente a la educación media y superior. La primera que ha decidido, y podido, amortizar esos estudios con una actividad laboral de largo

30 plazo sin interrupciones definitivas para casarse y tener hijos. La primera que ha podido disponer con relativa facilidad de una batería de eficacísimos métodos anticonceptivos, desarrollados extraordinariamente hace sólo un par de décadas. Lo de antes eran aventuras de alto riesgo que muchas veces terminaban con un abultado error de cálculo,

35 la barriga de la interesada. Y con este arsenal educativo, laboral y sanitario en la recámara, las mujeres en edad fértil han decidido hacer uso de su fecundidad sólo en muy determinadas circunstancias (. . .)

Porque hoy tener un hijo es algo que hay que proponerse. El uso generalizado de métodos anticonceptivos determina que los hijos se

40 tengan por acción (. . .) y no, como antes, por omisión (. . .) Los
   accidentes se han reducido al mínimo. Los *penaltis* son un vestigio
   del pasado. Por ello, la inmensa mayoría de los embarazos son, quizá
   por primera vez en la historia, deseados. Y como ocurre con todas
   las cosas excepcionales, las gestaciones, los partos, los bebés, se han
45 convertido casi en un espectáculo (. . .)
   Sea una decisión femenina o de pareja, una de las características
   más curiosas del proceso de desnatalidad en España es que es unánime.
   Afecta por igual al campo y la ciudad, al norte, históricamente menos
   fecundo, y al sur, tradicionalmente natalista. Lo explica Rafael Puyol,
50 prestigioso demógrafo y rector de la Universidad Complutense de
   Madrid. 'España ha experimentado con un retraso de unos diez años
   el mismo fenómeno de bajada de la fecundidad que vivieron otros
   países de la Unión Europea entre finales de los sesenta y de los setenta.
   Pero lo ha hecho de una forma mucho más rápida e intensa. Han
55 sido cambios muy bruscos en muy poco tiempo. Además del descenso
   absoluto de la natalidad, se ha retrasado la edad de emancipación, la
   edad del matrimonio y la edad de la maternidad. Se ha producido
   también un proceso de convergencia interna, tendiendo a disminuir las diferencias en la tasa de fecundidad entre regiones, y un
60 aceleradísimo proceso de convergencia externa, porque a pesar
   de que hemos empezado más tarde, lo intenso del fenómeno ha
   determinado que nos hayamos puesto en la misma situación, más
   acusada si cabe, que el resto de la UE'.
   Puestas así las cosas, ¿debemos alarmarnos?, ¿hay que hacer algo
65 al respecto? Contesta el rector Puyol: 'Los fenómenos demográficos
   no hay que analizarlos con las luces cortas, sino con las largas.
   Es posible que, a corto plazo, la desnatalidad puede tener más
   consecuencias positivas que negativas, porque puede contribuir a
   desmasificar la enseñanza o a aliviar la presión sobre el mercado de
70 trabajo. Pero a largo plazo, dentro de 20 o 30 años, puede plantear
   problemas graves, porque puede determinar una disminución importante de la población activa, que será la que tenga que mantener
   las pensiones de cada vez más jubilados, que además vivirán más
   tiempo, lo cual es bastante preocupante'.
75 Puyol cree, no obstante, que hemos tocado fondo. 'Es posible que
   en el futuro haya una recuperación. En países europeos como Suecia,
   Francia y Alemania se han llevado a cabo políticas de acción familiar
   que han influido favorablemente en las condiciones sociales generales
   y, probablemente, en la evidente mejora de sus tasas de fecundidad.
80 En España, la situación en este terreno es deplorable, la política de
   acción familiar es prácticamente inexistente. Si se avanzara en este
   sentido, puede que la situación mejorase'.
   Las estadísticas son concluyentes. España es el país de la Unión
   Europea que menos dinero público dedica a la protección de la familia,

85 con sólo un 0,72% del gasto corriente. Una minucia frente al 6,8% de media que dedica el conjunto de la UE, y los máximos de países como Irlanda (13,2%) y Dinamarca (10,13%) (. . .)

El actual secretario de Estado de Relaciones con las Cortes, José María Michavila, que en la pasada legislatura ejerció como por-
90 tavoz del Partido Popular en la Comisión de Familia del Congreso, responsabiliza, por su parte, al anterior Gobierno socialista de no haberse atrevido a desarrollar una política de familia decidida. 'Se contentaron con ampliar en 5.000 pesetas la deducción por hijo en el IRPF y en bajar de cuatro a tres el número de hijos necesarios para
95 ser familia numerosa. Medidas irrisorias. Los socialistas han sido las últimas víctimas intelectuales del franquismo, les ha dado vergüenza acometer políticas familiares porque pensaban que era de derechas'. Michavila asegura que el Gobierno del PP tiene intención de incre- mentar la ayuda familiar y anuncia que, de momento, el Ejecutivo
100 está pensando, dentro de la pendiente reforma del IRPF, incluir las circunstancias familiares al estimar la capacidad contributiva de cada ciudadano. 'Ahora, tener hijos está gravado fiscalmente porque sólo se tiene en cuenta este factor en la cuota, y no en la base imponible, sin considerar que los mismos ingresos no cunden igual teniendo
105 hijos que sin tenerlos'.

Aunque por el momento no es un asunto de Estado, la percepción de que España se está quedando sin niños está en la calle. La amplitud del periodo fértil de la mujer – de los 15 a los 49 años, 34 años en total – hace factible sobre el papel un cambio de rumbo, aunque no es
110 previsible que las circunstancias sociales vayan a cambiar tanto para permitir un golpe brusco de timón. La decisión de la paternidad, quizá la más íntima de la existencia, siempre será una cuestión de alcoba.

(Luz Sánchez-Mellado, *El País Semanal*,
22 de septiembre de 1996.)

Ejercicios

Léxico

Explica el significado de los vocablos y expresiones siguientes:

la pujanza (l.9)	la recámara (l.36)
cúpula chata (l.11)	rector (l.50)
exiguo (l.11)	la población activa (l.72)
vástagos (l.19)	tocar fondo (l.75)
hecatombe (l.23)	una minucia (l.85)
hambruna (l.24)	IRPF (l.94)
la bajada en picado (ll.24–25)	la base imponible (l.103)

Gramática y estilo

(a) ¿Qué efecto expresivo consigue el autor mediante el uso repetitivo, en el primer párrafo, de 'tan'?

(b) Explica, utilizando ejemplos, las similitudes y las diferencias existentes entre las siguientes expresiones referidas a cantidades: 'alrededor de' (1.6), 'al menos' (1.9), 'sólo' (1.18), 'unos' (1.51), 'entre' (1.53).

(c) Busca todos los ejemplos de lenguaje metafórico utilizado en el texto y explica su significado en el contexto del artículo.

(d) Identifica los tiempos de subjuntivo utilizados en la frase: 'Si se avanzara en este sentido, puede que la situación mejorase' (1.81–82) y justifícalos. Construye frases siguiendo el mismo modelo.

(e) Explica el doble significado de la frase: '. . . un abultado error de cálculo . . .' (1.34).

(f) ¿Cómo describirías el tipo de lenguaje utilizado en este artículo? Justifica tu respuesta.

Comprensión

(a) Resume los cambios demográficos que han tenido lugar en España en los últimos 15 años.

(b) ¿Qué razones aduce el autor del artículo para explicar estos cambios? ¿Estás de acuerdo? ¿Añadirías alguna otra?

(c) ¿A qué regiones de España ha afectado más gravemente el descenso de la natalidad?

(d) ¿Qué consecuencias económicas pueden derivarse de este descenso de la natalidad?

(e) Explica, con tus propias palabras, las medidas tomadas por el PSOE para combatir el problema.

(f) Explica el significado de la frase: 'Ahora, tener hijos está gravado fiscalmente porque sólo se tiene en cuenta este factor en la cuota, y no en la base imponible' (ll.102–103).

Preguntas orales y escritas

(a) Problemas y soluciones relativos al descenso de la natalidad en España.

(b) Expón las medidas que se han introducido en otros países para paliar el problema y analiza la posibilidad de su asimilación en España.

Text 2.13

La difícil convergencia

1   El acercamiento de España a los patrones de renta europeos ha sido tardío e incompleto: tardío, porque la convergencia no ha ocurrido intensamente hasta los años sesenta; incompleto, porque todavía no se ha alcanzado el nivel de renta per cápita europeo. Sin olvidar

5   que esta incapacidad para rematar el proceso de convergencia es compartida por otras economías de la periferia europea, las razones del particular patrón de convergencia español son, fundamentalmente, políticas e institucionales; contando con que las condiciones naturales también desempeñaron un papel destacado hasta el

10   desencadenamiento de la convergencia en los años sesenta. El fuerte atraso acumulado en la fase autárquica propició un rápido crecimiento entre 1960 y 1975, que hubiera sido mayor de haberse liberalizado la economía como se había previsto en el Plan de Estabilización, y de haber invertido el Estado más en infraestructuras y en educación.

15   Del análisis anterior se deduce que las causas del crecimiento económico en los siglos XIX y XX, responsables del acercamiento de España a Europa durante las fases mencionadas en el apartado anterior, fueron: *a)* la ausencia de revueltas sociales, de revoluciones políticas y de conflictos bélicos; *b)* la estabilidad monetaria y la

20   ausencia de agudas tensiones inflacionistas; *c)* las políticas exteriores liberalizadoras; *d)* las influencias de las coyunturas internacionales expansivas; *e)* las aportaciones del capital extranjero; *f)* las importaciones de bienes de equipo y de tecnología exterior, y *g)* la construcción de infraestructuras y los mayores gastos en educación por

25   el Estado. Como en todo mercado nacional de pequeñas dimensiones, con dotaciones de recursos naturales desfavorables y los rasgos propios de los países atrasados, en España el crecimiento económico ha dependido siempre de la coyuntura internacional y de la inversión exterior.

30   Por ello, la economía española ha convergido hacia el patrón europeo cuando ha marchado 'a favor del viento' de la coyuntura y de las políticas económicas internacionales; España, por el contrario, se ha retrasado cuando ha ido contra la corriente internacional, optando por reforzar el arbitrismo intervencionista y la autarquía,

35   cuando las naciones avanzadas optaban por el mercado y la cooperación internacional. En efecto, cuando se ha dejado funcionar al mercado y el país se ha abierto a las corrientes comerciales, financieras

y tecnológicas internacionales, entonces la economía española ha
crecido más que la europea, por la sencilla razón de que estaba
40 aprovechando las ventajas del atraso. Las fases de estabilidad social y
monetaria son propicias, asimismo, a la inversión exterior, que trae la
tecnología imprescindible para el crecimiento económico.

La política económica acertada ha sido fundamental, por tanto,
en tres momentos de la historia española: el Plan de Estabilización
45 Económica de 1959; las políticas de ajuste ante la crisis, entre 1977 y
1985; y la política de acercamiento a la Comunidad Europea tras el
Tratado de Adhesión de 1985. Estas políticas permitieron reducir
temporalmente los desequilibrios monetario y exterior, pero no logra-
ron liberalizar ciertos mercados interiores ni, en las dos últimas
50 ocasiones, alcanzar el equilibrio del Presupuesto público. Como resultado de esos grandes programas de política económica (practicados
en 1959 y desde 1977), la economía española se ha acercado a la
renta per cápita de Europa en los períodos 1960–1975 y 1985–1990;
pero España aún no ha alcanzado la renta per cápita ni la pro-
55 ductividad del trabajo existentes en Europa.

La convergencia hacia Europa no ha podido completarse, en
definitiva, porque los problemas económicos heredados del pasado
persisten en la actualidad: 1) la tendencia a la inflación; 2) la
insuficiencia del ahorro nacional; 3) el déficit de las administraciones
60 públicas; 4) el desequilibrio comercial con el exterior; 5) la desconfianza hacia el mecanismo de mercado y la propensión a la intervención estatal. Estas son, en efecto, las rigideces que impiden el
acercamiento a Europa, ya que no permiten asimilar con aprovecha-
miento la tecnología exterior de los sectores más dinámicos. La
65 inflación refleja unas deficiencias estructurales que distorsionan
los mercados, impidiendo la convergencia; el insuficiente ahorro
obliga a depender de las inversiones extranjeras, que en tiempos de
crisis son más reacias a acudir a terceros países; el déficit público
ocasionado por los gastos corrientes impide aumentar los gastos en
70 infraestructuras, educación e investigación al tiempo que obliga a
mantener altos tipos de interés, que expulsan a la inversión privada;
el déficit exterior surge de la insuficiente competitividad, debida a la
deficiente estructura industrial, a los rasgos del mercado de trabajo, a
las bajas dotaciones de capital humano, de infraestructuras y de
75 inversión en I + D; el intervencionismo discrecional y el mantenimiento de mercados muy rígidos coarta la eficiente asignación
de los recursos, obstaculizando el acercamiento a Europa.

(Francisco Comín, 'La difícil convergencia de la
economía española: un problema histórico',
Papeles de economía, No 63, 1995, pp. 88–9.)

Ejercicios

Léxico

Explica el significado de los vocablos y expresiones siguientes:

rematar (l.5)	a favor del viento (l.31)
patrón de convergencia (l.7)	ir contra la corriente (l.33)
un papel destacado (l.9)	el arbitrismo intervencionista (l.34)
el desencadenamiento (ll.9–10)	distorsionar (l.65)
tensiones inflacionistas (l.20)	reacias (l.68)
bienes de equipo (l.23)	los gastos corrientes (l.69)
dotaciones (l.26)	coartar (l.76)
rasgos (l.26)	

Gramática y estilo

(a)   Identifica y justifica el tiempo y modo del verbo en la frase: '. . . un rápido crecimiento entre 1960 y 1975, que hubiera sido mayor . . .' (ll.11–12).

(b)   Explica la función de 'de' + infinitivo en las frases: 'hubiera sido mayor de haberse liberalizado la economía . . . y de haber invertido el Estado más en . . .' (ll.12–14). Construye frases similares utilizando 'haber' y otros verbos. ¿Con qué otra construcción se podría expresar lo mismo?

(c)   ¿Tienen algún significado o connotación diferente los vocablos 'atraso' (l.11) y 'retraso'?

(d)   ¿Cuál es la diferencia de significado entre 'dejar' + infinitivo (l.36) y 'dejar de' + infinitivo? Explícalo con ejemplos.

(e)   'Por el contrario' (ll.32–33) es una de las varias expresiones que se pueden utilizar para contrastar, corregir u oponer información. Haz una lista de todas las expresiones que conozcas y estudia su uso para ver si existe alguna diferencia entre ellas.

Comprensión

(a)   ¿A qué razones 'institucionales' (l.8) se refiere el autor al presentarlas como explicativas del patrón de convergencia español?

(b)   ¿Cuál crees que es la fase autárquica a la que se hace mención en el texto?

(c)   El texto propone varias causas del crecimiento económico en los siglos XIX y XX. ¿Te parecen algunas más importantes que otras? Justifica tu respuesta.

(d)   España es un país de 'recursos naturales desfavorables' (l.26). Explica lo que entiendes por esto y compara la situación española en este respecto con la de tu país.

(e)   Explica, con tus propias palabras, por qué cada uno de los problemas económicos que persisten en la actualidad en España dificultan la convergencia.

Preguntas orales y escritas

(a) Describe los criterios de convergencia nominal y evalúa la situación de España con respecto a cada uno de ellos.

(b) ¿Crees que es necesaria la convergencia con Europa para que España – o su economía – pueda salir adelante?

Text 2.14

El euro, la moneda única europea

1   Bajo la presidencia española, el Consejo Europeo de Madrid de los días 15 y 16 de diciembre de 1995 aprobó, entre otros acuerdos, el nombre – el euro – y el escenario de referencia para la introducción de la moneda única europea, con un calendario y criterios fijos para

5   el paso a la tercera fase de la unión económica y monetaria.

    La aprobación de este escenario de referencia, que es el diseñado por el Consejo de Asuntos Económicos y Financieros (Ecofin) en su reunión informal celebrada en Valencia, recogiendo y sintetizando tanto los propios trabajos del Ecofin como los de la Comisión y el

10   Instituto Monetario Europeo, es un hecho trascendental, no sólo para los ámbitos económico y monetario, sino para el propio proceso de la integración política europea.

    Este escenario, de forma simplificada, es el siguiente:

-   A mediados de 1998, en cuanto se disponga de los datos definitivos
15   sobre el comportamiento de las economías de los distintos países durante 1997, se decidirán los países que participarán, de acuerdo con los criterios recogidos en el Tratado de la Unión Europea, en la tercera fase de la unión monetaria. Se forma el sistema europeo de bancos centrales, el Banco Central Europeo.

20 • El 1 de enero de 1999 se inicia la tercera fase de la unión monetaria, con la introducción de la moneda única, el euro, aunque las monedas nacionales se seguirán utilizando, coexistiendo con el euro, hasta el año 2002, con tipos de cambio irrevocables. Las transacciones comerciales y financieras podrán

25   estar nominadas en cualquiera de ellas, pero las transacciones físicas se seguirán realizando en moneda nacional. El Banco Central Europeo comienza en ese día a dirigir las políticas monetaria y cambiaria en moneda única.

-   El 1 de julio del 2002, como fecha tope, se estrenará la moneda
30   única, el euro, en su forma física. Comienzan a retirarse las monedas nacionales, y las operaciones financieras, si no se ha hecho antes, deberán nominarse en la nueva moneda.

-   El 1 de julio del 2002, como fecha tope, sólo existirá la moneda única, con una única política monetaria y cambiaria y un único
35   banco central.

    Conviene resaltar, también, cómo las políticas de equilibrio fiscal necesarias para entrar en la tercera fase de la unión monetaria, de

acuerdo con los criterios de Maastricht, continuarán después de adoptada la moneda única, garantizando la estabilidad presupuestaria
40   posterior. Éste es el acuerdo de todos los Estados miembros y que forma parte del escenario de referencia, si bien su concreción ha sido encomendada a la Comisión, que elaborará próximamente el correspondiente informe.

La moneda única, la unión económica y monetaria, es un reto singular para la economía y la sociedad españolas. Un reto, por lo
45   que supone de esfuerzo apreciable, durante los dos próximos años, para poner nuestra economía en condiciones de, en términos de inflación, déficit público y tipos de interés, poder adoptar la moneda única con el primer grupo de países que, el 1 de enero de 1999, decida
50   hacerlo así.

Es más, el pertenecer a la propia unión monetaria nos impondrá, a todos los participantes, unas políticas de rigor y disciplina, como son:

- La renuncia a una política monetaria propia y el sometimiento a una común, que será ciertamente estricta.
55   - La renuncia a las devaluaciones competitivas, como arma para mejorar nuestra competitividad.
- Una política fiscal permanente de equilibrio.

Es, por tanto, un reto considerable para nuestra economía y nuestra sociedad. No obstante, aunque la cuantía de estos esfuerzos no es,
60   ciertamente, despreciable, debemos aceptar decididamente este reto, porque los beneficios que obtendremos serán indiscutiblemente mucho mayores.

La unión económica y monetaria es la culminación, en el terreno económico y financiero, del proceso de integración europea, y España,
65   inmersa de lleno en ese proceso, no puede renunciar a situarse entre los países que la encabecen.

Pero el acceso a la unión económica y monetaria no sólo tiene esta dimensión política obvia, sino que también, y sobre todo, tiene una dimensión económica muy relevante. A grandes rasgos, la unión
70   económica y monetaria es, sobre todo, una apuesta por la estabilidad macroeconómica, es decir, una apuesta por la creación de un entorno macroeconómico saneado, estable y predecible, en el que los agentes privados puedan desarrollar plenamente sus actividades. En la práctica, ello implica la necesidad de controlar la tasa de inflación
75   y de asegurar un nivel adecuado de saneamiento de las finanzas públicas, con el objeto de que los tipos de interés, nominales y reales, sean lo más bajo posibles, y se propicien así los procesos de consumo y de inversión, y se mejore, en definitiva, el potencial de crecimiento de la economía.

80   Es por todo ello que, para el caso de España, una economía que comparativamente ha tendido a ser menos estable que los países de nuestro entorno, la entrada en la unión económica y monetaria presenta beneficios potenciales enormes. Dicho con otras palabras, en la actualidad, nuestros tipos de interés soportan una prima adicional de
85   riesgo elevada. En la medida en que la entrada en la unión monetaria requerirá de un mayor grado de estabilidad económica, e implicará el establecimiento de tipos de cambio irrevocablemente fijos, España dejará de soportar esa prima de riesgo, lo que permitirá una rebaja sustancial de nuestros tipos de interés.

(Pedro Solbes, *Anuario El País*, 1995, p. 60.)

Ejercicios

Léxico

Explica el significado de los vocablos y expresiones siguientes:

fecha tope (l.29)	concreción (l.41)
estrenarse (l.29)	el sometimiento (l.53)
resaltar (l.36)	una prima (l.84)

Gramática y estilo

(a)   Analiza la función del gerundio en cada uno de los casos en los que aparece en el texto. Construye frases siguiendo los mismos modelos. ¿Se podría sustituir el gerundio por cualquier otro tiempo en alguno de ellos?

(b)   Explica el significado de la expresión 'en cuanto' en: '. . . en cuanto se disponga . . .' (l.14) y propón alternativas.

(c)   Justifica la utilización del presente en las líneas 'A mediados de 1998 . . . deberán nominarse en la nueva moneda' (ll.14–32).

(d)   ¿Por qué se ha utilizado la preposición en la frase: '. . . comienza en ese día . . .' (l.27)?

(e)   'Conviene resaltar también cómo las políticas de equilibrio fiscal . . .' (l.36). ¿Qué función cumple aquí 'cómo'? Intenta justificar su utilización.

(f)   '. . . por lo que supone . . .' (ll.45–46). ¿Cuál es el significado de la preposición 'por' en este caso'? Construye frases similares.

(g)   ¿Por qué está 'bajo' en singular en la frase: '. . . sean lo más bajo posibles' (l.77)?

(h)   Utiliza ejemplos, extraídos del texto, para ilustrar algunas de las características de la lengua escrita.

Comprensión

(a)   Explica el significado de las líneas: 'Las transacciones comerciales y financieras . . . se seguirán realizando en moneda nacional' (ll.24–26).
(b)   ¿Qué entiendes por 'políticas de equilibrio fiscal' (l.36)?
(c)   ¿A qué se refiere el autor cuando habla de 'los agentes privados' (ll.72–73)?
(d)   Explica la diferencia entre los tipos de interés reales y los nominales.
(e)   ¿Cuál es la prima adicional de riesgo elevada a la que se refiere el texto?

Preguntas orales y escritas

(a)   Analiza las implicaciones que el acceso a la unión monetaria y económica tiene para España.
(b)   ¿Crees que la culminación del proceso de integración europea – mediante la unión económica y monetaria – desembocará realmente en una Europa Unida?

Part III
Education and Employment in Spain:
A Labour Market in Transition

Mike Rigby

Introduction

This chapter traces the development of the education system and labour market institutions and practices in contemporary Spain. Their juxtaposition within the same chapter reflects their interdependence. The consolidation of Spain as an advanced industrial economy depends on the creation of an education system which effectively equips young people for entry into the labour market. However it also depends on the establishment of a labour market which functions efficiently in providing employment opportunities, and in developing further and rewarding the skills of both new entrants and existing members.

The chapter begins by focusing on the efforts to construct a modern education system, particularly since 1970, in both the university and pre-university sectors. It then turns to the labour market and establishes the context for the subsequent discussion of labour market reform by considering the most important dimensions of the current Spanish labour force and, more specifically, the problem of unemployment, which has constituted a constant preoccupation of post-transition governments. This is followed by a consideration of the development of government intervention and reform in the labour market, driven particularly by a desire to reduce the rigidities which were seen as limiting the creation of jobs, harming competitiveness and endangering compliance with the Maastricht criteria.

The chapter concludes with an examination of three areas which particularly reflect the problematic nature of the process of labour market modernization: the role of women in the labour force, trade unions, and corporate culture. The process of reform has done little to improve the position of women in employment. Likewise significant parts of the reform process have been seen by the Spanish trade unions as prejudicing the interests of their members and supporters. Finally, important aspects of corporate culture in Spain do not sit easily with attempts to develop the kind of flexible and responsive labour force which Spanish governments, in common with their European counterparts, have seen as a necessary precondition for the country to be competitive within an increasingly globalized economy.

Education

This section of the chapter considers the efforts to build a comprehensive and universal education system in Spain during the last three decades. It first examines the pre-university and then the university sector.

The principal objectives of developments in pre-university education have been to extend the opportunity for education and at the same time develop a range of different routes through the system, geared to the needs of different sections of the school-going population. In the university sector the challenge has been to see through much-needed reforms at the same time as the system has been experiencing a massive expansion.

The first step towards a comprehensive system: La Ley General de Educación (LGE), 1970

In the pre-university sector the reform process began with the *Ley General de Educación* (LGE) (General Law of Education) of 1970. Before 1970, pre-school education was extremely limited, primary education was certainly far from being universal and secondary education, which began at ten years of age, was, in the majority of cases, private and clearly elitist.

The LGE represented the first attempt to establish a comprehensive pre-university system. It provided for a compulsory period of *Enseñanza General Básica* (EGB) (General Basic Education) for children between six and fourteen years of age. Students completing the period of compulsory education received a leaving certificate while unsuccessful students were given a certificate of school attendance. The LGE, therefore, was a relatively modest step. It established a compulsory period of schooling which still began later and finished earlier than in most other Western European countries. All of the compulsory period of education took place within the same school so that there was no primary/secondary school divide.

For those students completing EGB successfully and wishing to continue in full-time education, a choice could be made between an academic and vocational route. Those students following the academic route completed a baccalaureate style course, the *Bachillerato Universal Polivalente* (BUP) until seventeen, and then, if they wished to go to university, attended a *Curso de Orientación Universitaria* (COU) (University Preparation Course) for a further year. On completing COU, students then sat university entrance exams and, if successful, entered university at the age of eighteen. Those students opting for the vocational route followed Level 1 of *Formación Profesional* (FP) (Vocational Training) from fourteen to sixteen years of age. For students with no more than a certificate of attendance from EGB, only the vocational route was available. After FP1, a student could continue with FP2, a three-year course of more specialized vocational training for most students (a minority of about 10 per cent followed a more general two-year course).

In practice, making a particular academic or vocational choice at the age of fourteen did not exclude the possibility of a later change of direction. There were mechanisms enabling students choosing the academic route to transfer to a vocational course at a later stage and vice versa. In addition, students completing FP2 had a route into university. They could embark on a three-year course leading to a first diploma in *escuelas universitarias* which had to reserve a quota of 30 per cent of each new intake for such students.

The LGE established the basis for the system of pre-university education which was to last until the 1990s. Post-fourteen courses were offered in secondary schools, which specialized in either the academic or vocational route.

The delivery of this pre-university education system was in the hands of both public and private institutions, the latter often being closely linked to the Catholic Church (approximately one third of all pre-school and EGB institutions are in private hands as well as a quarter of all second-level institutions). Catholic education represents approximately 20 per cent of the whole education system.

The 1970 Act laid the foundations for a major advance in pre-university education. The OECD considered the expansion of education in Spain as the most spectacular among the member countries and this can be displayed by comparing the educational level achieved by those who were born in the 1960s (the first group to benefit from the LGE) with the post-sixteen population as a whole. Half of the first group had received secondary education compared with only 30 per cent of the population as a whole. In addition, 17 per cent of this group had completed university studies compared with an average for the population as a whole of 8.5 per cent.[1] This expansion made a major growth in public spending on education imperative. As a result the 1985–92 period showed an increase in spending of 71.2 per cent in real terms.

Reforming the management and financing of schools: *La Ley Orgánica del Derecho a la Educación* (LODE), 1985

The *Ley Orgánica del Derecho a la Educación* (LODE) (Law of Educational Rights) of 1985 was an attempt to deal with growing anomalies in the management and funding of pre-university education. In particular, it introduced a higher degree of regulation into the mixed (private and public) system.

The LODE sought to resolve the contradictions between the public and private systems of education and move away from a situation where the typical clientele of private schools consisted of the children of middle- and upper-class parents while the children of working-class parents attended state schools. It did not seek to suppress private education. It sought to establish a situation in which all schools receiving government subsidies, whether private or state, offered free education and were governed by more democratic councils involving parents, teachers and students. Schools were also obliged to adhere to the same admission requirements for all students and require minimum academic standards on entry, in order to guarantee the quality of the education they provided.

As most private schools have chosen to continue to receive government subsidies, they have been directly subject to the regulations of the LODE. They are permitted to maintain and define their own character including the religious or educational orientation they prefer, but they must respect the academic freedom of teachers and the freedom of conscience of the students and their parents. They must also offer broadly the same curriculum as state schools.

The LODE was the subject of considerable opposition from groups associated with private education, including the Church, prior to its passage through parliament. It was, after all, addressing one of the most sensitive issues in twentieth-century Spain: the involvement of the Church in education. The sponsorship of the legislation by a socialist government, still associated in some critics' minds with the anticlericalism of the Socialist Party during the Second Republic in the 1930s, certainly fuelled the opposition. Subsequently, however, the implementation of the legislation in respect of private education has proceeded relatively smoothly. As a result, private education has continued to play an important part in the delivery of pre-university education in Spain and is much more significant than the privileged minority sector which it represents in most other European countries.

The system's continuing weaknesses

Despite the improvements introduced by the legislation of 1970 and 1985, it became increasingly clear that the reforms had still not provided Spain with a pre-university system of education appropriate to an advanced industrial society. Concern centered on a number of problems.

First, compulsory education in Spain still ended at fourteen years of age and did not continue through to sixteen, which had become the norm for other countries in the European Union. When Spain was introducing the LGE to extend compulsory schooling to fourteen, other countries were debating, and in some cases introducing, an increase in the school-leaving age from fifteen to sixteen.

Of possibly greater concern than the school-leaving age was the wastage and dropout rate at the pre-university stage. At the end of the 1980s, for example, an average of 20 per cent of students per year failed to complete EGB. An examination of census figures for the Valencian Region in 1991 shows that for every four people between the ages of sixteen and thirty years (all of whom should have benefited from the LGE), one had not successfully completed EGB, two did not progress further than this level and only one had a qualification of a higher level.[2] In respect of BUP and COU, an unacceptably high proportion of students were having to repeat their courses: 16 per cent in the case of BUP and 19 per cent in the case of COU in the year 1989–90. Moreover the annual wastage rate for BUP and COU at the end of the 1980s was 7 per cent. There were also similar problems with FP which are discussed in more detail below.

As the FOESSA report was to point out, the young people who suffered most from this situation were those who were disadvantaged because of socioeconomic and cultural background or who had experienced personal problems related to their health or family circumstances: '*cobran importancia como causa del fracaso escolar los medios vitales económicos y socioculturales desfavorecidos*'.[3] Lower levels of achievement were also found among young people from a rural background

Table 3.1. Percentage of public expenditure on education (1991)

Country	Percentage
Sweden	6.5
Denmark	6.1
Finland	6.1
Luxembourg	5.8
Netherlands	5.6
Ireland	5.5
Portugal	5.5
Austria	5.4
Belgium	5.4
France	5.4
UK	5.3
Spain	4.5
Italy	4.1
Germany	4.0

Source: Report on Human Development, United Nations, 1994.

and among gipsy children (an important minority in Spain), only three out of five of whom were attending school.[4] Among those gipsy children attending school, one finds a significantly higher proportion behind in their studies and a lower level of achievement than in the population as a whole.

The lack of adequate finance for pre-university education was seen as a major factor contributing to these problems. The LGE required a significant investment in education if it was to have maximum impact. However it was not until 1983, after the election of the socialist government, that educational spending increased significantly. Even in the late 1980s and early 1990s, the investment in education in Spain continued to be at levels significantly below the norm of other countries in the European Union (see Table 3.1). Examples of the consequences of this underfunding were the failure to implement compulsory education to fourteen years of age fully until the beginning of the 1980s because of a lack of places, the limited options available to students after completing EGB, outside urban areas in particular, and the difficulties experienced by some of the private schools publicly funded under the LODE (the limitations of the method of government grant support meant that a minority had to close and the rest had to look for additional sources of funding, usually religious).

There was also particular concern about the situation in respect of *Formación Profesional* (FP) – the post-EGB vocational route followed by most students not aiming for university. The wastage rate in this sector was 20 per cent per year during the 1980s, and was particularly high among students who had entered FP with only an attendance certificate rather than a leaving certificate from EGB (about 40 per cent).[5] In spite of the fact that progression from the first to the second year of FP1 is automatic, approximately 36 per cent of students who were registered for the first year did not move on to the second year (of these, 17 per cent had to repeat the year and the rest dropped out). However criticism of FP was not confined to the high percentage of failures and dropouts. The continuing high rate of unemployment among FP graduates and employers' reluctant acceptance of the certificate were other sources of concern, aggravated by the realization that students in this sector came predominantly from a lower socio-economic background. Part of the problem was seen to lie in the lack of comprehensiveness of the FP offer. The range and quality of courses on offer to students was largely dependent on where they lived and, in the worst cases, the offer was extremely narrow, if it existed at all.

A final area of dissatisfaction was the slow progress in introducing those parts of the LODE relating to the management of schools. One concern was the quality of headteachers and the lack of suitable candidates for such posts. In part this was because of the lack of status and rewards associated with the position and the absence of sufficient professional training opportunities which could develop the skills of occupants or aspirants to the post. However the temporary nature of the post and the election of the headteacher by the managing council from among existing teachers in the school also dissuaded many candidates from applying (Spain is still the only country in Europe where the headteacher is elected in this way). It has also been suggested that the fact that the headteachers were conscious of the fact that they were going to have to return to the role of ordinary teachers in the schools in the future made them reluctant to take difficult decisions and encouraged a populist style of management.

A second area of concern in relation to the management of schools was the failure of parents to take the opportunities presented to them by the LODE. Teachers and the administrative staff were the groups who participated most actively in the elections to the managing councils. The proportion of parents participating dropped to a level suggesting a lack of interest and a high degree of apathy. In 1990, for example, the proportion of parents voting was 23.9 per cent in EGB, 9.5 per cent in BUP/COU and 6.4 per cent in FP.[6] As well as the low level of parental involvement, a lack of clarity about the respective roles of parents and teachers in the management of schools could lead to confrontations between the two groups.

The next step: *La Ley Orgánica de Ordenación General del Sistema Educativo* (LOGSE), 1990

Conscious of continuing deficiencies in the pre-university education system, the socialist government in the 1980s launched a series of experiments to explore ways of improving provision. In 1987 the government published the *Project for the Reform of Education – Proposal for Debate* and in 1988 the *Reform of Professional/Technical Education*. There then took place a two-year period of consultation and debate culminating in 1989 with the publication of the *White Paper for the Reform of the Education System*. The consultative exercise was given an added sense of urgency by large-scale school student protest movements in 1987 and teacher mobilizations in 1988. This process culminated in a new comprehensive Education Act in 1990 – the *Ley Orgánica de Ordenación General del Sistema Educativo* (LOGSE) (Law for the General Regulation of the Education System). The legislation was supported by all political parties with the notable exception of the main opposition grouping, the *Partido Popular*. Their opposition was not fundamental. They were unhappy on two points of detail: they wanted ethics to be made available as an alternative subject to religion in schools and infant education to be free at those private schools grant aided by the state.

The LOGSE, building on the experience of the various experiments carried out during the 1980s, sought to resolve the most important weaknesses identified in the previous section and to move the Spanish pre-university education system towards a model more comparable with that of its European neighbours. It established two stages of infant education, up to three years and three to six years. Although infant education was not made compulsory, the government made a commitment to provide enough free places at the second stage for all those parents who sought it for their children. A period of compulsory primary education from six to twelve years was introduced which was divided into three stages, each lasting two years. Innovations in the reform included the reduction of maximum class size to twenty-five and more flexibility in adapting the curriculum to the particular sociocultural and socioeconomic context of the school.

In respect of secondary education, the LOGSE established a compulsory period from twelve to sixteen years. This stage was to take place in a different school from primary education. All students during this period were to follow a broadly based course without specialization, moving away from the 'academic' and 'vocational' divide of the previous system. At the end of this stage students were to receive the Graduate Certificate in Secondary Education.

Post-compulsory education involved students initially choosing between two routes at sixteen. The first was a two-year *bachillerato* course during which students could choose one of four areas of specialization: Fine Arts, Humanities and Social Sciences, Technology, and Health and Natural Sciences. All areas included certain core subjects such as physical education, a foreign language, Spanish language and literature, Spanish history, and philosophy. The second route was a two-year intermediate level of vocational training (the first level was subsumed into the subjects studied during the earlier compulsory period of secondary education). The range of subjects available in this second route was increased. It was based on modules focusing on specific vocational competencies, and each student had to undertake a relevant company placement period during the course.

At the end of these different post-compulsory stages, students had a number of choices available. Students who had completed the *bacherillato* course could either enter for selective university entrance examinations, move on to higher level vocational training, in areas related to their subject choice at the *bachillerato* level, or enter the labour market. Students who had completed the intermediate level of

Figure 3.1. The Spanish education system (post-1990)

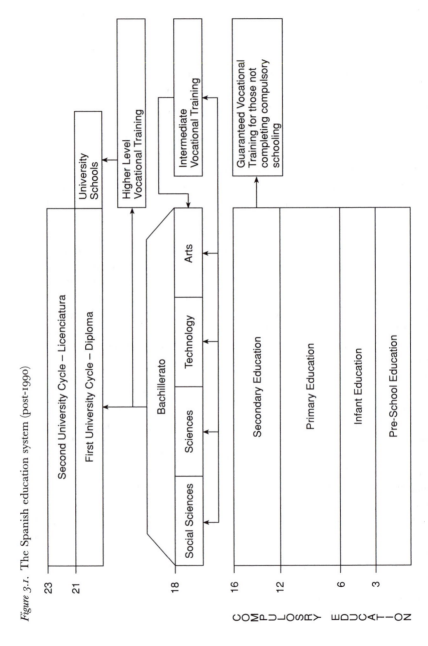

Source: El sistema de formación profesional en España – CEDEFOP, 1995.

vocational education could either go on to take the subjects of the *bachillerato* before progressing to the higher level of vocational training or enter the labour market. At the end of the higher level vocational training programme, students could enter the university system through attendance at *escuelas universitarias* (which, as stated before, had to reserve 30 per cent of their places for such entrants).

Those students who failed to pass the examination at the end of their compulsory secondary schooling received a school attendance certificate and could follow vocational training courses (not necessarily in educational institutions), which aimed to provide them with vocational skills and facilitate their integration into the labour market. Figure 3.1 outlines the new structure established by the LOGSE.

The implementation of the LOGSE

The comprehensive and radical nature of the LOGSE inevitably meant that its implementation would be far from smooth. The extent of the reforms were such that a gradual process of implementation was adopted, staged over the whole decade of the 1990s.

In respect of infant education, a start was to be made in 1991/2 and the proposals were to be implemented over four years. The start on primary education was to be made in 1992/3 and implementation completed in 1995/6. The introduction of compulsory secondary education to sixteen was to be completed by 1996/7 and the reform of the sixteen to eighteen stage by 1997/8. Finally, the reform of higher level vocational training was to be completed by 1999/2000.

Even within the same sector of pre-university education changes were not to be introduced in all schools at the same time. For example, schools which had taken part in experimental programmes during the 1980s were to take the lead with the reforms in the secondary sector. However, the calendar for the implementation of the reforms has had to be modified several times since its initial adoption. The completion of the introduction of compulsory education to sixteen was put back until 1997/8 and the final implementation of the sixteen-to-eighteen stage reforms until 2000. Thus throughout the 1990s Spanish pre-university education has faced considerable upheaval, with reformed and unreformed parts of the sector coexisting side by side.

The confusion has been greatest at secondary level where inadequate funding (and inadequate pre-planning) has led to a considerable shortfall in the number of secondary school places needed to extend compulsory education to sixteen. Many schools have been obliged to introduce double 'shifts' to try and accommodate to demand but this has not prevented a situation in which some students still follow BUP and COU under the old system while others have moved on to the new *bachillerato*.

A report in *El País* at the beginning of 1996 displayed the confusing situation facing students living within the same district of Madrid in the academic year 1996/7, at the interface between the primary and secondary sectors.[7] It gave the case of two thirteen-year-olds, one preparing to enter the eighth year of EGB under the old system, while the other was to follow the second year of the new four-year compulsory secondary stage. A second case featured two fourteen-year-olds, one preparing to enter the first year of BUP under the old system while the other was to follow the third year of the new compulsory secondary stage. Parental anxiety resulting from this confusion has been increased by the prospect, where the reform is being implemented, of children having to leave primary school two years earlier (at twelve) and travel significant distances to start the secondary stage at a school with a more relaxed regime than they would have experienced in EGB [see Text 3.1 Las dificultades de la ESO].

For many critics, the LOGSE suffers from the same defect as its predecessor, the LGE, namely inadequate funding. The LOGSE was approved without any corresponding legislation to provide the finance for its implementation.[8] As a result this has been dependent on the vagaries of annual decisions about government spending, which in turn are influenced by much wider economic considerations. Thus the investment made in education in the early 1990s was limited by the economic recession which Spain was experiencing, while the need to meet the convergence criteria established by Maastricht has provided a strong reason for curbing overall public expenditure throughout the decade [see Text 3.2 Un futuro incierto. La juventud valenciana entre la formación, el empleo y el paro].

The *Partido Popular* government elected in 1996 seems unlikely to modify fundamentally the provisions of the LOGSE and will struggle to implement it, like its predecessor, with inadequate resources. Given the PP government's emphasis on reducing public expenditure, the situation is likely to get worse rather than better. In committing his government to implementing the LOGSE, Eugenio Nasarre, the Education Minister, stressed that flexibility would have to be shown in its introduction, above all in respect of the secondary sector.[9] One early example of this flexibility was a government decision to increase the number of rural areas where students will be able to stay on at the same school in which they followed EGB, in order to complete the first stage of compulsory secondary education – a decision which both reduces funding requirements and pleases parents, whose children will not have to make the transition to a new secondary school. Among the limited changes flagged by the new government in its early days were the introduction of more humanities into the curriculum at the compulsory secondary stage and the development of greater parental choice in the selection of a school for their children [see Text 3.3 Los colegios serán evaluados cada cuatro años].

The university system: its form and structure

The Spanish university system dates back to the Middle Ages when the first university, the University of Salamanca, was founded in 1218. However, most of the fifty-six public universities which dominate undergraduate level education were founded after 1970.

Spanish undergraduate education is divided into two stages. Traditionally the first has been of three years' duration and the second of two years' duration, at the end of which the student achieves a dgree (*licenciatura*).

Students in Spain are expected to attend their local university unless they can show they wish to study subjects not available locally. This, and financial circumstances, means that most students from cities live with their parents during their university education. For students from small towns and rural areas, who may still have to travel 100 kilometres to reach their 'local university', this cheaper option is not available. Students have to pay a small annual fee for their studies, from which low-income families are exempt. Only a minority receive what are quite modest grants, related to their means and the distance from home they have to travel in order to study. The system largely functions on the basis of the family bearing the student's costs.

Entrance to university, as discussed above, is on completion of BUP and COU under the pre-LOGSE structure and on completion of the new *bachillerato* in the post-LOGSE situation – in both cases normally at eighteen years of age. Traditionally Spanish universities followed an open access policy but the increased demand has resulted in selective examinations for entry becoming the norm. Students sit these examinations, on completing COU, in the summer before they go to university. The grade achieved in the examinations determines the course they can take. Popular subjects, particularly those which need to limit numbers, such as medicine, require much higher grades.

Within Spanish universities two structures have coexisted: the University Faculties (*Facultades*) and the University Schools (*Escuelas Universitarias*). The majority of students (some 60 per cent in the mid-1990s) attend the University Faculties. The two structures are differentiated by level, status, and subjects offered. The *Escuelas* only offer the first stage diploma. Students wishing to complete a *licenciatura* have to transfer to the *Facultad* on completing their diploma. For most students the *Facultad* is their first choice, and only if they fail to obtain a place there do they opt for an *Escuela*. The *Escuela*, as previously discussed, is also the route for those students who have remained in the vocational training stream of post-compulsory secondary education. The two types of institution are also differentiated by subjects offered. The *Facultades* offer more traditional degree programmes – Law, Economics, History, Languages, Natural Sciences, Engineering and Architecture while a majority of students in the *Escuelas* are studying Education, Business Studies and Industrial Engineering. The two most popular degrees in Spanish universities are Law and Economics. The variety of subjects offered is relatively limited, as the subjects available are regulated nationally.

There has been a considerable expansion of postgraduate education in Spain during the last decade in both the private and public sectors, particularly in respect of taught Masters programmes such as the MBA. In part this growth has been fuelled by the difficulty which Spanish graduates have in obtaining employment on completing their studies. For many graduates, obtaining a postgraduate qualification, often in a subject perceived as more related to current labour market needs than their first degree, is a way of differentiating themselves from the larger pool of graduates leaving university each year: '*Hacer un máster al terminar la carrera se ha convertido en moneda corriente entre los licenciados que han descubierto lo que se ha despreciado el valor de su diploma universitario en el mercado de trabajo*'.[10] For example, the large number of law graduates provide a regular source of recruitment to postgraduate business programmes. The quality of this provision, which is not handicapped by the mass numbers so typical of undergraduate education, is, on the whole, of a high level. Three of the private business schools which specialize in Masters programmes, IESE (Barcelona), ICADE (Madrid), and the Instituto de Empresa (Madrid) have been classified among the fifteen best business schools in the world (in a list which includes INSEAD, Harvard, MIT and The London Business School).[11] The first two institutions have religious origins (IESE being linked to the Opus Dei and ICADE to the Jesuits). Postgraduate fee levels are much higher in the private than the public sector. The only reservation to this positive analysis of postgraduate provision is the existence in the private sector of a number of organizations offering Masters programmes of a more questionable quality (sometimes of durations as short as three to six months).

As well as the conventional universities, Spain also has established the *Universidad a Distancia* (UNED), modelled on the British Open University. UNED has over 150,000 students registered at the various collaborating centres, more than 40 per cent of whom are aged thirty or over. UNED programmes are broadcast by television, radio and, from the beginning of 1996, by satellite.[12]

Expansion and reform of the university system

The last two decades have witnessed the greatest period of sustained growth in the history of the university system. Approximately 40 per cent of Spanish school-leavers attend university, one of the highest proportions in Europe. The number of students increased from 700,000 in 1983 to 1,500,000 in 1995. Educational expenditure on the university sector has risen from 0.38 per cent of GDP in 1983 to 0.91 per cent in 1993 but it is still well below the 1.5 per cent average for OECD countries.[13]

The university system has only been able to accommodate this massive expansion in student numbers with great difficulty. The student wastage rate is one of the highest in Europe. Less than 50 per cent of students finish their university degrees, compared with 70 per cent in Germany and 90 per cent in the UK.[14] Many students do not complete their courses in the time provided and have to resit several subjects. A major reason for the high wastage is the mass nature of the education offered. In the decade from 1980 to 1990, the staff-student ratio increased from 16.63 to 20.45 (which is particularly high when one bears in mind the relatively low number of hours taught by lecturers). In the most popular subject areas classes tend to be very large with limited small group work. Little coursework is issued to students to monitor progress. Often the infrastructure – classrooms and libraries – is inadequate for the number of students enrolled. It is a tribute to their self-reliance that so many Spanish students eventually succeed in obtaining a degree, particularly taking into account the economic sacrifices many have to make.

Because of the inadequacies of the public university sector, there has developed a small, diverse, but growing non-state sector where parents with the financial means can purchase a higher education for their children which avoids the worst excesses of the public universities, by offering smaller classes, better facilities and more student support. There are 14 recognized private universities, a mixture of church-managed institutions and other private universities, established with government approval. In addition, there exist a number of other private higher education level institutions, not recognized by the state, which claim to offer degree level qualifications.

There have been two significant reform measures in university education in the last two decades. The 1983 *Ley de Reforma Universitaria* (LRU) (Law of University Reform) established the principle of academic freedom and the self-government of the universities. Universities now draw up their own statutes, elect their own governing bodies, prepare budgets and can offer their own programme of degrees, albeit within a general framework approved by the government. Secondly, there has been a long process of reform of degree programmes in the universities, initially heralded in the LRU but still in progress. The two main objectives of this process have been to reduce the period of study for a *licenciatura* to four years and to modernize and widen the range of subjects offered for study, thus making university education more flexible and responsive to student choice and labour market needs. The reforms also envisage the offer of work placements to students and the introduction of smaller group seminars.

Several factors explain the slowness in implementing the changes: the conservative nature of Spanish universities, the lack of resources for innovations such as finding work placements, and finally, as most universities would assert, the reform's lack of realism, particularly in respect of course design, which results in students being required to obtain an excessive number of credits in a four-year period. This means very few students are able to complete the *licenciatura* in four years. As a consequence, beginning with the 1997–98 academic session, the government approved a reduction in the number of credits needed to complete a *licenciatura*. It is too early to evaluate the impact of this measure.

The incoming Popular Party government, elected in 1996, had a number of priorities in respect of the university sector. It wanted to increase the power of rectors and heads of faculty over governing bodies and reform the system whereby lecturers enjoyed lifelong security of employment. It also proposed to change the university catchment system to favour greater student mobility between Spain's autonomous regions and introduce student loans. The government's ability to implement such changes (most of which were quite controversial), given its lack of an overall majority, was questionable. Such proposals did not, in any case, attack what could be perceived as the core problem of the university sector, that it is a mass system with a high wastage rate. This core problem should be ameliorated by declining student numbers, as a result of demographic trends, but it can only finally be resolved by the diversion of more funding to the sector and a greater willingness to change on the part of the institutions themselves.

Conclusion

This review of the education system has illustrated the considerable efforts to reform the pre-university system which have gone a long way towards developing a pattern of provision comparable with other European countries and relevant to the needs of the twenty-first century. The reform is likely to be helped rather than hindered by the increasing responsibility of regional governments for the delivery of education, which should make the educational offer more sensitive to community needs. However, the full potential of the latest and most comprehensive measure, the LOGSE, is so far not being fully realized. To a large extent, this is because of the inadequacy of funding. In 1996, public expenditure on the sector represented just over 4 per cent of GDP, compared with a European Union average of 6 per cent. Insufficient resources have been made available to enable an ordered process of implementation to take place. This may result in the system envisaged in the LOGSE being out of date before it is fully implemented.

In relation to the university sector, the reform process merits a harsher judgement. Whereas in the pre-university sector considerable progress has been made in establishing a modern and comprehensive system, the response of the universities, faced with a similar if less complex task of modernization and expansion, has, it is suggested, been more disappointing. The conservatism of Spanish universities must bear some of the responsibility for this, as well as funding problems. The universities have absorbed a 100 per cent increase in student numbers during the last decade without showing much willingness to recognize the need to modify the learning experience and support for students [see Text 3.4 Tendencias y perspectivas en la Formación Profesional].

The labour market

The rest of the chapter evaluates the changes which have taken place in labour market policy and practice in Spain in the 1980s and 1990s. These changes have been driven by a number of factors, including the need to enable Spanish business to be more competitive (especially in a European context), the quest to reduce unemployment and the desire to meet the Maastricht criteria.

We begin with a short examination of the most important features of the labour force and patterns of employment. Then, the different forms of government intervention in the labour market are considered. The latter part of the section focuses upon more problematic aspects of the change process. The review of the position of women raises doubts about the benefit of the reform process for these members of the labour force. The examination of the role of the trade unions emphasizes their strong reservations about the impact of change and reform. Finally, a consideration of corporate culture in Spain questions the degree of fit between traditional company culture and practice and the new, flexible, human resource model which is being advocated for modern Spanish enterprises.

The labour force and patterns of employment

There has been a consistent and steady growth of the population available for work (active population) in the post-Franco period. The active population is clearly related to the birth rate which, in Spain, until 1977, was at a relatively high level by European standards. In contrast with other European countries such as France and the UK, immigrant workers have not been a major variable in the growth of the active population. From 1977, however, there has been a sharp decline in the birth rate so that now Spain has one of the lowest in Europe (see the section on Population in Part IV). The effect of this will be reflected increasingly in the diminishing size of the labour force into the twenty-first century.

As Table 3.2 indicates, the Spanish economy has been unable to generate sufficient employment to accommodate the increase in the active population. The situation was not helped by the decline in emigration (which had ameliorated the situation in the last part of the Franco regime) and the return of emigrant workers to Spain in the 1970s, as European economies felt the negative effects of the first oil crisis of 1973. Three periods can be distinguished. Between 1977 and 1985, more than two million jobs were lost; between 1986 and 1991 a

Table 3.2. Active, employed and unemployed population (in millions)

Date	Active	Employed	Unemployed	Date	Active	Employed	Unemployed
1977	12.9	12.2	0.7	1987	14.4	11.4	2.9
1978	12.9	12.0	0.9	1988	14.6	11.8	2.8
1979	12.9	12.0	1.0	1989	14.8	12.2	2.6
1980	13.4	12.0	1.4	1990	15.0	12.5	2.4
1981	13.4	11.6	1.8	1991	15.0	12.6	2.5
1982	13.5	11.3	2.2	1992	15.1	12.3	2.8
1983	13.6	11.2	2.5	1993	15.3	11.9	3.5
1984	13.7	11.0	2.7	1994	15.4	11.7	3.7
1985	13.8	10.9	3.0	1995	15.6	12.0	3.6
1986	14.0	11.1	3.0	1996	15.9	12.4	3.5

Source: Encuesta de Población Activa.

period of sustained growth replaced almost all of these lost jobs; however, between 1991 and 1995 approximately half of these jobs were lost again. Only in 1996 did the level of employment return to that of 1977. A consequence of the inability of employment to keep pace with the growth of the active population has been the existence of one of the highest unemployment rates in Europe during the 1980s and 1990s, a theme which is developed in the next section of this chapter. Whereas the participation of men in the active population has remained relatively stable, that of women has increased significantly. This has been reflected in the increase in the number of women in employment. However, the unemployment rate for women has been consistently higher than that of men (see section below on Women in the labour force).

In the late 1990s there will be reduced pressure on employment levels from the active population for a number of reasons. The birth rate decline will feed through into the population of working age. People are likely to spend longer in full-time education, as referred to earlier in this chapter. There may also be an increase in the proportion of the active population leaving the labour force as a result of earlier retirement. However, this reduction in pressure will be gradual, partly because, throughout the period, the participation rate of women is likely to continue to increase.

In a little more than two decades, the distribution of the Spanish labour force between employment sectors has changed radically. Since 1976 agricultural employment has declined by more than half. Manufacturing industry employment has also been in decline over the same period but not as sharply, with its evolution strongly influenced by the economic cycle. The principal growth area, in common with other industrialized countries, has been the service sector.

The decline of the share of employment of manufacturing industry since the 1970s is a pattern common to EU countries as a whole. In the Spanish case, the rate of decline has not been the same in all subsectors. The greatest loss of employment has been in areas such as textiles, shoe manufacturing, white goods, engineering, steel and shipbuilding. The more resilient subsectors have been food manufacturing and chemicals.

The service sector maintained its employment level between 1976 and 1985, expanded rapidly between 1986 and 1992 and was less affected by the recession in the early 1990s than other sectors. However, employment in the service sector in Spain is still below the average for the European Union, reflecting the country's later industrialization. Its expansion initially has also been more dependent on growth in the less directly productive areas such as the public services. This has been related to the late development in Spain of the welfare state, the reorganization of the Central Administration and the creation of the autonomous regions. Nonetheless, Spain still does not have a particularly high proportion of the population employed in public services by European standards. Another subsector within services which has contributed significantly to the increased share of employment of the sector is tourism. However, the rate of growth of employment in public services and tourism is likely to decline in the future: the major area of expansion is expected to be the subsector of services to companies, for example, marketing, design, computing.

As in other European Union countries, the proportion of professional, technical and managerial staff has continued to grow steadily, as have non-manual jobs within the service sector.

A high proportion of the Spanish labour force is employed in small firms; the country has the highest proportion of workers (41 per cent) in very small firms (that is, under 10 employees) in the European Union and the lowest proportion (8 per cent) in firms with more than 500 workers.[15]

A feature of the Spanish labour market during the 1980s and 1990s has been the increase in temporary and part-time employment. The labour market under the Franco regime was largely dominated by employees with permanent employment contracts. This emphasis on job security, based on a framework of legislation which made it difficult for an employer to dismiss an employee cost effectively, encouraged a culture in which employees relied on the state, and reduced the likelihood of industrial conflict and union organization. From the mid-1980s, particularly, the situation has been transformed as the direct result of government policy. As is discussed later in more detail, the PSOE government saw the expansion of opportunities for less stable employment as a major mechanism for reducing unemployment, so that by 1996, 34 per cent of the labour force was employed on temporary contracts. Two groups are particularly affected by temporary contracts – women and young people – because, being more recent entrants into the labour market, they rarely encounter offers of permanent employment from employers.

Just as the growth of temporary contracts has been encouraged by the government, so recent changes in legislation have favoured the growth of part-time employment. Although less significant in absolute terms than temporary contracts, the growth has also been spectacular. Thus, whereas in 1990 only 7 per cent of new contracts were part time, the figure had risen to 22.2 per cent in 1995.[16] Typically three quarters of part-time jobs are occupied by women. One should be cautious, however, before assuming that for most of these women part-time employment represents an acceptable solution because of domestic responsibilities. A government survey indicated that only 14 per cent of women part-time workers fall into this category. The most important reason for part-time employment given by women respondents was that it was the only type of work available in the sector concerned.

A distinctive feature of the Spanish labour force, which Spain shares with Italy among other major European countries, is the significant proportion of workers employed in the *economía sumergida* (the black economy). This has been termed '*El Guadiana de la economía española*', a reference to the river of that name which flows underground for part of its course. Companies in the black economy operate outside the legislative and fiscal framework established by the government and their production does not figure in the country's GDP. Because of its very nature, it is difficult to ascertain exactly how many Spanish workers are employed in this sector, particularly as the incidence of the black economy varies considerably in respect of both region and employment sector. Estimates tend to vary between 10 and 25 per cent of the active population. The 'unofficial sector' is important, not only in traditional sectors for this type of employment such as construction, agriculture, tourism and domestic service. Surveys have confirmed that in some manufacturing sectors, such as textiles and footwear, in the regions of Valencia and Catalonia, the proportion of the labour force employed in the black economy can reach as much as 40 per cent and, in firms with less than six employees, more than 60 per cent of staff are not regular contributors to the social security system.[17]

The existence of such a substantial black economy results in anxiety about the large number of workers being employed in poor health and safety conditions, with low pay and little employment security. It also induces scepticism about unemployment statistics because of the knowledge that significant numbers of the officially unemployed are in 'unofficial' employment (see following section on Unemployment). Inevitably, successive governments have also been concerned about the loss of revenue because so many companies exist outside the official fiscal regime and about the difficulty of planning an economy when little is known of, and little control is exercised over, a significant sector of it.

The Spanish government has sought to reduce the sector via a number of regulatory measures and an increase in inspectors but there is little evidence that this has had a major impact. There is also the anxiety that a successful campaign against the black economy might result in many companies in this sector going out of existence and therefore increasing unemployment. This is based on the assumption that many companies are only competitive so long as they remain in the black economy. One should, however, be cautious about generalizing about the nature of the black economy since the term is used to group together a number of quite different situations. It embraces for example, the housewife who works a few hours in domestic service, the retired worker who looks after the accounts of a small company on a part-time basis, the civil servant who in the afternoon and evening operates a bar, the textile worker whose company closed in the 'official sector' and reopened in the black economy, and the manager of a clandestine shoe factory. There is also often a complementary relationship between the black and the 'official' economy such as the example of the 'official' company which packs into boxes for export shoes which have been manufactured in black economy companies [see Text 3.5 La economía sumergida].

Unemployment

The high rate of unemployment experienced by Spain during the post-Franco period has been one of the issues which has dominated the political arena and has been a constant yardstick by which the electorate has measured the performance of post-Franco governments. In this section we discuss the problems associated with measuring unemployment and the variety of factors which have been

Table 3.3. Unemployment rate 1977–1996

Date	Percentage	Date	Percentage
1977	5.3	1987	20.6
1978	7.1	1988	19.5
1979	8.7	1989	17.3
1980	11.5	1990	16.3
1981	14.4	1991	16.3
1982	16.2	1992	18.4
1983	17.8	1993	22.7
1984	20.6	1994	24.2
1985	21.9	1995	22.9
1986	21.5	1996	22.2

Source: Encuesta de Población Activa.

put forward to explain the high levels of unemployment associated with the contemporary Spanish economy.

Table 3.3 indicates the evolution of unemployment during the last two decades on the basis of the quarterly *Encuesta de Población Activa* (EPA) (Survey of the Active Population) carried out by the *Instituto Nacional de Estadística* (INE). The EPA classifies as unemployed those people who have not worked in the previous week, are available for and are actively seeking work. The EPA is a questionnaire survey of a large sample of the population. On the basis of the data in Table 3.3, the rate of unemployment in Spain is more than double the average rate within the European Union as a whole. A second source of unemployment data in Spain consists of those people registered with the *Instituto Nacional de Empleo* (INEM) (National Institute of Employment) as seeking work (excluding those already in employment). This source persistently suggests a lower unemployment rate than the EPA (in 1996 a rate of 14.3 per cent compared with the EPA rate of 22.2 per cent). Another issue which complicates efforts to assess the real level of unemployment in Spain is, of course, the black economy which, as we have seen already, has been variously estimated as employing between 10 per cent and 25 per cent of the active population.

Inevitably, given this complicated statistical situation, different interest groups in Spanish society select the source of data which most fits the arguments they are putting forward. As the FOESSA Report indicates: '*Una de las cuestiones básicas que plantean los datos sobre el mercado de trabajo es en qué medida reflejan una evolución real y no son el resultado de un artificio estadístico*'.[18] Thus, those groups which seek to minimize the problem of unemployment, including members of the government, suggest that the INEM data provides a more accurate picture of the situation and that if the EPA data were correct, social unrest would be far greater. The black economy is used to explain the difference between the EPA rate and the 'real' rate of unemployment.

Most informed academic opinion suggests that the EPA data overestimates the unemployment rate but that the INEM data, in turn, tends to underestimate it, thus indicating an unemployment rate of 18–20 per cent compared with an EU average of 11.11 per cent in 1996.[19] Notwithstanding this statistical uncertainty, unemployment in Spain has in recent years been persistently higher than the European average and, in addition, a significant number of Spanish workers can only find employment in an insecure and, on the whole, low paying black economy.

Additional features of unemployment in Spain are the higher rates of unemployment experienced by women and young people and the large numbers caught up in the '*trampa de paro de larga duración*'[20] (more than 50 per cent of the unemployed have typically been out of work for more than a year). There also exist significant regional differences in unemployment. The southern regions (Andalusia, Extremadura, and the enclaves of Ceuta and Melilla) typically register significantly higher rates of unemployment than the more industrialized regions of Catalonia and Madrid. The Basque Country and Valencia occupy an intermediate position, both having suffered heavily from the industrial restructuring of the 1980s.

At one level, given the large growth in the active population during the last two decades, it is not surprising that the Spanish economy has been unable to deliver sufficient jobs to absorb all those seeking employment. However, the growth in the active population cannot provide the complete explanation for the high rate of unemployment. Rather than the number of jobs increasing to absorb those available for employment, the number of people employed has fallen. For example, in 1974 the employed population numbered 12.97 million but by 1994 it had fallen to 11.78 million. Between 1975 and 1985 there was a continuous loss of employment at an annual rate of 193,600 jobs. The strong period of growth between 1986 and 1991 largely compensated for this loss but the recession at the beginning of the 1990s resulted in the loss of almost half of the two million jobs created during the earlier period. These periods of decline and growth in employment coincided with periods of recession and expansion in the European Union as a whole. However, in the case of Spain, the economic cycle has been superimposed on an underlying deficit in jobs of greater significance.

It is necessary, therefore, to look further than demographic reasons to explain the evolution of unemployment in Spain. However, since it has been one of the most sensitive issues in Spanish politics since the transition to democracy, it is not surprising that there is not complete agreement on its causes. Although most commentators would agree that Spanish industry has been passing through a severe crisis, the explanations for this vary (with the exception of a degree of consensus about the problems caused by increased international competition).

One approach points to unrealistically high salaries which reduced the profitability of companies, already hit by increases in oil prices in the 1970s. This lower profitability, in turn, has discouraged investment. This approach also tends to emphasize the problems caused by the rigidities of the labour market. It suggests that salaries have not been controlled sufficiently, as would normally happen under the influence of increasing unemployment, because the high job security of those in work has made pay claims insensitive to higher levels of unemployment (as well as making it difficult for companies to downsize their labour force and discouraging them from engaging new staff). This view also emphasizes the burden placed on companies considering employing new staff because of high non-salary costs such as social security payments to the government.

A different emphasis attributes the unemployment problem in considerable part to economic weaknesses of the Franco period, when the economy was dominated by inefficient small and medium-sized companies, which only survived because of protectionism. Many such companies have found it difficult to survive the competitive environment, post Franco, particularly when faced with the upward pressure on pay which came with the evolution of an independent trade union movement and collective bargaining system. This situation was seen as having been further aggravated by the fall in agricultural employment and the reduction in emigration, which had previously provided an alternative to unemployment during the last part of the Franco regime. Among other factors put forward to explain the unemployment problem are the relatively late impact in Spain of technical change, which is still displacing many workers, and the inadequacy of the education and training systems, which have only slowly been modernized. The shortcomings in education and training can be seen as particularly important when the trend in European economies is for employment growth to be concentrated in areas requiring advanced levels of education and skill.

These different explanations are not, of course, all mutually exclusive. A degree of consensus exists on issues such as the importance of the decline in agricultural employment, the inadequate skills of the labour force, the difficulties which smaller companies have faced in competing in the Single European Market (particularly in those sectors such as textiles which face strong competition from Asia as well), and the negative impact on the price competitiveness of Spanish goods of an inflation rate which has been persistently higher than the EU average. The government analysis has encompassed most of these explanations and the result has therefore been a broad package of attempted solutions, including efforts to promote scientific and technological advances, industrial restructuring, and reduction of the public deficit, all of which are discussed in other chapters. However, it is intervention in the labour market which has been one of the most radical aspects of government policy in this area and this is the principal theme upon which the rest of this chapter focuses [see Text 3.6 La supuesta incapacidad española para crear empleo].

Intervention and reform

This section discusses the changes in the labour market which have resulted from government intervention. We consider initially the reforms in the processes of recruiting, engaging and dismissing employees. Then we look at the training initiatives which have sought to upgrade the skills of the labour force. Finally, we review the intervention in the area of pay and working conditions. Two themes run through the discussion. Spanish governments have been concerned above all to introduce more flexibility into the labour market. They have sought to carry the social partners with them in this process but when this has not been possible they have not hesitated to press on with their proposals.

Flexible engagement and dismissal: 'Flexibilidad en la entrada, flexibilidad en la salida'

A key element of the government recipe for the reduction of unemployment has been the need to make the labour market more flexible and in particular to make it easier for employers to engage and dismiss staff. This approach has been based on the premise that employers have in the past been reluctant to create employment and recruit new staff because they had to offer open-ended contracts and faced a high cost if they wanted to dismiss employees. Thus employment growth was being restricted and economic development hindered. This analysis has been strongly supported by reports and recommendations from the OECD and the European Union which have pointed out that the process of dismissing an employee in Spain is likely to be much more difficult than in other countries.[21] Two particular aspects of the relevant legislation have created this difficulty: the complex and bureaucratic procedures with which employers have had to comply and the high rate of compensation which has had to be paid to dismissed workers.

The Socialist government tried in two major reform efforts (1984 and 1994) to introduce more flexibility of engagement and dismissal. Beginning in 1984, it was made easier for employers to contract workers on terms which were not open-ended. A series of conditions were introduced whereby it was possible for employers to offer temporary rather than indefinite contracts. From 1994 it became possible for an employer to offer a temporary apprenticeship contract to young people between sixteen and twenty-five for up to three years on a salary lower than the minimum wage. The 1994 reforms also made the dismissal process easier by reducing the administrative hurdles which employers had to overcome before dismissing an employee. What the reforms did not address was the high direct cost of dismissal.

The impact of the government reforms on the incidence of temporary employment was dramatic. They resulted in a situation where, typically, more than a third of the labour force were employed on fixed term, temporary contracts. In 1996, for example, only 4 per cent of new contracts registered at INEM (a legal obligation on employers in the case of new contracts) were permanent. Of the remaining contracts, all of which were temporary, only 0.42 per cent had a duration of more than 12 months. At the same time, the earlier discussion of unemployment statistics makes clear that the measures adopted by the government did not immediately turn round the employment situation in Spain. A government spokesman pointed out that 502,100 additional jobs were created during the first eighteen months of the reforms' operation in 1994 and 1995.

However, the accuracy of this estimate has been challenged.[22] In addition, one must bear in mind that during this period Spain's emergence from recession was having an independent and beneficial impact on job creation.

Both employers and trade unions, in their different ways, were critical of the government's approach. For employers, the reforms did not go far enough. They particularly saw a need to reduce the direct cost of non-disciplinary dismissal, such as for redundancy, given that if a company failed to show that such dismissals were justified, it still had to pay compensation to the employees concerned at a rate of up to forty-five days' wages per year of service, to a maximum of forty-two months' pay, the highest statutory rate within the European Union. Redundancies accepted as legitimate carried compensation at less than half of that rate: twenty days' wages per year of employment, which is still generous by European standards[23] [see Text 3.7 La reforma laboral: necesaria y urgente].

The Spanish trade unions were inevitably unhappy with the growing importance of temporary contracts and with efforts to make dismissal easier. They saw it as part of a process of casualization of the labour force and of forcing people to take low-paid and insecure employment, particularly when taken together with the growing restrictions on the eligibility for unemployment benefit. In the final quarter of 1994, for example, the percentage of unemployed entitled to cash benefits was 43 per cent, 15 per cent less than in 1991. The one concession which the trade unions were able to achieve was a role in the monitoring of temporary contracts. The unions were given the right to receive information from employers on the justification for contracts being temporary, and to be present with the employee at the signing of contracts.

Thus the issues of flexibility of engagement and dismissal remained very much 'live' political ones during the first year of the Popular Party government. The government itself indicated its intention to act to reduce the costs of dismissal if unions and employers could not themselves reach agreement in this area. The result was an agreement, signed in April 1997, between the principal trade unions, CCOO and UGT, and the National Employers' Organizations which sought to deal with the concerns of all parties. The agreement, which the government supported and backed legally through a decree of parliament in May 1997, enabled employers to offer a new type of open-ended contract which involved significantly lower nondisciplinary dismissal costs in those cases where the company was unable to justify the dismissals (thirty-three days' wages per year of service up to a maximum of twenty-four months' salary compared with the previous forty-five days up to a maximum of forty-two months' salary). Existing employees were not affected. The new type of contract could only be offered to young people between eighteen and twenty-nine years of age, people unemployed for more than a year, people older than forty-five, and the disabled. The agreement also sought to restrict the circumstances in which temporary contracts could be used.

It is too early yet to evaluate the impact of this agreement. Inevitably significant minorities on both employer and trade union sides remained unhappy with the situation. For some employers the measure did not go far enough in facilitating flexibility of dismissal. Trade union anxiety lay in the fear that a significant concession had been made without any guarantees that sufficient employers would offer the new type of contract instead of temporary contracts. Initial evidence is encouraging. Influenced by government financial incentives, employers do seem to be responding. In the first three months of the agreement, 7.5 per cent of new contracts registered with INEM were open-ended, compared with an average of 3 per cent over the last ten years.

Before leaving this section, the government's efforts to introduce more flexibility into the labour market by deregulating the recruitment process should also be noted. Although employers still have to register vacancies with INEM, they no longer have the same obligation to recruit via the state employment agency. This breaking of the INEM monopoly was linked to the granting of statutory recognition to private employment agencies. As a result, by 1995, INEM was only involved in filling 12 per cent of vacancies. At the same time, the activities of the private agencies providing temporary labour have been subject to trade union criticism that companies have replaced their own employees with agency staff, employed on worse terms and conditions[24] [see Text 3.8 La calidad en trabajo temporal].

Training reforms

In a second area of intervention in the labour market, the government has endeavoured to upgrade the skills of the labour force. The Socialist government sought to build upon the efforts to develop a modern education system by introducing a number of initiatives in the occupational training area, in partnership with trade unions and employers.

In 1985 the *Plan Nacional de Formación e Inserción Profesional* (Plan FIP) (National Plan for Training and Integration into Employment) was introduced. The plan provided for improved vocational training for young people and the long-term unemployed, vocational placements in the form of work experience, and remedial training for those young people who have not been able to complete their basic general education. Plan FIP has represented a considerable investment of funds in training targeted at the disadvantaged sections of the active population.

The courses funded under Plan FIP are offered by a variety of institutions including private and public colleges, companies, employers' associations and trade unions. Centres providing courses have to be recognized and approved by INEM. Inevitably, given the rapid rate of expansion of centres to meet government targets, some of the centres have been of questionable quality.

A second major initiative in the training area sought to encourage Spanish companies to invest more in the development of the skills of their own workers. Spanish companies have not had a very good record in planning their human resource needs. Cranfield/Price Waterhouse data suggested 48 per cent of companies evaluated their requirements only a year or less in advance, and 6 per cent carried out no planning at all.[25] The record of direct company investment in employee training is also poor (although improving). A study by consultants Harper and Lynch estimated that Spanish companies spent 3.5 per cent of their payroll on training in 1992, eliciting the comment: '*En España se invierte en formación empresarial unas 3,600 pesetas por empleado, una cantidad infinitamente menor de la que los españoles nos gastamos en vino, en discotecas o en máquinas tragaperras*'.[26] Comparable percentages in respect of other OECD countries are: Italy 5.2 per cent, the Netherlands 6.3 per cent, France 6.6 per cent, Belgium 6.7 per cent, UK 6.8 per cent, Germany 9.1 per cent, United States 11.1 per cent, Japan 11.3 per cent. Predictably, the training performance of small firms is weaker than that of larger companies.[27]

The signing by trade union and employer representatives of the National Agreement on Continuing Education in 1992 represented a significant effort to improve the provision of training in Spanish companies. The National Agreement was sponsored and supported financially by the government and its implementation has been the responsibility of the *Fundación para la Formación Contínua* (FORCEM) (Foundation for Continuing Education).[28] A second, tripartite, agreement (this time including the *Partido Popular* government as signatory), in December 1996, introduced some revisions into the 1992 format. The agreements provide for four major initiatives. Companies with at least 100 employees can apply to FORCEM for financial support to implement a training plan for the company, provided plans have the support of trade union representatives in the enterprise. Small companies without the resources to mount their own training can form a group with like organizations and apply for funding to implement a group training plan. Finance can also be provided for training courses aimed at particular skills which cross sectoral boundaries. Such proposals have to be sponsored by employer and trade union organizations. Finally, funding is available to support the training plans of individual workers, provided these lead to a recognized qualification and are not already included in a company or group training plan.

An interesting feature of the initiative has been the working together of government, employers and trade unions. FORCEM is managed by a tripartite commission representing these interests. About 25 per cent of the cost of the training plans approved under the agreement is funded via the government from the amount which each employer pays to the state towards training in its social insurance contributions. This training contribution represents 0.7 per cent of payroll (0.35 per cent contributes to the funding of training plans while the other 0.35 per cent funds courses for the unemployed).

Table 3.4 indicates the number of plans approved in the first three years of operation of the agreements. The increase in the number of plans approved and, in particular, the greater take up of group plans (which specifically relate to small firms) is significant. However, the promotion of group plans among small companies continues to be a priority for FORCEM since it is still the larger and better organized firms which are making the most applications for funding via the company plans. As long as this continues there is always the danger that financial help is being given to companies which would have carried out the

Table 3.4. Plans approved under the National Training Agreement 1993–1995

Type of plan	1993	1994	1995
Company plan	512	832	1,208
Group plans	235	711	867

Source: FORCEM 1996.

training anyway, without external support. FORCEM has launched a publicity campaign to encourage take-up. The individual training plans were initiated later than the other provisions and therefore no pattern of approval is yet available.

The labour market intervention of Spanish governments in the occupational training area has been characterized more by dialogue and agreement with the social partners than in the area of engagement and dismissal. The trade unions have been fully involved in the development and delivery of initiatives.

Pay and working conditions

Collective bargaining between employers and trade unions plays an important role in determining pay in Spain and the pay of a high percentage of the labour force is covered by such bargaining (from 1982 onwards, the percentage rarely fell below 80 per cent). The framework within which pay is currently determined in the Spanish labour market was established by the *Estatuto de los Trabajadores* (Workers' Law) in 1980.

The results of collective bargaining are legally binding agreements signed by trade union and employer representatives. In a minority of sectors, such as chemicals and banking, a national collective agreement is binding upon all the companies in the sector. More typically, agreements are reached at provincial or regional level and apply to all the companies in the sector in a given area. The textile agreement for the province of Alicante would be an example of this. Larger companies are more likely to reach their own in-company agreement with local trade union representatives which again is legally binding upon the company. Such enterprise-level agreements, however, only cover about 15 per cent of employees.

The annual pay increases negotiated during the 1980s and 1990s via the collective bargaining machinery are indicated in Table 3.5. The early 1980s was marked by relatively moderate settlements, which were lower than inflation. Subsequently, during the expansion period of the second half of the 1980s, pay settlements moved ahead of inflation. However, the recession in the early 1990s ended this pattern.

The impact on pay of government intervention in the labour market has had three main dimensions. There has been support for the principle of collective bargaining between trade unions and employers as the main vehicle for determining pay rates. The government has consistently maintained a legally

Table 3.5. Salary increases negotiated 1984–1996

Year	Salary increase	Average rate of inflation	Purchasing power
1984	7.8	11.3	−3.5
1985	7.9	8.8	−0.9
1986	8.2	8.8	−0.6
1987	6.5	5.2	1.3
1988	6.4	4.8	1.6
1989	7.8	6.8	1.0
1990	8.3	6.7	1.6
1991	8.0	5.9	2.1
1992	7.3	5.9	1.4
1993	5.5	4.6	0.9
1994	3.6	4.7	−1.1
1995	3.9	4.7	−0.8
1996	3.8	3.6	0.2

Source: Bulletin of Labour Statistics and Statistics on Collective Agreements, Ministry of Labour and Social Security.

regulated national uniform minimum wage. Finally, there has been an effort to moderate increases in pay so as to minimize their inflationary tendencies. In the first half of the 1980s this effort took a more proactive form with the negotiation of a series of national pay pacts with trade unions and employers. In the second half of the 1980s there was a loss of interest, particularly on the part of the trade unions, in the continuance of this system. The trade unions were no longer as prepared to accept pay moderation and began to seek improvements in real pay for their members. However, the end of national pacts has not been as serious for the government strategy of pay moderation as might have been expected. The government has continued to exercise a strong influence over public sector pay and has instituted several pay freezes on public sector workers. In addition, several factors act to reduce the significance of the collectively negotiated pay increases in respect of a growing number of workers. For example, there is evidence that many small companies do not observe the pay levels reached in collective agreements. Furthermore, increasing numbers of employees, particularly managerial and professional staff, have their final pay determined on an individual basis by their employer. This has come about with an increase in the use of variable payment systems involving discretionary bonuses, individual performance-related merit payments and profit-related payments. Finally, it is not uncommon to find a growing number of staff on temporary contracts on pay levels different from those provided for in the collective agreement. Thus, particularly in small firms, one may find only about one third of employees enjoying the basic pay levels provided for in the collective agreement – with the other two thirds consisting of more senior staff and temporary employees of various categories.

As far as working conditions are concerned, the government emphasis, once again, has been on increasing flexibility. Spain inherited from the Franco regime a complex range of *ordenanzas*: regulations which specified working conditions for different occupations and sectors of employment. The government has encouraged unions and employers to review these and bring them up to date. More specifically, in the 1994 Labour Market Reforms, it took steps to make it easier for employers to redeploy staff between different functional roles and between different geographical locations.

Location of the intervention within a European perspective

The examination of government intervention in the labour market in Spain during the 1980s and 1990s has identified an emphasis on creating more flexible conditions for the engagement, dismissal, and deployment of labour, on upgrading skills and on moderating pay within a system dominated by collective bargaining. This approach has been located within the context of unacceptable levels of unemployment, the perceived need for Spanish companies to become more competitive and a government desire to comply with the Maastricht criteria and other external pressures such as the strictures of the OECD.

How does the Spanish approach fit into current European perspectives? A relevant debate is that which centres on the most appropriate route for European countries to adopt to establish their competitiveness with other trading blocs. Within this debate the UK and German positions are instructive. The UK model (at least until the election of a Labour government in 1997) has been seen as emphasizing deregulation, particularly of the labour market, thus giving companies more control over the deployment of labour and letting the market determine pay levels. This model, above all, enables companies to compete globally on the basis of price. The German model is seen as concentrating rather more on the need to develop a productive and skilled labour force which can add value to products, in partnership with social partners such as the trade unions. In the context of the European Union the German model has tended to become associated with the concept of 'Social Europe' and contrasted with the more liberal economic philosophy of UK governments in the 1980s and 1990s. However, it should be stressed that these differences are increasingly ones of emphasis. The priorities of the European Union have always been political and economic rather than social and therefore it would be wrong to overestimate the significance of 'Social Europe'. German employers can no more afford to ignore the need to reduce costs (a fact which is becoming increasingly evident) than UK firms can afford to ignore the skill levels of their human resources.

Critics of successive Spanish governments, pointing to the increasing casualization of the labour force and locating this within the wider context of the governments' economic policies as a whole, have tended to associate Spain with the deregulated UK model. This, it is suggested, is a simplification. On the one hand, it does not take into account the higher degree of rigidity in the labour market inherited by the Spanish governments of the 1980s and 1990s. On the

other hand, and more importantly, the discussion of training and pay has established the willingness of successive governments to maintain a dialogue with the
social partners and accept a degree of regulation. Even in respect of engagement
and dismissal, reform has tended to be imposed only after dialogue had failed.
Thus Spanish government intervention can be characterized as a form of pragmatic corporatism. Successive socialist governments have been willing to engage
in social dialogue and regulation as long as it enabled them to advance towards
their objectives. The Popular Party government, elected in 1996, did not depart
from this approach. It encouraged trade unions and employers to reach agreement
themselves on further labour market reform, leading to a reduction in the cost
of dismissal in 1997, thus minimizing government intervention. It also reached
important new agreements with the social partners on the revision of occupational training legislation (discussed above) and the reform of pensions.

This attempt to put Spanish government intervention within a more balanced
perspective should not, however, ignore future competitive pressures which could
make it even more difficult for governments to maintain social dialogue and at
the same time fulfil their agenda in relation to the labour market.

Problematic aspects of intervention

We have already referred to criticisms of important features of the reform process. In this last section of the chapter, the focus is on some of the more problematic aspects of government intervention in the labour market. We begin by
illustrating how limited its impact has been on inequalities in Spanish society by
examining the position of women in the labour force. Secondly, we consider
the type of opposition to government policies represented by the trade union
movement. Finally, a consideration of corporate culture in Spain stresses the
obstacles faced by the government in its efforts to develop a flexible and skilled
labour force.

Women in the labour force

We have already noted that there has been an influx of women into the Spanish
labour force. However, as we shall see, the position of Spanish women in the
labour market is associated with similar inequalities to those in other European
countries.

This entry of women into the labour force is traced in Table 3.6. The percentage of women in the labour force was still 10 per cent less than the European
average in 1996. The increase was particularly noticeable during the 1980s, and
it is expected to continue throughout the 1990s. As in other comparable countries, most of this increase results from the entry into the labour market of
married and older women, representing a break with women's traditional role in
the home. However what the statistics do not reflect is that, in Spain, women in
rural areas have always played a major role in agricultural work, albeit in a family
context. The female labour force is concentrated in two areas of employment.

Table 3.6. Percentage of women in the active population 1910–1996

Date	Percentage	Date	Percentage
1910	13.5	1992	43.1
1950	15.8	1993	44.1
1960	20.1	1994	45.4
1985	26.7	1995	46.2
1991	42.2	1996	46.1

Source: Encuesta de Población Activa.

There is a high proportion of women workers in manufacturing industries such as textiles, leather and footwear. The second area is the service sector and in particular retailing, hotels/restaurants/catering services, public administration, education and health services, and domestic and personal services.

Spain has introduced legislation to prevent discrimination against women in employment like other European countries, and the Spanish legislation is among the most progressive. The Discrimination Law 8/1988 clearly defined discrimination in relation to access to employment and terms and conditions of employment. It established a series of sanctions to be activated in the event of discrimination occurring. The Labour Procedure Law 7/1989 changed the onus of proof and placed it on the employer so that the employer had to prove discrimination had not taken place if a woman made a complaint. Maternity legislation introduced in 1989 provided for 16 weeks' maternity leave with 75 per cent of salary being covered by the state (most collective agreements state that the remaining 25 per cent should be covered by the firm). In addition, a woman could take up to one year's leave of absence while her job was kept open. However, despite such legislation, a number of important inequalities are associated with the position of women in the labour force.

Firstly, the unemployment rate of women has been consistently higher than that of men in the 1980s and 1990s. In 1996 the unemployment rate of women at 30.4 per cent was almost double that of men (17.9 per cent). The labour market has been unable to absorb the growing numbers of women entering the labour force although the sustained growth in the service sector, where the majority of women work (77 per cent), has helped to protect women's employment in absolute terms during the last decade. In the manufacturing sector women tend to be employed in contracting industries. The labour market reforms have accentuated women's inequality in employment. A disproportionate number of women are to be found with less secure forms of employment contract. For example 80 per cent of part-time contracts are held by women. Together with young people, women workers are the group most likely to be employed on temporary contracts. This inequality extends into the pay area and coverage by unemployment benefit. Average female earnings represent only 72 per cent of male earnings while only 34 per cent of unemployed female workers receive any state benefit.[29]

The earnings gap between men and women is not primarily a result of pay discrimination between men and women doing the same work. It is a product of the segmentation of the labour force. Women are primarily employed in low-paid ghettos in the manufacturing and service sectors and continue to be underrepresented in higher status occupations. For example, only 10 per cent of executive posts in the public sector are filled by women and, in the private sector, fewer than 5 per cent. However, the situation is gradually improving. The number of women managers and professionals rose by 81 per cent between 1984 and 1990. Over the same period, the number of women business owners increased by 57 per cent to a total of 325,800.[30]

The difference in status of men and women in the labour force cannot be attributed to educational differences. In terms of educational achievement women tend to be at least as well qualified as men. A series of studies by the *Instituto de la Mujer* investigated the reasons for the underachievement of women in professional/managerial employment. Those identified included discrimination and the prevailing male culture of many organizations, family pressures and ties, and self-imposed limitations/lack of confidence. With respect to male culture, respondents in the studies pointed to male values and ways of behaviour such as aggressiveness, competitiveness and self-publicity and contrasted them with the greater modesty and team orientation of women. There also exist exclusively male networks of communication or influence from which women are excluded. It would be wrong to suggest that Spanish business culture has not become more receptive to the advancement of women in employment in the last two decades but, as the studies above indicate, there is still a long way to go [see Text 3.9 Despiertan las mujeres].

Trade unions in contemporary Spain

The Franco regime was marked by the absence of independent, free trade unions. An official, state-controlled, union organization replaced the two major trade union confederations which had existed during the 1930s, the *Unión General de Trabajadores* (UGT), the General Workers' Union, aligned to the Socialist Party, and the *Confederación Nacional del Trabajo* (CNT), the National Confederation of Labour, of anarchist inclinations. Membership of the new organization was compulsory. The post-Franco period has seen the emergence of two major national independent trade unions with an established role in Spanish society. However we suggest that government support has been an important factor in the establishment of the unions' role and is likely to continue to be so.

In the initial years of the Franco regime, increases in basic pay were orchestrated via the state machinery and the level of pay was maintained at a relatively low level. Gradually practical necessity as well as political reality encouraged the government to introduce mechanisms to enable workers to begin to articulate their interests collectively. In 1953, committees were formed in companies as forums for discussion between workers and management and in 1958 the Collective Agreements Act permitted for the first time negotiations between worker representatives and managers. During the last period of the regime, clandestine, independent workers' organizations, *Comisiones Obreras* (CCOO), Workers' Commissions, became increasingly effective at penetrating the official trade union organization and using it as a vehicle for expressing worker demands. At the end of the Franco regime, therefore, although there were no independent, national union organizations, there was a considerable degree of independent worker organization, which was becoming increasingly coordinated.

The first governments of the new democracy saw the existence of an independent trade union movement and the establishment of a strong framework of workers' rights as important cornerstones of the new regime. The essential mechanisms which established the role of trade unions included the setting up of works councils in companies with fifty or more employees (composed of representatives elected periodically by the labour force) and giving the works council the right to negotiate with the employer. Trade unions which achieve 10 per cent of the delegates in the works council elections, known as *los sindicatos representativos*, have the right to negotiate with employers and receive state financial support. National trade unions present candidates for company works council elections and most delegates elected belong to organized unions, thus establishing the union role in negotiations.[31] The two trade unions which have been able to take advantage of this situation in post-Franco Spain are the UGT and CCOO. The former, in the 1970s and 1980s strongly allied to the Spanish Socialist Party, inherited the mantle of the pre-Franco UGT. CCOO, whose natural political ally was the Spanish Communist Party, grew out of the clandestine Workers' Commissions, mentioned above, which became an important source of opposition to Franco. Such political alignments explain a great deal of the rivalry between the two unions in the 1980s. Since that time, unity of action between the UGT and CCOO has become more the norm as both unions have loosened their ties with the political parties. The UGT became concerned that its links with an increasingly unpopular Socialist government were costing it support while CCOO has moved towards a more negotiating rather than conflictual approach to bargaining, distancing itself from an increasingly divided communist left.

Although the trade unions have an established role in collective bargaining in Spain, their membership remains low by European standards. Whereas in the early years of the transition, membership density exceeded 50 per cent, it has subsequently stabilized within a 10–20 per cent range. In part the earlier rate was misleading. Many workers joined the unions in the period 1975–80 because they were one of the forms of expression of the new democratic regime but the organizational infrastructure did not exist to collect their subscriptions and retain them in membership. However, other factors have contributed to the low membership level. For example, Spanish workers can be represented by unions without becoming members. Any employee can vote in works council elections and the (primarily union) delegates so elected represent and negotiate for union and nonunion members. Thus, although Spanish unions have low levels of membership, Spanish workers, by a big majority, vote for union candidates in works council elections. The difficulty the unions have had in reaching workers in the large number of small firms has also limited membership. Finally, the relatively politicized nature of Spanish unions and their dominance by blue-collar workers have discouraged white-collar and professional workers from joining them. Indeed, in some cases, such as pilots and doctors, these groups have set up their own organizations.

The implications of the low level of unionization are not that the unions are penniless and marginalized as far as collective bargaining is concerned. As we have seen, the legal structure of employee relations ensures a role for trade unions in collective bargaining. In relation to funding, the unions rely on several important sources to supplement income from membership subscriptions. The majority of their premises have been donated by the government as compensation for those confiscated by the Franco regime which were used by the official trade union movement under the dictatorship. In addition, each year, the government makes direct grants to the most representative unions (as measured by the results of the union elections). Finally, the trade unions receive a significant income in return for their involvement in the delivery of occupational training courses for the unemployed [see Text 3.10 Mis queridos sindicatos].

However, what low membership does mean is that the unions' organizational strength is limited because of a lack of activists. Unions lack the active members to police the agreements negotiated at provincial and sectoral level and ensure that employers implement them, above all in small companies. They also, for the same reason, are often unable to take advantage of their right to monitor the use of temporary contracts. Only in medium-sized and larger firms, typically, is there a strong enough union presence to apply sustained pressure on the employer. Spanish unions therefore tend to be relatively centralized, in the sense that it is officials at levels outside the enterprise who exercise a strong influence on the outcome of negotiations.

It should not be assumed, however, that the low level of membership and organization prevents the Spanish trade unions from providing a strong focus of opposition to both government and employer policies in specific situations. Spain has experienced among the highest number of days lost through strike action in Europe since the transition to democracy. This phenomenon is in part explained by the fact that nonmembers as well as members typically withdraw labour in response to a call from the trade unions. The workers who vote for union representatives in the works council elections, although not members, see the unions as representing them and therefore often respond to their policies. Spanish workers have shown themselves to be quite willing to take industrial action on particular issues, for example, in support of a sectoral level pay claim, even if unwilling to take out membership of the union and engage in sustained campaigns [see Text 3.11 Los sindicatos y la CEOE pactan someter las huelgas a la mediación obligatoria previa].

In addition, the Spanish unions have been relatively successful in mobilizing worker support during the last decade in their efforts to influence government policy on unemployment and the labour market. Their agenda for the resolution of the problem of unemployment is significantly different from that of the government and employers. The UGT's action plan *Por el empleo, para todos, estable y con derechos*, launched at the end of 1995, displays this. The plan, with its aim of creating 2.8 million jobs in the subsequent seven years, proposed an expansion of the economy by increasing demand. It also proposed a reduction in the working week and overtime levels (but without reducing basic pay), a reduction in temporary contracts and the extension of coverage of unemployment benefit. The Spanish unions have not been opposed in principle to salary moderation or greater labour market flexibility. However, for them, salary moderation is only acceptable if accompanied by significant progress on unemployment. The fact that their cooperation in restraining pay settlements in the early 1980s failed to produce any significant turnaround of the unemployment situation has made them extremely wary of the terms of any future involvement of this type. Equally, the unions have not opposed greater labour flexibility *per se* and have expressed a willingness to negotiate progress in this area on a voluntary basis. Their concern has been the form which it takes. Their criticism has been strongest in relation to the explosion in the number of temporary contracts. They point out that in many cases temporary contracts are being used to cover work which is permanent, that few of the contracts are for the maximum periods provided for under the law, and very few of the contracts include the kind of training opportunities initially envisaged. In voicing such reservations about government policy, the Spanish unions have been able to represent much wider sections of Spanish society than their own membership, as evidenced by their ability to mobilize millions of workers in a series of general strikes, beginning in 1988 [see Text 3.12 La creación de empleo].

The Spanish trade union movement in the mid-1990s could be said to be at an important stage in its relatively short, post-Franco history. The legislative framework of employee relations has established a firm role for the unions in collective bargaining. Their support can peak at a level far beyond their formal membership. Post-transition governments, including that of the Popular Party, have shown a desire to maintain social dialogue with the unions (not least for electoral reasons) and, for the most part, have not sought seriously to question their role in Spanish society. However, their organizational and financial weakness reduces their effectiveness in an industrial context and makes them dependent on governments continuing to provide state subsidies and maintain favourable legislation, thus limiting the degree to which they can push their opposition to government intervention in the labour market (as evidenced by the concession made on reducing dismissal costs in the 1997 agreement). It is unlikely that this situation will change [see Text 3.10 Mis queridos sindicatos].

Corporate culture

In this final section, we consider how the corporate culture of Spanish companies fits in with the model of a flexible and skilled labour force which government

Table 3.7. Spanish corporate culture compared with other industrialized countries

	Power distance	Uncertainty avoidance	Individualism	Masculinity
Spain	57	86	51	42
Germany	34	65	67	66
Japan	54	92	46	95
UK	35	35	89	66
USA	40	46	91	62

Source: Hofstede (1989).

intervention has been seeking to create.[32] We seek to show that a number of features of the culture of Spanish companies can be seen as important obstacles to government strategies for modernizing the labour market.

One of the most important contributions to the development of a comparative framework for the examination of corporate cultures is that of Hofstede.[33] Table 3.7 compares Spanish corporate culture with four other major industrialized countries in terms of the four principal dimensions adopted by Hofstede.

Spanish corporate culture emerges from this exercise characterized by quite a high expectation of inequality between superior and subordinate, by a high need for certainty in the work situation, and by a relatively low emphasis on individualism and masculine values compared with other Western countries. This profile therefore suggests that power is quite centralized in Spanish companies with considerable distance between manager and subordinate, the latter being reluctant to take an initiative unless convinced that it will be approved by their manager. It also suggests that a strong framework of rules typically would be expected to regulate relationships. Concurring with the emphasis on inequality of power and the need for certainty which the Hofstede index reveals, Lammers and Hickson have contrasted southern European (Latin) company cultures, including Spanish, with those of northern European (Anglo-Saxon) organizations.[34] The Latin model they designated the 'Classical Bureaucracy', associated with an emphasis on hierarchical power, centralization, inequality of status and a high degree of bureaucratic control and routine. The work of both Hofstede, and Lammers and Hickson point to Spanish companies having a culture which contradicts conventional wisdom about the type of corporate culture which is necessary to perform successfully in an increasingly globalized and post-Maastricht economy. Cuno Pümpin and García Echevarría, in their discussion of business culture in Spain, examined the position of Spain in the IMF's *Report on World Competitiveness* and found that Spanish companies lagged behind major European competitors on a number of important indicators such as investment in new technology, product quality, flexibility, long-term planning, worker motivation, meeting delivery dates, and after-sales service.[35] This lack of competitiveness can be related to the failure of a significant number of Spanish companies to adapt their corporate culture to the demands of a more competitive environment. Too many retain a culture fostered in the protected environment of the Francoist period when flexibility and adaptiveness were not such important qualities. The Francoist period encouraged an inward-looking and reactive culture. Still not enough importance is given to examining the environment in which companies are operating and the factors which can provide a competitive market edge.

Given the importance of small firms in the Spanish economy it is important to ask to what extent the features of corporate culture discussed above also apply to the small firms sector. The answer, if anything, is even more so. Small companies, being weaker in terms of capital, market share and human resources, are often less able to influence their environment than bigger organizations. This, in turn, makes forward planning more difficult. They can become largely reactive and responsive to immediate demands. Their inability to control their environment is often viewed in fatalistic terms. Being less formalized than larger firms, the endemic features of Spanish business culture tend to predominate even more in smaller companies where there is no conscious attempt to modify them by introducing new structures, procedures, or rules.

Face-to-face relations and informality dominate in the small Spanish firm and the individual relationship between owner-manager and employee is emphasized. Most of the important interaction in a company has to pass via the owner-manager. There are often strong elements of paternalism in relationships between the owner-manager and longer standing employees. It is not a purely economic relationship. The employee is regularly expected to work the hours necessary to finish the job and 'se paga a cada uno según haya sudado la camiseta'.[36] The owner-manager expects obedience and deference from the employees but also feels some responsibility for them, as a parent would for a child. The lack of planning in small Spanish companies is evident in their use of human resources. Labour tends to be seen as a passive instrument which is recruited, motivated and controlled via the mechanism of the temporary contract. The temporary contract encourages employees to be compliant and provides the employer with a long trial period during which employees can be tested. It also puts the permanent staff 'on their metal', encouraging them to identify with the company in order to differentiate themselves from temporary workers [see Text 3.13 Carácteres comunes para los diferentes grupos de trabajadores/as de las pyme].

This short discussion of Spanish corporate culture suggests, above all, that it presents serious obstacles to the government project of creating a labour force equipped to compete in a global economy. The emphasis on the flexibility of deployment of labour and the need to invest in the training and development of human resources does not sit easily with culture features such as bureaucracy, short-termism, and the passive, instrumental use of labour. Specifically the degree of bureaucracy does not augur well for the flexible use of labour while the short-termism and passive, instrumental use of labour militate against training investment and planning human resources. The most visible single change in the labour market, the increase in temporary contracts, rather than encouraging companies to adopt a longer-term perspective on their utilization of human resources, is, it is suggested, more likely to have had the opposite effect by making it easier for employers to adopt a short-term view because employees can be very easily engaged and dismissed [see Text 3.14 La nueva gestión de los Recursos Humanos].

Conclusion

In this chapter we have attempted to present a balanced assessment of the efforts of successive governments to develop an educated and flexible labour force in contemporary Spain. Considerable advances have been made towards this objective in the last two decades. The basis has been established for a comprehensive education system, albeit handicapped by resource limitations. A framework has been set in place to improve the provision of occupational training. Greater flexibility is being introduced in terms and conditions of employment and the deployment of labour. There has been success in maintaining some degree of social dialogue with both trade unions and employers during most of the period under review.

Reservations must, however, be expressed about the most controversial feature of government intervention, the reform of engagement procedures, which has made the temporary contract the norm in the Spanish labour market. The increase in temporary contracts has emphasized inequalities within the labour market between those with secure and those with insecure employment (particularly women and young people), 'increasing the number of American style jobs, and the trend towards a two tier society observed during the 1980s'.[37] It has not significantly improved the unemployment situation nor encouraged companies to plan and develop their human resources which is a key challenge for Spain in the twenty-first century. It remains to be seen to what extent the 1997 reform will begin to correct this situation.

Notes

1 *Memoria sobre la situación socioeconómica y laboral de España en 1994* (Consejo Económico y Social, 1995) p. 322.
2 E. Sanchis, 'Un futuro incierto. La juventud valenciana entre la formación, el empleo y el paro', in *Revista de Estudios Regionales*, No 41 (1995) pp. 173–204.
3 Fifth report of Fomento de Estudios Sociales y Sociología Aplicada (FOESSA, 1993) pp. 1107–1276.
4 Ibid., pp. 1107–1276.
5 Ibid., pp. 1107–1276.
6 Ibid., pp. 1107–1276.
7 *El País*, 23 de enero de 1996.
8 E. Sanchis, op. cit., pp. 173–204.
9 *El País*, 1 de junio de 1996.
10 *El País*, 23 de diciembre de 1995.
11 Ibid.
12 *El País*, 23 de enero de 1996.
13 G. Villapalos, 'La educación en España: una reforma inaplazable', in *Elites de los Negocios*, No 126 (1996) pp. 16–17.
14 *Memoria sobre la situación socioeconómica y laboral de España en 1994*, op. cit., p. 335.
15 K. Sisson, J. Waddington and C. Whitson, 'Company size in the European Community', in *Human Resource Management Journal*, Vol 2 No 1 (1991) pp. 94–109.
16 *Memoria sobre la situación socioeconómica y laboral de España en 1995* (Consejo Económico y Social, 1996) p. 179.
17 Fifth Report of FOESSA, op. cit., pp. 1227–1410.
18 Fifth Report of FOESSA, op. cit., pp. 1227–1410.
19 *El País*, 14 de enero de 1996.
20 *El paro en España ¿Tiene solución?* (Centre for Economic Policy Research, Madrid, 1994) p. 39.
21 *El País*, 21 de enero de 1996.
22 J. F. Jimeno Serrano, 'Las causas del paro y algunos mitos sobre sus soluciones', in XI Jornadas de Alicante sobre Economía Española (University of Alicante, 1996).
23 See S. Millán, 'La polémica sobre la reforma del mercado laboral reaparece', in *El Economista*, No 5484, 1996.
24 *El País*, 14 de diciembre de 1995.
25 *Evaluación y tendencias a la gestión de recursos humanos* (Cranfield Price Waterhouse ESADE, 1992).
26 *El País*, 23 de marzo de 1993.
27 M. Rigby, *Las necesidades de formación* (IMPIVA, 1990).
28 *Los acuerdos sobre formación contínua* (FORCEM, 1994).

29 *Gaceta Sindical,* January 1997.
30 M. Vázquez Fernández, 'Women in Business and Management in Spain', in M. J. Davidson and C. L. Cooper, *European women* (Paul Chapman, 1993).
31 T. Lawlor and M. Rigby, 'Contemporary Spanish trade unions', in *Industrial Relations Journal,* Vol 17, No 3, 1986, pp. 255–58.
32 T. Peters and R. Waterman Jr, *In search of excellence* (Harper and Row, 1982). The concept of corporate culture has held a central place in management thinking during the last decade. For writers such as Tom Peters, the possession of the right culture represents the key ingredient for corporate success.
33 (i)   G. Hofstede, 'Organizing for cultural diversity', in *European Management Journal,* Vol 7, No 4, 1989.
    (ii) G. Hofstede, *Cultures and organizations* (McGraw Hill, 1991). Hofstede compared corporate cultures according to four dimensions:
        (i)   Power distance – which means the extent to which inequalities of power, authority and status are seen as normal in the workplace.
        (ii)   Uncertainty avoidance – which refers to the extent to which there is a need for structured, rule-constrained situations at work, as against situations calling for initiative and discretion to be exercised.
        (iii) Individualism – this considers whether members of organizations are accustomed to act as individuals or as part of a cohesive group.
        (iv)   Masculinity – 'hard' values such as competitiveness and assertiveness are associated with masculinity while values such as an emphasis on personal relations, caring for others, and quality of life are associated with femininity.
    In a later work, Hofstede identified an additional dimension: that of short-term versus long-term orientation.
34 C. J. Lammers and D. J. Hickson, *Organizations alike and unalike* (Routledge, 1979).
35 C. Pümpin and S. García Echevarría, *Cultura empresarial* (Díaz de Santos, 1988).
36 C. Prieto, 'Las prácticas empresariales de gestión de la fuerza de trabajo', in F. Miguélez and C. Prieto, *Las relaciones laborales en España* (Siglo XXI, 1991).
37 *Report on the economic trends in Spain* (European Economic and Social Committee, 1995) 347/95.

Suggestions for further reading

General

The chapter has covered a relatively wide range of areas and therefore suggestions for further reading have been sectionalized according to the different themes developed. There are, however, a number of general sources which are useful.

Economía, trabajo y sociedad (Consejo Económico y Social) is an annual publication which reviews current developments in education and employment and places them in a historical context. The Fifth Report *FOESSA, 1993* (Fomento de Estudios Sociales y Sociología Aplicada, 1993) provides a useful account of the main issues in education and employment at the beginning of the 1990s. *El País*, the daily newspaper, is an important source of material on a day-to-day basis (one should particularly note its Education supplement on Tuesdays and its annual publication – the *Anuario El País*).

Education

A critical review in English of the development of education policy in Spain can be found in the contributions of A. Alted in H. Graham and J. Labanyi, *Spanish cultural studies* (Oxford University Press, 1995).

For a discussion of the history of education in Spain, post-1939, and a consideration of the background to the 1970 General Law, an acceptable source is J. M. McNair's *Education for a changing Spain* (Manchester University Press, 1984). *The Spanish educational reform and lifelong education* by R. Díez Hochleitner, J. Tena Artigas, M. García Cuerpo (UNESCO, 1978) provides a detailed examination of the 1970 Act and its implementation. A concise exposition of the Spanish education system which was put in place by the 1970 Act is provided by *El sistema educativo español* from the Centro de Investigación y Documentación Educativa (Ministerio de Educación y Ciencia, 1988). F. Bosch and J. Díaz, *La educación en España* (Ariel, 1988) provides an analysis of the education system from an economic perspective.

A number of sources discuss the continuing problems of the education system between the 1970 Act and the passing of the LOGSE in 1990. 'El sistema educativo español: tensiones y futuro', by J. González-Anleo in *España: un presente para el futuro*, edited by J. Linz (Instituto de Estudios Económicos, 1984) examines problems associated with quality and lack of equality. J. Díaz Malledo, *La educación y el mercado de trabajo* (Instituto de Estudios Económicos, 1987) reflects the concern about the misalignment between the worlds of education and employment and examines the various causal factors of this misalignment. V. Pérez Díaz, 'La calidad de la educación superior en España y la resignación al status de país periférico', in *España: un presente para el futuro* (cited above) focuses on the tensions of the university system. For a consideration of the role of the universities and the student movement in the opposition to Franco, which provides a historical perspective, there is J. M. Maravall, *Dictadura y disentimiento político* (Ediciones Alfaguara, 1978).

Proyecto para la reforma de la enseñanza infantil, primaria, secundaria y profesional, propuesta para debate (Ministerio de Educación y Ciencia, 1987) puts forward a project for educational reform, proceeding from a clear acknowledgement that the measures introduced to date have not all been as successful as originally claimed. *Systems and procedures of certification of qualifications in Spain* (CEDEFOP, 1995), also available in Spanish, provides a concise summary of the pattern of the Spanish education system post-LOGSE. For a review of the relevance and impact of the LOGSE, it is worth looking at F. Fernández Palomares, 'El cambio en la enseñanza: de la época de la transición a las propuestas de la LOGSE', in A. Jiménez, *Comunicación y educación* (Colegio de Doctores y Licenciados de Granada, 1996) and M. Fernández Enguita, 'La reforma y nosotros', in *Cuadernos de Pedagogía*, 250, 1996. A useful discussion of the problems of the education system in the 1990s, in the specific context of the Valencia region, can be found in E. Sanchis, 'Un futuro incierto. La juventud valenciana entre la formación, el empleo y el paro', in *Revista de Estudios Regionales*, No 41, 1995. *El sistema de formación profesional en España* (CEDEFOP, 1995) considers vocational training in the aftermath of the LOGSE, usefully placing the discussion within the context of the Spanish economy and society as a whole. B. Zufiaurre Goikoetxea, *Proceso y contradicciones de la reforma educativa 1982–1994* (Icaria, 1994) analyses the processes and problems of reform up to the mid-1990s.

Two sources which evaluate the Socialist government's education policy are J. Solana Madariaga, 'La educación en España en el decenio 1982–1992', in A. Guerra and J. F. Tezanos (eds), *La década del cambio: Diez años de gobierno socialista, 1982–92* (Madrid, 1992) and J. González Anleo, 'La educación: logros y fallos de la gestión socialista', in J. Tusell and J. Sinova (eds), *La década socialista: el ocaso de Felipe González* (Madrid, 1992).

The labour force and unemployment

A discussion of the main issues affecting the labour market in contemporary Spain can be found in A. Espina, 'El mercado de trabajo en los años 90', in *Revista de Treball* (Generalitat Valenciana) 9 April 1989. For a number of different perspectives on the black economy in Spain, see E. Sanchis and J. Miñana, *La otra economía: Trabajo negro y sector informal* (Edicions Alfons el Magnànim, IVEI, 1988) including articles by J. A. Ybarra, A. García de Blas and S. M. Ruesga Benito, and A. Recio and F. Miguélez. Also see A. Berger and A. Narváez Bueno, 'Underground economy considered from a dynamic and spatial perspective', in *Economía y Lavoro*, 24 March 1990 and S. Narotzky, *Trabajar en familia: Mujeres, hogares y talleres* (Libros de Bolsillo, 1988).

L. Toharia, 'Empleo y paro', in *Informe sociológico sobre la situación social de España* (FOESSA, 1994) considers the issues associated with the different ways of measuring unemployment in Spain. Discussions of the general characteristics of unemployment can be found in the same source as well as in F. Fernández, L. Garrido and L. Toharia, 'Empleo y paro en España, 1976–1990', in F. Miguélez and C. Prieto (eds), *Las relaciones laborales en España* (Siglo XXI, 1991) and also in *Debates sobre el empleo en España* (Ministerio de Trabajo y Seguridad Social, 1992). A source in English which may be consulted is S. Bentolila and O. Blanchard, 'Spanish unemployment', in *Economic Policy*, April 1990.

O. Blanchard and J. F. Jimeno, *El paro en España: ¿Tiene solución?* (Centre for Economic Policy Research, 1994) provides an important contribution to the examination of unemployment from a number of different perspectives. The chapter by A. Revenga considers the importance of microeconomic factors and labour market rigidities. That of J. F. Jimeno, J. Andrés and D. Taguas considers demand factors which have affected unemployment. The chapter by L. Toharia and J. F. Jimeno examines some of the controversies associated with unemployment in Spain – its true level, the role of the black economy, the distribution of unemployment and the role of unemployment benefit.

Labour market intervention

A detailed discussion of the labour market reforms can be found in J. I. Monge Recalde, *Comentarios de la reforma laboral de 1994* (Bosch, 1994) and in M. R. Alarcón Cracuel, *La reforma laboral de 1994* (Marcial Pons, 1994). For thoughtful considerations of the unemployment situation in Spain in the context of the labour market reforms see J. F. Jimeno Serrano, 'Las causas del paro y algunos mitos sobre sus soluciones', in *XI Jornadas de Alicante sobre economía española* (University of Alicante, 1996) and M. Pérez Yruela and C. J. Navarro Yáñez, *El desempleo en España* (Consejo Superior de Investigaciones Científicas, 1995). A critical analysis of government intervention can be found in M. Martínez Lucio and P. Blyton, 'Constructing the post-Fordist state: the politics of labour market flexibility in Spain', in *West European Politics*, Vol 18, No 2, April 1995.

For a review of the framework and reality of employment training in Spain, see FORCE, *Contractual policies concerning continued vocational training in the European Community member states* (Peeters Press, 1994) and F. Sáez, *Formación profesional y sistema productivo* (FEDEA, 1991). *Los acuerdos sobre formación contínua* (FORCEM, 1994) examines the main features of the system of training agreements supported by employer and employee organizations. For an evaluation of the state of training in Spanish companies see *La formación en la empresa española* (Harper and Lynch, 1993). For an exposition of the public institutional system of employment training see *El sistema de formación profesional en España* (CEDEFOP, 1995).

S. Milner and D. Metcalf, *Spanish pay setting institutions and performance outcomes* (Discussion Paper 198, Centre for Economic Performance, 1994) provides an overview of pay regulation and its relation to macroeconomic performance.

Women in the labour market

There are several useful discussions in English of the position of women in the labour market. First see M. L. Moltó, 'Women in the modernization of the Spanish economy', in J. Rubery (ed.), *Women and recession* (Routledge, 1988). Also look at M. Vázquez Fernández, 'Women in business and management in Spain', in M. J. Davidson and C. L. Cooper, *European women* (Paul Chapman, 1993).

A short but perceptive discussion can be found in A. Brooksbank Jones, 'Women, work and the family', in H. Graham and J. Labanyi (eds), *Spanish cultural studies* (cited above).

In Spanish, there is the previously referred to chapter by M. L. Moltó in a translated, revised and updated version of J. Rubery (ed.), *Las mujeres y la recesión* (Ministerio de Trabajo y Seguridad Social, 1993). A special issue on women and work can be found in *Amaranta* (Asamblea Feminista de Madrid, December 1993). See also J. I. Casas, *La participación laboral de la mujer en España* (Madrid, 1987) and two publications of the Instituto de la Mujer, *Oportunidades y obstáculos en el desarrollo profesional de las mujeres directivas* (Madrid, 1991) and *Mujer, trabajo y maternidad* (Madrid, 1992).

Trade unions and industrial relations

This area is better endowed than other areas as far as English texts are concerned. For industrial relations in general see Miguel Martínez Lucio, 'Constructing institutions and actors in a context of change', in A. Ferner and R. Hyman, *Industrial Relations in the New Europe* (Blackwell, 1992) and J. Estivill and J. De la Hoz, 'Transition and crisis – the complexity of Spanish industrial relations', in G. Baglioni and C. Crouch (eds), *European Industrial Relations* (Sage, 1990). A useful introduction to Spanish industrial relations institutions and their impact upon the labour market is provided by S. Milner and D. Metcalf, *Spanish pay setting institutions and performance outcomes* (Discussion Paper 198, Centre for Economic Performance, 1994). In Spanish, a comprehensive text is F. Miguélez and C. Prieto, *Las relaciones laborales en España* (cited above). Also see G. Vidal Caruana (ed.), *El cambio laboral en la década de los 90* (Espasa Calpe, 1991).

In respect of trade unions specifically, their institutional panorama is addressed in M. T. Newton with P. J. Donaghy, *Institutions of modern Spain* (Cambridge University Press, 1997). A detailed discussion of the development of the trade unions in post-Franco Spain is provided by T. Lawlor and M. Rigby in two articles: 'Contemporary Spanish trade unions', in *Industrial Relations Journal*, Vol 17, No 3, 1986 and 'Spanish trade unions 1986–1993', in *Industrial Relations Journal*, Vol 25, No 4, 1994. An interesting discussion of the role of trade unions in strengthening a democratic Spain within a corporatist framework can be found in I. M. Fuhrer, *Los sindicatos en España* (Consejo Económico y Social, 1996). T. Lawlor, M. Rigby and R. Llorca, *La sindicación de los trabajadores no manuales en la comunidad valenciana* (Generalitat Valenciana, 1990) considers the credibility problems faced by Spanish unions among the growing nonmanual labour force. For a number of different perspectives on the relations between trade unions and political parties in Spain, see J. Arenas, *Partidos políticos y sindicatos en la sociedad contemporánea* (Estudios Institucionales, 1996).

Corporate culture

Discussions of corporate culture in Spain are often subsumed within a wider Latin model of corporate culture. For an example of this approach, see C. J. Lammers and D. J. Hickson, *Organizations alike and unalike* (Routledge, 1979). For a more focused examination of Spanish corporate culture which evaluates its strengths and weaknesses in an international competitive context, see C. Pümpin and S. García Echevarría, *Cultura empresarial* (Díaz de Santos, 1988). C. Prieto, 'Las prácticas empresariales de gestión de la fuerza de trabajo', in F. Miguélez and C. Prieto, *Las relaciones laborales en España* (Siglo XXI, 1991) provides a useful insight into the variations in corporate culture to be encountered in different types of organizations – public and private, small and large. For a consideration of Spanish management style and organization, look at R. López Pintor, *Sociología industrial* (Alianza Universidad Textos, 1990). A. Argandoña, 'Business ethics in modern Spain', in *Business Ethics: A European Review*, Vol 5, No 1, 1996, engages in an interesting discussion of the ethical issues which are thrown up by current Spanish business practice, including corruption.

Text 3.1

Las dificultades de la ESO: Un buen fin con medios equivocados

1   La ESO, la educación secundaria obligatoria instaurada por la ley
de educación de 1990 (la LOGSE, por seguir con los acrónimos), fue
ideada ante todo con el ánimo de resolver un problema grave objetivo:
la desescolarización de buena parte de los adolescentes españoles
5   entre los 14 y los 16 años, hecho que nos separaba abiertamente de
lo que es habitual en Europa y en todos los enclaves culturalmente
avanzados.

    La reforma educativa era, en este punto, inaplazable. No se
trataba además de sólo escolarizarlos, sino de escolarizarlos bien,
10   proporcionándoles los medios adecuados para que pudieran proseguir
sus estudios o incorporarse a la vida activa en las mejores condiciones
posibles.

    Los problemas que después han surgido no radican en estos
objetivos admirables, de imprescindible cumplimiento, sino en el modo
15   elegido para alcanzarlos. Pese a las numerosas voces de alerta (entre
ellas la mía) que entonces se alzaron, los reformadores optaron
por llevar a cabo una reforma en profundidad de la estructura
preexistente, aboliendo la EGB y el BUP, cambiando la función, el
tamaño y los recursos de los edificios escolares, abriendo paso a
20   un trasiego del profesorado de unos niveles a otros, aligerando las
responsabilidades de centros que hasta entonces habían funcionado
discretamente bien (numerosos colegios de EGB) y aumentando, en
cambio, las de centros ya sobrecargados y con serios problemas
disciplinares y cualitativos (numerosos institutos de bachillerato),
25   alterando el mapa escolar, etcétera. Desconociendo, en definitiva, lo
que ha sido un hecho en Europa y en los países desarrollados desde
por lo menos 1980: la convicción de que los cambios de estructura,
en los sistemas escolares, no resuelven los problemas de calidad, sino
que más bien los complican . . .

30   Lo que está ocurriendo con la aplicación de la ESO era algo, en
consecuencia, absolutamente previsible. Las protestas de las zonas
rurales no van a ser las únicas. A medida que los profesores, los
directivos, los padres y los propios alumnos vayan percatándose de lo
que supone la introducción de esta nueva estructura, los magros
35   objetivos que con ella van previsiblemente a conseguirse y el aumento
en el costo real de los servicios, el clima de inquietud tenderá, por

desgracia, a aumentar. En esta época de vacas flacas, el dinero que
tendría que aplicarse claramente a mejorar la formación y la ilusión
del profesorado, los programas, los recursos didácticos, la dirección
40 de los centros y todos los elementos claves de calidad, tendrá que
desviarse en buena parte a financiar autobuses, comedores y cocinas,
con sus respectivos cuidadores, a contratar personal nuevo en algunos
centros mientras se deja a otros con la sensación de que sobran maes-
tros, a establecer controles de disciplina en institutos masificados,
45 a procurar que la relación entre niños de 12 años y jóvenes de 18
transcurra sin problemas, etcétera.

   Todo esto es particularmente válido para los centros públicos, a los
que la reforma deseaba beneficiar muy en primer término. Lo que ha
ocurrido es exactamente lo contrario: que son los centros privados
50 sus principales beneficiarios, o, por lo menos, los que mejor podrán
acometer su aplicación. La estructura tradicional de los centros
privados (a menudo con secciones de preescolar, primaria, secundaria
inferior y secundaria superior) seguirá, en realidad, siendo la misma,
con retoques de detalle. De ahí que, en general, y en la medida en que
55 no incida negativamente en el régimen de conciertos y ayudas, la
reforma no está siendo contestada por ellos.

   ¿Valía realmente la pena introducir la ESO de la forma que se hizo?
Esta es la cuestión fundamental. Los reformadores argumentaron que
el cambio de estructura era en sí necesario para mejorar la calidad y,
60 además, que la nueva estructura resultaba más próxima a la habitual en los países europeos. Lo primero está lejos de resultar evidente
(como atestigua la experiencia internacional, a la que ya he aludido).
Lo segundo lo está también. Es verdad que la nueva estructura
institucional instaurada por la LOGSE nos acerca más a la propia
65 de algunos países europeos, tales como Holanda, Bélgica, Portugal o
Grecia; pero, por el contrario, la que teníamos antes (las dos etapas
de EGB más el BUP) coincidía en mayor medida con la de los países
nórdicos, Francia e Italia. Por lo que se refiere a otros países europeos
(Alemania, Austria, Reino Unido, etcétera), tanto se diferencia la una
70 como la otra. A estos efectos, la comparación es, por tanto, irrelevante.
Lo que importa es atender a los criterios de calidad que están vigentes
en todos esos sistemas escolares, y no a estas divergencias estructurales, que en cualquier caso permanecen.

   Pero volvamos a lo que ahora nos inquieta. Centenares de po-
75 blaciones rurales, con sus autoridades a la cabeza, se hallan en pie de
guerra contra la inmediata aplicación de la ESO. Se resisten a aceptar
que el nuevo espacio educativo concebido por las autoridades para
que sus hijos de 12 años cumplan la obligatoriedad escolar, durante
parte de la jornada, sea un autobús, al que luego sucederá el aula
80 de un instituto alejado, quizá masificado y de dudosa excelencia. Se

resisten a admitir que el sistema educativo tenga que convertirse en agente de desarraigo familiar y social, en promotor de la despoblación del campo. Es verdad que los fenómenos de concentración escolar y de recurso al autobús (el *busing*, como dicen los estadounidenses)

85   han sido relativamente frecuentes en países de todo tipo. Hoy se está, sin embargo, bastante de vuelta. Por lo demás, aunque algunos denuncien las protestas actuales como atisbos de reaccionarismos, como síntomas de resistencia al progreso, la actitud de estos ciudadanos tienen mucho de coherente y razonable, y ofrece abundantes

90   motivos de reflexión que afectan no sólo al ámbito educativo (. . .)

(José Luis García Garrido, *El País*, 16 de mayo de 1996.)

Ejercicios

Léxico

Explica el significado de los vocablos y expresiones siguientes:

instaurar (l.1)	época de vacas flacas (l.37)
con el ánimo de (l.3)	sobrar (l.43)
la desescolarización (l.4)	en primer término (l.48)
radicar (l.13)	acometer (l.51)
voces de alerta (l.15)	retoques de detalle (l.54)
trasiego (l.20)	atestiguar (l.62)
aligerar (l.20)	hallarse en pie de guerra (ll.75–76)
percatarse (l.33)	resistirse a (l.76)
magros objetivos (ll.34–35)	estar de vuelta (l.86)
el clima de inquietud (l.36)	atisbos (l.87)

Gramática y estilo

(a)   Escribe de nuevo, utilizando lenguaje formal, lo expresado en las frases: 'En esta época de vacas flacas . . .' (l.37), '. . . se hallan en pie de guerra . . .' (ll.75–76), 'Hoy se está, sin embargo, bastante de vuelta . . .' (ll.85–86).

(b)   Justifica el uso del subjuntivo en la oración: 'A medida que los profesores, los directivos . . . vayan percatándose de . . .' (ll.32–33). Construye frases similares, utilizando 'tan pronto como', 'en cuanto', 'no bien', 'cuando', etc.

(c)   Justifica el uso del subjuntivo en la frase: '. . . para que sus hijos de 12 años cumplan la obligación . . .' (ll.77–78).

(d)   Explica la utilización del condicional en la expresión de obligación: '. . . el dinero que tendría que aplicarse . . .' (ll.37–38).

(e)   Explica el significado de la expresión: 'más bien' (l.29). Construye frases con ella, siguiendo el modelo del texto.

Comprensión

(a)   ¿Cuáles son los objetivos de la ESO?

(b)   Según el autor, 'los cambios de estructura, en los sistemas escolares, no resuelven los problemas de calidad, sino que más bien los complican' (ll.27–29). ¿Estás de acuerdo con esta afirmación? Aduce ejemplos concretos, si puedes.

(c)   ¿De qué sectores provienen las protestas contra la ESO? Razona tu respuesta y explica, con tus propias palabras, por qué, según el autor, éstas aumentarán.

(d)   ¿Quién se ha beneficiado más de la reforma educativa de la ESO? Explica las razones.

(e)   Explica el significado del título: 'Un buen fin con medios equivocados'.

Preguntas orales y escritas

(a)   Analiza los problemas con los que se enfrentan España y el Reino Unido con respecto a la provisión de educación preuniversitaria, identificando aquellos que sean diferentes para los dos países.

(b)   ¿Cuáles son los mayores problemas encontrados para la implementación de la LOGSE?

Text 3.2

Un futuro incierto

1   A finales de 1977 todas las fuerzas políticas del arco parlamentario de la recién nacida democracia española firman los Pactos de la Moncloa: más allá de las lógicas diferencias partidistas, un acuerdo básico para modernizar el país. En 1978, por primera vez en la historia de España,

5   comienza a invertirse en serio en educación. Pero no es hasta 1983, tras el triunfo electoral socialista y, en el caso valenciano, la asunción de competencias en materia educativa por la nueva administración autonómica, cuando la inversión educativa alcanza niveles sustanciales (en relación con los históricos españoles, pero que siguen siendo

10 bajos, como en la actualidad, en relación con los parámetros europeos). Así pues, lo que los estudiosos de la educación llaman el estadio de la escuela de masas comienza a alcanzarse en España bien entrada la pasada década de los años 80. En el caso del País Valenciano es a finales de dicha década cuando se consigue escolarizar virtualmente

15 a toda la población en el tramo obligatorio, aunque no siempre en condiciones satisfactorias.

     Mientras tanto, el contexto económico y social cambia profundamente y los relativamente ambiciosos objetivos de la LGE devienen demasiado modestos. Poco tiempo después de subir al poder, el nuevo

20 gobierno socialista se embarca en un proyecto de reforma, también relativamente muy ambicioso, que abarca desde la educación infantil hasta la enseñanza superior y que desemboca en la LOGSE de 1990 y en una legislación específica para el nivel universitario.

     La LOGSE de 1990 es un poderoso instrumento de modernización

25 social que introduce, entre otras cosas, tres innovaciones importantes en la configuración actual del sistema educativo. En primer lugar, el tratamiento de la Educación Infantil (0–6 años), haciéndose eco de una opinión cada vez más generalizada entre los especialistas que atribuye a esta etapa una importancia crucial en cuanto al desarrollo

30 posterior de los itinerarios escolares y en cuanto a la corrección de las desigualdades sociales desde la política educativa. En segundo lugar, la ampliación de la etapa obligatoria hasta los 16 años de edad, haciéndola coincidir con la edad de entrada en el mundo del trabajo. En tercer lugar, una reestructuración radical de las enseñanzas

35 técnico-profesionales: 1) Todos los alumnos de Secundaria recibirán una formación profesional básica (con lo que se pretende romper la tradicional y rígida dicotomía entre 'educación técnica' y 'educación del espíritu' típica de la cultura católico-española del trabajo).

2) Aparece una Formación Profesional Específica de Grado Medio
40 (al final de la etapa obligatoria) y de Grado Superior (al final del
bachillerato) a las que sólo se puede acceder tras haber superado con
éxito los niveles educativos previos. 3) Esta Formación Profesional
está estructurada en 'módulos' que podrán ser modificados periódicamente en función de los cambios en los contenidos de los empleos;
45 además incluye obligatoriamente un período formativo en centros de
trabajo colaboradores que estarán conectados de manera estable con
los centros educativos. 4) Aparecen los 'Programas de Garantía Social', no necesariamente ubicados en los centros educativos, orientados
a acoger a todos aquellos escolares que no alcancen los objetivos de
50 la etapa obligatoria (el fracaso escolar) a fin de que se reintegren al
sistema y finalmente los alcancen o bien de que puedan saltar al
mercado de trabajo con una cualificación profesional básica (el nivel
1 de la Unión Europea).

Desde la perspectiva del País Valenciano la LOGSE es (era) también
55 una oportunidad excepcional para acercar las tasas de escolarización de los jóvenes a las de las regiones españolas y europeas más
avanzadas. Se pretendía que, con el cambio de siglo, virtualmente
todos los niños valencianos pudieran cursar la enseñanza primaria al
lado de su casa; que terminaran la etapa obligatoria en un centro
60 situado, en el peor de los casos, a media hora de su domicilio; que
quien lo deseara pudiera seguir estudiando, casi siempre sin cambiar
de centro, alguna modalidad de bachillerato o alguna especialidad de
formación profesional específica; y que de los centros educativos saliera
al menos el doble de titulados en formación profesional que diez años
65 antes. Pero me temo que *con la LOGSE se va a repetir la misma historia
que con la LGE*. La LOGSE se aprobó sin la correspondiente ley de
financiación de la reforma, que el Gobierno del Estado confió a los
presupuestos anuales, y pocos meses después se acabó el glorioso
quinquenio de crecimiento económico y se firmó el Plan de Con-
70 vergencia en Maastricht; la florida retórica proeducativa se quedó en
eso, y esta sociedad, en el plano regional y en el nacional, volvió
a encontrar excelentes razones para no invertir en educación. El
calendario de aplicación de la reforma educativa previsto ha tenido
que modificarse tres veces, alargándose tres años más; y cuando
75 finalmente se alcancen los objetivos señalados, éstos se habrán
quedado nuevamente obsoletos: seguiremos registrando un déficit
educativo en relación con los países que solemos utilizar habitualmente como punto de referencia (. . .)

(E. Sanchis, 'Un futuro incierto. La juventud valenciana
entre la formación, el empleo y el paro', *Revista de
Estudios Regionales*, No 41, enero–abril 1995,
Universidades de Andalucía, pp. 185–7.)

Ejercicios

Léxico

Explica el significado de los vocablos y expresiones siguientes:

el arco parlamentario (l.1)   LOGSE (l.24)
en serio (l.5)   hacerse eco (l.27)
competencias (l.7)   ubicar (l.48)
bien entrada (l.12)   tasas de escolarización (ll.55–56)
el tramo obligatorio (l.15)   cursar (l.58)
LGE (l.18)   presupuestos anuales (l.68)
embarcarse (l.20)

Gramática y estilo

(a) Justifica, contrastándolos, el uso de los tiempos presente, futuro y pretérito que aparecen en el texto.

(b) ¿De qué verbo procede el sustantivo 'asunción' (l.6)? Haz una lista con ocho o diez sustantivos terminados en '-ción'. ¿En qué tipo de lenguaje son más frecuentes?

(c) Comenzando con 'devenir' (l.18), nombra tantos verbos derivados de 'venir' como puedas indicando, en cada caso, cómo el prefijo afecta su significado.

(d) Justifica todos los subjuntivos – así como el tiempo empleado – que aparecen tras: 'Se pretendía que, con el cambio de siglo, virtualmente todos los niños valencianos . . .' (ll.57–58).

(e) Explica la no concordancia de género entre los componentes de la expresión 'católico-española' (l.38).

Comprensión

(a) ¿Qué entiendes por 'el estadio de la escuela de masas' (ll.11–12)?

(b) ¿Por qué se considera tan importante la etapa de la Educación Infantil?

(c) Explica, con tus propias palabras, el significado de las líneas: '. . . con lo que se pretende romper la tradicional . . . cultura católico-española del trabajo' (ll.36–38).

(d) ¿Qué rasgos caracterizan la nueva Formación Profesional Específica?

(e) ¿En qué consisten los Programas de Garantía Social? ¿Existe algo parecido en tu país? ¿Crees que funcionarán? Justifica tu respuesta.

(f) ¿Cuál es la valoración que hace el autor de la LOGSE?

Preguntas orales y escritas

(a) ¿Qué factores condujeron a la formulación y aprobación de la LOGSE en 1990?

(b) ¿Qué problemas relativos a la provisión de formación profesional trataba de abordar la LOGSE y por medio de qué mecanismos?

(c) Compara el nuevo sistema educativo español con el de tu país, analizando las ventajas y desventajas de ambos.

Text 3.3

Los colegios serán evaluados cada cuatro años:
El rendimiento se medirá en función del contexto
socioeconómico del centro

1   Los centros de enseñanza infantil, primaria, secundaria y formación
profesional sostenidos con fondos públicos se someterán a una
evaluación 'externa' oficial cada cuatro años, de acuerdo con una
orden ministerial de Educación y Ciencia que ha sido sometida al
5   preceptivo informe del Consejo Escolar del Estado.

    La orden, que afecta únicamente al territorio escolar dependiente
de la gestión directa de la Administración central (territorio MEC),
desarrolla uno de los aspectos de la Ley Orgánica de la Participación,
la Evaluación y el Gobierno de los Centros docentes aprobada por el
10   Congreso el pasado mes de noviembre.

    Según establece la propia orden, el Ministerio elaborará un plan
cuatrienal de evaluación de los centros docentes en el que se esta-
blecerá el curso académico en el que va ser evaluado cada centro así
como los procedimientos específicos que van a ser utilizados. El primer
15   plan comenzará en el curso 1996−97.

    La evaluación externa de los centros (la orden regula también la
evaluación 'interna', que cada centro deberá realizar anualmente)
correrá a cargo de la inspección educativa en colaboración con los
órganos unipersonales y colegiados de gobierno, los órganos de coor-
20   dinación didáctica y los distintos sectores de la comunidad educativa.

    La norma ministerial precisa que la evaluación de los centros
'deberá tomar en consideración el contexto socioeconómico de los
mismos y los recursos de que disponen'. Fuentes del Consejo Escolar
del Estado interpretan que esta precisión 'excluye el que los resultados
25   de estas evaluaciones cuatrienales vayan a ser recogidos, como sucede
en el Reino Unido, en listas que a la administración educativa británica
le sirven para establecer clasificaciones, comparaciones y categoría,
de las que posteriormente depende, incluso, la financiación oficial de
los centros'.

30   'Creemos entender', añadieron dichas fuentes, 'que el modelo
que se nos propone apuesta por un sistema de evaluación objetiva,
pero también *subjetiva* en el mejor sentido, es decir que los resultados de cada centro ponderarán la situación en que los alumnos
ingresan en el centro y su permanente entorno económico y cultural
35   tanto en el plano familiar como en el de situación geográfica (rural
y urbana)'.

Suspicacias

Según estas mismas fuentes, una de las 'muchas suspicacias' que despertó la llamada *ley Pertierra* se debía precisamente al 'temor
40 de que pudiera caminarse hacia un sistema de evaluación, tan caro a los modelos políticos ferozmente liberales, que, con el pretexto de medir objetivamente los rendimientos de los servicios públicos, acaban contribuyendo a aumentar las diferencias sociales y económicas de los ciudadanos que reciben esos mismos servicios'. 'No puede
45 ser medido por el mismo rasero el dominio del idioma inglés de los alumnos de un centro rural y el de los de un colegio situado en un barrio residencial de familias del más alto nivel cultural y económico', agregaron las fuentes.

No obstante, los resultados de la evaluación externa 'serán comu-
50 nicados al consejo escolar de cada centro, para lo que se convocará una reunión específica. Asimismo, el director del centro los pondrá en conocimiento del claustro de profesores'.

El modelo que se establezca para la evaluación deberá incluir al menos indicadores sobre los siguientes aspectos: 'el papel del director
55 y del equipo directivo, la participación de los sectores responsables en la elaboración de los proyectos educativos y curricular del centro y la calidad de los mismos, la preparación del profesorado y su implicación en procesos de formación e innovación, el ambiente educativo y el clima de estudio existente en el centro y la capacidad de éste para
60 atender a la diversidad de los alumnos'.

En cuanto a los resultados de la evaluación, los indicadores deberán referirse a los siguientes aspectos: 'resultados de los alumnos de acuerdo con sus posibilidades, nivel de satisfacción del funcionamiento del centro por parte de los distintos sectores de la comunidad edu-
65 cativa, relaciones del centro con su entorno social y cultural y adecuación de la oferta educativa'.

(Esteban S. Barcia, *El País*, 9 de enero de 1996.)

Ejercicios

Léxico

Explica el significado de los vocablos y expresiones siguientes:

el rendimiento (subtítulo)	ponderar (l.33)
una evaluación (ll.2–3)	suspicacias (l.38)
una orden ministerial (ll.3–4)	el mismo rasero (l.45)
correr a cargo de (l.18)	el claustro de profesores (l.52)
precisar (l.21)	

Gramática y estilo

(a) Identifica todos los casos de voz pasiva que aparecen en el texto. Trata de pasar algunos de ellos a la voz activa. ¿Cambia el tono del texto? ¿Cómo?

(b) Justifica la presencia del pronombre en la frase: '. . . le sirven para establecer clasificaciones . . .' (l.27).

(c) ¿Qué tiempo y modo del verbo es 'pudiera' (l.40)? Justifícalo en el texto.

(d) ¿En qué sentido se utiliza aquí 'caro' (l.40)? ¿Qué otro vocablo se podría haber utilizado en vez de éste? ¿Por qué crees que se ha elegido?

(e) Justifica el subjuntivo en la oración: 'El modelo que se establezca . . .' (l.53). Construye frases similares.

(f) ¿De qué otro operador es sinónimo 'asimismo' (l.51)? ¿A qué registro pertenece cada uno de ellos? Trata de construir frases con ambos. Estúdialas para ver si son totalmente intercambiables.

Comprensión

(a) Explica lo que entiendes por 'orden' (l.4) y por 'ley' (ll.8, 39).

(b) ¿Qué debemos entender por 'territorio MEC' (l.7)?

(c) Explica, con tus propias palabras, el significado de las líneas: '. . . correrá a cargo de la inspección educativa . . . sectores de la comunidad educativa' (ll.18–20).

(d) Según fuentes del Consejo Escolar, la evaluación de los centros educativos españoles no se utilizará como se hace en el Reino Unido. ¿Crees que se puede deducir esto del hecho de que la evaluación deberá tomar en consideración el contexto socioeconómico de los centros y los recursos de que disponen?

(e) ¿Te parece bien que los centros educativos sean evaluados regularmente? ¿Quién debe tener acceso a los resultados de las evaluaciones?

(f) Uno de los indicadores de los resultados de la evaluación debe ser 'la adecuación de la oferta educativa' (l.66). ¿Qué entiendes por esto?

Preguntas orales y escritas

(a) Expón los argumentos a favor y en contra de la publicación de listas de clasificación basadas en los resultados de las evaluaciones de los centros educativos.

(b) ¿Qué tipo de factores pueden afectar el rendimiento de los centros escolares desde el punto de vista de un proceso evaluativo?

(c) Compara el sistema evaluativo que va a implantarse en España con el existente en tu país.

Text 3.4

Tendencias y perspectivas en la FP

I **Respecto al sistema educativo**

4.3.1
El paro juvenil es un problema asociado con otros muchos. Debe, por tanto, abordarse la transición de los jóvenes por medio de políticas
5 coordinadas de información, orientación, formación e inserción, no sólo con respecto al empleo, sino al conjunto de necesidades personales y sociales de los jóvenes.

4.3.2
Por grave que sea, el paro juvenil es un problema coyuntural. En el
10 2000 pudiera ser muy otra la situación del paro. El paro tecnológico o estructural podría traducirse en paro adulto, pero no juvenil. Las políticas de formación y educación tienen que mirar más el largo que el corto plazo. Por ello mismo, más que formar para esta u otra profesión, se debe desarrollar la capacidad emprendedora, la versatilidad
15 de destrezas intelectuales y el conocimiento de procesos, métodos y diseños transferibles por su polivalencia.

4.3.3
Los centros educativos pueden y deben reconvertirse para jugar una función clave en este proceso, pero no pueden tener el monopolio
20 formativo de manera eficaz. Por el contrario, la alternativa a una escuela academicista y anacrónica no consiste en cursos desestructurados y a la carta, sino en la conjunción de esfuerzos entre diversos agentes institucionales y sociales, para garantizar una oferta diversificada, pero integrada y certificable, de formación profesional. Distintos
25 centros, programas y servicios de un territorio deben confluir en la elaboración y ejecución de programas integrados de socialización de los jóvenes: educación, empleo, salud, ocio, vivienda, consumo, etc. En este marco el contacto de cada joven con el mundo del trabajo (desde la visita a un centro productivo hasta el contrato laboral) tiene
30 un valor estratégico enorme, sea como elemento educativo o como medio de autonomía personal.

4.3.4
(. . .) Tanto los programas formativos como los del empleo deberían adaptarse no sólo a los requerimientos abstractos del sistema productivo,

35   sino a las exigencias de proyectos de desarrollo regional y local a
     medio plazo.

4.3.5
La coordinación de las distintas instituciones ha de plasmarse en programas y mecanismos concretos. Empresarios y sindicatos, escuelas
40   y servicios municipales, oficinas de empleo y centros culturales, etc.
     deben crear dispositivos simples y eficaces de coordinación, como
     la 'Agencia Escuela-Trabajo de Módena', los centros de contacto
     educación-trabajo de Holanda, etc.

4.3.6
45   (. . .) La educación de los educadores tiene un hilo conductor funda-
     mental: el seguimiento colectivo y crítico de la experiencia educativa
     de los jóvenes.

Respecto a los universitarios

4.3.7
50   Parece conveniente ampliar y diversificar las titulaciones cubriendo
     un abanico de conocimientos más específicos y acomodados a las
     necesidades del mercado, tanto en lo que se refiere a la evolución
     tecnológica como a nuevos espacios de trabajo para titulaciones
     medias.

55   4.3.8
     La mayoría de las titulaciones deberían acompañarse por deter-
     minados conocimientos que permiten cubrir de un modo más versátil
     las funciones encomendadas a un titulado.

4.3.9
60   Hay que ofertar a los titulados en paro y que están en disposición
     de aceptar un trabajo no relacionado con su titulación y que son
     nada menos que el 60%, programas de reconversión profesional hacia
     áreas menos saturadas o con mayor posibilidad de desarrollo.

4.3.10
65   La Universidad posiblemente no puede en solitario realizar este proceso
     de profundo cambio. Por ello debería intensificar los programas de
     colaboración con otras instituciones, sobre todo con las empresas y
     la Administración, para la realización de planes de formación, en
     especial de post-graduados, de prácticas en la empresa, etc.

70 4.3.11
Quizá sea el momento de plantearse con realismo y valentía que el mercado de trabajo no puede absorber de una manera indefinida un volumen cada vez mayor de titulados y ofrecer otras alternativas de preparación profesional que pueden ser realmente atractivas.

75 4.3.12
Este último punto es muy delicado, pues de no hacerse adecuadamente puede consolidarse aún más la desigualdad social existente y cercenar las expectativas de una educación universitaria de las clases bajas, ya que todo nos indica que la estructura social progresiva, además de
80 dar una respuesta a la necesidad objetiva y urgente de ajustar la oferta y la demanda en el mercado de trabajo de los titulados, ha de potenciar todos aquellos medios que permitan a los universitarios de origen bajo, con capacidad, seguir adelante en los estudios y, una vez titulados, encontrar ayudas que les permitan perfeccionar su pre-
85 paración en unas condiciones favorables para encontrar empleo (. . .)

4.3.13
Sin duda, la reforma universitaria ya iniciada se enfrenta a una serie de problemas y cuestiones de gran trascendencia que requieren importantes medios y recursos y, sobre todo, decisiones políticas com-
90 prometidas, pues se trata de conjugar dos difíciles desafíos: modernizar los conocimientos y enseñanzas en la Universidad y adecuarlas a las exigencias del mercado de trabajo con todo lo que esto comporta a su vez de redimensionamiento del volumen de titulados en general y de determinadas titulaciones en particular; y al mismo tiempo promover
95 de modo especial el acceso a todos aquellos que, independientemente de su origen social, tengan capacidad y disposición para el estudio universitario. De modo que los objetivos esenciales son modernizar y reestructurar la educación universitaria y disminuir en lo posible la desigualdad social.

100 **Respecto a los Agentes Sociales**

4.3.14
Sindicatos y Organizaciones Empresariales deben entender que la apuesta por la capacitación profesional de la población activa es tarea de todos y que en muchos casos se hace preciso encontrar un lugar
105 común para que esto se lleve a cabo.

4.3.15
Sin la participación de las empresas en las nuevas formulaciones de alternancia educación-empleo, una verdadera formación profesional

no será posible. Los sindicatos deben entender que esta alternancia
110 no impone riesgos para la potencial capacidad de generación de
empleo de las empresas y deben apoyar su implantación como fórmula
adecuada de optimizar los costes de la formación de los actuales y
potenciados trabajadores.

4.3.16

115 España es un país que necesita un periodo de transición para hacer
posible la formación en alternancia y hacer realidad que todo el
sistema educativo contemple la obligatoriedad de las 'prácticas en
empresa' para lo cual entendemos necesario que en todo el Estado
español se contemple la forma de ayudar a las empresas que apuesten
120 por este sistema y participen en el mismo, mediante desgravaciones
fiscales.

Respecto al nuevo 'espacio de movilidad europeo'

4.3.17

Para su impulso es necesario el establecimiento de nuevos sistemas
125 de información y orientación sobre oportunidades de empleo en todos
los Estados miembros. Esto abaratará costes y permitirá conocer las
oportunidades de empleo existentes a nivel europeo. Además se ha de
informar sobre condiciones de trabajo, normas laborales, Seguridad
Social, fiscalidad, trámites administrativos de cada país . . .
130   Igualmente, se debe facilitar el desarrollo científico mediante la
participación en los numerosos programas comunitarios de inter-
cambios en materia de Educación y Formación, que han sido puestos
en marcha por la Comisión de las Comunidades Europeas.

('Tendencias y perspectivas', *El sistema de formación
profesional en España*, CEDEFOP, 1994, pp. 72–5.)

Ejercicios

Léxico

Explica el significado de los vocablos y expresiones siguientes:

por grave que sea (l.9)	las exigencias (l.35)
el corto plazo (l.13)	plasmarse (l.38)
capacidad emprendedora (l.14)	dispositivos (l.41)
destrezas intelectuales (l.15)	hilo conductor (l.45)
una función clave (ll.18–19)	un abanico (l.51)
ocio (l.27)	acomodados (l.51)
consumo (l.27)	titulaciones medias (ll.53–54)

cercenar (l.77)
de origen bajo (l.83)
desgravaciones fiscales (ll.120–121)

trámites administrativos (l.129)
en materia de (l.132)

Gramática y estilo

(a) ¿Qué tipo de lenguaje se utiliza en este texto? Justifica tu respuesta con ejemplos sacados del mismo.

(b) Examina el tiempo/modo del verbo 'poder' en las frases: 'En el 2000 pudiera ser muy otra la situación del paro' (l.9–10), 'El paro tecnológico o estructural podría traducirse . . .' (ll.10–11). ¿Qué se expresa con cada uno de ellos?

(c) ¿Qué tipo de oración introduce: 'Por grave que sea . . .' (l.9)? Propón alternativas.

(d) El verbo 'deber' se utiliza en el texto en presente y en condicional. Justifica ambos tiempos en los casos en los que aparecen.

(e) 'La mayoría de las titulaciones deberían acompañarse por determinados conocimientos que permiten . . .' (ll.56–57). ¿Debe ir el verbo en indicativo, como aparece en el texto, o en subjuntivo? Razona tu respuesta.

(f) Explica el uso de 'pues' en: 'Este último punto es muy delicado, pues de no hacerse adecuadamente . . .' (l.76). Estudia los distintos usos de este operador.

Comprensión

(a) Explica el significado de la frase: '. . . el paro juvenil es un problema coyuntural' (l.9).

(b) Resume, con tus propias palabras, las ideas contenidas en el apartado 4.3.3.

(c) ¿Cuáles son los mayores problemas con que se enfrenta la educación universitaria y cuáles son las soluciones apuntadas?

(d) ¿Qué entiendes por 'decisiones políticas comprometidas' (ll.89–90)?

(e) ¿Qué debemos entender por la 'alternancia educación-empleo' (l.108)?

(f) ¿Cómo puede el 'espacio de movilidad europeo' (l.122) ayudar a resolver la situación del paro española?

Preguntas orales y escritas

(a) Razona la importancia de los lazos entre las instituciones educativas y el resto de la sociedad y propón distintas formas de desarrollar y mantener los mismos.

(b) La educación y el mercado laboral: problemas y soluciones.

Text 3.5

La economía sumergida

1 **Como hace dos siglos**

Carlos Dickens lo escribió hace 200 años y hoy lo volvería a narrar. En Elda, por donde pasan felizmente cada verano miles y miles de veraneantes camino de la playa, 'hay situaciones laborales que rozan
5 la precariedad', dice Juan Azorín, secretario comarcal de UGT del textil y el calzado.

Casi nadie se da cuenta de ello, pero no por eso deja de existir. El paro ha empujado a muchos trabajadores a realizar tareas en situaciones lamentables. Los empresarios ni siquiera ponen el local, y
10 el aparado, el doblado y el forraje del calzado se hacen en la propia casa de los trabajadores.

Todo el mundo lo sabe y el propio Carlos Solchaga lo reconoció, 'como un mal menor', ante el Congreso durante el debate sobre economía sumergida. Se paga por pares de zapatos acabados y no hay
15 ningún tipo de seguridad.

José Luis G. B. tiene cuatro hijos y vive en Villena (Alicante). Harto de estar sin trabajo, compró hace cuatro años, por 200.000 pesetas, una máquina para el 'rebajao' (perfilar los cantos del calzado). Tuvo que instalarla en la cocina de su vivienda de protección oficial.

20 'Desde entonces tengo trabajo y no falta un poco de dinero en casa', asegura, 'pero las comidas no nos saben lo mismo, porque trabajamos al tiempo que mi mujer cocina y la máquina desprende un polvillo irrespirable'.

CC OO de Villena realizó el año pasado una encuesta entre 500
25 trabajadores en la misma situación que José Luis. Las conclusiones no pueden ser más desalentadoras: el 25% de los empleados tenía menos de 10 años; el 58,13% dedicaba entre cinco y ocho horas a estos trabajos; el 75% realizaba el trabajo en la salita de estar de su domicilio; el 75% eran mujeres, y el 9,61%, niños. El 84% utilizaba
30 colas con alta toxicidad, hasta el extremo de que en la zona se ha popularizado el llamado aborto blanco: interrupciones de embarazos o nacimiento de niños con malformaciones.

La *drogocola* es la droga de moda en amplias zonas zapateras del Levante español. Se inhala inconscientemente en las casas durante el
35 pegado de suelas o tacones. CC OO calculó que en Villena, 700 personas trabajaban clandestinamente en sus domicilios para una sola compañía, la International Shoes Boots.

Dickens habría encontrado un filón si hubiera podido conocer la situación de alguno de los 6.000 centroafricanos que trabajan en
40 España en condiciones dramáticas. M. T., soltero, de 27 años, natural de Gambia, llegó a finales de 1980 a Barcelona. Traía lo puesto, y por toda documentación, un pasaporte que le facultaba para residir en España tres meses como turista. 'En 1981 comencé a trabajar en la explotación agrícola de J. A., en Areyns de Munt (Barcelona), sin
45 contrato y por tanto sin la cobertura de la Seguridad Social', cuenta el gambiano.

'En 1985 exigí a mi patrón un contrato de trabajo, única fórmula legal que me permitía optar a un permiso de trabajo y por tanto a un permiso de residencia. Se negó a hacérmelo'. M. T. denunció el asunto
50 a la Inspección de Trabajo, que no pudo expedientar al patrón porque no había contrato.

'Tras la inspección del Ministerio de Trabajo', continúa M. T., 'el patrón me despidió. Acudí a Magistratura, pero después de la experiencia que tuve, en junio de este año, me he visto obligado a
55 aceptar una indemnización de 50.000 pesetas'. Hoy el gambiano sigue en Barcelona, tan indocumentado como cuando llegó en 1980 y trabajando para patronos como J. A. El centroafricano se niega a dar la filiación completa del patrono, 'porque después de algunas semanas de reparos ha vuelto a contratar a centroafricanos ilegales. Si doy
60 publicidad a su nombre, otros siete trabajadores que están empleados con él, todos de forma ilegal, irían a la calle y no tendrían qué comer'.

Pánico a destajo

El miedo es el arma del poderoso y todo el mundo lo sabe. La Administración, también. En Andalucía los *manijeros*, los encargados
65 de contratar jornaleros, son los que hacen el trabajo sucio. Recorren las plazas y las calles de los pueblos para dar trabajo a quien no se queja y ofrece un aspecto pacífico.

Los sindicatos denuncian que en muchas ocasiones los jornaleros se ven obligados a cobrar por debajo del convenio para así poder
70 llegar a las 60 peonadas anuales que dan derecho a percibir íntegramente el subsidio de desempleo agrario: 24.000 pesetas al mes durante nueve meses.

'Lo más lamentable es la recogida del algodón', dice Juan Manuel Sánchez Gordillo, alcalde de Marinaleda, 'jornaleros viejos, de 60 años
75 o más, tienen que trabajar, a veces enfermos, para poder vivir'. El trabajador no escoge; a él le siguen escogiendo.

'Instar al Gobierno a reforzar las medidas inspectoras...', el mandato del Congreso de los Diputados está lejos de cumplirse. El 32% de la población oficialmente ocupada en la región de Murcia

80   trabaja en situación irregular; el 28,9% en Andalucía; el 27,4% en
Castilla-La Mancha. Cifras enormes a las que habría que sumar una
legión de trabajadores en paro que están al margen de las estadísticas.

El pasado jueves 1 de octubre, tras pasar la noche en la prisión
municipal, Cristina y sus dos amigas consiguieron emplearse en una
85   finca de Dolores (Alicante).

Cuando llevaban cuatro horas de trabajo en el algodón, empezó a
llover. Habían recogido 36,5 kilos de algodón, o lo que es lo mismo,
1.460 pesetas de jornal. Días después seguía lloviendo, hasta que a
las ocho de la mañana del día 6 emprendieron camino hacia Albacete.
90   El termómetro marcaba seis grados, y Carmen, una de sus dos amigas,
dijo: 'Con este agua habrán salido muchas setas en el pueblo. Si nos
espabilamos, es un jornal'.

(Carlos Sánchez y Francisco Justicia,
El Globo, 27 de noviembre de 1987.)

Ejercicios

Léxico

Explica el significado de los vocablos y expresiones siguientes:

rozar (l.4)	la cobertura de la Seguridad Social (l.45)
el aparado (l.10)	patrón (l.47)
el doblado (l.10)	expedientar (l.50)
el forraje (l.10)	despedir (l.53)
economía sumergida (ll.13–14)	Magistratura (l.53)
harto (l.16)	la filiación (l.58)
los cantos (l.18)	reparos (l.59)
vivienda de protección oficial (l.19)	a destajo (l.62)
desalentadoras (l.26)	jornaleros (l.65)
colas (l.30)	denunciar (l.68)
suelas (l.35)	convenio (l.69)
tacones (l.35)	subsidio de desempleo (l.71)
clandestinamente (l.36)	instar (l.77)
un filón (l.38)	el mandato (ll.77–78)
traer lo puesto (l.41)	

Gramática y estilo

(a)   Explica la función y utilización de los pronombres en: 'lo escribió' (l.2), 'lo
volvería a narrar' (l.2), 'lo sabe' (l.12), 'lo reconoció' (l.12). Construye frases
en las que los utilices, siguiendo el mismo modelo.

(b) ¿Por qué aparece 'rebajao' (l.18) entre comillas en el texto? ¿En qué casos es esta forma del participio permisible en el lenguaje coloquial?

(c) 'Dickens habría encontrado un filón si hubiera podido conocer la situación' (ll.38–39). Identifica los tiempos/modos empleados en esta oración y construye frases similares.

(d) ¿Te parecen correctos los tiempos/modos de los verbos utilizados en las líneas: 'Si doy publicidad . . . no tendrían que comer' (ll.59–61). Justifica tu respuesta.

(e) Identifica el tiempo y modo del verbo en: 'Con este agua habrán salido muchas setas . . .' (l.91) y justifica su uso. Construye frases siguiendo este modelo.

(f) Busca otra acepción para el vocablo 'patrón' (l.47) y forma el plural de ambas.

(g) Identifica todos los casos de español coloquial que aparecen en el texto.

Comprensión

(a) Explica, con tus propias palabras, por qué el autor califica de 'lamentables' (l.9) las situaciones en las que se encuentran muchos trabajadores.

(b) ¿Por qué se ha puesto de moda la 'drogocola' (l.33)?

(c) Resume, con tus propias palabras, el caso del gambiano al que hace referencia el texto.

(d) Explica el significado de las líneas 'Instar al Gobierno . . . está lejos de cumplirse' (ll.77–78).

Preguntas orales y escritas

(a) ¿Resulta preocupante la existencia, a tan gran escala, de una economía sumergida en España? Si tu respuesta es afirmativa, razónala.

(b) ¿Qué medidas podrían adoptarse para reducir la importancia de la economía sumergida en España?

Text 3.6

La supuesta incapacidad española para crear empleo

1 Parece extenderse el pesimismo – incluso entre excelentes analistas de la economía española – sobre la capacidad de nuestro sistema productivo para reducir el altísimo nivel de desempleo existente en España. (. . .)

5 Los datos globales de las últimas décadas parecen, a primera vista, justificar estos diagnósticos descorazonadores. Entre 1968 y 1993, la población activa española ha aumentado en 2,9 millones de personas, mientras la ocupación se reducía en medio millón de empleos y, por tanto, el paro aumentaba en 3,4 millones de personas, hasta

10 el 22,7% del total de activos (alcanzó un máximo del 24,2% el año pasado), mientras en la Unión Europea la media en el año peor fue del 11,8% (. . .)

Lo más importante para analizar y localizar las causas del aparente misterio de un paro mucho mayor, no ya que el de la media europea,

15 sino que el italiano, el griego o el portugués, es no contentarse con la perspectiva global de 25 o 30 años y desglosar por periodos y por conceptos las cifras básicas del mercado de trabajo español. Cuando ello se hace (. . .) el panorama se aclara y el diagnóstico puede precisarse.

20 La simple distinción entre el periodo 1974–1985, dominado por las crisis del petróleo, del periodo anterior y del que va de 1985 a 1993, muestra ya que el desastre del paro español tiene como causa principal el impacto, muchísimo más grave en España que en el resto de la OCDE-Europa, de aquellas crisis desencadenadas por las altas

25 subidas del precio del crudo. En esa década larga, mientras Europa en su conjunto mantenía el nivel de empleo, éste caía un 16% en España (. . .) En el periodo anterior a la crisis, el empleo creció en España más que en Europa (5,1% frente a 3,1%) y en la etapa 1985–1993, la ocupación creció mucho más rápidamente que en Europa: 8,9% frente

30 a 3,4%. En este último periodo de ocho años – con España incorporada ya a la Comunidad Europea –, ese crecimiento del empleo no sólo superó a la media de la OCDE-Europa, sino que fue el mayor de cada país individual, superando el crecimiento del 6,3% que tuvo la Alemania Occidental. Y además ese crecimiento mayor del empleo se

35 mantiene también en el periodo para los sectores no agrarios cuando se elimina el incremento de los que trabajan para las administraciones públicas centrales y territoriales: 16,7% en España frente a 8,8% en Europa.

¿Cuáles fueron las causas de esa gravedad diferencial de las crisis
40 del petróleo para España? (...) A mi modo de ver, las causas dife-
renciales fueron:

(1)   La explosión salarial de aquellos años que, al no poderse compensar con aumentos de la producción, forzó a las empresas a
despidos masivos y contribuyó a que sus beneficios cayeran
45   espectacularmente.
(2)   Las incertidumbres políticas de la transición a la democracia
y la mencionada caída de beneficios produjeron una caída
dramática de las tasas de inversión.
(3)   La repercusión de las alzas en los precios del petróleo sobre los
50   precios interiores fue muy insuficiente, hasta finales de 1982, y
no hubo incentivo para ahorrar energía, con lo que una gran
parte del apartado productivo quedó obsoleto y la balanza
comercial en desequilibrio.

En la caída del empleo hubo otro factor, de gran dimensión pero
55 que, extrañamente, rara vez se pone de relieve por los macroeco-
nomistas, tan poco aficionados a desagregar: la rapidísima reducción
del empleo en la agricultura, no sólo en el periodo de las crisis, sino
a lo largo de los últimos 30 años. Entre 1960 y 1993, la población
ocupada en la agricultura pasó de un 38,7% a un 10% de la total,
60 anulando la diferencia – el retraso – respecto al conjunto de la OCDE-
Europa, que era de 13 puntos en 1960 y de 0,4 puntos en 1993. El
ritmo de la reducción de empleo agrario fue del 70% en España, frente
a un 47% en la OCDE-Europa, para 1968–1993, y de un 37%, frente a
un 19%, durante el periodo de las crisis (...)
65 La segunda causa en importancia del aumento del paro en España
es el aumento de la población activa civil a lo largo del periodo 1968–
1993: 23% en España y 16% en OCDE-Europa. Este aumento se debe
esencialmente a la rapidez de incorporación de las mujeres al mercado
de trabajo, ya que el número de activas creció un 88% en España,
70 frente a un 42% en Europa. La diferencia entre las tasas de actividad
femeninas entre España y la OCDE-Europa era de 11 puntos en 1960,
de 7,6 en 1983 y ya sólo de 3,7 en 1993. Este desarrollo extraordinariamente positivo, que está superando un retraso secular español,
ha impuesto una presión enorme sobre el mercado de trabajo: si la
75 población activa española hubiera crecido al ritmo europeo del 16%,
en 1993 habría habido 871.000 parados menos, con la misma creación
de empleo.
Si las anteriores reflexiones – que creo se deducen elementalmente
de una consideración adecuada de las cifras – están acertadas, no

80   hay razones para el desánimo sobre la capacidad de la economía
española para crear empleo (. . .)
    Sin embargo, también se deduce que el problema del paro perdurará
a medio plazo, puesto que continuarán, inevitable y deseablemente,
los procesos de aumento de la población activa femenina y de reduc-
85   ción de empleo agrario, aunque quizá a menor ritmo. Razón de más
para llevar a cabo las reformas del mercado de trabajo aconsejadas
por todos los expertos para maximizar la creación de empleo – en
especial, suprimir las actuales y nefastas segmentaciones del mercado
de trabajo –, puesto que no podemos incidir mucho en los procesos
90   más profundos y decisivos que acabo de analizar. (. . .)
                 (Miguel Boyer, *El País*, 13 de noviembre de 1995.)

Ejercicios

Léxico

Explica el significado de los vocablos y expresiones siguientes:

descorazonadores (l.6)	las alzas en los precios (l.49)
la ocupación (ll.8, 28–29)	la balanza comercial (ll.52–53)
desglosar (l.16)	un retraso secular (l.73)
desencadenar (l.24)	razón de más (l.85)
las tasas de inversión (l.48)	nefastas (l.88)

Gramática y estilo

(a)   Busca todos los superlativos que aparezcan en el texto. Explica las reglas de
formación del superlativo relativo y absoluto.

(b)   ¿Puedes justificar la presencia del perfecto en la frase: 'Entre 1968 y 1993 la
población activa española ha aumentado en 2,9 millones de personas . . .'
(ll.6–7)? Explica los usos del perfecto.

(c)   Analiza el efecto expresivo obtenido mediante la utilización del gerundio en
la frase: '. . . fue el mayor de cada país individual, superando el crecimiento
del 6,3% que tuvo la Alemania Occidental' (ll.32–34). Construye frases
utilizando el gerundio con el mismo efecto expresivo.

(d)   'A mi modo de ver' (l.40): propón al menos cinco alternativas diferentes
para expresar el punto de vista propio.

(e)   'La diferencia entre las tasas de actividad femeninas entre España y la
OCDE-Europa . . .' (ll.70–71). ¿Qué efecto tiene la repetición de la preposición 'entre'? Intenta expresar la misma idea evitando su repetición.

(f)   '. . . inevitable y deseablemente . . .' (l.83). ¿Es 'inevitable' adverbio o adjetivo?
¿Por qué le falta la terminación en '-mente'?

Comprensión

(a) Resume la situación del empleo en España entre 1968 y 1993.

(b) ¿Cuál fue la época de mayor crecimiento de empleo en España? ¿Cómo se explica?

(c) ¿Por qué tuvo la crisis del petróleo efectos tan graves en España? Explícalo con tus propias palabras.

(d) ¿Compartes la opinión del autor de que la masiva incorporación de la mujer al mercado laboral es una de las principales razones del incremento del paro en España? ¿Tuvo el mismo efecto en los países de su entorno?

(e) ¿A qué crees que se refiere el autor cuando aboga por la supresión de 'las actuales y nefastas segmentaciones del mercado de trabajo' (ll.88−89)?

(f) ¿Crees que el autor ha demostrado que la economía española es capaz de crear empleo en el futuro?

Preguntas orales y escritas

(a) ¿Por qué puede ser un error el adoptar una postura pesimista sobre la capacidad de la economía española para crear empleo?

(b) ¿Por qué ha sido mayor el efecto del desempleo en algunos sectores de la población española?

Text 3.7

La reforma laboral: necesaria y urgente

1   Si nos atenemos a la situación del desempleo en España, que arroja
índices superiores al 21%, aun en buena situación económica, es
evidente que algo no funciona como es debido en nuestro mercado de
trabajo y que, por tanto, es precisa una reforma de las condiciones
5   que lo regulan. Es totalmente atípico que España ostente año tras
año el récord de paro europeo con una media que es el doble de la que
tienen en la Unión Europea, cuatro veces superior a la norteamericana
y ocho veces mayor que la japonesa.

    Por mucho que nos empeñemos, las razones históricas (vuelta de
10 los emigrantes, incorporación de la mujer al mercado de trabajo,
exceso de mano de obra agrícola, los efectos retrasados de la explosión
demográfica de los años sesenta, etcétera) no son suficientes para
explicar el altísimo índice de paro que padece de manera crónica la
sociedad española, ni la incapacidad de generar empleo abundante
15 en los años buenos del ciclo económico, sumada al riesgo permanente
de que se destruya empleo en grandes proporciones en los años malos
de ese mismo ciclo.

    Quizá lo más sencillo sea preguntarse qué factores de nuestro
mercado de trabajo son distintos a los europeos, y cómo pueden influir
20 estas diferencias en que tengamos el doble de paro que ellos. En un
primer análisis, las diferencias más llamativas son las siguientes:

(1)   Los costes sociales vinculados a la contratación indefinida son
en España mucho más altos que en el resto de Europa. Las
cotizaciones sociales en nuestro país representan casi el 40% de
25   la masa salarial. Del total de cotizaciones, el reparto entre lo que
paga la empresa y lo que corresponde al trabajador se sitúa en
un 86–14, mientras que en Europa el promedio se coloca en el
55–45.

        Este esquema de cotizaciones (agravado por el hecho de que
30   el sistema contributivo, después de pagar lo que le corresponde,
hace además una aportación anual de casi un billón de pesetas
al asistencial), es muy oneroso para la contratación indefinida
y lógicamente retrae las decisiones de crear empleo de los
empresarios.

35 (2)   Los costes de rescisión de los contratos indefinidos son en España
mucho más caros que en Europa. Si exceptuamos el despido
procedente o disciplinario, existen en España dos fórmulas para

rescindir una relación laboral indefinida: el despido objetivo, que genera una indemnización máxima de 365 días, y el despido
40   improcedente, que genera indemnizaciones que pueden llegar a los 1.260 días, según la antigüedad del trabajador.

Hasta la fecha, los tribunales de lo social han interpretado la ley de suerte que una gran parte de los despidos que los empresarios habían considerado objetivos (por razones tecnológicas,
45   económicas, organizativas o de la producción), e indemnizados con 20 días por 12 meses, los jueces los convierten en improcedentes, indemnizados con 45 días por 42 meses.

Esta es la realidad y los empresarios han asumido que el llamado 'despido objetivo', en sus términos actuales, no es una
50   fórmula que les permita flexibilidad, ya que la justicia suele revocar sus razones y condena a las empresas al pago de fuertes indemnizaciones.

En Europa, el coste legal de la indemnización por despido improcedente es mucho más baja. Se sitúa en una media de 497
55   días como máximo. Aun en el peor de los casos para el empresario (que el despido sea calificado de 'improcedente' por los tribunales), la indemnización a pagar es mucho más llevadera.

(3)   En tercer lugar, en España se ha producido en los últimos 12 años una 'dualización' del mercado de trabajo que ha llevado
60   a una distribución 66%–34% entre los que tienen contratos indefinidos y los que disponen de un contrato temporal. Esta distribución, que se aleja mucho de lo normal en Europa, a la larga deprime el consumo interno, es un factor que desanima la inversión en formación de trabajadores y repercute sobre el
65   incremento del paro juvenil.

Hay que hacer un poco de historia: en 1984, el Acuerdo Económico y Social (AES) establecía en su artículo 17 la necesidad de homologar la legislación española, en materia de despidos, a la habitual en la Europa comunitaria. Este artículo fue incumplido por el Gobierno de
70   entonces, que adujo que no era preciso realizar esta homologación porque nuestra legislación ya estaba homologada.

Esta retorsión del espíritu del AES cerró la puerta a la flexibilidad del mercado de trabajo indefinido, y para compensar sus efectos, el Gobierno socialista abrió la espita de los contratos temporales, creando
75   14 nuevas modalidades de contratación cuyo denominador común era precisamente su temporalidad.

Desde entonces, la proporción de trabajadores con contrato temporal ha subido desde el 5% al 34,1%, con los efectos negativos antes señalados. El incumplimiento del AES y el inicio de la 'dualización'
80   fue un viraje equivocado en materia de empleo, cuyos resultados se cosecharon años más tarde.

Ya a principios de la década de los noventa volvió a hacerse evidente la necesidad de una reforma del mercado de trabajo, cosa que se hizo en 1994. Era un paso en la buena dirección, pero absolutamente
85   insuficiente, puesto que la ambigua redacción legal del texto dificultaba su interpretación judicial, sobre en qué ocasiones concurrían razones 'organizativas o de producción' para establecer el despido objetivo, y en una mayoría de los casos han seguido removiendo las decisiones de los empresarios. Por lo demás, esta
90   reforma no contribuyó (más bien lo contrario) a evitar la progresiva dualización del mercado de trabajo.

Así las cosas, cualquier modificación que se introduzca a partir de ahora debe encaminarse a volver a unificar ambos mercados (el indefinido con el temporal), dando estabilidad a los puestos de trabajo
95   y otorgando la necesaria flexibilidad en la contratación, durante la vida del contrato y en el momento del despido. Las maneras de hacer esto pueden ser varias y abiertas a todo tipo de discusiones, pero está fuera de cualquier duda que España necesita una nueva, profunda y urgente reforma laboral.

(José María Cuevas, *El País*, Debates, 14 de noviembre de 1996.)

Ejercicios

Léxico

Explica el significado de los vocablos y expresiones siguientes:

atenerse (l.1)	una indemnización (l.39)
arrojar índices (ll.1–2)	ser llevadero (l.57)
ostentar (l.5)	homologar (l.67)
empeñarse (l.9)	retorsión (l.72)
índice de paro (l.13)	abrir la espita (l.74)
rescisión de contrato (l.35)	

Gramática y estilo

(a)   '. . . es evidente que algo no funciona . . .' (ll.2–3). ¿Qué pasaría si negáramos el verbo principal: no es evidente que . . . ? ¿Por qué? Piensa en expresiones similares a 'es evidente' − ¿Se comportan todas ellas de la misma manera? Experimenta, construyendo frases con ellas.

(b)   ¿Qué denota el prefijo 'a-' en 'atípico' (l.5)? Da al menos diez ejemplos de vocablos que lo contengan.

(c)   '. . . que padece de manera crónica . . .' (l.13). ¿De qué lenguaje están tomados estos vocablos? ¿Por qué crees que el autor ha elegido utilizarlos?

(d)   ¿Es correcta la utilización del plural en el participio 'indemnizados' (l.45)? Justifica tu respuesta.

(e)   ¿Qué significa 'remover' (l.88)? ¿En qué sentido lo utiliza el autor? ¿Qué otro vocablo hubiera resultado apropiado?

(f)   Justifica el subjuntivo en la oración: '. . . cualquier modificación que se introduzca . . .' (l.92). Construye frases siguiendo este modelo.

Comprensión

(a)   ¿Está de acuerdo Cuevas con las razones aducidas por Boyer – ver Texto 3.6 'La supuesta incapacidad española para crear empleo' – para explicar el alto índice de paro en España?

(b)   Explica, con tus propias palabras, las ideas contenidas en las líneas: 'Los costes sociales vinculados . . . retrae las decisiones de crear empleo de los empresarios' (ll.22–34).

(c)   Resume lo expuesto en las líneas: 'Hasta la fecha . . . 45 días por 42 meses' (ll.42–47) y luego tradúcelas al inglés.

(d)   Explica lo que entiendes por 'despido procedente' (ll.36–37), 'despido objetivo' (l.38) y 'despido improcedente' (ll.39–40).

(e)   ¿Por qué existe una dualización del mercado de trabajo español y cuáles son sus consecuencias?

(f)   ¿Compartes el punto de vista de Cuevas con respecto a las causas del desempleo en España y crees que una nueva reforma laboral resolvería la situación?

(g)   ¿Qué opinión le merece a Cuevas la reforma de 1994?

Preguntas orales y escritas

(a)   ¿Crees que existe alguna posibilidad de que el Gobierno español emprenda una nueva reforma laboral tras las medidas de 1994?

(b)   ¿Crees que es inevitable el desacuerdo entre empresarios y sindicatos en el área de la reforma del mercado laboral?

Text 3.8

La calidad en trabajo temporal

1   La gestión de la calidad es una herramienta que debe asegurar que los productos o servicios que una empresa presta, cubran las expectativas de sus clientes. Por lo general un sistema de calidad es el que, una vez conocidos los requisitos del cliente, establece unos pro-
5   cedimientos estándar, que si se cumplen, permiten asegurar que el producto o servicio se realiza conforme a lo esperado.

    Sin embargo, en el sector servicios, y concretamente en el de las empresas de trabajo temporal, hay dos características que lo hacen más complicado, el servicio prestado no se puede repetir y las necesidades
10 del cliente no son siempre iguales. Por ello es necesario contar con un sistema que nos permita conocer en todo momento las expectativas de nuestros clientes para ofrecer el servicio que se nos demanda, que asegure que el proceso se desarrolla de la forma más adecuada en función de esas necesidades y que pueda ofrecer un valor añadido.
15 Ahora bien, existen muchos sistemas de calidad, tantos como empresas u organizaciones, y no todos pueden ser válidos aunque estén certificados. De poco sirve obtener la certificación de un sistema de calidad que no se ha diseñado teniendo en cuenta la satisfacción de las expectativas de los clientes. Algunos, aunque sí las tienen en
20 cuenta, las consideran permanentes y uniformes, y no lo son. Esto debe ser tenido en cuenta: es necesario crear un sistema de calidad que sea flexible y que mantenga al cliente como 'centro de gravedad'.

    En nuestra empresa esta evaluación se realiza a través de cuatro canales ya previstos y gestionados a través del sistema de calidad,
25 como son el seguimiento continuo del trabajador cedido, el cuestionario de evaluación del servicio, el desarrollo del proceso de selección y los incidentes críticos. Estos cuatro canales nos ofrecen un feedback rápido, fiable y continuo. Así vamos obteniendo información a medida que se va prestando el servicio.
30 Por supuesto es necesario contar con una descripción de procedimientos, ¿cómo asegurar si no el mismo nivel de calidad en todas las delegaciones? Sin embargo estos son generales, breves y sobre todo flexibles para admitir adaptaciones rápidas y no burocratizar la empresa.

La calidad en el proceso de selección

35 No todos los procesos de selección son iguales; en función del puesto de trabajo y del perfil, el procedimiento variará y se aplicarán unas u otras técnicas (entrevista, pruebas, tests, dinámicas de grupo . . .). Es

necesario que estas vayan siendo validadas y mejoradas. Esto es lo que permite nuestro programa de mejora, a través de reuniones semanales
40 en las que se realizan las mejoras, su seguimiento y su análisis.

Dentro del proceso de selección hay técnicas de importancia clave, que necesitan ser mejoradas y validadas. La más importante es la entrevista personal, en la que se suelen comprobar numerosas características de las requeridas por la empresa cliente, pero algunas
45 como el grado de conflictividad, iniciativa o motivación, por ejemplo, no son explicitadas por el cliente. Attempora sí las tiene en cuenta. Aunque son aspectos difíciles de chequear, Attempora a través de su programa de mejora, ha desarrollado una entrevista y en general una metodología del proceso de selección para comprobarlas.
50 A través de la experiencia y la metodología para la mejora continua se han analizado todos los aspectos; la iniciativa, por ejemplo, puede llegar a ser más importante para un puesto que el conocimiento de alguna herramienta informática u otras características. A través de una sola entrevista puede que no tengamos la seguridad necesaria
55 sobre la veracidad de la información obtenida, será necesario realizar otra entrevista con otro entrevistador, realizar pruebas situacionales y desarrolladas especialmente para este fin o pedir referencias, sólo de esta forma podemos ofrecer a nuestros clientes el personal demandado con garantías.
60 Otro tema puede ser la motivación, hasta qué punto está el candidato interesado en el puesto de trabajo. Es necesario utilizar preguntas desde distintos puntos de vista y en distintos momentos, conocer la situación económica y social del candidato, etc. El proceso de mejora logra optimizar las herramientas de selección constan-
65 temente para ofrecer a nuestros clientes un mejor servicio.

Una política de formación y comunicación constituyen el principal apoyo al sistema de calidad que aportará a la empresa de trabajo temporal numerosas ventajas económicas, entre las que cabe destacar la fidelización del cliente, al ofrecer un servicio que se adapta a sus
70 necesidades, y la optimización de recursos, ya que una vez que conocemos las características que el cliente valora como un servicio de calidad, podemos destinar más recursos a potenciarlas.

(Eloy Segura Rosas, Responsable de calidad y Formación de Attempora, *Negocios*, No 20, octubre 1996, p. 44.)

Ejercicios

Léxico

Explica el significado de los vocablos y expresiones siguientes:

la gestión de la calidad (l.1)   empresas de trabajo temporal (l.8)
los requisitos (l.4)   fiable (l.28)

delegaciones (l.32) seguimiento (l.40)
burocratizar (l.33) la fidelización (l.69)
el perfil (l.36) potenciar (l.72)

Gramática y estilo

(a) Justifica la utilización del subjuntivo en la oración: '. . . debe asegurar que los productos cubran las expectativas de sus clientes' (ll.1–3).

(b) La forma impersonal de 'haber', 'hay', se emplea con frecuencia cuando quizás sería más apropiado usar otro verbo. Estudia los casos en los que aparece en el texto y di si su utilización es la más idónea. Si tu respuesta es negativa, propón alternativas.

(c) Explica el uso de 'lo' en las estructuras: '. . . hay dos características que lo hacen más complicado . . .' (ll.8–9) y '. . . las consideran permanentes y uniformes y no lo son' (l.20).

(d) Estudia el uso del subjuntivo en las frases: '. . . es necesario contar con un sistema que nos permita . . . , que asegure . . . y que pueda ofrecer un valor añadido' (ll.10–14), '. . . es necesario crear un sistema de calidad que sea flexible y que mantenga al cliente . . .' (ll.21–22). Construye frases siguiendo este modelo.

(e) Explica el uso del adverbio 'sí' en: 'Algunos, aunque sí las tienen . . .' (l.19), 'Attempora sí las tiene . . .' (l.46).

(f) ¿Por qué ha elegido el autor utilizar la perífrasis 'ir' + gerundio en vez del presente del verbo conjugado en: 'Así vamos obteniendo información a medida que se va prestando el servicio' (ll.28–29). ¿Es la misma razón válida para el caso: 'Es necesario que éstas vayan siendo validadas y mejoradas' (ll.37–38)? Utiliza estas construcciones en frases que tú inventes.

(g) Explica el significado de la conjunción 'si' y la estructura en la que aparece en la frase: 'Cómo asegurar si no . . .' (l.31)?' Construye frases con estructuras similares.

(h) ¿Qué tipo de vocablo es 'chequear' (l.47)? Sugiere alternativas.

(i) Lee el texto con cuidado, añadiendo signos de puntuación o cambiando los que aparecen, cuando lo creas necesario.

Comprensión

(a) ¿Cuál es la función de un sistema de calidad?

(b) ¿Con qué dificultades se encuentran las empresas de trabajo temporal a la hora de implementar un sistema de calidad?

(c) ¿Por qué puede un sistema certificado no ser válido?

(d) Explica en qué consisten cada uno de los cuatro canales del sistema de calidad de Attempora.

(e) ¿A qué se refiere el autor cuando habla de 'el grado de conflictividad' (l.45)?

(f) ¿Crees que es necesario contar con un sistema de calidad para asegurar el éxito de una empresa?

Preguntas orales y escritas

(a) Expón las ventajas y desventajas de la contratación de trabajadores temporales para un empresario español.

(b) ¿Qué medidas puede tomar una empresa para asegurar la calidad de los trabajadores temporales que se le proporcionan?

Text 3.9

Despiertan las mujeres: Una tesis defiende que están mejor cualificadas para empresas de servicios y comunicaciones

1   La mujer está más preparada que el hombre para la empresa de servicios y comunicaciones de la sociedad actual, según la tesis de Isabel Bouroncle, 'Mujer y empresa en España', presentada en la Universidad de Navarra.

5   La mujer representa actualmente en España el 35% de la población activa y el 50% de la población universitaria en carreras relacionadas con la empresa. Sin embargo, tan sólo ocupa el 5% de los puestos directivos y el 14% de la Administración Pública, según datos del Instituto de la Mujer.

10   Esta situación de la mujer en la empresa ha sido analizada por Isabel Bouroncle en la tesis 'Mujer y empresa en España' presentada en la Universidad de Navarra y en la que estudia la aplicación de la normativa comunitaria, el modelo masculino y femenino de dirección de empresa y elabora un perfil de la mujer empresaria.

15   Una de las conclusiones fundamentales del estudio hace referencia al nivel de cualificación de hombres y mujeres en la sociedad de servicios y comunicaciones actual. Bouroncle tras analizar la situación de la mujer ha comprobado que tiene mejores cualidades para la dirección de empresas de servicios y comunicaciones que son las que se están

20   imponiendo en las puertas del año 2000, dejando atrás la sociedad propiamente industrial dominada casi por completo por el hombre.

Los objetivos que busca la mujer al incorporarse al mercado laboral son principalmente: alcanzar la satisfacción personal, afán de prestigio y superación, independencia, autoconfianza, etc.

25   Las cualidades femeninas son una nueva aportación para la empresa, una aportación importante que favorece la eficacia y logro del objetivo que muchas empresas desean mejorar hoy día: las relaciones y recursos humanos. La mujer destaca por sus habilidades sociales, la intuición, saber escuchar, la creatividad, la ilusión y el empeño, que

30   facilitan las relaciones personales y el trabajo en las empresas.

Independencia

La presencia femenina más importante se da en sectores de la pequeña y mediana empresa, mientras que en las grandes aún cuentan poco

con la mujer para los puestos de dirección. Bouroncle apuesta por una
35   total incorporación de la mujer en la toma de decisiones que permita
el complemento de cualidades de hombres y mujeres. El modelo de
liderazgo masculino, habitualmente caracterizado por ser más racional
e impositivo, cuenta poco con el factor de las relaciones y la aportación
de intereses de los empleados para la toma de sus decisiones. En
40   cambio, el liderazgo femenino basa su fuerza en las relaciones humanas,
es menos impositiva y busca la comunicación y aportación de todos
los sectores de la empresa, incluidos los empleados a los que tiene en
cuenta en la toma de decisiones. La mujer abandona la filosofía
frecuente en los hombres de 'alcanzar los objetivos caiga quien caiga'.
45   Bounroncle destaca el cambio que se ha producido en la población
universitaria española en los últimos años. Desde la década de los 80
la mujer se ha incorporado masivamente a la Universidad en todo
tipo de carreras, lo que contrasta con lo ocurrido en décadas anteriores
cuando la mujer no estudiaba determinadas carreras que estaban
50   destinadas casi exclusivamente al hombre – ingenierías, arquitectura,
medicina . . .
La doctora por la Universidad de Navarra considera que en 20
años la igualdad laboral entre hombres y mujeres será total y las
mujeres también desempeñarán con naturalidad puestos de dirección.

55   Menos salario

En España, la incorporación de la mujer al mundo laboral ha surgido
tarde. La causa fundamental ha sido la falta de formación académica;
la mujer no acudía a las universidades, lo que le impedía formarse
profesionalmente. Fundamentalmente es un problema de experiencia
60   y formación y no de inteligencia.
A pesar de que la evolución en los últimos años ha sido importante,
la mujer sigue estando discriminada; según estudios de la doctora
Bouroncle las mujeres reciben un 20 ó 30% de salario menos que
el hombre por un mismo trabajo. Los empresarios justifican esta
65   diferencia salarial por los períodos de inactividad de la mujer por
maternidad, falta de disponibilidad total o dificultades de traslados.
En su trabajo, reconoce que han existido errores en muchas mujeres
que han llegado a puestos importantes, ya que lo que ellas han hecho
ha sido adoptar el modelo masculino de liderazgo, han adoptado un
70   estilo agresivo y tenso propio de los hombres, sin aportar nada nuevo.
Es necesario que la mujer introduzca el estilo femenino de dirección,
un estilo basado en las comunicaciones sociales y los recursos humanos, al que hay que sumar su capacitación profesional equiparable
a la de los hombres.

(Mikel Segovia, *El Mundo*, 16 de noviembre de 1994.)

Ejercicios

Léxico

Explica el significado de los vocablos y expresiones siguientes:

carreras (l.6)

la normativa comunitaria (ll.12–13)   el empeño (l.29)

elaborar (l.14)   pequeña y mediana empresa (ll.32–33)

imponerse (ll.19–20)   la toma de decisiones (l.35)

en las puertas de (l.20)   desempeñar (l.54)

afán (l.23)   equiparable (l.73)

eficacia (l.26)

Gramática y estilo

(a) Compara y explica el uso del artículo en: 'el 5%' (l.7), 'el 14%' (l.8), 'un 20 ó 30%' (l.63).

(b) ¿Qué efecto se consigue con la repetición del vocablo en: '. . . son una nueva aportación para la empresa, una aportación importante . . .' (ll.25–26). Escribe de nuevo estas líneas evitando la repetición y contrasta su efecto efectivo con el de las originales.

(c) Explica la función que desempeñan los infinitivos en las frases: 'alcanzar la satisfacción' (l.23), 'saber escuchar' (l.29). Trata de expresar las mismas ideas utilizando sólo sustantivos como en el resto de las oraciones en las que aparecen. ¿Qué estilo te parece más elegante?

(d) 'Tener en cuenta' (ll.42–43), 'contar con' (l.38): haz frases con ambas expresiones y analízalas para ver sus significados.

(e) Explica el sentido de la expresión 'caiga quien caiga' (l.44) y construye frases, siguiendo el mismo modelo, con verbos con los que resulten apropiadas.

(f) Escribe, de forma que resulte más elegante, la oración: '. . . reconoce que han existido errores en muchas mujeres que han llegado . . .' (ll.67–68).

(g) Justifica el modo del verbo en la frase: 'Es necesario que la mujer introduzca . . .' (l.71). Haz frases con expresiones similares a 'es necesario'.

Comprensión

(a) El artículo enumera una serie de objetivos que persigue la mujer al incorporarse al mercado laboral. ¿Estás de acuerdo con todos ellos? ¿En qué se diferencian de los del hombre? ¿Añadirías algún otro?

(b) ¿Cómo se explica la mayor presencia de la mujer en la pequeña y mediana empresa?

(c) Compara los modelos de liderazgo masculino y femenino descritos en el texto. ¿Qué opinas de ellos?

(d) Según el artículo, las mujeres brillaban por su ausencia en las carreras de ingeniería, arquitectura, medicina, etc., antes de la década de los 8o. ¿Es esto aplicable sólo a España? ¿Crees que la situación actual es muy diferente?

(e) ¿Qué quiere decir el autor cuando habla de la 'falta de disponibilidad total o dificultades de traslados' (l.66) con referencia a la mujer?

Preguntas orales y escritas

(a) ¿Por qué es tan baja la proporción de mujeres que ocupan puestos directivos en España y cómo puede incrementarse?

(b) ¿Debería fomentarse el trabajo a tiempo parcial para facilitar una mayor incorporación de la mujer al mercado laboral?

Text 3.10

Mis queridos sindicatos

---

1   Los sindicatos españoles, y no sólo los dos mayoritarios UGT y CC OO, tienen que sufrir una profunda transformación para cumplir el mandato constitucional de contribuir 'a la defensa y promoción de los intereses económicos y sociales que les son propios'. Fíjense bien
5   en la cláusula 'que les son propios': estoy de acuerdo con Cándido Méndez y con Antonio Gutiérrez en que esos intereses no son sólo los de sus afiliados presentes, sino también los de sus afiliados potenciales, es decir los parados.

  Las orejeras ideológicas de muchos sindicalistas de pro son tan
10   impenetrables que descuentan cualquier cosa que yo pueda decir sobre la clase obrera, sus intereses, y la manera de defenderlos como una mera expresión de los intereses de los patronos. Hacen mal por dos razones: porque es posible que los intereses de trabajadores y los empresarios coincidan a menudo; y porque algo de lo que yo les digo
15   puede serles de utilidad.

  Para ser verdaderamente eficaces en la defensa de los intereses de los trabajadores y la promoción de la prosperidad del país los sindicatos mayoritarios deben reformar su financiación, su organización, su postura ante la reforma laboral, y su modo de intervención en la
20   política nacional: en resumen, todo. No es fácil tener detalles sobre el origen y aplicación de los fondos de los grandes sindicatos nacionales. Comisiones me ha enviado un balance y cuenta de gastos e ingresos. Espero que UGT me los envíe pronto. Pero está claro que no viven de las cuotas de sus afiliados, que en todo caso son deducidas por la
25   empresa directamente de la nómina como si fueran un impuesto. Intentan algunos pinitos empresariales, con buen resultado en el caso de las cooperativas de la vivienda de CC OO y malo en el del PSV de UGT.

  Viven de la subvención del Estado y de los sueldos que no tienen
30   que pagar a sus 'liberados', es decir a los representantes sindicales pagados por las empresas como si trabajaran para ellas, pero que trabajan contra ellas. Como indelicada y acertadamente ha dicho Carlos Espinosa de los Monteros, los representantes sindicales hace tiempo que no saben lo que es trabajar en una empresa: alguno no
35   ha trabajado nunca en una empresa. Además, esos representantes no saben lo que es sufrir la amenaza del paro, porque el Estatuto de los Trabajadores les protege del licenciamiento. La mayor parte de tales liberados anidan en las empresas públicas: Iberia, Renfe, Hunosa,

Astilleros, lo que explica algo de su resistencia a la privatización. Creo
40 que deberían hacer esfuerzos por financiarse con las contribuciones
de una base cada vez más amplia.

Entiendo que quieran proteger a sus afiliados de la pérdida de
los privilegios que otorga el contrato de trabajo fijo, en especial
la indemnización por despido. Pero entretanto los jóvenes se ven
45 abocados a la contratación temporal, por lo que los sindicatos se están
quedando con solo los trabajadores mayores y los jubilados. Están
abocados pues a la lenta reducción de su base. Quizá les convendría
apoyar una reforma laboral que suprimiera la partición de los
asalariados en dos clases, los temporeros y los fijos.

50 No es su papel, sino el de los partidos políticos, el pronunciarse
sobre la política económica nacional. Amenazan incluso con huelgas
generales, caso de que las Cortes tomen medidas de reforma que no
les plazcan. Aviso de que las huelgas generales pueden ser un fracaso,
como han resultado las manifestaciones contra la política de recortes
55 de Chirac y de Kohl.

No olviden mis amigos sindicalistas que el poder sindical sólo es
fuerte cuando se trata de repartirse los beneficios de posiciones de
dominio con los oligopolistas. Así ocurría con la banca cuando no
había competencia en el mercado financiero. En una economía abierta
60 al mundo, los sindicatos tienen que repensar su papel.

(Pedro Schwartz, *El País*, 22 de junio de 1996.)

Ejercicios

Léxico

Explica el significado de los vocablos y expresiones siguientes:

el mandato constitucional (ll.2–3)	acertadamente (l.32)
las orejeras ideológicas (l.9)	licenciamiento (l.37)
sindicalistas de pro (l.9)	anidar (l.38)
descontar (l.10)	estar abocados (ll.46–47)
cuotas (l.24)	avisar (l.53)
la nómina (l.25)	la política de recortes (l.54)
pinitos (l.26)	

Gramática y estilo

(a) Conjuga el verbo 'contribuir' (l.3) en pretérito y en presente e imperfecto
de subjuntivo. Da ejemplos de otros tres verbos que tengan la misma
irregularidad.

(b) Explica la presencia del pronombre personal en: '. . . descuentan cualquier
cosa que yo pueda decir . . .' (l.10).

(c) Estudia la expresión 'hacer mal' (l.12) y construye frases con ella así como con 'hacer bien'.

(d) ¿Cómo se explica que el verbo esté en singular en la frase: 'Comisiones me ha enviado . . .' (l.22)?

(e) Utiliza el verbo 'vivir' (l.23) seguido de diversas preposiciones – bajo, con, de, en, para, sin – en frases inventadas por ti.

(f) ¿Cómo afecta la conjunción 'que' a la expresión 'hace tiempo' (ll.33–34)? Construye frases de ambas maneras para apreciar la diferencia.

(g) Advierte el uso del adjetivo 'mayor' en 'trabajadores mayores' (l.46). ¿Encuentras alguna diferencia de connotación entre este adjetivo y otros tales como 'viejo' o 'anciano'?

(h) ¿Qué impresión quiere crear el autor mediante el uso del verbo 'anidar' cuando habla de los 'liberados' (l.38)?

(i) Justifica el uso del subjuntivo en la frase: '. . . caso de que las Cortes tomen medidas . . .' (l.52). Crea frases siguiendo este modelo. ¿Afectaría el modo del verbo la sustitución de 'caso de' por 'si'? ¿Existe alguna diferencia de matiz entre los dos casos?

Comprensión

(a) ¿Crees que es posible que los intereses de los trabajadores y de los empresarios coincidan a menudo? Justifica tu respuesta aduciendo ejemplos concretos.

(b) ¿Qué opinión tiene el autor de los sindicatos? ¿Cómo lo sabemos? ¿Compartes tú su opinión?

(c) Explica cómo debemos entender las afirmaciones: 'Creo que [los sindicatos] deberían hacer esfuerzos por financiarse con las contribuciones de una base cada vez más amplia . . . Están abocados pues a la lenta reducción de su base' (ll.39–47).

(d) Explica lo que entiendes por las líneas: 'No olviden mis amigos . . . con los oligopolistas' (ll.56–58).

Preguntas orales y escritas

(a) ¿Cómo deberían financiarse las actividades de los sindicatos de trabajadores?

(b) ¿Crees que los sindicatos deben redefinir su papel en una economía globalizada? Justifica tu respuesta.

Text 3.11

Los sindicatos y la CEOE pactan someter las huelgas a la mediación obligatoria previa

1   Los representantes de las patronales – la CEOE y la de pequeñas empresas CEPYME – y los sindicatos – Comisiones Obreras y UGT – mantuvieron en la tarde de ayer un encuentro para terminar de perfilar los *flecos* de un pacto que persigue evitar la judicialización

5   de los conflictos colectivos y para el que llevan más de un año de negociaciones. El preacuerdo debe ser ahora ratificado por los órganos de gobierno de los interlocutores sociales. CCOO tiene previsto analizarlo hoy en el consejo confederal, la UGT lo hará en su consejo confederal fijado para el próximo día 12 y la CEOE no ha concretado

10   aún la fecha, pero también pretende aprobarlo a mediados de este mes. Una vez cuente con el visto bueno de las direcciones de la patronal y los sindicatos, el pacto será firmado por los máximos responsables de CEOE, José María Cuevas; UGT, Cándido Méndez; y CCOO, Antonio Gutiérrez.

15   Los interlocutores sociales entienden que este acuerdo contribuirá 'a desarrollar unas relaciones laborales que propicien una mayor autonomía de las partes, a lograr más implicación de patronal y sindicatos en la gestión y resolución de los problemas y a favorecer vías de diálogo para solucionar conflictos'. Su gestación ha sido com-

20   plicada, hasta el punto de que las negociaciones se han prolongado durante el último año.
    Una vez entre en vigor, la mediación será obligatoria en los conflictos colectivos de interpretación y aplicación, en las discrepancias surgidas en la negociación de un convenio, en las convocatorias

25   de huelga y en los conflictos surgidos en el período de consultas exigido por los artículos 40, 41, 47 y 51 del Estatuto de los Trabajadores (movilidad geográfica, modificación sustancial de las condiciones de trabajo y despidos colectivos). Para desarrollar la tarea mediadora se creará un Servicio Interconfederal de Mediación y

30   Arbitraje tutelado por el Ministerio de Trabajo, que debe también adherirse a este acuerdo.

Empresas afectadas

    Las convocatorias de huelga en empresas con ámbito superior a la comunidad autónoma requerirán, con anterioridad a su comu-

35   nicación formal, haber agotado el procedimiento de mediación. De

hecho, el escrito de comunicación formal de la convocatoria de huelga deberá especificar que se ha intentado la mediación o que, llevada a cabo, no ha producido efecto.

40 La designación del mediador se producirá entre las personas incluidas en unas listas periódicamente actualizadas y sus propuestas podrán ser libremente aceptadas o rechazadas por las partes. El mediador comenzará su actividad inmediatamente después de su designación y debe garantizar la confidencialidad de la información que reciba, intentar la avenencia entre las partes, moderar el debate

45 sin que se produzca indefensión y formular propuestas de solución en un plazo de diez días.

El procedimiento de arbitraje se iniciará si empresarios y representantes de los trabajadores acuerdan voluntariamente encomendar a un tercero que busque la solución al conflicto. El laudo arbitral

50 tendrá la misma eficacia que lo pactado en convenio y es vinculante para empresas y trabajadores.

El preacuerdo ahora alcanzado por patronal y sindicatos surtirá efecto una vez haya sido objeto de ratificación o adhesión por los representantes de los trabajadores y las empresas de los distintos

55 sectores, subsectores o empresas de ámbito superior a la comunidad autónoma.

Uno de los grandes acuerdos sociales a partir de la Constitución

Es un hito histórico. El preacuerdo alcanzado por los interlocutores

60 sociales ha sido laborioso y para llegar a él ha sido necesario vencer resistencias dentro de la patronal y dentro de los sindicatos y celebrar decenas de reuniones técnicas. A algunos responsables empresariales no les gustaba la mediación obligatoria en los supuestos de movilidad geográfica, modificación sustancial de las condiciones de trabajo o

65 despidos colectivos. En el seno de los sindicatos era la mediación obligatoria previa en las huelgas lo que no agradaba en exceso.

El resultado final es 'uno de los grandes acuerdos interprofesionales a partir de la Constitución', según palabras del catedrático del Derecho de Trabajo, Luis Enrique de la Villa. En su opinión, se trata de un

70 importante pacto: 'Fija un procedimiento pacífico en la solución de controversias, es muy positivo por razones prácticas para los jueces porque evita la sobrecarga de pleitos y contribuirá a aminorar la conflictividad y a enriquecer el diálogo social'.

Mientras se gestaba este acuerdo, desde el Gobierno y el principal

75 partido de la oposición se ha subrayado reiteradamente la transcendencia de este acuerdo. Hace dos semanas, Rodrigo Rato, responsable de Economía del Partido Popular, aseguraba que la negociación entre

patronal y sindicatos es 'una de las mejores noticias de la economía',
en clara alusión a este tema. El ministro de Trabajo, José Antonio
80 Griñán, también ha dejado clara su disposición a avalar el compromiso
de los agentes sociales. Y desde el Consejo Económico y Social (CES)
se han respaldado las tareas, primero con un informe que sentó las
bases para elaborar los primeros borradores y, en la etapa final, los
consejeros que son a su vez grandes expertos en el mercado laboral
85 han asesorado sobre el documento definitivo.

(Carmen Parra, *El País*, 3 de enero de 1996.)

Ejercicios

Léxico

Explica el significado de los vocablos y expresiones siguientes:

las patronales (l.1)	la avenencia (l.44)
CEOE (l.1)	el laudo arbitral (l.49)
CEPYME (l.2)	surtir efecto (ll.52–53)
judicialización (l.4)	pleitos (l.72)
los interlocutores sociales (l.7)	aminorar (l.72)
el visto bueno (l.11)	el diálogo social (l.73)
la mediación (l.22)	avalar (l.80)
el Estatuto de los	sentar las bases (ll.82–83)
Trabajadores (ll.26–27)	borradores (l.83)
el arbitraje (l.30)	consejeros (l.84)
tutelado (l.30)	asesorar (l.85)

Gramática y estilo

(a) ¿A partir de qué verbo se ha derivado 'judicialización' (l.4)? Y éste, a su vez, ¿a partir de qué adjetivo? Inventa sustantivos similares siguiendo el mismo proceso, partiendo de un adjetivo o sustantivo. ¿Qué significado tiene el sufijo '-izar'?

(b) 'CCOO tiene previsto . . .' (l.7). Explica la utilización de 'tener' con el participio pasado. ¿En qué se diferencia su uso del de 'haber' + participio pasado? Ejemplifícalo construyendo frases con ambos.

(c) Justifica el uso del subjuntivo en los siguientes casos: 'Una vez cuente con el visto bueno . . .' (l.11), 'Una vez entre en vigor . . .' (l.22), '. . . una vez haya sido objeto . . .' (l.53). Construye frases siguiendo el mismo modelo y cambiando, en algunas, el operador 'una vez' por otros que sean equivalentes.

(d) Justifica el uso del infinitivo compuesto en la oración: 'Las convocatorias de huelga general . . . requerirán . . . haber agotado el procedimiento de mediación' (ll.33–35). ¿Se podría haber utilizado el infinitivo simple sin alterar el significado? Construye frases con uno y con otro y estudia las diferencias.

Comprensión

(a) ¿Qué entiendes por la frase: 'para terminar de perfilar los flecos de un pacto . . .' (ll.3–4)?

(b) ¿Qué debemos entender por: '. . . la mediación será obligatoria en los conflictos colectivos de interpretación y aplicación . . .' (ll.22–23)?

(c) ¿Quién ha intervenido en las negociaciones y por qué es esto transcendental?

(d) ¿En qué consiste exactamente el acuerdo pactado?

(e) ¿Por qué fue difícil conseguir el acuerdo?

(f) ¿A quién crees que beneficia más este acuerdo?

Preguntas orales y escritas

(a) ¿Cómo afectará el acuerdo de mediación obligatoria la convocatoria de huelgas?

(b) Explica cómo es posible que España haya alcanzado un índice relativamente alto de huelgas en las dos últimas décadas, teniendo en cuenta que la densidad de afiliación sindical es inferior al 20 por ciento.

Text 3.12

La creación de empleo

1 **UGT propone 10 medidas para crear 3 millones de empleos**

UGT asegura que ha encontrado la clave para acabar con el desempleo. La central sindical cree posible crear 2.800.000 empleos en los próximos siete años echando mano de tan sólo 10 medidas.
5 Juan Mendoza, secretario regional de UGT, presentó ayer la campaña *Por el empleo, para todos, estable y con derechos*, cuyo inicio está previsto para el próximo enero, que apuesta para crear puestos de trabajo por la reducción de la jornada laboral y la contratación temporal.

Otras medidas que se postulan son lograr una convergencia de la
10 economía española con Europa, reducir la tasa de desempleo a la mitad en siete años y rebajar la temporalidad del empleo a la mitad en tres años. Para conseguirlo será necesario crear 2.800.000 empleos en el conjunto del país.

El sindicato considera 'imprescindible' desarrollar en Andalucía
15 las medidas del pacto regional por el empleo. También aboga por consolidar la recuperación económica para favorecer el aumento del consumo de las familias y el poder adquisitivo de los trabajadores.

La UGT completa su batería de propuestas con el reparto del trabajo, una reducción 'drástica' de las modalidades de contratación, la
20 disminución de las horas extraordinarias y la reforma del actual sistema de contratos a tiempo parcial, en un intento de garantizar que estas fórmulas sean libremente elegidas y no constituyan una disminución de los derechos del trabajador. La central reclama igualmente un reforzamiento del sistema de protección por desempleo.
25 Las propuestas sindicales concluyen con la creación de nuevos empleos aumentando la oferta de servicios.

Sólo con asumir estas medidas, se crearían 'más' de 2.800.000 empleos a nivel nacional, señaló Juan Mendoza. Para UGT, la aplicación de la reforma laboral ha tenido una incidencia 'especialmente grave'
30 en Andalucía, donde existen unos 'preocupantes' indicios de precariedad, ya que la utilización de las nuevas modalidades de contratación han aumentado en el primer semestre de 1995 en un 86%, muy por encima del crecimiento de las contrataciones en general, que ha sido de un 65%.
35 Los contratos efectuados en Andalucía durante el primer semestre en la modalidad de prácticas, aprendizaje o a tiempo parcial fueron 176.655, de los cuales un 67% no superaron los seis meses de duración,

por lo que 'no se ha creado empleo, se ha destruido y ha aumentado la precariedad', dijo el líder ugetista.

40   (Esther Rodriguez, *El País*, 23 de febrero de 1995.)

Siete de cada diez ciudadanos creen que la reforma laboral no crea empleo

El empleo sigue siendo la principal preocupación para la mayoría de los ciudadanos, según pone de manifiesto una encuesta del Centro de
45   Investigaciones Sociológicas (CIS). El sondeo refleja que siete de cada diez españoles consideran que la reforma laboral contribuye poco o nada en la creación de empleo, aunque más de la mitad (53,1%) creen que las medidas adoptadas no les van a afectar.

La encuesta del CIS desvela que entre las personas que se en-
50   cuentran en paro predomina el pesimismo ya que el 55,8% de los entrevistados considera poco o nada probable que en los próximos doce meses pueda encontrar trabajo, frente al 39% que lo considera bastante o muy probable.

Las mayores dificultades para encontrar un empleo son la edad de
55   los demandantes (30,9%), seguida de la falta de experiencia y tener una profesión o especialización poco demandada (17,6%).

Las principales aspiraciones laborales de los encuestados son conservar el puesto de trabajo (45,2%), tener un empleo estable (37,1%), aumento del sueldo (33,3%) y tener mejores condiciones
60   de trabajo (19,3%). En cuanto a su opinión sobre la reforma laboral, el 71,5% de los ciudadanos opina que la contribución a la creación de empleo es 'poca' o 'nada' frente al 17,5% que cree que es 'bastante' o 'mucha'.

La encuesta fue realizada entre 5.965 personas entre mayo y julio
65   de 1994 y refleja también que la media de la jornada de trabajo entre los encuestados es de 43,09 horas semanales, y un 90,1% asegura estar dado de alta en la Seguridad Social.

En cuanto al tipo de contrato, el 57,6% lo tenía indefinido, frente a un 20,2% eventual, un 5,4% de estacional o de temporada y un 5,2%
70   de obra o servicio. Asimismo, el 49,1% de los ocupados opina que la situación económica actual de su empresa es 'buena' o 'muy buena'; un 27,5%, 'regular'; y un 19,6%, 'mala' o 'muy mala'.

Entre los que señalan que las cosas no marchan bien en su empresa, las principales causas son los problemas del mercado (40,2%), la mala
75   gestión (25,8%) y la competencia internacional (19,1%).

La visión de los sindicatos no es muy positiva, ya que la mayoría considera que son organizaciones desfasadas y excesivamente politizadas. Para los encuestados, CCOO es la central mejor valorada y que inspira mayor simpatía, mientras UGT empeora en los tres últimos

80   años. Respecto a los intereses generales, un 72% cree conveniente que los sindicatos lleguen a acuerdos generales o pactos sociales con los empresarios y el Gobierno.

(*El País*, 5 de enero de 1996.)

Ejercicios

Léxico

Explica el significado de los vocablos y expresiones siguientes:

la central sindical (l.3)	protección por desempleo (l.24)
echar mano de (l.4)	poner de manifiesto (l.44)
postular (l.9)	una encuesta (l.44)
la tasa de desempleo (l.10)	un sondeo (l.45)
el poder adquisitivo (l.17)	desvelar (l.49)
el reparto del trabajo (l.18)	estar dado de alta (l.67)
horas extraordinarias (l.20)	desfasadas (l.77)
UGT (l.18, 28, 79)	

Gramática y estilo

(a)   Razona cada uno de los casos en los que aparecen las preposiciones 'por' y 'para'. Resume sus diferencias de uso. Haz frases con ambas.

(b)   '. . . siete de cada diez . . .' (ll.45–46). Construye frases siguiendo este modelo.

(c)   '. . . consideran que la reforma laboral contribuye poco o nada . . .' (ll.46–47). Explica la ausencia de la negación delante del verbo cuando 'nada' aparece tras él.

(d)   'La visión de los sindicatos no es muy positiva . . .' (l.76). Escribe de nuevo esta oración de manera que no resulte ambigua.

(e)   Justifica la utilización del presente en la frase: '. . . mientras UGT empeora en los tres últimos años' (ll.79–80).

(f)   ¿A partir de qué se ha formado el vocablo 'ugetista' (l.39)? ¿Se te ocurren otros ejemplos de vocablos que se hayan formado de la misma manera?

Comprensión

(a)   Explica lo que debemos entender por la frase: '. . . rebajar la temporalidad del empleo a la mitad en tres años' (ll.11–12).

(b)   ¿A qué se refiere el artículo al hablar del 'pacto regional por el empleo' (l.15)?

(c) Explica cómo cada una de las medidas propuestas en el cuarto párrafo ayudarán a crear más puestos de trabajo.

(d) ¿Cómo justifica el líder ugetista su afirmación de que 'no se ha creado empleo, se ha destruido y ha aumentado la precariedad' (ll.38–39)?

(e) ¿Cuáles son las implicaciones de que algunos ciudadanos no estén dados de alta en la Seguridad Social?

(f) Explica las diferencias existentes entre contrato indefinido, contrato eventual, contrato estacional y contrato de obra o servicio.

Preguntas orales y escritas

(a) ¿Cómo abordan la solución al problema del desempleo el Gobierno y los sindicatos? Concéntrate en las diferencias.

(b) ¿Por qué existe desacuerdo sobre la verdadera tasa de desempleo en España?

Text 3.13

Caracteres comunes para los diferentes grupos de trabajadores/as de las pyme

I ¿Qué caracteriza las relaciones laborales de estos trabajadores/as?

Fundamentalmente lo siguiente:

(1) Una notable **informalidad** derivada de la proximidad física y
5 cotidiana del empresario/a.

Estas relaciones están presentes, en muchos casos, desde el mismo momento que se accede al puesto de trabajo, el cual se logra, frecuentemente, por la vía de la relación familiar o el contacto personal.

10 A pesar de ello, **existe mucha desconfianza**, debido a que estos trabajadores/as sospechan que el empresario/a utiliza esta situación en su propio beneficio.

(2) Un aumento de la **inestabilidad o precariedad en el empleo** que perciben por el mayor número de contratos temporales que
15 se realizan, lo cual achacan, sobre todo, a cuestiones ajenas a la empresa, como son los aspectos legales o los problemas económicos. En general creen que las cuestiones de política económica perjudican a la pequeña empresa pues la someten a importantes riesgos que generan **inseguridad**. Esta inseguridad
20 la perciben como suya y, además, que va en aumento, por lo que la trasladan a su propia situación laboral.

(3) Tienen la sensación, muy acusada, de que son **diferentes a los trabajadores de las grandes empresas**, pues éstos tienen derechos reconocidos y pueden presionar colectivamente. Sin
25 embargo estos beneficios no los contemplan para sí mismos, lo que hace que se consideren **trabajadores de segunda**.

(4) Todo lo dicho anteriormente hace que tengan una **idea muy difusa de lo legal**, lo que les lleva a contemplar sus derechos con cierta desconfianza e inseguridad.

30 (5) Esa desconfianza e inseguridad se acentúa por no tener unas relaciones contractualizadas, lo cual les aproxima a la **frontera con el trabajo sumergido**, ello significa:

- que en **determinados sectores y provincias**, al no haberse abierto marcos de negociación, **no existen Convenios Colectivos**
35 y, por lo tanto, las relaciones laborales no están regularizadas

como debieran, con la indefensión que ello supone para los trabajadores/as.

- que, en muchos casos, **aún existiendo Convenio, no se aplica a estos trabajadores** en numerosos aspectos.

40   • que las empresas tengan plantillas donde **coexisten trabajadores/ as con contrato y trabajadores/as sin él**, con las consiguientes dificultades para controlar la situación laboral de estos últimos.

¿Cómo responden los trabajadores/as ante esta situación?

(1)   De forma **pasiva y fatalista**, pues creen que apenas se puede
45   hacer nada para cambiar la situación y, por tanto, con una creciente resignación respecto al actual estado de cosas.

(2)   Con una **gran desconfianza en las instituciones**, ya sean políticas o sociales, entre las que por supuesto incluyen a los Sindicatos. Esta desconfianza la basan en dos ideas:

50   • La **escasa preocupación** y atención que muestran las instituciones hacia sus problemas.
      • La **incapacidad** de éstas para buscar soluciones.

(3)   Con un elevado **individualismo** en sus relaciones con la empresa, que les lleva a procurar 'estar mejor vistos por el jefe/
55   a'. Ello crea una situación de **fuerte competencia interna** con el resto de sus compañeros/as, basada, por ejemplo, en:

- Aceptar **trabajar más horas extras** de las establecidas legalmente.
- Aceptar que **en la nómina aparezca menos dinero** del
60   que realmente cobran, con el consiguiente perjuicio que posteriormente les puede ocasionar para percibir deter- minadas prestaciones (desempleo, jubilación, etc.).

Además, aspiran a ser más **amigos/as del jefe/a y se identifican mucho con el proyecto de la empresa**. De esta
65   forma procuran colaborar más con él/ella, haciendo cada vez más difícil distinguir el límite entre la relación laboral y la personal.

(4)   **No perciben claramente la condición de patronal** que el jefe/a representa y, por lo tanto, **no entienden las relaciones**
70   con él/ella como **de oposición o enfrentamiento**. Esta si- tuación la achacan a factores externos a la empresa, por ello:

(5)   **Piden ayuda también desde fuera de la empresa**, tanto de **colaboración como de control**. Esta petición de ayuda se la hacen fundamentalmente:

75   • *Al Estado* que, según ellos/as, **debe apoyar más** al pequeño empresario/a y no debe permitir determinadas situaciones.

• *A los Sindicatos*, pues creen que éstos **deben controlar más** los abusos que se cometen, pero realizando este control desde fuera de la empresa, es decir, sin que les implique a ellos

80   como trabajadores/as.

¿Cuál debe ser nuestra respuesta como sindicato?

(1)   En primer lugar, es necesario que **seamos conscientes de la especificidad de la pequeña empresa**, la cual, por su propio tamaño y por cómo influye en el mercado de trabajo, está mucho

85   más expuesta a determinados riesgos que pueden perjudicar seriamente su capacidad para ser competitiva. Ello se refleja también en las peculiaridades que presentan las relaciones laborales dentro de la misma. Por tanto, **siempre que visitemos a los trabajadores/as de las PYMES tendremos esto muy**

90   **presente**.

(2)   Al dirigirnos a ellos/as **no debemos dar por hecho que, en esa empresa, existe la relación de oposición de clase trabajadora frente al empresario/a** sino que, por el contrario, lo que se da la mayoría de las veces es un proceso de identifi-

95   cación y de fuerte colaboración del trabajador/a con la empresa.

(3)   Tomando como referencia lo apuntado, se hace muy necesario remarcar que en CC.OO. **no defendemos políticas contrarias a la pequeña empresa**. Al contrario, demandamos actuaciones que directa o indirectamente las beneficien. Por ello estamos

100   solicitando:

• **Mayor control de las ayudas financieras y fiscales** para evitar el fraude en las mismas, y su mala utilización.

• **Intereses más bajos en los préstamos bancarios** para que no sea la Banca y los especuladores/as los únicos que se

105   beneficien. sino que, por el contrario, permita a los pequeños empresarios/as invertir en reponer equipos anticuados y en introducir nuevos métodos de producción.

• **Una política tributaria no discriminatoria** con las PYMEs respecto a las grandes empresas.

110   • **Articulación de programas de gasto público** que, previo análisis de la problemática de las pequeñas empresas, permitan aumentar la competitividad de las mismas y la creación, por parte del Estado, de **redes de comercialización de sus productos**.

115   ● **Participación de los Sindicatos** en los Institutos de desarrollo de las PYMEs en las CC.AA., como es el caso del IMPIVA en el País Valenciano o el IMADE en la Comunidad de Madrid.

(4)   Tras lo anterior, la conclusión a la que llegamos es que **la**
120   **defensa** más clara y firme de los derechos **de los trabajadores/ as es compatible con la buena marcha de las PYMEs**, marcha que deseamos buena porque sería garantía de riqueza y de mejora de las condiciones de trabajo.
(*Guía de los equipos de atención*, CC.OO, 1995, pp. 6–7.)

Ejercicios

Léxico

Explica el significado de los vocablos y expresiones siguientes:

ajena (l.15)	dar por hecho (l.91)
acusada (l.22)	remarcar (l.97)
el trabajo sumergido (l.32)	los especuladores (l.104)
marcos de negociación (l.34)	equipos (l.106)
Convenios Colectivos (l.34)	política tributaria (l.108)
plantillas (l.40)	CCAA (l.116)
procurar (l.54)	IMPIVA (l.117)
perjuicio (l.60)	IMADE (l.117)

Gramática y estilo

(a)   Explica la función del pronombre personal en: '. . . donde coexisten trabajadores/as con contrato y trabajadores/as sin él . . .' (ll.40–41).
(b)   ¿Crees que es común la inclusión de los dos géneros en la lengua hablada o escrita, tal como aparece en el texto: 'trabajadores/as . . . jefe/a . . . empresario/a . . .'? ¿Por qué piensas que se ha hecho aquí? ¿Crees que esta práctica debería ampliarse?
(c)   Justifica el tiempo y modo del segundo verbo en la frase: '. . . no están regularizados como debieran . . .' (ll.35–36). Construye frases siguiendo este modelo.
(d)   Justifica la aparición de 'nada' tras el verbo sin que éste vaya precedido por 'no' en: '. . . pues creen que apenas se puede hacer nada . . .' (ll.44–45).
(e)   ¿Te parece apropiado el uso de la preposición 'en' en la frase: '. . . y en introducir nuevos métodos de producción' (ll.106–107)?
(f)   Haz una lista con todos los vocablos y expresiones utilizados en el texto para explicitar la causa de lo expuesto, y otra con los utilizados para explicitar sus consecuencias. Utiliza expresiones de ambas listas en frases que tú construyas.

Comprensión

(a)   Enumera los rasgos que caracterizan las relaciones laborales de los trabajadores de las pyme.

(b)   ¿Qué significa la expresión 'trabajadores de segunda' (l.26)?

(c)   ¿Crees que la respuesta de los trabajadores se sigue lógicamente de la situación expuesta?

(d)   '. . . no entienden las relaciones con ella como de oposición o enfrentamiento . . .' (ll.69–70), '. . . no debemos dar por hecho que . . . existe la relación de oposición de clase trabajadora frente al empresario . . .' (ll.91–93). ¿Piensas que es inevitable que las relaciones laborales entre trabajadores y empresarios sean de enfrentamiento? Razona tu respuesta.

(e)   ¿Qué otras medidas pueden adoptar los sindicatos para apoyar a los trabajadores de las pyme?

Preguntas orales y escritas

(a)   ¿Qué problemas presentan las pyme en España a los sindicatos?

(b)   ¿En qué difiere la cultura empresarial de las pyme de la de las grandes empresas?

Text 3.14

La nueva gestión de los recursos humanos

1   Estamos ya hablando de una nueva empresa, de la empresa reinventada. Si en *aquel tiempo* la 'moderna' dirección de personal tuvo que evolucionar de una concepción autoritaria y puramente administrativa de la función de personal a un nuevo enfoque que,
5   por un lado, debería utilizar las modernas técnicas y por otro, integrar la vocación humanista, en el marco de una empresa tecnológicamente dependiente y únicamente competitiva en el mercado interno; si en el período de la *transición* la gran tarea fue la adaptación a los patrones europeos en un momento de cambio socio-político de gran trans-
10 cendencia para la empresa, en *esta parte* tiene que predominar 'la inteligencia creadora' en la gestión de los recursos humanos. Éste es el reto, ésta es la complicación y la responsabilidad. Taylor está superado; las relaciones laborales sufren las consecuencias de la crisis del Estado de Bienestar y no deben suponer ya un freno a la
15 necesaria flexibilidad en una empresa que está obligada a competir en el plano internacional. Un factor clave de esa competitividad es la innovación y el desarrollo tecnológico. Los recursos humanos constituyen el principal activo de las empresas para 'sobrevivir' en las nuevas circunstancias. La secuencia anterior nos lleva a establecer
20 un nexo entre innovación y recursos humanos que es, a mi juicio, el elemento clave para la gestión de dichos recursos en nuestros días. ¿Cómo se produce la innovación? o, en otras palabras, ¿cómo se constituyen y mantienen entornos que faciliten la innovación empresarial? (. . .)
25 La formación cobra, pues, una gran importancia. Ya vimos los recelos que producía en *aquel tiempo* su enfoque 'utilitarista' en bene-ficio de la productividad y de la empresa. Hoy sabemos que son intereses sociales, económicos y personales, los que convergen en una política formativa al servicio de la innovación y del empleo. No es bueno, no
30 es el mejor posible, el entorno educativo de nuestro país para favorecer los valores propios de las iniciativas empresariales, de la investigación y el desarrollo. Es cierto que la política educativa esté tratando de adaptarse paulatinamente a los nuevos tiempos, pero queda aún mucho por hacer. La formación profesional sigue sin resolver sus
35 problemas a pesar de la nueva filosofía existente en nuevos proyectos que tratan de dar mayor peso a la empresa. El peso de los hábitos y la tradición sigue siendo, sin embargo, muy fuerte, y la realidad es que la empresa no ha entrado todavía con decisión en este campo (. . .)

Todo, ya lo vemos, se ve afectado por la crisis. Y, en ese panorama,
40 la Formación en la propia empresa adquiere de nuevo una importancia
capital (. . .) En ese contexto social cobra un nuevo sentido la formación
y la promoción relacionada con la nueva organización flexible y
creativa que el desarrollo tecnológico hace posible y necesario. Las
empresas, se dice, 'tienen una responsabilidad especial en la formación
45 de sus trabajadores como elemento clave para incrementar la competitividad'. Pero el gasto de formación de las empresas en España
se sitúa en niveles muy inferiores a los de media Europa, tanto en el
grupo de las grandes empresas, donde según los últimos datos las
inversiones en formación se situarían en torno al 0,5% de las cifras de
50 negocios (3% de media en el caso de las europeas), como, especialmente, en las PYMES que, de acuerdo con algunas estimaciones,
dedicarían a estos fines cantidades que apenas alcanzan el 0,16% del
conjunto de los costes laborales. Una mayor implicación de las
empresas españolas en el proceso de formación, que alcance a todos
55 los trabajadores, constituye, pues, un reto fundamental para el
desarrollo de las organizaciones empresariales modernas y competitivas en este nuevo escenario.

Pasar del conflicto a la cooperación en el nuevo modelo de producción industrial es otro de los grandes retos. En un mundo cada
60 vez más interrelacionado, la existencia de un clima de relaciones
laborales basado en consensos duraderos vendrá a ser una de las
principales ventajas comparativas entre las naciones. Por eso, como
sucedía en aquel tiempo, se vuelve a hablar de diálogo y concertación
social pero, habrá que decirlo una vez más, en un contexto diferente:
65 el consenso social para la creación de empleo a través de la mejora de
la competitividad de la industria. No hay otra fórmula (. . .) La liberación
y las potencialidades humanas del personal de la empresa son una
exigencia de competitividad que tiene que desarrollarse en un clima
de verdadero diálogo y de libertad. La superación del conflicto exige
70 un enfoque nuevo y creativo de la gestión de personal, en un contexto
ético acorde con las exigencias de nuestro tiempo (. . .)

Hay que entender esta preocupación por la ética, que no se limita
al mundo empresarial, como una exigencia propia de un momento
más determinado, cuando se puede tener la impresión de que la
75 preocupación económica lo domina todo y 'lo social' está en retirada.
Sería un grave error de apreciación, error político sobre todo, el pensar
que, valga la expresión, todo el monte es orégano y que el dramatismo
del desempleo otorga una patente de corso para el desarrollo de los
criterios de la racionalidad económica y la competitividad sin sujección
80 a ningún valor ético o moral. No van por ahí, no pueden ir por ahí,
los derroteros de esa empresa reinventada que aparece en el horizonte,
ni, desde luego, los de la nueva gestión de los recursos humanos que

tendrán que llevar a cabo los directores de personal del futuro. Es éste un asunto importante que me limito ahora a dejar sobre el papel.

(M. Ordoñez, *La nueva gestión de los recursos humanos*, Ediciones Gestión 2000, AEDIPE, 1995, pp. 54–7.)

Ejercicios

Léxico

Explica el significado de los vocablos y expresiones siguientes:

la gestión de los
   recursos humanos (l.11)
estar superado (ll.12–13)
el plano internacional (l.16)
el activo (l.18)
entornos (l.23)
al servicio de (l.29)
paulatinamente (l.33)

cifras de negocios (ll.49–50)
PYMES (l.51)
concertación social (ll.63–64)
estar en retirada (l.75)
los derroteros (l.81)
dejar sobre el papel (l.84)

Gramática y estilo

(a) Proporciona distintas alternativas para la expresión: 'en otras palabras' (l.22).

(b) 'Hoy sabemos que son intereses sociales, económicos y personales los que convergen . . .' (ll.27–28). Explica la función de 'los que'. Inventa frases siguiendo este modelo. Escribe las mismas líneas de nuevo, comenzando: 'Los intereses que convergen . . .'.

(c) Justifica la utilización del subjuntivo tras 'seguir' en la oración: 'La formación profesional sigue sin resolver sus problemas . . .' (ll.34–35).

(d) Justifica la utilización del condicional en: '. . . las inversiones en formación se situarían en torno a . . .' (ll.48–49). ¿Por qué no se ha utilizado el presente?

(e) Explica el sentido y usos de la frase: 'habrá que decirlo una vez más' (l.64).

Comprensión

(a) ¿A qué se refiere el autor cuando dice que 'Taylor está superado' (ll.12–13)?

(b) ¿Por qué produciría recelos el enfoque utilitarista de la formación? ¿Cómo ha cambiado este enfoque, teniendo en cuenta la afirmación que aparece en las líneas: 'Las empresas . . . "tienen una responsabilidad . . . para incrementar la competitividad"' (ll.43–46)?

(c) ¿Qué relación existe entre la educación y la formación profesional? ¿Cree el autor que esta relación es productiva?

(d) ¿Qué nuevo sentido cobran la formación y la promoción en el nuevo contexto social?

(e) Explica cuáles son las ventajas comparativas que se obtendrán con 'un clima de relaciones laborales basado en consensos duraderos' (ll.60–61).

(f) 'La liberación y las potencialidades humanas del personal de la empresa son una exigencia de competitividad . . .' (ll.66–68). ¿Qué entiendes por esto?

(g) Explica lo que quiere decir el autor con: 'Sería un grave error de apreciación . . . el pensar que . . . todo el monte es orégano y que el dramatismo del desempleo otorga una patente de corso para el desarrollo de . . . sin sujección a ningún valor ético o moral' (ll.76–80).

(h) ¿Qué entiendes por 'la empresa reinventada' (ll.1–2, 81)?

Preguntas orales y escritas

(a) ¿En qué se diferencian los requisitos de la gestión de los recursos humanos en la España contemporánea de los vigentes durante la época de la dictadura?

(b) Analiza y explica las diferencias existentes entre los problemas con que se enfrentan los Jefes de Personal en España y en el Reino Unido.

Part IV
Contemporary Spanish Society: Social, Institutional and Cultural Change

Manuel Pérez Yruela and Rafael Serrano del Rosal

Introduction

This chapter analyses Spanish society primarily from a sociological perspective, complementing the themes of the previous chapters. Its objective is to analyse some of the most important changes which have taken place during recent decades as part of the process of modernization of Spanish society. We have chosen this approach because, independently of other possible interpretations of the process, the most notable features of the Spanish case have been the speed of the changes which have taken place and the rapidity with which Spanish society and its institutions have grown closer to the model of other developed societies which are described as modern. The concept of modernization is undoubtedly complex and the use of the term is not without its critics within sociological theory. In this chapter we employ the concept in one of its most widely accepted senses to reflect the transition from a traditional agrarian society to one which is characterized by urbanization, industrialization and other non-agrarian activities, all of which, of course, imply important and inevitable cultural changes.

Spanish society has undergone a radical transformation in a very short time span. Just over fifty years ago, when the Spanish Civil War ended, Spain was an agrarian society, scarcely industrialized or urbanized, with significant deficiencies in the areas of education, health and scientific research, and lacking an infrastructure for energy, transport and communications. Any significant improvement in this situation was then constrained by a political dictatorship which for thirty-five years made it impossible for Spain to participate in the process of reconstruction of democracy which was taking place in the rest of Western Europe after the Second World War. However, even under the dictatorship, evidence began to emerge of Spain's capacity to resolve its problems and overcome the poverty from which the country had been suffering. This process was to come to fruition after 1976 with the political transition to democracy, followed by entry into the European Union. Thus Spain was able to re-establish its former role in relation to those Western European countries which had been developed or advanced democracies for some time.

In the chapter there is a discussion of those issues which reflect most clearly the direction and intensity of social and institutional change. Firstly, there is an examination of the demographic evolution of Spanish society and related issues such as birth and mortality rates, the development of the family and migration. This reveals that the Spanish population has increasingly displayed characteristics of modernization such as an increase in urban living, a decline in the rural population and in average family size, and changes in the pattern of migration. The chapter then focuses upon the occupational and class structure of Spanish society and the important changes which have taken place in the second half of the twentieth century. We seek to show how the transformation of the occupational structure has been reflected in changes in the class structure, social conflict and social inequalities, as well as in an increase in the size of the middle class and in the number of people in skilled employment. Thirdly, we consider specifically the institutionalization of the process of creation of scientific knowledge and technical change which constitutes one of the most important indicators of modernization and which, after several false starts, has only recently been consolidated in Spain. A particular reason for emphasising the process of creation of scientific knowledge and technical change lies in the fact that it was one of the areas (together with education) with most historical deficiencies. The final section of the chapter focuses on changes in several specific institutions and cultural areas which can be seen as additional important indices of the process of modernization of Spanish society, including changes in the role of the Armed Forces and the process of secularization. Taken together, all these developments indicate that Spain is no longer a traditional society but one which has similar cultural and institutional norms to those of neighbouring societies, a conclusion supported in the other parts of the book.

Two more comments are relevant by way of introduction. The modernization process is a relatively recent phenomenon which has involved the resolution of many problems deeply rooted in Spanish history. For this reason, we have sought to make reference to the relevant historical context. Secondly, a considerable number of sociological studies have been produced recently, providing a comprehensive analysis of contemporary Spanish society, which have been very useful in providing background material for this chapter. These are referred to in the suggestions for further reading.

Population

A number of demographic changes point to the modernization that has taken place in Spain in recent decades. The rate of growth of the Spanish population during the 1980s was much lower than in previous decades. Birth and death rates fell while both life expectancy at birth and the size of the elderly population increased. At the same time, the average size of households fell, the level of education improved substantially, and there was a movement to the towns, at the expense of rural areas. These changes are a reflection of other processes, such as economic development, the movement of the active agricultural population to other sectors of work, and the improvement in public services such as education and health, with the result that Spain's population now resembles those of other European Union countries in respect of its main dimensions.

Table 4.1. Changes in population 1930–1991

Year	Population[1]	Increase	%
1930	24,026,571		
1940	26,386,854	2,360,283	9.82
1950	28,172,268	1,785,414	6.76
1960	30,776,935	2,604,667	9.25
1970	34,041,531	3,264,596	10.61
1981	37,682,355	3,640,824	10.69
1991	38,872,268	1,189,913	3.16

[1] The data refers to the population as recorded in the annual census
Source: *Panorámica social de España*, Instituto Nacional de Estadística, 1994.

Population trends

The population grew without interruption between 1950 and 1981 (see Table 4.1). The slower growth between 1940 and 1950 was due to the Civil War, but what is most striking is the sharp decline between 1981 and 1991.[1] Whereas in Spain, in 1960, the rate of population growth for each 1000 inhabitants was 13.0, twice that of Germany, France or the United Kingdom, by 1991 the situation had been reversed, with Spain showing the smallest population growth, 1.5 per 1000 inhabitants, as opposed to 4.1 in France and 2.5 in the United Kingdom.

Over the period 1950–91 there were important changes in the geographical distribution of the population (see Table 4.2). Almost all the least populated central regions (Castille-Leon, Aragon, Extremadura and Castille-La Mancha) have experienced a decline in population in recent decades. In contrast, the highest rate of growth and greatest density are to be found in the coastal regions of Cantabria and the Mediterranean, and in Madrid. In the less populated regions there are areas which are beginning to experience the typical problems of depopulation such as the abandonment of small villages.

During the same period there was an uninterrupted trend in the movement from smaller to larger centres of population. The proportion of the population living in towns of less than 10,000 declined by 28.3 per cent.[2] The greatest growth has been in the proportion of the population living in towns of more than 100,000 inhabitants (this has grown by 151 per cent).[3] The increasing urbanization of the population is closely related to the progressive decline in agricultural employment, as a result of mechanization and modernization, as well as to the growth of other economic sectors. Internal migration from rural areas to the towns in search of work was particularly intense between 1960 and 1975, as was emigration to other countries [see Text 4.1 Migraciones internas en los ochenta]. The tendency towards population concentration is also evident in the high proportion of people who live in cities with more than 300,000 inhabitants, which represented 23 per cent of the total in 1991. This proportion rises to a third of the

Table 4.2. Population of the autonomous communities (in 000s) and density (inhabitants/km^2)*

Autonomous communities	1970	1981	1991	1970/1991(%) Change	Density (1991)
Andalusia	5,991.5	6,440.9	6,940.5	7.76	80
Aragon	1,153.1	1,196.9	1,188.8	−0.68	25
Asturias	1,052.0	1,129.5	1,093.9	−3.15	104
Balearic Islands	532.9	655.9	709.1	8.12	149
Canary Islands	1,125.4	1,367.6	1,493.8	9.22	219
Cantabria	469.1	513.1	527.3	2.77	101
Castille-Leon	2,668.3	2,583.1	2,545.9	−1.44	27
Castille-La Mancha	1,732.7	1,648.6	1,658.4	0.60	21
Catalonia	5,107.6	5,956.1	6,059.5	1.73	191
Valencia	3,078.1	3,646.8	3,857.2	5.77	168
Extremadura	1,169.4	1,064.9	1,061.8	−0.29	25
Galicia	2,676.4	2,811.9	2,731.7	−2.85	92
Madrid	3,761.4	4,686.9	4,947.6	5.56	626
Murcia	832.0	955.5	1,045.6	9.43	94
Navarre	466.6	509.0	519.3	2.02	55
Basque Country	1,867.3	2,141.8	2,104.0	−1.76	295
La Rioja	234.6	254.3	263.4	3.57	53
Ceuta and Melilla	123.5	118.9	124.2	4.51	—
SPAIN	34,041.5	37,682.4	38,872.3	3.16	78

* The data refers to the population as recorded in the annual census
Source: Panorámica social de España, Instituto Nacional de Estadística, 1994.

total if the satellite areas of large cities such as Madrid, Barcelona, Malaga, Seville and Bilbao are included [see Text 4.2 La ciudad diseminada].

The decline in the rate of population growth from 1981 was due above all to a fall in the birth rate, although there was also some reduction in migration during the same period. The birth rate was almost halved in two decades (see Table 4.3). The average number of children born to each woman fell from the replacement rate of 2.1, at the end of 1980, to 1.33 in 1990. This was the result of new attitudes towards having children, influenced, undoubtedly, by rising education levels, the increase in the awareness and use of contraceptives, and the growing involvement of women in higher education and the labour market. The number of marriages per 1000 inhabitants also fell quite markedly from 7.5 in 1950 to 7.36 in 1970 and 5.59 in 1991. This can be explained, among other reasons, by the effects of unemployment, both in delaying marriage and making it more difficult. All trends point to a continuing decline in the rate of population growth in the future.

Another important change has been the increase in life expectancy at birth, which has steadily risen from 62.1 years in 1950 to 76.94 in 1991. It has been

Table 4.3. Birth and death rates and net growth for every 1000 inhabitants

Year	Birth rate	Death rate	Net growth
1950	20.02	10.80	9.22
1960	21.60	8.65	12.95
1970	19.50	8.33	11.17
1980	15.21	7.77	7.50
1991	10.15	8.65	1.49

Source: Anuario estadístico, 1993, Instituto Nacional de Estadística.

Table 4.4. Population structure according to age (%)

Age	*1950*	*1970*	*1991*
0–14	26.2	27.7	19.5
15–64	66.6	62.7	66.7
+65	7.2	9.6	13.8

Source: Panorámica social de España, Instituto Nacional de Estadística, 1994.

consistently greater for women than for men, so that by 1991 it was 73.4 years for men and 80.49 for women.

These trends have resulted in an appreciable ageing of the population (see Table 4.4). If we view the population structure as a pyramid, there has been a narrowing at the base and a widening at the top, a trend which will increase in the future, given the low birth rate and the improvement in life expectancy. The ageing of the population is more acute in small towns in rural areas, where the proportion of the population over sixty-five reaches 20 per cent or more [see Text 4.3 La población española].

The population of Spain is now a much more educated one, as is discussed in Part III Education and Employment in Spain. According to the Population Census, the proportion of those aged ten and over who could neither read nor write fell from 13.64 per cent in 1960 to 3.28 per cent in 1991. The proportion of those with a secondary education to *bachillerato* or technical level, or higher education qualifications, has doubled in ten years, while the proportion of those who have only completed primary education has fallen significantly. The number of those who have never attended school is unchanged, because of the continued presence of cohorts who, particularly between 1930 and 1960, had no access to the universal education which exists now. In the future, educational levels will improve much more, as a result of the implementation of universal provision of compulsory education to the age of sixteen.

The family

The family, too, has experienced the changes that normally accompany modernization and industrialization. In addition to the significant decline in the rates of marriage, birth and fertility, another change worth commenting upon is the rise in the average age of marriage, which, according to *Panorámica social de España*, rose from 27.4 years for men and 24.6 years for women in 1970 to 28.8 years and 26.2 years respectively in 1991, in line with the average in other countries of the European Union.[4] The number choosing a civil ceremony (practically impossible under Franco) rather than a church wedding has increased significantly since 1980, now that the Spanish people have become accustomed to the availability of this constitutional option, so that about 20 per cent of couples opted for civil marriages in 1991, as against only 4.5 per cent in 1980. Stable relationships, without any legal or religious formalities, are also a new phenomenon. In 1991, they represented 1.36 per cent of all unions formed that year [see Text 4.4 Los jóvenes y la constitución de nuevos hogares y familias]. The proportion is noticeably higher in areas such as Catalonia, the Balearic Islands and Madrid, where the process of modernization has been much more complete.

Average household size fell from 3.61 members in 1985 to 3.28 in 1991. The number of single-person households grew from 7.5 per cent in 1970 to 13.4 per cent in 1991, which represented about one and a half million households. Single-person households are more common in places with fewer than 2000 inhabitants (19.21 per cent) and in those with between 2000 and 5000 (15.03 per cent). In towns with more than 100,000 inhabitants, they represent only 12.7 per cent of the total and in medium-sized towns of between 10,000 and 50,000 inhabitants only 11.93 per cent. This indicates that single-person households are not, contrary to what is sometimes believed, exclusively a phenomenon of the big cities. They are also associated with the ageing population in rural areas.

The decline in the size of households is explained by, among other factors, the birth rate, which, in turn, is influenced by prevailing cultural norms. According to INE statistics from the *Sociodemographic survey*[5] and *Panorámica social de España*,[6] the average number of children in marriages contracted between 1951 and 1960 was 3.1, falling to 1.2 in marriages entered into later than 1985. Women who left school early and have never worked have a higher than average number of children.

Finally, the divorce rate in Spain is lower than the EU average. The number of divorces for every 1000 inhabitants in Spain was 0.5 in 1985, and 0.6 in 1989. The average figure for the EU was 1.7 in both years. Only Ireland and Italy have lower divorce rates than Spain.

Emigration and migration

Emigration is an important factor in any attempt to understand the changes that have taken place in Spain's population. The modernization of agriculture produced a large population shift from rural areas to the more industrialized towns.

At the same time, economic problems during the period of transformation of the economy in the 1960s, together with the demand for labour during that same period in more developed countries, such as Germany, Belgium, France and the United Kingdom, encouraged emigration to Western Europe. According to data from the INE, 1,118,130 people emigrated permanently to Western Europe between 1961 and 1975. Of these, 73 per cent came from Andalusia (327,530), Galicia (255,237), Castille-Leon (121,553), Extremadura (68,160) and Castille-La Mancha (48,220), the less developed agricultural regions. Temporary emigration was also significant, numbering about 300,000 people between 1960 and 1973, according to the Spanish Emigration Institute. Internal migration from rural to industrial areas was equally important during this period. Net migration figures for the four autonomous communities most affected show an overall figure of 1,656,833 people left home, of which 43 per cent were from Andalusia,[7] in search of work elsewhere. For many of the migrants their new life was very difficult, because of the absence of social services, the conditions in which they lived and their lack of familiarity with the new environment. Although this migration was more or less unavoidable, it represented one of the most important costs of modernization in Spain. There was a sharp decline after 1976, brought about by the economic crisis and lack of employment in the host countries of Western Europe and host regions in Spain. Net migration between 1976 and 1980 from the same five regions was little more than 100,000 people. In recent years there have been further changes in the balance of migration as a result of a slowdown in the rate of emigration and the return of migrants who have retired or have lost their employment.

The host regions for internal migration have, as mentioned above, generally been the more industrialized, that is Catalonia, Madrid, the Basque Country and Valencia.[8] However, some industrialized regions, such as the Basque Country and Asturias began to experience a decline in population in the four years between 1976 and 1980, and this has continued subsequently. The decline was due to the closure or restructuring of traditional industries, such as steel and shipbuilding, with the consequent reduction in employment, which forced many migrants to return home.

Immigration is not as important in Spain as in other countries in Europe. According to some estimates there were 500,000 foreign residents in Spain in 1996, many of them employed in agriculture in Catalonia and Andalusia, in domestic service in the large cities, and in mining and other activities. A significant number come from Morocco and other countries in North Africa (about 100,000) [see Text 4.5 Los magrebíes en España] and from different countries in Central and South America. These figures do indicate a new trend however, because, until very recently, Spain had little or no immigration. There is also another dimension to the issue of immigration as a result of Spain's geographical position on the southern border of the EU. Spain now has responsibility for preventing the frequent attempts at illegal immigration into Europe across its border from countries on the southern shores of the Mediterranean.

Social stratification and inequality

In this section, we shall analyse the changes which have occurred in Spain's class structure and some of the most important forms of inequality. The term social class is used here in a broad sense and we refer to both the traditional distinction that is made between those who own the means of production and those who do not, and to other distinctions within these two groups.

The change from an agricultural to a modern society

Industrialization arrived late in Spain. It began in the nineteenth century, but its development was interrupted by the Civil War and only from the 1960s can it really be said to have reached the level achieved by other Western European countries almost a century earlier (see Part II). For this reason, the emergence of the class structure of a modern society, linked to the processes of industrialization and urbanization, is a relatively recent phenomenon. In some regions, such as Catalonia and the Basque Country, industrialization did start earlier but it remained concentrated there for a considerable time. This created a situation where a small, but growing industrial working class coexisted for several decades with the traditional agricultural working class, which accounted for such a large proportion of the population until the 1950s.

A historically weak middle class was a continuing characteristic of Spanish society until the second half of the twentieth century. There was, therefore, a quite polarized social structure with a small upper class, composed above all of large landowners with estates, or *latifundia*, of over 200 hectares (approximately 500 acres), an equally small middle class, and a very large rural proletariat.

Throughout the nineteenth and the first half of the twentieth century agricultural labourers (the rural proletariat) constituted the majority of the working class. These labourers, or *jornaleros*, were concentrated in southern Spain, in Castille-La Mancha, Andalusia and Extremadura, where the land was predominantly in the hands of the owners of large estates. Their work was mainly seasonal, the harvesting of wheat and other cereals in summer, grapes at the beginning of autumn and olives in winter. For most of the rest of the year they suffered from very high unemployment; quite frequently almost all the *jornaleros* were unemployed at the same time. Moreover, the amount of work available at harvest time depended on the weather during the year, so that seasonal employment was further reduced in years of poor harvest. In the rest of Spain, the northern half of the country, land ownership was more evenly distributed. There were many small and very small farmers, with properties of 20 hectares (50 acres) or less. These farmers worked the land themselves, or with family help, and rarely needed to employ labourers.

The most important social conflicts during this period occurred in the south. The agricultural labourers organized themselves into trade unions, and took part

Table 4.5. Active population according to economic activity (% total active population)

Activity	1900	1950	1970
Agriculture and fishing	60.6	48.9	24.8
Mining	1.0	1.6	1.0
Manufacturing	9.3	17.7	25.4
Construction	3.1	5.1	10.3
Electricity/gas/water/sewage	0.1	0.5	0.7
Commerce	3.0	6.5	15.3
Transport/warehousing/communications	1.8	3.9	5.5
Services	10.3	14.2	15.7
Other	10.8	1.6	1.3
	(100)	(100)	(100)
ACTIVE POPULATION (in 1000s)	7,577.0	10,793.1	11,908.1

Source: Anuario estadístico, Instituto Nacional de Estadística, 1983.

in various forms of protest, such as strikes, the destruction of machinery, and setting fire to the harvest, in their quest for improvements in their working conditions. They sought better wages and a reduction in the working day and, above all, they wanted land reform, expropriation from the large landowners and redistribution of the land. Conflicts arising from these demands were particularly important between 1900 and 1936. The situation of agricultural workers in the south was the most serious problem facing Spanish society at that time, giving rise to most of the conflicts and influencing the rest of the working-class movement. During the Second Republic (1931–1936) they achieved some of their demands, including partial land reform, but subsequently the Franco dictatorship undid what little there had been time to achieve.[9]

Between 1900 and 1950, there were changes in the occupational structure which Spain had inherited from the nineteenth century and the pace of change accelerated between 1950 and 1970 (see Table 4.5). Nonetheless, in 1970, the agricultural sector was still much more important than in more developed European countries, even though over 2.3 million workers had left the land between 1950 and 1970. This was a very large decrease and, together with the growth in industry and services, confirmed the irreversible process of transition from a rural to an industrialized and urban society. During the period 1939–1970, the repressive nature of the dictatorship left no room for the expression of social conflict but there was considerable social disruption brought about by the high rate of internal and external migration, as millions of people deserted the rural areas.

The polarized class structure and the weakness of the middle class continued into the 1950s. In 1957, according to one estimate, the upper class represented 1 per cent, the middle class 38.8 per cent and the working class 60.2 per cent of the total population.[10] However a report on Spanish society, published in 1970, gave, for 1965, proportions of 5 per cent, 45 per cent and 50 per cent for the upper, middle and working classes, respectively.[11] The growth of the middle class had begun in earnest and was to continue throughout the next two decades.[12]

The class structure since the 1970s

The decline in agricultural employment continued in the 1970s and 1980s. The number of people employed in agriculture in 1993 was 1.3 million, a fall of more than 1.6 million from 1970.[13] The number of agricultural labourers in the same period, from 1970 to 1993, fell from 1.06 to 0.5 million. The severity of the social problem they represented diminished as their numbers fell, and a system was established in the second half of the 1970s to protect them, for the first time, against seasonal unemployment.

Another important consequence of the decline in agriculture has been the loss of power and influence wielded by the large landowners and the rural bourgeoisie. With the enormous reduction in the contribution of agriculture to the gross national product (see Part II The Spanish Economy), the sector has ceased to be the most important problem on the political agenda, and has lost the considerable political influence that it once had. At the same time, the decline in the number of agricultural labourers and the existence of unemployment benefit, have reduced very considerably the control exercised by landowners over the local labour market in rural areas and, therefore, their influence over the rural community.

In addition to the decline in the number of agricultural labourers, there was a decline in the number of businesses with no paid workers between 1970 and 1993 (see Table 4.6). The number of employed workers grew and they represented a much higher proportion of the economically active population in 1993 than in 1970. Within this group, the percentage of public sector employees doubled.

When we consider occupational groups in more detail, there has been a significant increase in the size of the professional, technical, managerial and administrative groups, the middle class occupations (see Table 4.7), a development related to the improvement in the levels of education and qualifications. A recent review of the relative sizes of the upper, middle and working classes has also confirmed that, however the measurements are made, the greatest expansion has continued to be in middle class occupations.[14] Whereas the FOESSA report of 1983 gave figures of 5 per cent, 42 per cent and 53 per cent for the upper, middle and working class, respectively,[15] Tezanos, for 1988, quoted figures of 4.8 per cent, 59.4 per cent and 32.9 per cent.[16] In the case of manual workers, there has been a large growth in the numbers working in the service industry and a decline in manufacturing and construction. Thus the working class has undergone a rapid transformation in Spain during the last two decades. It is far more differentiated than it was. We should also note the large group of unemployed (22.7 %), who by their very nature, are vulnerable to increasing social exclusion [see Text 4.6: El planeta de los náufragos sociales].

Table 4.6. Active population according to occupation (in 000s and %)

Occupation	1970	1993
Owners of companies with paid workers	311.0 (2.5)	530.6 (3.5)
Owners with no paid workers or self-employed workers	2,597.7 (20.9)	1,966.2 (12.8)
Members of cooperatives		124.8 (0.8)
Employment within family	1,521.9 (12.2)	552.4 (3.6)
Employees	7,866.0 (63.3)	10,882.3 (71.0)
Public sector	840.7	2,380.0
Private sector	7,025.3	8,502.3
Unemployed[a]	120.7 (1.0)	—
Seeking first employment or unemployed more than 3 years		1,199.9 (7.8)
Other	13.1 (0.1)	62.6 (0.4)
ACTIVE POPULATION	12,430.4 (100)	15,318.8 (100)

[a] For 1993 other unemployed included under relevant occupation.
Source: Encuesta de población activa, Instituto Nacional de Estadística 1970 first quarter and 1993 Annual Tables.

Table 4.7. Occupations (in 000s and %)

Occupation	1970[a]	1993[b]
Professional, technical etc.	501.5 (4.0)	1,468.8 (9.6)
Managers in public and private sectors	122.9 (1.0)	234.9 (1.5)
Administration	902.7 (7.3)	1,623.7 (10.6)
Salespersons, traders etc.	1,342.8 (10.8)	1,372.9 (9.0)
Hotel and catering, domestic, security, etc.	1,044.0 (8.4)	1,720.0 (11.2)
Agricultural business employing workers	41.9 (0.3)	27.4 (0.2)
Agricultural business with no employees	2,505.8 (20.2)	554.1 (3.6)
Agricultural workers	1,057.7 (8.5)	314.4 (2.0)
Workers in mines, industry construction and transport	4,763.5 (38.3)	4,156.3 (27.1)
Armed Forces	99.0 (0.8)	92.0 (0.6)
Other	48.6 (0.4)	273.0 (1.7)[c]
Unemployed	—	3,481.3 (22.7)
ACTIVE POPULATION	12,430.4 (100)	15,318.8 (100)

[a] figures for 1970 are for the total active population. The unemployed are distributed among the different categories according to previous employment.
[b] figures for 1993 show the unemployed as a separate category.
[c] including those employed informally in a family business and the 90,000 workers in the fishing industry.
Source: Encuesta de población activa, Instituto Nacional de Estadística 1970 first quarter and 1993 Annual Tables.

The expansion of the middle class, the improvement in levels of education and the modifications in the occupational structure are reasons why the transition from a dictatorship to a democratic state was so peaceful and orderly. These changes modified the previously much more polarized nature of Spanish society. They also explain the way the electorate voted in successive elections, with a majority preferring the centre (although the centre left gained more votes). Spain's social structure in the 1990s reflects the modernization, urbanization and economic development that has taken place in the country in the short space of thirty years.

Inequality

Inequality exists in every society. However, it is important to identify how great it is, where the inequalities lie and to what extent they are related to social conflict. We shall examine inequality in Spanish society from three different perspectives, the subjective perception of inequality, its economic dimension, and finally its social dimension. To conclude, we shall discuss regional inequalities and the effect that a national policy of redistribution has had in reducing these.

The subjective perception of inequality is reflected in the relative importance that people attach to it in their general perception of the society in which they live. A first approach is to look at how people place themselves in terms of class. The results of surveys by the *Centro de Investigaciones sobre la Realidad Social* (CIRES) show that most Spaniards think of themselves as middle class. Some define themselves further as upper middle and some as lower middle class, and almost no one claims to belong to the upper class. In a recent survey, around 55 per cent of respondents said they were middle class and 30 per cent said they were lower middle class. Only 3 per cent considered themselves upper middle class and only 10 per cent working class.[17] In another survey, only 26 per cent thought that reducing social inequality should be a priority. Reducing unemployment (72 per cent), the war against drug trafficking (53 per cent) and terrorism (38 per cent) were all considered more important. In the same survey only 23 per cent believed both in the existence of a class system in Spain and in conflict between the classes. Forty-three per cent agreed that Spain was divided, but thought that there was no conflict, and 27 per cent said there was no class division, although inequalities did exist.[18] Inequality, therefore, is perceived to exist, but it is not considered the most important social problem.

Economic inequality can be measured in a variety of different ways. First, the distribution of added value produced in the country in recent years has changed, with a growth in the part going to earnings as opposed to the gross capital surplus produced by business, from 43.5 per cent in 1960 to 50.7 per cent in 1992.[19] However, although the inequality between earned income and capital income has decreased, there has been an increase in earnings differentials. In 1981, the average earnings of a blue-collar worker in the manufacturing or service

Table 4.8. Distribution of household income 1991 (in deciles)

Decile	Percentage of income	Average income in pesetas
1	2.71	601,431
2	4.03	962,087
3	5.64	1,251,754
4	6.79	1,506,535
5	7.95	1,764,340
6	9.23	2,049,420
7	10.65	2,365,199
8	12.51	2,777,410
9	15.48	3,436,151
10	24.72	5,489,341

Source: Panorámica social de España, INE, 1994.

industries were 67.7 per cent of those of a white-collar worker in the same industry. By 1992, this had fallen to 62.5 per cent. The earnings ratio between an unskilled labourer and a university graduate in 1988 was 100 to 371. The ratio between minimum and maximum earnings was 100 to 338 in respect of workers with permanent contracts and 100 to 272 in respect of temporary workers.[20]

The distribution of household income, as an index of inequality, is also worth considering. In 1991, 50 per cent of households, with average annual incomes below 2 million pesetas, received only 27.42 per cent of total income, while the other 50 per cent received the remaining 72.58 per cent, indicating a high degree of inequality (see Table 4.8). There is some dispute among commentators as to whether there was any improvement in the distribution of income in the 1980s.

Finally, the standard of living, measured in terms of possession of domestic household items, has risen substantially in Spain in the last twenty years. By the beginning of the 1990s, more than 90 per cent of households had a refrigerator, washing machine, radio and colour television. At the same time the number of households with a car increased from 33.5 per cent in 1974 to 63.2 per cent in 1991.[21]

We shall now consider inequality in terms of access to some basic services such as education, health and social welfare. Spain now has a system of universal compulsory education until the age of sixteen. There is a health service available for everyone, regardless of whether they can contribute to its maintenance or not. There are also unemployment benefits and pension provision (and not only for those people who have made social security contributions). The social services respond to the needs of vulnerable groups such as the disabled, the elderly, abandoned children, single mothers, battered wives, families with no income, and the homeless. Although some of this help has been available in Spain for some time, it is only in the 1980s and 1990s that it has been properly established and organized.

All of this provision has been financed by an increase in social expenditure from 18.1 per cent of GDP in 1980 to 22.5 per cent in 1992.[22] In spite of this increase, however, Spain is still spending approximately four percentage points less in this area than the EU average relative to GDP. The increase in spending on these services coincided with an overall increase in public spending, from 32 per cent to 41 per cent of GDP in the 12 years to 1992. However recent reductions in public spending have meant that it is unlikely that the gap with the rest of the EU will be closed. Thus the universal provision of social services will still not reduce inequality as much as is desirable. The system provides a wide cover, but the help it offers is thinly spread.

Today's universal education system will produce benefits in the future, in both social and occupational mobility, but, at the moment, the coexistence of generations for whom access to education has been very different produces significant inequalities in qualifications. For example, in 1988 only 6.1 per cent of Spaniards then aged between 40 and 44 had the equivalent of a first or a Master's degree. Among those aged between 25 and 29, however, the proportion was 10.5 per cent. In respect of non-graduates, of those aged between 40 and 44, only 10.3 per cent finished secondary school as against 24.2 per cent of the 25–29 age group. The differences in qualifications were even greater in those over 45.[23] Such educational inequalities are reflected in differential employment opportunities, salary levels and leisure time activities.

As far as health care is concerned, Spain devotes 36.5 per cent of its total social expenditure to the health service, about the same as the EU average. As a proportion of the GDP, however, it is below the EU norm. The number of people to every doctor is around 1 to 260, the worst ratio of all the OECD countries. The number of hospital beds for every 10,000 inhabitants has fallen in the last thirty years, from 49.3 in 1963 to 42.6 in 1990. The general state of health of the Spanish people is good, better than in many more developed countries, and the inequalities that exist are related to regional inequalities and to social class. The upper middle and upper classes generally use private healthcare, or a combination of private and public, which gives them better access to treatment than the lower middle and working classes. Nevertheless, they take advantage of the quality of the public health service when they need treatment for more serious conditions. In short, they can and do make better use of health facilities than the lower classes.[24]

One of the most important manifestations of inequality lies in regional difference. The analysis of regional income distribution shows that there is considerable variation in per capita income between the different autonomous communities (see Table 2.6, p. 131). These figures reflect a poorer Spain, concentrated in the south and the north, with higher rates of unemployment and a weaker economy. These regions also have the lowest levels of education and, in nearly all of them, the number of hospital beds is lower than the national average. This average, in 1990, was 42.59 beds for every thousand inhabitants, whereas in Extremadura it was 38.11, in Andalusia 33.59, in Castille-La Mancha 32.18, in Galicia 39.45 and in Murcia 35.08. In Valencia, too, one of the most developed communities, this figure was below the national average, at 31.49.[25]

In practice, the regional inequalities are reduced to some extent by the redistributive policy of the state which ensures that autonomous communities that are less well off receive additional support. Nevertheless, in Spain, as we have tried to show briefly, there are still significant economic and social and regional inequalities. There has been an enormous effort to reduce them in recent years, through the establishment of a welfare state, which the majority of public opinion supports and wants to improve. This welfare state, however, is still less comprehensive than in other EU countries, although, slowly but gradually, it is improving.

The establishment of a system for scientific and technological research

The development and establishment of scientific and technological research in its broadest sense, including all areas of social science, is as important a sign of a modernizing society as are industrialization, urbanization and improved communications.

This section will discuss the major improvements and advances that have taken place in research in Spain, particularly during the last fifteen years. The fact that these have happened so recently shows how much slower advances in this area have been, compared with the process of industrialization and urbanization where progress has been evident since the end of the 1960s.

Historical background

The slow progress in this area can be explained by the complex history of the development of science and technology. In Spain, unlike other European countries, the social, cultural, economic and political forces which have shaped its evolution have delayed rather than advanced development. Freedom of thought, the climate that scientific research needs if it is to flourish, was not viewed favourably in a society where religious belief and the spirit of the Counter-Reformation were such powerful influences. Nor was it helped by Spain's slower economic development. The universities, too, were heavily influenced for centuries by disciplines closely linked to religion and were reluctant to admit new branches of learning. In spite of all these obviously backward influences, however, progress is now being made as a result of developments in recent years.

Contemporary studies of the history of scientific research in Spain have shown that it was not completely excluded from the scientific developments that were occurring in the West.[26] Spain has had a scientific tradition which, although it lacked the importance and continuity enjoyed in other European countries, provided at least the minimum base necessary for eventual development.

During the period of decline and loss of empire which Spain experienced at the end of the nineteenth century, the encouragement and establishment of research continued to be one of the main demands of a number of influential groups of intellectuals. This coincided with a generation of scientific researchers, born during the second half of the century, such as the Nobel Prize winner, Ramón y Cajal, who were to provide a strong impetus to research in Spain and make important contributions to scientific understanding in many fields. Their demands led to the setting up, in 1907, of the *Junta de Ampliación de Estudios e Investigaciones Científicas* (Council for the Development of Scientific Studies and Research), the first step in the development of a government policy to create a system of scientific and technological research.

The aim of the *Junta* was to promote communication with scientific researchers abroad, to stimulate research in Spain and to encourage the development of educational institutions. The *Junta* is generally considered to have been a positive force, within its limits, but the Civil War destroyed the experiment before it could bear fruit, as with so many other initiatives in Spain. The defeat of the Republic brought scientific development to a halt, mainly because of the disappearance or exile of many of the best scientific researchers.[27]

The current system

The Franco dictatorship dissolved the *Junta* and created, in 1939, the *Consejo Superior de Investigaciones Científicas* (CSIC), which inherited the *Junta's* resources and facilities. This Council, which has become, with the passage of time, Spain's most important research body after the universities, nurtured groups of scientists who developed research in the post-war years, particularly in chemistry.[28] During this period, it was almost the only organization where research was undertaken, since universities preferred to dedicate themselves to teaching. Development was, however, hampered by the poor state of the economy after the war, the nature of the dictatorship and, as mentioned above, the exile of research scientists trained during the previous era. The CSIC was, in turn, heavily influenced from the beginning by the religious mentality of its directors.

In addition to CSIC and the universities, there were other research centres, dependent on different Ministries, such as the *Instituto Nacional de Investigaciones Agrarias*, the *Centro de Investigaciones Energéticas Medioambientales y Tecnológicas*, and the *Centro de Experimentación de Obras Públicas*. In practice, the budgets of many of these institutes were too small for them to do any significant research, and their technical capacity was too limited for effective development. There were a large number of organizations but no policy to coordinate their activities.

In 1958, the *Comisión Asesora de Investigación Científica y Técnica* (CAICYT) (Advisory Committee for Scientific and Technical Research) was established. From

1964, under the first Development Plan, it had funds to coordinate government involvement in research. From 1964, it had funds with which to finance research projects and its role was to be quite important, until it was reorganized twenty years later. At the end of the 1970s it was responsible for introducing for the first time in Spain a competitive procedure for assigning resources to research projects. This procedure continued after the system was reformed.

In spite of the existence of CSIC, the universities, the research centres and CAICYT, research in Spain at the end of the 1970s, with democracy newly restored, lacked a clearly defined official policy and continued to suffer from insufficient resources. Investment in research and development at the end of the decade was below 0.4 per cent of GDP. There were various reasons for this. Its growth was affected by the energy crisis in the second half of the 1970s which plunged the Spanish economy into a deep recession. The universities had begun to expand and were demanding resources primarily to cope with all the new students entering as a result of the population increase after 1950. There was scarcely any tradition of scientific research in the universities and no awareness, among the academic staff in general, of the importance of research to their work. Nor did they feel that it might enhance their academic prestige.[29] There were, also, in the early years after the restoration of democracy, very urgent political, social and economic problems to be resolved to ensure a peaceful transition. Scientific research had a lower priority and policy decisions were postponed, thereby contributing to its continuing weakness.

At the end of 1982, when the Socialist Party (PSOE) came to power, the first steps were taken to tackle the problems of the universities, to define a scientific research policy and to create a system for scientific and technological research. The University Reform Law, introduced in 1984, recognized the independence of the universities, as laid down in the Constitution, and also reorganized the way they exercised this independence. They were given responsibility for the development of research and for teaching.

However, no significant provision was made for research in the normal financing of the universities, either by the state or by the autonomous communities. In 1986, in order to address this problem, parliament passed a law to promote and coordinate scientific and technical research. This law established the basis of the new system and the problems that existed in financing, coordination and lack of clear objectives began to be addressed. The 1986 law endeavoured to create the right conditions for the development of research, and to link it with objectives for the socioeconomic development of Spanish society.

The new system is based on a government body, the *Comisión Interministerial de Ciencia y Tecnología* (Interministerial Committee for Science and Technology), composed of representatives from ministerial departments, who are nominated by the government. The body is chaired by a minister and in 1997 the position was taken over by the prime minister. The committee is responsible for drawing up the National Plan for Scientific Research and Technological Development in accordance with the general objectives established by the law. The general objectives include, for example, the improvement of research and technological innovation, the conservation and optimum use of natural resources, economic growth and the fostering of employment opportunities, strengthening the competitiveness of the economy, developing public services, healthcare, and the protection of Spain's artistic and cultural heritage.

The successive national plans have been financed from public funds and have to have government approval. The Committee is responsible for assigning funds to the different research programmes which have been defined in the plan. Projects which are submitted for funding have first to be evaluated through a system of peer review, and funding depends on a positive outcome. Finance for basic research not covered by the national plan is provided under a sectoral programme known as the *Promoción General del Conocimiento*, which also assigns funds in the way described above. There is also a programme for training research personnel, *Programa de Formación del Personal Investigador* and, since the end of the 1980s, a system of peer review has been established to evaluate general research activities every six years.

With the start of the third national plan in 1996, the system can now be said to be firmly established. Whereas the earlier plans laid emphasis on the creation of the general conditions necessary for the development of research in Spain, the third plan attempts to direct research towards economic and technological problems, in order to improve the country's competitiveness.

The result of these reforms has been, on the whole, positive, although there are still problems, as we shall indicate. A system for the development of scientific and technological research is now well established. The public sector has made a very large financial contribution to this system, and the scientific community has embraced the cultural change necessary to take advantage of the new situation. Research is now a very important element in academic activity. The number of full-time researchers increased from 7,924 in 1975 to 21,455 in 1985 and again to 41,421 in 1993,[30] representing an increase for every 1000 of the active population from 0.6 in 1975 to 2.8 in 1993.[31] In spite of this increase, however, the ratio is still much lower than in other OECD countries. Research output, measured by the number of publications listed in the Science Citation Index, increased from 3,900 publications in 1981 to 12,741 in the two years 1986–87, and to 18,131 in 1990–91, a rise from 1.39 per cent of the SCI listings in 1986–87 to 1.87 per cent in 1990–91.[32] This increase was the result of the growth of both public and private spending on research and development, from 0.3 per cent of GDP in 1973[33] to 0.85 per cent in 1993.[34]

Although it would appear that the reforms have produced positive results, there is still some way to go. As has been mentioned in Part II The Spanish Economy, R & D spending is still below that of most OECD countries. There is still a need to increase spending on R & D to around 1.3 per cent of GDP in the medium term. This would require a greater effort from the private sector, which devotes little resources to research. The link between R & D and private industry, which is still tenuous, will have to be strengthened. Spain depends too much on imported technology. The selection procedures for university lecturers will also have to be more exacting. Nevertheless, Spain has, on balance, established a system of scientific and technological research appropriate for an industrialized country, and created a base for further development and improvement.

Institutional and cultural change

Many aspects of society and its institutions are affected by the complex process of modernization. As well as the areas already discussed, there are other institutional and cultural changes which are important and we shall consider some of them in this last section.

We begin with the army, its role and national attitudes towards defence. In modern societies armed forces and defence issues have become progressively less closely linked to concepts of nationalism and patriotism. As with religion, we can talk about a secularization of society in respect of its relationship to the armed forces and attitudes towards compulsory military service. Secondly, we consider the change in the role of religion in Spanish society and the development of secularism, a concept intimately connected with the idea of modernity. Religion, the role of the Church and religious affairs have become, in modern societies, strictly private concerns and have lost the influence they once had in the public sphere. Thirdly, there will be a discussion of the trends in social conflict and crime and, finally, since institutional changes both reflect and are a product of cultural changes, we shall discuss here some of the developments in popular culture which have taken place in Spain in recent years.

The army

During Franco's dictatorship, the army occupied a central position. The uprising of 1936 was led by the military and they were the guarantors, ultimately, of the stability and continuity of the dictatorship. As a result, they had at their disposal armed forces that far exceeded in size what the country needed. Their most important role was internal, to prevent any attempt to overthrow the regime. High-ranking military officers frequently occupied civilian posts in the government and were always in charge of the *Ministerio de la Gobernación* (now *Ministerio del Interior*), with responsibility for, among other things, state security. There was a government minister for each of the three armed services, land, sea and air. Professional and technical standards in the services were fairly modest until the latter years of the regime. As the armed forces played an important role in dealing with internal conflict, they were very closely associated with Franco's dictatorship and all its political defects. Their standing with the opposition was very low and, during the transition, there was always some doubt about what their attitude would be ultimately towards the restoration of democracy and a constitutional monarchy.

The priority during the transition was to place the army under the political control of the democratic government and to adapt its structure to the new situation. The most important change was the creation, in 1977, of a Ministry of Defence to coordinate the activities of all the armed forces and to facilitate the reforms that were necessary. This was headed initially by someone from the military but soon passed to civilian control.

Adapting to this new constitutional role was not easy for the military and there were a number of tense episodes, culminating in the attempted military coup in February 1981. Nonetheless, the armed forces have gradually adapted to their role under the 1978 Constitution and have reacted calmly to the new problems confronting them. The loss of their central position in national priorities is demonstrated by the reduction in the share of government spending allocated to defence, from 5.96 per cent in 1980 to 3.33 per cent in 1992.[35] This has been accompanied by a comprehensive re-equipping and modernization of the armed forces, which had begun before the transition, with the training of Spanish military personnel in the USA as part of a bilateral treaty of cooperation established during the dictatorship. The armed forces are now a professional service and are confined to a military role. This process has been helped in recent years by Spain's membership of NATO which brought the armed forces into contact with the armies of countries which have a long history of professionalism. The reduction of their role and influence in civilian affairs has helped them to recover the prestige which was so lacking in the early years of the transition.

Although the army has lost its position at the centre of politics, the number of professional servicemen in the armed forces, excluding those on compulsory military service, instead of falling, rose slightly between 1976 and 1986 from 59,029 to 65,179.[36] However, there was structural change, with a reduction in the number of generals and chiefs of staff. Practically all of the increase in personnel resulted from a growth in the number of noncommissioned officers, generally technical experts, trained to handle the new military equipment. The numbers doing compulsory military service have fallen and the length of the 'mili' was reduced from twelve to nine months in 1991.

The army has encountered general opposition to the requirement under the Constitution to do military service, an opposition which has been particularly strong among young men of military service age (military service is compulsory for men but not for women). The number of young men who claimed the right to object to military service on grounds of conscience and to undertake community service as an alternative, rose from 4,995 in 1983 to 28,051 in 1991. There has also been an appreciable rise in the numbers (10,000 in 1994) of those refusing to do any sort of compulsory national service, whether military or community [see Text 4.7 Insumisión y Código Penal]. One of the ways in which the armed forces have sought to resolve the problem has been by improving and updating the treatment and conditions of recruits. These are now less demanding and harsh than they were two decades ago. This problem, however, will only be properly resolved when a wholly professional army is established, which may well occur in the not too distant future.

We can conclude, therefore, that the army has finally assumed its constitutional role and has lost its previously powerful political and social role. The '*cuestión militar*', the term given traditionally to the problem of the army's interference in political life, has been resolved during the last fifteen years.

Religion, secularization and the Church

Religion and the Catholic Church have traditionally played a crucial role in Spanish society and the process of modernization has been conditioned by them. Spain, conspicuously, remained outside the Reformation, which is associated in Europe with the beginning of modernity and the rise of capitalism. At this time, Catholicism was strongly asserting itself as the dominant religion in Spain and in other countries in southern Europe. This coincided with the period when Spain was the most important power on the European continent and was expanding across the Atlantic, with the colonization of the lands recently discovered. This explains the triumph of the Counter-Reformation, which was to leave Spain isolated from the social, economic and cultural forces that were transforming its neighbours so profoundly.[37] Analysts consider this historical divergence to be of crucial importance and they use Weber's thesis on the protestant ethic and the spirit of capitalism to explain why industrialization took place so late in Spain and why the business class was historically so weak.[38]

For the same reason, the influence of the new thinking of the Enlightenment was not as strong as in other countries and, as a result, secularization began much later. However, from the beginning of the nineteenth century and coinciding with the Napoleonic invasion, a political and cultural movement with a liberal outlook did develop. This movement had to struggle for survival throughout the century against conservative forces which were strengthened by the strong resistance of the Spanish people to the French invasion. Nonetheless, during the nineteenth century, the Church lost a great deal of its economic power because of the influence of liberal ideas and the needs of the Treasury. Much of the land and property belonging to the Church was expropriated by the state, and auctioned off to whoever could afford to buy it. This loss of economic power, however, did not result in any loss of influence in society, where the Church maintained its leading role, with the support of the state and the ruling elites.

The Second Republic established the separation of church and state in the Constitution, thus realizing the old dream of the liberals and the Enlightenment. This confined the Church to a strictly religious function and created a secular state. The monopoly of the Church over education was also broken, with the establishment of a state system. These changes revived the confrontation between the Church and the supporters of the republican reforms, which contributed tragically to the Civil War.

Franco's military rebellion was regarded by the Catholic Church as a crusade which would restore its power and put an end to the attacks it had suffered during the Second Republic. With Franco's dictatorship, it recovered its leading role, its privileged relationship with the state and the powerful cultural and educational influence it had always enjoyed. From the end of the 1950s, however, a movement for change began within the Church itself, which led to the development of criticism of the dictatorship and eventually opposition. This movement, together with the strength of democratic forces and attitudes in Spanish society generally, contributed to a peaceful transition to democracy and determined the role that the Church was to play in the new political context.

The reasons for the growth of this opposition movement within the Church are many and it is not possible to discuss them all here. It originated with a group of Catholic intellectuals who were initially committed to Francoism, but who, later, became disenchanted, influenced by the movement for renewal started by Vatican II. In addition, significant numbers of more socially and politically aware priests were now being ordained.[39] A survey carried out in 1970 among the clergy revealed that 66 per cent rejected the relationship between church and state under Franco, 42 per cent were in favour of optional celibacy and that only 11 per cent viewed the existing political situation positively.[40]

At first, in its attitude to the political transition, the Church had to reconcile the views of the conservative wing that was closest to Franco, and of the critical opposition. As an institution, it tended to give its unreserved support to democracy and the constitutional monarch. It is generally recognized that the credit for balancing these conflicting internal forces and at the same time demonstrating support for democracy was due to Cardinal Tarancón, who was head of the Bishops' Conference during this period.

The Church chose in the new political situation to remain independent of politics and not to support the creation of a Christian Democrat Party, as had happened in post-war Italy. This independence has not been synonymous with neutrality, however, and the Church has continued to support certain policies and to make its views known, as in the case of laws on divorce, the legalization of abortion, education and the LODE (see Part III Education and Employment in Spain). In keeping with the position it adopted towards the democratic transition, the Church accepted a secular state constitution which recognized all religions as equal, but gave special mention to the Catholic Church because of its importance in Spanish society. It also agreed, with some resistance, to be financed by voluntary contributions from taxpayers, who are at liberty to assign 0.52 per cent of their taxes to the maintenance of the Church or to any other social cause.

There has, nevertheless, been some tension, particularly during the period of Socialist government. The Church organized one of the biggest popular demonstrations since the establishment of democracy, against the LODE and has sought to apply pressure over Church financing. Although it has formally accepted its role as a religious institution with no special privileges, within a society with a secular constitution, it still maintains an active and sometimes even militant position on issues that threaten its religious and moral influence over society[41] [see Text 4.8 Religión, política y modernidad en España].

It seems likely that tension over such issues will diminish as time passes and people heed less the calls for popular demonstrations. Only a few thousand gathered in Madrid for a protest against the removal of religion as a compulsory subject in primary and secondary schools, far fewer than for the earlier protest about the LODE. The Church has lost influence in a number of ways. In respect of education, although the figures show that the percentage of pupils at nursery, primary, secondary and technical schools run by the Church was still 20.9 per cent of the total in 1990–1991, there has been a significant increase in attendance at state schools.[42] The secular content of the curriculum and the removal of religion as a compulsory subject have also been important developments [see Text 4.9 El Estado catequista].

The creation of a welfare state has meant that the importance of the Church in providing protection and social services for the poor has also diminished. As in education, it is still, however, very active in this field, through *Caritas* and numerous local institutions for the care of the elderly and needy. Finally, secularization has meant that, in spite of the large numbers still being baptised, there has been a steady decrease in the numbers regularly attending church services.

As an institution, the Church is faced with the problem of a decline in the numbers entering religious life as priests or as members of a religious order. According to González Anleo and González Blasco[43] whose figures are supported by Díaz Salazar,[44] in 1968 there were 26,308 priests, excluding members of male or female orders. By 1987, this number had fallen to 20,933 and is expected to fall to around 17,000 by the year 2000. A similar trend is occurring in the religious orders.

In addition, far fewer people than the number actually baptised make the voluntary tax contribution of 0.52 per cent to the Church. In 1990, only 45 per cent of taxpayers, excluding those in the Basque Country and Navarre (who have a separate regime), opted to assign their voluntary contribution to the Church, while the rest preferred other social causes or none at all. Since the amount the Church receives from this source is not sufficient for its maintenance, the state also makes an important direct contribution. In 1989, the Church received 6,673 million pesetas from voluntary contributions, 7,584 million from the national budget and an additional 44 million for church building preservation. Other sources of finance, therefore, apart from voluntary tax contributions are still very important.[45]

Changes in the Church and its relationship with the state have been accompanied by changing religious values in the population. Spanish society is becoming increasingly secular, although this process is never complete, since people, even in a modern society, continue to ask themselves about the meaning of life, the existence of a supreme being and the need for moral criteria based firmly on an

Table 4.9. Stated religious belief (%)

	1970	*1993*
Very devout Catholic	11	5
Practising Catholic	53	25
Rarely practising Catholic	23	22
Nonpractising Catholic	9	32
Indifferent	3	8
Agnostic	1	4
Atheist	—	3
Other religion	—	1

Source: Informe sociológico sobre la situación social en España,
FOESSA, 1994.

established set of values. The answers to these questions have been and continue to be expressed throughout society in terms of belief in religion and the existence of a deity. However, the embracing of religious values at an abstract and general level is not the same thing as being active in a particular religion or following its rules about religious practice and behaviour. It is at this second level that the process of secularization can be most clearly observed.

A majority of Spaniards (almost 87 per cent), claim to be Catholic.[46] A majority, according to a survey conducted in 1994, say that they have some religious belief, either 'in God' (84 per cent), or 'in a life after death' (51 per cent), or 'in the existence of the soul' (64 per cent).[47] It can therefore be said that a generalized religious belief, linked to Catholicism, is still widely held. However, the extent to which this belief is translated into religious observance and practice has changed considerably.

There has been a significant decline in religious practice in the last twenty years (see Table 4.9). Other surveys give even lower figures for those claiming to be practising Catholics in 1994 (13 per cent) and much higher figures for the indifferent, agnostics and nonbelievers (24 per cent). Forty-eight per cent in 1994 said that they hardly ever went to church and only 15 per cent that they went at least once a week, whereas in 1981, these figures were 40 per cent and 23 per cent respectively.[48] As for the diktats of the Church, 64 per cent of Spaniards rejected the Pope's ruling on divorce and 71 per cent the ruling on contraception, while 53 per cent were opposed to the outlawing of abortion in all cases.[49] Even among practising Catholics, 50 per cent were in favour of divorce and 23 per cent of abortion. Among the reasons for 'behaving honourably', 43 per cent gave self-respect, 41 per cent a sense of community, 4 per cent the law and only 9 per cent religious belief.[50] The growing secularization of Spanish society is therefore demonstrated by the decline in religious observance, the opposition to some of the diktats of the Church and the absence of a religious justification for social virtues.

Social conflict and crime

This chapter would not be complete without some reference to social conflict and crime.

The most serious social conflict that currently exists in Spanish society is the continuing terrorist activity of the Basque group known as ETA. As discussed in Part I Politics in Contemporary Spain, some 800 people have been killed by ETA since 1975. Many of these deaths were of civilians, as a result of attacks which were directed against the population indiscriminately. With democracy restored and the granting of political autonomy to the Basque Country, there is no obvious explanation for ETA's continued existence. There is nothing to prevent the members of ETA from exercising their political rights and presenting to the electorate any programme, however radical it may be in terms of demands for greater political autonomy for the Basque Country, or even self-determination. The group is aware, however, that it does not command enough support among the electorate. Herri Batasuna, the political party that represents ETA's views, obtained only 12 per cent of the votes cast in the Basque Country in the 1996 general election. In fact, the number of votes won by Herri Batasuna has been gradually declining since 1980. In spite of a political situation that has rendered ETA's position untenable, the organization does not appear ready to abandon its criminal strategy and it is recognized in Spain that there may be no easy solution to the problem.

Industrial strife is another aspect of social conflict in Spanish society. It was most intense in the early years after democracy was restored. In the four years between 1976 and 1979, a total of 60.8 million working days were lost through strike action. This level of conflict cannot be explained by industrial reasons alone. During those early years, much of it was associated with the political problems of the transition. After 1980, when the political situation became more stable, there was a noticeable decrease. Between 1980 and 1987 only 36.4 million working days were lost. In 1988, there was a revival of strife culminating in a general strike, which managed to paralyse almost the entire country for a day [see Text 4.10 Atónitos pero no tanto]. From 1989 to 1995, however, industrial conflict resumed its lower trajectory and during this period 26.5 million working days were lost through strike action. Almost half the days lost through strikes between 1989 and 1995 were concentrated in two years, 1992 and 1994. These fluctuations can be explained by changes in the economic situation and, above all, by successive labour market reforms which were widely opposed by the workers.

There are few sociological studies of the incidence of crime in Spain and the sources available primarily consist of legal statistics, a limited basis for the interpretation of patterns of change in the nature of crime. We shall compare the statistics for 1971 and 1989. From 1989 comparison is more difficult because of changes in both the legal system and the classification of crimes.

According to the legal statistics collected in the *Anuarios estadísticos*, the number of offences dealt with in the courts grew spectacularly from 1970.[51] If we use as our reference proceedings initiated in the '*Juzgados de Instrucción*' (where cases are first heard), the number of cases rose from 318,085 in 1971 to 1,541,219 in 1989. In 1971, 87 per cent of all cases (277,398) involved petty offences, or *faltas*, such as insult, injury, minor negligence, assault, nonviolent theft of less than 50,000 pesetas, and so on. The majority of the rest were 'less serious' criminal offences, subject to sentences of up to six years in prison. Finally, there was the smallest group, serious criminal offences, for which the penalty is more than six years. The large increase in the number of cases by 1989 reflected a growth in the number of petty and less serious offences. The number of serious criminal offences was about the same as in 1971. Such a spectacular increase in less serious crime has to be treated with a degree of caution. Some of the increase is likely to be due to an increase in the number of people taking out insurance policies, which require policy holders to report crime before they can be compensated. It is reasonable, therefore, to assume that in 1971 more crimes were committed than were reported. Another reason for caution is that, very often, the same case is heard several times before the final hearing, but each hearing is counted as a separate case in the statistics. One can reasonably assume, therefore, that the real number of cases brought is lower than the number reflected in the statistics. Nonetheless, a significant part of the increase is due to a real rise in petty offences, and the problem of *seguridad ciudadana* (law and order) has caused a great deal of public concern.

The increase in the number of offences punishable with imprisonment has meant that Spain's prison population has grown. In 1973, there were 14,257 people in prison and in 1994 this had grown to 46,257, 52 per cent of whom were on remand, awaiting final sentence.

Despite this picture of increasing crime, Spain does have the fifth lowest murder rate in the world per 100,000 of the population. In 1991, this was 1.2, in comparison, for example, to a rate of 13.3 in the USA. It also has the third lowest suicide rate.

Popular culture

Modernization, as we have suggested before, is a complex mixture of changes in institutions and culture, which are often very closely interrelated. In this final section, we shall discuss some of the most important changes in popular culture.

Modern culture in Spain is the product of the transformation from an agricultural to an urban industrial society. The city, as sociologists emphasize, is where innovation and social and cultural changes at every level in society have tended to take place. However, it is worth emphasizing that rural society, which, as we have seen, is still relatively large in Spain, has also experienced these changes. As in other developed countries, rural society cannot lead a separate existence, but has become part of a larger society whose cultural values it shares.

This can be exemplified in a number of ways. State provision of education and health now extends practically throughout the country, giving the people of rural Spain the same access as city dwellers. Secondly, the media, especially television, has brought urban culture to rural areas, with the result that, with a few exceptions, there is very little distinction between the two in respect of behaviour, consumption and leisure pursuits [see Texts 4.11 Ocio y estilos de vida, and Text 4.12 Los autores españoles vencen a los extranjeros]. In addition, now that agriculture has been fully integrated into a capitalist economy as another productive sector, its conduct is governed by capitalist criteria of efficiency. For this reason, there has been an astonishing increase in the use of machinery, and of the chemical and biological products that are a part of modern agriculture. Subsistence farming is now only a small part of rural activity and the traditional codes of behaviour associated with this type of production are no longer relevant. Modernization has been more thorough, of course, in the towns than in the rural areas, but its effects have spread throughout Spanish society.

This statement might seem to be contradicted by the persistence of a large number of religious and secular festivals that are celebrated all over Spain, and which attract Spaniards and foreign tourists alike. Although their origin and sociocultural significance is sometimes unclear, it is suggested that, although there may be some tension, they coexist with modern Spain without contradiction. The persistence of these traditions is not at all extraordinary in a society where daily life was, until only a few decades ago, governed by the agricultural rhythms of seasons and harvest. There are still people alive today for whom the only interruption in the monotony of their everyday life was linked to the celebration of these rituals. Today there are far more leisure options and perhaps, as time passes, some of these traditional celebrations will disappear. In the religious festivals, which form the majority, there is nearly always a strictly festive component which quite obviously has nothing to do with religion. *Semana Santa* (Holy Week) pilgrimages, patron saints' festivals and others, all provide an occasion for people to meet and enjoy themselves. Although the pretext is religious, in fact the nonreligious element of these festivals is just as important, if not more so.

What this intensive celebration of festivals demonstrates is the gregariousness of the Spanish people, their liking for company, for meeting each other outside the home, and the way they have made this into something of an art. If we look closely at why these traditions have persisted we can see that today they fulfil a useful social function which is highly valued by their participants. The preparations for the festivals require active participation and are as interesting a way of using leisure time as any other. They also provide an opportunity for social encounters that might be useful in other ways, and social prestige for those in charge. The festivals, especially the spring and summer ones, such as *Semana Santa* and the large local *ferias*, attract different groups for different reasons. For the young it is the time when relationships with the opposite sex are initiated, in a relaxed and permissive atmosphere. For others it is an occasion for spending time with neighbours and friends and breaking, if only in a small way, the traditional codes. Many of those who organize activities during the *ferias* do it as a way of serving the members of their organizations (unions, political parties, neighbourhood associations, the *cofradías*, who organize *Semana Santa* processions, and so on) or attracting potential new members. The festival, in this respect, is a large stage on which the local community presents itself to society at large (and to itself) and, therefore, attendance is very important. There is furthermore an important economic dimension to the festivals, since they result in increased spending and income from tourism[52] [see Text 4.13 Funciones sociales de la fiesta]. The festivals can also be seen as an expression of the Spanish concept of the 'good life'. Thirty-four per cent of Spaniards feel that having a happy family and 29 per cent feel that being happy oneself are the greatest proof of success in life.[53] The festival is a good vehicle for the expression of these feelings.

Popular *fiestas* of all kinds have taken on a new lease of life since 1976, with the return to democracy. There are several reasons for this. Firstly, the people in general have been given back the initiating role in *fiestas* which had been taken away from them during the dictatorship. This has resulted in a wave of community activities, many of them aimed at restoring popular traditions. This does not mean that during the dictatorship these traditions disappeared completely. Rather, the restoration of democracy has made it possible for society as a whole to participate in them, so that they once again have become genuinely popular. During the dictatorship, *fiestas* were largely organized by the Francoist ruling classes and the participation of society as a whole was restricted.

The clearest manifestation of this process can be seen at the level of the *municipio* or local community. Studies of the political transition have repeatedly emphasized that it was at the level of the *municipio*, especially the small and medium-sized ones, where the restoration of democracy had its most visible social effects. In the first municipal elections, in 1979, it was the parties which had shown the strongest opposition to the dictatorship (the Socialist Party, the Communist Party and the Nationalist parties) which won the elections in an overwhelming majority of *municipios*. Popular, local *fiestas*, organized by the new, democratic local governments and their local communities became an important way of giving expression to the new situation; they were freed of the elitist and class connotations which they had had during the dictatorship. At the same time, there was a proliferation of events commemorating local personalities who had played an important political, social or cultural role during the Second Republic or before. These events were designed to strengthen the concept of local identity, initiated by the local democratic elections. It is important however to stress that the benefits of local democracy were not limited to *fiestas*. The quality of life was enhanced as a result of improvements to infrastructure, new sports and social facilities and the establishment of local economic development and planning.

A second factor which has stimulated the growth in importance of *fiestas* has been the decentralization of the Spanish state and the granting of more autonomy to the regions. This process encouraged the regions to seek ways of emphasizing their separate identity, ranging from the use of their own language (in the case of Asturias, the Balearic Islands, Catalonia, Galicia, the Basque

Country and Valencia) to the revival of institutional and cultural traditions. The different *comunidades autónomas* try to define themselves by reference to their particular characteristics, both physical (climate, landscape, natural resources) and cultural (monuments, museums, archeological remains, and gastronomy). Popular *fiestas* often form part of this process of consolidating a separate regional identity.

It is difficult to forecast what will happen in future to the role of the *fiesta* in Spanish society. The maintenance of some features of the *fiesta* is giving rise to conflict in modern Spain. Some groups, for example, oppose the way animals are ill-treated in *fiestas*, while others complain about the dangers associated with some events. *Fiestas* involving bulls typically display both of these characteristics. As local and regional identities become more established, there may be less emphasis on the significance of *fiestas* for this purpose. Generational change and the new mores of younger people may also have an impact. It is possible to predict therefore that the *fiesta*'s role may lose some momentum in the future.

The persistence of such traditional behaviour is not incompatible with modern values. As we have already seen, there are clear signs in Spain of a growing secularization in religious matters, and in behaviour and moral standards. Change tends to be welcomed as desirable and beneficial. Scientific and technological progress is viewed positively. Evidence for this statement can be seen in the attitudes expressed by Spanish people. Although the average level of scientific understanding is low, 60 per cent of Spaniards are quite or very interested in scientific and technological discoveries, which represents a greater proportion than those interested in politics. However, public opinion is somewhat ambivalent about the effects of technological innovation on production. New technology is equated in almost equal proportions with progress, unemployment, the dehumanising of work, increased comfort and more inequality. Nevertheless, the majority feel that the benefits outweigh the costs. The profession of scientific researcher is valued second highest among a large group of professions and the great majority believe it necessary that the state and private employers devote more resources to research.[54]

A final note

As a final comment on modernization, it is important to emphasize that it is a process which has occurred in a very short time. Unlike other European countries, where the change from a traditional agricultural to an industrial and urban society took almost a century, in Spain it took barely thirty years. This has greatly limited the country's ability to plan and to assimilate adequately all the changes. Hundreds of thousands of new houses had to be built, land had to be developed for industrial use, cities properly planned, an education system created to prepare the population for new types of work and, finally, a new political system established.

The speed with which many of these problems have had to be resolved has meant that not all of the solutions have been the right ones. The cities, for example, have serious traffic problems as the result of inadequate urban design, when, with time, it would have been possible to have planned them better. For this reason, therefore, the modernization process is, to some extent, incomplete [see Text 4.14 Los desafíos de la nueva etapa]. Nevertheless, what remains to be done to complete the process is far less than what has been accomplished so far.

Notes

1 The Spanish population census is held at 10-yearly intervals, the latest having taken place in 1991. This is used as the source of data to inform the discussion of many of the trends which are considered in this chapter. Census data is supplemented where appropriate by more detailed data and/or recent sources of data such as the *Encuesta de población activa*, referred to below.

2 Instituto Nacional de Estadística, *Anuario*, 1993.

3 INE, *Anuario*, 1993.

4 Instituto Nacional de Estadística, *Panorámica social*, 1994.

5 Instituto Nacional de Estadística, *Encuesta sociodemográfica* 1991.

6 *Panorámica social*, 1994.

7 INE, *Anuario*, various years.

8 INE, *Anuario*, various years.

9 i) M. Pérez Yruela, *La conflictividad campesina de la provincia de Córdoba (1931–36)* (MAPA, 1979).
   ii) M. Pérez Yruela, *La reforma agraria en España* (Cuadernos de Historia 16, 1990).

10 J. Cazorla, *Problemas de estratificación social en España* (Cuadernos para el Diálogo, 1973).

11 Fundación Fomento de Estudios Sociales y de Sociología Aplicada (FOESSA), *Informe sociológico sobre la situación social de España*, 1970.

12 A. De Miguel, *Síntesis del Informe sociológico sobre la situación social de España*, 1972.

13 Instituto Nacional de Estadística, *Encuesta de población activa*, 1993.

14 J. A. Torres Mora, 'Estratificación social', in S. Del Campo, *Tendencias sociales en España (1960–1990)* (Fundación BBV, 1994).

15 *Informe sociológico sobre la situación social de España*, 1983.

16 J. F. Tezanos, 'Clases sociales', in S. Giner, *España, sociedad y política* (Espasa Calpe, 1990), Vol 1.

17 *La realidad social en España, 1993–1994* (CIRES, 1995) p. 13.

18 *Informe sociológico sobre la situación social de España*, 1994, p. 268.

19 *Panorámica social*, 1994, pp. 436–7.

20 *Panorámica social*, 1994, p. 441.

21 *Panorámica social*, 1994, p. 477.

22 Social Protection Expenditures and Receipts (Eurostat, 1993).

23 J. A. Torres Mora 'Desigualdad social' in S. Del Campo, *Tendencias sociales en España*, Vol 1 (Fundación BBV, 1994).

24 *Informe sociológico sobre la situación social de España*, 1994, pp. 846–58.

25 *Panorámica social*, 1994, p. 570.

26 J. M. López Piñero, 'Introducción histórica', in P. González Blasco et al., *Historia y sociología de la ciencia en España* (Alianza, 1979).

27 J. M. Sánchez Ron (ed.), *Ciencia y sociedad en España* (Ediciones el Arquero-CSIC, 1988).

28 P. González Blasco, P. Jiménez Blanco and J. M. López Piñero, *Historia y sociología de la ciencia en España* (Alianza, 1979).

29 A. Almarcha, *Autoridad y privilegio en la universidad española* (CIS, 1982).

30 Unesco, 1991 and Instituto Nacional de Estadística, 1994.

31 *Encuesta de población activa*, 1994.

32 i) E. Garfield, 'La ciencia en España desde la perspectiva de las citaciones, 1981–92', in *Albor* 577–578, 1994, pp. 111–33.

    ii) B. Maltrás and M. A. Quintanilla, *Indicadores de la producción científica, España 1986–91* (CSIC, 1995).

33 Unesco, 1991.

34 General Secretariat of the National Plan, 1996.

35 *Informe sociológico sobre la situación social de España*, 1994, p. 1459.

36 R. Bañón, 'Fuerzas armadas' in S. Del Campo, *Tendencias sociales en España (1960–1990)* (Fundación BBV, 1994).

37 J. J. Linz, 'Religión y política en España', in R. Díaz-Salazar and S. Giner, *Religión y socieded en España* (CIS, 1993), pp. 1–2.

38 M. Weber, *The Protestant ethic and the spirit of capitalism* (George Allen and Unwin, 1930).

39 J. J. Linz, 1993, pp. 25–32.

40 R. Díaz-Salazar, 'La transición religiosa de los españoles', in R. Díaz-Salazar and S. Giner, 1993.

41 S. Giner and S. Sarasa, 'Religión y modernidad en España', in R. Díaz-Salazar and S. Giner, 1993.

42 *Informe sociológico sobre la situación social de España*, 1994, p. 753.

43 J. González Anleo and P. González Blasco, *Religión y sociedad en la España de los 90* (Ediciones SM, 1992).

44 R. Díaz-Salazar, 'La transición religiosa de los españoles', in R. Díaz-Salazar and S. Giner, 1993.

45 J. González Anleo and P. González Blasco, pp. 284 and 309.

46 *Informe sociológico sobre la situación social de España*, 1994, p. 754.

47 F. A. Orizo, *El sistema de valores en la España de los 90* (Colección Monografías, Centro de Investigaciones Sociológicas, No 150, 1996, p. 203.

48 F. A. Orizo, 1996, p. 205.

49 *La realidad social en España, 1990–1991* (CIRES, 1992), pp. 228–29.

50 *Informe sociológico sobre la situación social de España*, 1994, p. 762.

51 *Anuario estadístico* (Instituto Nacional de Estadística, various years).

52 C. Navarro and R. Serrano del Rosal, *La comunidad y la fiesta* (Ayuntamiento de Córdoba, 1995).

53 *La realidad social en España 1991–92* (CIRES, 1993), p. 180.

54 *La realidad social en España 1991–92*, pp. 373–411.

Suggestions for further reading

General literature

There are few sources in English relevant to the areas covered in this chapter. Readers are directed to *Spanish cultural studies*, edited by Helen Graham and Jo Labanyi (Oxford, 1995) and, in particular, the contributions of Frances Lannon on Spanish Catholicism and José Alvárez Junco and Serge Salaün on popular culture. Another relevant source is A. Shubert, *A social history of modern Spain* (London, 1990). For historical perspectives on the Church the reader can consult S. G. Payne, *Spanish Catholicism: an historical overview* (Madison, 1984) and N. Cooper, 'The Church: from crusade to Christianity', in P. Preston (ed.), *Spain in crisis* (Hassocks, 1976).

In Spanish, from 1960, a number of general publications have sought to provide an overall view of Spanish society covering issues such as demographic trends, occupational structure, the role of the family, political culture, and social problems such as poverty and inequality. The most established publication of this type is the *Informe sociológico sobre la situación social de España*, from the FOESSA Foundation (Fomento de Estudios Sociales y de Sociología Aplicada), five editions of which have been published, in 1967, 1970, 1975, 1983, and 1994. The FOESSA reports provide considerable statistical analysis and interpretation on Spanish society and have the advantage of enabling the reader to trace the developments in respect of particular issues through the five different reports. In addition to the FOESSA reports, a number of other general publications of this type should be considered. In 1984, a collection entitled *España: un presente para un futuro* was published by the Instituto de Estudios Económicos. Volume 1 of this collection *La sociedad*, edited by J. J. Linz, focuses on the changes taking place in Spanish society after the restoration of democracy.

In the 1990s several other general collections on Spanish society have been published. An important source can be found in the four volumes published by Espasa Calpe at the beginning of the decade: *Sociedad y política*, edited by Salvador Giner, *España, economía*, edited by J. L. García Delgado, *La ciencia*, edited by J. M. López Piñero, and *Autonomías*, edited by J. P. Fusi. In 1994, a three-volume study *Tendencias sociales en España* was published. This is edited by S. Del Campo Urbano (Fundación Banco Bilbao Vizcaya) and was the result of the findings of an international research team led by T. Caplow, focusing particularly on social change between 1960 and 1990.

A. de Miguel's *La sociedad española* (Complutense de Madrid, 1996) is a survey of subjective aspects of Spanish society such as the 'feel-good' factor and social relations, based on questionnaire data. Another series of reports based on questionnaire data, *La realidad social en España*, has been produced by the Centro de Investigaciones sobre la Realidad Social, the latest for 1995–6. The reports provide very detailed information on a large number of selected social indicators including religious practice, ideology, geographical mobility, the 'feel-good' factor and social status. One further useful source can be found in the series published by the Centro de Estudios del Cambio Social in 1996, *España 1993: una interpretación de su realidad social* (3 volumes), which examines a number of features of society such as consumerism, leisure, education reform, the health system, problems of the third age, social benefits and the role of the family.

The Instituto Nacional de Estadística (INE) publishes a number of statistical reports annually which are useful for monitoring the evolution of Spanish society, including the *Anuario estadístico* which contains official statistics on employment, demographic change, education and the economy. In 1974 and again in 1994, the INE published the *Panorámica social de España* which focuses on statistics of a social nature such as demographic indicators, health (mortality, illness, resources), and education (achievement levels, number of teachers and schools).

With the exception of the studies published by Espasa Calpe, the publications cited so far have been stronger in respect of the presentation of data on Spanish society than in interpreting the changes which have been taking place. A number of publications which are more ambitious in this respect should now be considered. Of considerable interest because of their historical context, although not directly covering the most recent years of the period under review, are G. Brenan, *The Spanish labyrinth* (Cambridge University Press, 1943), P. Preston (ed.), *Spain in crisis: evolution and decline of the Franco regime* (Hassocks, 1976) and J. Marichal, *El secreto de España* (Taurus, 1995).

For publications which seek to interpret the most important features of change in Spanish society up to the end of the period covered by this chapter we have V. Pérez Díaz's *España puesta a prueba* (Alianza, 1996), in which the author provides a personal view of the most important problems of Spanish society, twenty years after the restoration of democracy. The chapter by L. Flaquer, S. Giner, and L. Moreno, 'La sociedad española en la encrucijada', in the already mentioned volume on *Sociedad y política* is a thoughtful study. One should also consider M. Pérez Yruela and S. Giner, *El corporatismo en España* (Ariel, 1989) which traces the evolution of corporatism in Spanish society. Finally, C. A. Alonso Zaldívar and M. Castells (eds), *España, fin de siglo* (Alianza, 1992) analyses the process of modernization up to the end of the twentieth century, focusing in particular on the period from 1977.

Literature on specific aspects of society

The general collections referred to above include specific chapters on particular features of Spanish society. It is not our intention here to refer to all of these again in this section, only the most important. There are, in addition, a number of more detailed references on features of society which should be considered.

As far as demography is concerned, the classic work for understanding the evolution of the population of Spain is J. Nadal, *La población española: siglos XVI al XX* (Ariel, 1984). Also worth consulting is S. Del Campo and M. Navarro, *Nuevo análisis de la población en España* (Ariel, 1992), while for an examination of the family and its evolution there is Number 11 of the *Revista internacional de sociología* (RIS) which is dedicated to this theme.

In respect of social stratification, see J. Cazorla, *Problemas de estratificación social en España* (Edicusa, 1975), and L. Fernández de Castor and A. Goitre, *Clases en España en el umbral de los 70* (Siglo XXI, 1974). A good synthesis of issues can be found in J. F. Tezanos's chapter in the aforementioned publication *Sociedad y política* (1990) and in J. A. Torres Mora,

'Estratificación social', in Volume 1 of *Tendencias sociales en España 1960–1990* (also mentioned above). D Lacalle's *Los trabajadores intelectuales y la estructura de clases* (CIS, 1982) is an interesting analysis of the particular position of professional, technical and intellectual workers in the social structure. The evolution of rural society is discussed in M. Pérez Yruela, 'Spanish rural society in transition' in *Sociología ruralis*, XXXV, 3–4, 1995.

An important book of readings on the role of religion and the Church in Spain can be found in R. Díaz Salazar and S. Giner, *Religión y sociedad* (CIS, 1993) which examines the relation of religion to politics and modernization, the process of secularization and the institution of the Church. From a view more linked to that of the Catholic Church, there is J. González Anleo, *Religión y sociedad en la España de los 90*. Also in this area, the V FOESSA Report (cited above) includes a chapter by P. González Blasco.

There are several specialized texts which can be consulted about the armed forces. C. Seco Serrano, *Militarismo y civilismo en la España contemporánea* (Instituto de Estudios Económicos, 1984) provides an historical analysis of the relations between the army and the state, as does S. Payne, *Politics and the military in modern Spain* (Stanford, 1967), albeit from a different perspective. J. Busquet, *El militar de carrera en España* (Ariel, 1984) undertakes the first sociological analysis of the military. Finally there are two relevant chapters in the general collections referred to earlier: J. Martínez Paricio, 'Ejército y militares', in *Sociedad y política* and R. Bañon Martínez in *Tendencias sociales en España* (Volume 2).

The area of crime and delinquency has received relatively little attention so far in Spanish sociology. There is an interesting study of the development of the penal system in H. Roldán, *Historia de la prisión en España* (Barcelona, 1988). In *Sociedad y política*, D. Comas has two chapters of interest: 'Delincuencia e inseguridad ciudadana' and 'Las drogas en la sociedad española'.

A large number of questionnaire surveys have been carried out which focus on the lifestyle and values of the Spanish people by the Centro de Investigaciones Sociológicas and the Centro de Investigaciones sobre la Realidad Social. Recently a number of more comprehensive discussions have appeared in this area, notably P. González Blasco and M. Martín Serrano, *La juventud española 89* (Ediciones SM, 1989), J. Elzo et al., *Jóvenes españoles 94* (Ediciones SM, 1994), and M. Martín Serrano, *Los valores actuales de la juventud en España* (Instituto de la Juventud, 1991). It is also worth looking at F. Andrés Orizo, *Sistemas de valores en la España de los 90* (CIS, 1996), which provides a good summary of this area, and A. de Miguel, *La sociedad española* (cited above).

Text 4.1

Migraciones internas en los ochenta

1   El conjunto de personas que han cambiado de municipio de residencia durante los años ochenta, aunque creciente, se mantiene a unos niveles todavía inferiores a los que son comunes hoy en muchos países desarrollados. Dentro de la década se diferencia claramente un primer
5   período, que llega hasta 1986, caracterizado por una movilidad especialmente baja: menos del 1 por 100 de la población total cambia de municipio de residencia cada año, alcanzándose el mínimo en 1981 (0,45 por 100); un segundo período se abre a partir de 1986: los niveles de movilidad aumentan de forma constante año tras año,
10   alcanzando en 1990 al 1,76 por 100 de la población española. Esta periodización se ajusta con bastante precisión a las diferentes coyunturas que ha atravesado la economía española durante la década: de crisis y ajuste estructural hasta 1986, y de fuerte crecimiento en la segunda parte de los años ochenta, situaciones que, sin duda, han
15   favorecido, primero, el retraimiento de los potenciales migrantes y, más tarde, el incremento de los cambios residenciales.

    Al tiempo que tenía lugar esta evolución en los niveles de movilidad general de la población se han ido produciendo también importantes cambios en la estructura socioeconómica de la población migrante,
20   que aluden, sin duda, a cambios en los motivos de la migración y a las cambiantes circunstancias personales, dentro del ciclo de vida de las familias. Desde este punto de vista, la edad a que se produce la migración puede ser una variable muy útil y sintética. Así, y ciñéndonos al período de fuerte incremento de la movilidad vivido
25   recientemente, se observa cómo existen algunos segmentos de edad en los que la intensidad relativa de la movilidad se ha incrementado más rápidamente que en el conjunto: se trata, sobre todo, del grupo de edades de 25 a 34 años, seguido de los mayores de 65 y de los adultos entre 35 y 54 años. Por el contrario, la movilidad relativa de
30   las personas de menos de 25, así como de las de 55 a 64 años, ha crecido por debajo de la media.

    Es decir, la movilidad se ha incrementado especialmente en las edades correspondientes a la población activa, sobre todo en aquellos años en que comienza el período laboral y cuando la creación de
35   familias es más frecuente (25–34 años); asimismo, las edades que siguen a la jubilación han conocido también un incremento notable de cambios de residencia. Como apuntábamos, ello se puede explicar en función del ciclo de vida de las familias y las personas. La búsqueda

de viviendas asequibles en el momento de formar una familia, el
40 traslado de municipio de residencia en el caso de familias ya consolidadas, la búsqueda de un empleo en el comienzo de la vida laboral,
o el traslado a una zona donde puedan alcanzarse unas mejores
condiciones de vida tras la jubilación, parecen los motivos más claros
que están detrás de los cambios que se están introduciendo en el
45 comportamiento por edades de la migración.

Al mismo tiempo, y durante el conjunto de la década, también está
cambiando la estructura social de la población migrante. Así, a grandes
rasgos, han ido ganando participación en el conjunto de la población
migrante ciertos grupos sociales en detrimento de otros. Dentro de los
50 grupos que ganan peso, destacan especialmente los profesionales y
técnicos y el personal de oficina y de servicios (hostelería, restauración,
servicios personales), en detrimento sobre todo de los trabajadores,
cualificados o no, de los sectores industriales, la construcción o los
transportes. Paralelamente, ha ido incrementándose la proporción
55 de migrantes con estudios universitarios o medios, en detrimento de
aquellos que tan sólo cuentan con estudios primarios o no completos.

Estos cambios están reflejando, en parte, la transformación paralela
que está experimentando la propia estructura social española. Pero
éste no es el único motivo. Los incrementos de participación de los
60 grupos señalados están indicando también una creciente propensión
a migrar por parte de éstos. Así, por ejemplo, el 23 por 100 de todos
los migrantes activos eran, en 1986, Profesionales y Técnicos, cuando
la participación de este estrato ocupacional en la población activa
total era del 8,6 por 100; un fenómeno similar ocurre con los traba-
65 jadores de los servicios (hostelería, restauración, servicios personales)
y de oficina, que suponiendo algo más del 23 por 100 de la población
activa total aportaban el 34 por 100 de todos los migrantes activos.
La reflexión contraria se podría hacer respecto a los trabajadores
agrícolas, industriales, de la construcción y del transporte, que su-
70 mando el 50 por 100 de la población activa sólo aportaban el 36 por
100 de los migrantes.

Las personas con mayor tendencia a migrar en España son, por
tanto, cada vez más, aquellas que cuentan con una mejor cualificación
y que están integradas en los sectores económicos más dinámicos. Es
75 decir, se trata, *grosso modo*, de los grupos de población más receptivos
a los mensajes, positivos o negativos, que lanza el mercado de trabajo,
lo que, además, permite explicar el resurgir de las migraciones internas
en España posteriormente a 1986.

(Juan Romero González y J. M. Albertos Puebla, 'Retorno
al sur, desconcentración metropolitana y nuevos flujos
migratorios en España', *Revista Española de Investigaciones
Sociológicas*, No 63, Julio-Septiembre 1993, pp. 130–1.)

Ejercicios

Léxico

Explica el significado de los vocablos y expresiones siguientes:

municipio de residencia (l.1)   la jubilación (l.36)
ajuste estructural (l.13)   viviendas asequibles (l.39)
el retraimiento (l.15)   a grandes rasgos (ll.47–48)
aludir (l.20)   paralelamente (l.54)
ceñirse (l.24)   propensión (l.60)
por debajo de la media (l.31)   estrato ocupacional (l.63)

Gramática y estilo

(a) Este texto se refiere a la década de los ochenta. Justifica el uso del perfecto en: 'El conjunto de personas que han cambiado de municipio de residencia . . .' (l.1), 'a las diferentes coyunturas que ha atravesado la economía española durante la década . . .' (ll.11–12).

(b) Justifica el uso del presente contínuo en: '. . . durante el conjunto de la década está cambiando la estructura . . .' (ll.46–47?).

(c) Conjuga el verbo 'ceñir' (l.24) en presente y pretérito de indicativo y en presente e imperfecto de subjuntivo.

(d) ¿Qué expresa o deja de expresar el autor mediante el uso del verbo 'parecer' en: '. . . parecen los motivos más claros . . .' (l.43)?

(e) ¿Qué efecto expresivo se obtiene mediante el uso del operador 'tan' en la oración: '. . . que tan sólo cuentan con estudios primarios . . .' (l.56)? Construye frases con 'sólo' y con 'tan sólo' para que aprecies mejor la diferencia.

(f) 'Grosso modo' (l.75) es una de varias expresiones latinas que perduran en español. Trata de compilar una lista con las más comunes.

Comprensión

(a) ¿Por qué en los años de crisis es baja la movilidad interna?

(b) ¿Por qué la edad a que se produce la migración puede ser 'una variable muy útil y muy sintética' (l.23)?

(c) Explica, con tus propias palabras, los motivos que mueven a ciertos grupos de edades a migrar en mayores números que en otros.

(d) Explica el significado de las últimas líneas del texto: 'Es decir, se trata, grosso modo, de los grupos de población . . . posteriormente a 1986' (ll.74–78).

(e) Según lo que se desprende del artículo, ¿crees que el índice de movilidad interna será, a corto plazo, menor que en la década de los 80? Razona tu respuesta.

Preguntas orales y escritas

(a) ¿A qué crees que se debe que las migraciones internas en los países desa-
     rrollados sean habitualmente altas?

(b) ¿Crees que las migraciones internas responden a los mismos motivos que las
     emigraciones? Razona tu respuesta.

Text 4.2

La ciudad diseminada

1   La ciudad ha significado la humanización del cosmos. Ha sido un milagro a hechura del hombre. Sus muros eran los confines de la libertad y circundaban la única comunidad sin resabio tribal. Su triunfo histórico logró imponer extramuros sus virtudes, civilizar

5   el campo y extender a todos la ciudadanía. Hoy muchas ciudades agonizan como atroz consecuencia de su propio éxito.

Debe haber ocurrido, en la evolución de nuestras ciudades, algún error fatal. Hemos confundido vastedad, grandiosidad y acumulación, con cosmopolitismo, progreso, poder y prestigio. Con chabacanería

10   de plebeyos recién enriquecidos hemos seguido trastocándolos precisamente cuando el mero gran tamaño empieza a no hacer falta ya para las modernas economías de escala ni para la buena mezcla entre ciencia, enseñanza, cultura, movilidad social, mercado e industria que la ciudad proporcionaba. De ahí el desastre de nuestros suburbios,

15   formados hoy no sólo por gentes de aluvión, sino también por nativos. La moderna plebe suburbana, abandonadas las barracas, se agolpa ahora (eso sí, bien ordenada) en torres verticales de ladrillo y cemento armado. Cada cual en su celdilla, llamada con despiadado realismo, apartamento.

20   En muchos lugares, desde Lima a la ciudad de México, pasando por Caracas – pero no sólo en Hispanoamérica – abunda aún y se amontona la choza urbana, formando un conjunto suburbial borroso. (Borroso, esto es, para quien no quiere ver su rica, aunque amarga, urdimbre humana). Es a menudo allí donde surgen movimientos

25   populares de reconstrucción de la ciudadanía y donde mejor se oye la voz de quienes no aceptan la lógica destructiva de la ciudad desparramada y sin alma que ha venido a sustituir la de antaño, con su tamaño óptimo para tantos menesteres. Sus moradores quieren gestionarse a sí mismos. Ya no piden.

30   Nuestras ciudades europeas han conseguido mantener en buena medida su estructura tradicional: subsiste su núcleo cargado de símbolos, palacios gubernamentales y financieros, sus templos, y su red de barrios mesocráticos (con islotes de gentes acomodadas, o gentes de mal vivir, o inmigrantes) rodeado de una desigual periferia

35   suburbial. Sobre ella y sobre el centro degradado afluye aún la población foránea, para amontonarse primero, e integrarse a trancas y barrancas después, en el coloso urbano. Que en las partes más

amables del ámbito periférico se constituyan colonias de privilegiados no estorba la imagen general que así surge.

40   Es una imagen algo errónea. Así, urbanizaciones satélites y suburbios ricos aparte, la periferización de la pobreza, la delincuencia y, en general, la de las clases subordinadas, no es tan nítida como pueda parecer. Urbes hay, como Londres, en las que los costes interiores de la vivienda son tan elevados que han obligado a sucesivos
45   Gobiernos a favorecer la construcción de pisos de renta baja con el fin de que las clases acomodadas tuvieran sus carteros, conductores de metro y autobús, mujeres de la limpieza y demás oficios de suma utilidad. Pero éstas no son políticas igualitarias, sino medidas para integrar y domesticar la desigualdad.

50   La espectacularidad de nuestros suburbios populares – los de Madrid son sensacionales, al elevarse en una meseta de desolada belleza, como un muro inmenso e inesperado – nos hace creer que nuestras ciudades poseen un orden concéntrico. Las autopistas de circunvalación y las vías radiales con las que las dotamos para descongestionarlas – que
55   las congestionan más – refuerzan esa falsa impresión. Pero lo cierto es que vamos, velozmente, hacia otra cosa. Hacia un mundo reticular de ciudades unidas por medios de tránsito rápido para sus clases dirigentes. Hay ya otra movilidad, de lanzadera, también para sus clases medias y bajas, con su vaivén del dormitorio al trabajo, o de
60   ambos a un campo de deterioro por la invasión residencial.

Todo ello podría fomentar a la postre una dispersión muy intensa del suburbio. Surgirían así ciudades suburbio – áreas de nueva centralidad –, que podrían representar también ámbitos de bienestar y buena conducta social en unos casos, de desmoralización y
65   delincuencia, en otros. Lo cierto es que no hay indicios de que la segregación clasista urbana vaya a desaparecer, aunque a veces el suburbio no sea sinónimo de subordinación ni marginación, sino de lo contrario. Los hay, como el Valle del Sílice californiano, donde la alta tecnología y sus servidores han encontrado un lugar privilegiado.
70   Otros (tal la *segunda corona* suburbial de la conurbación barcelonesa) que son más bien una cadena de ciudades prósperas y núcleos de industria, servicios y zonas rurales. Algún observador ha empezado a hablar ya de futuras 'ciudades sin suburbios'. Mas es pronto para vaticinar el equilibrio social y la democratización de la ecología
75   urbana.

La diseminación de la ciudad – de la ciudadanía, la civilización, el civismo: todas palabras con la misma noble raíz – a todo el conjunto de la sociedad fue uno de los grandes éxitos de nuestro pasado. El proceso contrario, el de la ciudad diseminada, invertebrada,
80   cosmetizada por el diseño, pero tan hueca como sus aeropuertos,

autovías, rascacielos, suburbios intercambiables y ciudadanos dóciles en su mediático estupor suburbano, no tiene perdón. Porque sabemos que tiene remedio y no tenemos todavía el temple de dárselo.

(Salvador Giner, *El País*, 12 de enero de 1995.)

Ejercicios

Léxico

Explica el significado de los vocablos y expresiones siguientes:

a hechura de (l.2)	urdimbre (l.24)
los confines (l.2)	desparramada (l.27)
circundar (l.3)	menesteres (l.28)
resabio (l.3)	foránea (l.36)
chabacanería (l.9)	a trancas y barrancas (ll.36–37)
trastocar (l.10)	urbanizaciones satélites (l.40)
economías de escala (l.12)	movilidad de lanzadera (l.58)
las barracas (l.16)	vaivén (l.59)
agolparse (l.16)	vaticinar (l.74)
cemento armado (ll.17–18)	rascacielos (l.81)
la choza (l.22)	mediático (l.82)
borroso (l.22)	el temple (l.83)

Gramática y estilo

(a) ¿Qué se expresa mediante la construcción: 'Debe haber ocurrido . . .' (l.7)? ¿Qué diferencia hay, si la hay, entre 'deber' y 'deber de'? Construye frases siguiendo este modelo.

(b) ¿Qué tipo de construcción es: '. . . abandonadas las barracas . . .' (l.16)? Sustitúyela por otra que utilice el infinitivo.

(c) ¿Qué tipo de oración introduce 'donde' en: 'Es a menudo allí donde surgen movimientos . . . y donde mejor se oye la voz . . .' (ll.24–26)? Explica en qué casos se utiliza 'donde' y en cuales de ellos puede ser sustituido por 'en el/la/los/las' o 'en el/la cual, los/las cuales'.

(d) Explica la diferencia de significado entre 'mal vivir' (l.34) y 'malvivir'.

(e) ¿A partir de qué se ha formado la palabra 'rascacielos' (l.81)? ¿Cuál es su singular? Sugiere otros vocablos compuestos de la misma manera y que se comporten igual por lo que respecta al número. ¿Hay alguna otra palabra compuesta en el texto? ¿Cómo se ha llegado a su composición?

Comprensión

(a) Explica lo que entiendes por la afirmación con que se abre el artículo: 'La ciudad ha significado la humanización del cosmos . . .' (l.1).

(b) ¿En qué radicó el éxito de las ciudades y cómo se explica que este éxito fuera también la causa de su decadencia?

(c) ¿A qué se refiere el autor mediante la expresión: 'gentes de aluvión' (l.15)?

(d) ¿Qué te sugiere la descripción: 'Cada cual en su celdilla' (l.18) y por qué considera el autor despiadada la denominación de 'apartamento'?

(e) Explica, con tus propias palabras, la visión que el autor ofrece de varias ciudades hispanoamericanas.

(f) Describe lo que el autor entiende por 'suburbios' (ll.14, 41, 50, 73, 81). ¿Entiendes tú lo mismo?

(g) ¿Cómo ha afectado al campo la diseminación de la ciudad?

(h) '. . . la segregación clasista urbana . . .' (ll.65–66). ¿A qué segregación hace referencia el autor?

(i) Resume, en pocas palabras, las ideas del autor.

Preguntas orales y escritas

(a) ¿Se puede saber cómo son o cómo se comportan los habitantes de una determinada ciudad por la estructura física, simbólica, etc. de la misma? ¿Por qué?

(b) La estructura del espacio, ¿determina el estilo de vida o viceversa?

Text 4.3

La población española

1   La población española a mediados de 1989 es de 39,2 millones de habitantes, lo que sitúa a España en el lugar 25 entre los 168 países que componían el mundo en esa fecha, según las Naciones Unidas (. . .)
    Así pues, España constituye un país de cierta importancia en cuanto
5   a su volumen demográfico, ya que un 85 por 100 de los países del mundo tienen una población menor que la española. Incluso si se toman en cuenta sólo los países que componen la Comunidad Económica Europea, España ocupa el quinto lugar de acuerdo con su volumen total de población (. . .)
10   España es un país de muy baja natalidad (y por tanto con muy pocos hijos por mujer), muy alta esperanza de vida y muy bajo crecimiento natural de la población. Esta situación, sin embargo, es similar a la de las poblaciones de todos los países desarrollados, especialmente los europeos, y es el resultado de un proceso que, en
15   España, se inició aproximadamente a principios del siglo XX.
    En efecto, en 1900, España tenía una población caracterizada por altas tasas de mortalidad y natalidad, un crecimiento natural tres veces superior al actual, un promedio de casi cuatro hijos por mujer, una mortalidad infantil casi veinte veces superior a la actual, una
20   esperanza de vida que era menos de la mitad que la actual, y una proporción de población menor de 15 años próxima al 30 por 100, que se ha reducido a casi el 20 por 100 en la actualidad, mientras que la población mayor de 65 años ha aumentado desde un 5 por 100 a casi el triple.
25   En menos de un siglo la población española ha cambiado radicalmente, pasando desde una situación típica de población subdesarrollada a una nueva situación de población plenamente desarrollada, incluso cuando se la compara con la de los países europeos más desarrollados (. . .)
30   El bajo crecimiento de la población española, como el de las otras europeas, es consecuencia de un nivel muy bajo de mortalidad y de natalidad. La mortalidad, en efecto, se encuentra en un nivel tan bajo que es ya difícil que disminuya mucho más, salvo que se produzca algún importante desarrollo científico que prolongue extraordi-
35   nariamente la vida. Así, la esperanza de vida al nacer en España es ya de 72 años para los varones y de 78 para las mujeres (sólo en Noruega y algún otro país escandinavo las mujeres han alcanzado una esperanza de vida al nacer de 80 años). En cuanto a la mortalidad

infantil, que es el otro indicador más significativo y sensible del nivel
40   de mortalidad, es inferior a 10 por 1.000 en España desde hace varios
años, siendo más bajo que el existente en otros países europeos
más desarrollados, como el Reino Unido y la República Federal de
Alemania.

Pero el bajo crecimiento de la población española, y de las po-
45   blaciones europeas en general, se debe muy especialmente a la brusca
caída de la natalidad en todo el mundo occidental desarrollado desde
1975. Aunque la natalidad era ya baja en casi toda Europa (algo más
alta en España y otros países del sur de Europa) antes de esa fecha, la
nueva e importante disminución de estos últimos años ha dado lugar
50   a que se acuñe el término de 'segunda transición demográfica' para
referirse a ella, y ha sido la causa principal de que el crecimiento
demográfico se haya reducido a casi cero.

La tasa general de fecundidad (equivalente al promedio de hijos
que una mujer nacida hoy tendría a lo largo de su vida si persistiesen
55   las actuales tasas de fecundidad y mortalidad por edades) es en casi
toda Europa inferior a 2,1, que es el nivel necesario para el reemplazo
de la población. En España, concretamente, es de 1,7 según los datos
más recientes, y ha sido inferior al nivel de reemplazo desde principios
de esta década. De persistir este nivel de fecundidad durante los
60   próximos años, el actualmente escaso, pero positivo, crecimiento de
la población se tornaría en negativo, como ya sucede en la República
Federal de Alemania.

Las razones que se han ofrecido para explicar la reciente disminución de fecundidad europea han sido muy variadas, y algunas
65   también demográficas, como la fuerte disminución de la nupcialidad.
En efecto, se ha observado un crecimiento del porcentaje de hombres
y mujeres que permanecen solteros hasta edades cada vez más
avanzadas, y los que se casan lo hacen a edades más altas (. . .) Este
retraso en la edad al casarse posiblemente se debe al incremento
70   del paro, especialmente entre los jóvenes, desde la crisis económica
de 1973. Pero otras razones explicativas son también la mayor
permisividad social, que ha facilitado la cohabitación (todavía muy
poco importante en España, aunque está aumentando), el nuevo papel
social de la mujer (que cada vez puede elegir con más frecuencia una
75   vida independiente sin tener que depender del matrimonio), cierta
inseguridad en el futuro (que lleva a muchos jóvenes a no querer
adquirir responsabilidades familiares), y también cierto mayor egoísmo
y hedonismo, fruto de la sociedad de consumo, que conduce igualmente a no querer adquirir responsabilidades que puedan reducir las
80   posibilidades o expectativas de consumo. Además de la disminución
de la nupcialidad, otros factores han influido también sobre la caída
reciente de la fecundidad, pero muy especialmente el incremento en

el conocimiento y práctica de los métodos anticonceptivos, que ha
hecho posible, cada vez en mayor medida, que las parejas tengan el
85   número de hijos que desean tener y cuándo tenerlos.

No obstante, estas tendencias en la mortalidad y especialmente en
la fecundidad producen también efectos sobre la estructura por sexo
y edades de la población, provocando un envejecimiento de ésta. La
población española es todavía algo más joven que la mayor parte de
90   las europeas, debido a su natalidad algo más alta hasta hace unos
años, pero aún así ha envejecido y sigue envejeciendo. En la actualidad
un 13 por 100 de la población española tiene 65 y más años (la
proporción suele ser ligeramente superior al 15 por 100 en los países
europeos más desarrollados), y se prevé que llegue a ser del 20 por
95   100 para finales de este siglo.

Las consecuencias sociales y económicas de este creciente envejecimiento de la población española (y europea) son múltiples,
especialmente por lo que respecta al incremento de costes para la
Seguridad Social (. . .)
100   Debe señalarse que, al menos de momento, no parecen percibirse
signos que permitan anticipar cambios importantes en las pautas
y tendencias demográficas señaladas, que probablemente se mantendrán e incluso agudizarán en los próximos años.

(Juan Díez Nicolás, 'La población española', en Salvador Giner
(ed.), *España, sociedad y política*, Espasa Calpe, 1990, pp. 75–8.)

Ejercicios

Léxico

Explica el significado de los vocablos y expresiones siguientes:

a mediados de (l.1)	acuñar (l.50)
la natalidad (l.10)	tasa general de fecundidad (l.53)
la esperanza de vida (l.11)	el nivel de reeemplazo (l.56)
un promedio (l.18)	la nupcialidad (l.65)
brusca (l.45)	la sociedad de consumo (l.78)

Gramática y estilo

(a)   ¿Con qué significado se utiliza 'algo' en las expresiones 'algo más joven'
(l.89), 'algo más alta' (l.90)? Sugiere alternativas. Construye frases que
incluyan 'algo' + adjetivo.

(b)   Identifica, en el texto, todas las expresiones utilizadas para establecer comparaciones. Utiliza algunas de ellas en frases que tú inventes.

(c)   '. . . cada vez más avanzadas . . .' (ll.67–68), '. . . cada vez puede elegir con
más frecuencia . . .' (l.74). Estudia estas estructuras para ver cómo se expresa

la idea de progresión. Tradúcelas al inglés y empléalas también en frases inventadas por ti.

(d)   Explica la utilización del subjuntivo en: '. . . que prolongue extraordinariamente la vida' (ll.34–35).

(e)   ¿Qué se expresa mediante el uso del infinitivo con 'de' en: 'De persistir . . .' (l.59)?

(f)   ¿Por qué se ha utilizado el condicional en la frase: 'De persistir este nivel de fecundidad . . . crecimiento de la población se tornaría en negativo' (ll.59–61). ¿Se podría haber utilizado el futuro para expresar lo mismo?

(g)   Explica por qué no se ha utilizado el subjuntivo en: 'Este retraso en la edad al casarse posiblemente se debe . . .' (ll.68–69), '. . . tendencias demográficas señaladas que probablemente se mantendrán e incluso agudizarán en los próximos años' (ll.102–103).

Comprensión

(a)   ¿Qué entiendes por la frase: 'muy bajo crecimiento natural de la población' (ll.11–12)?

(b)   Explica, con tus propias palabras, los cambios que han tenido lugar a partir de 1900 y cuyos efectos demográficos han empezado a notarse en la década de los 90.

(c)   ¿Cómo se explica que la tasa de natalidad en España sea incluso más baja que en la mayoría de los países de su entorno?

(d)   ¿Qué consecuencias sociales y económicas pueden derivarse de este proceso de envejecimiento de la población?

(e)   ¿Qué medidas puede adoptar el Gobierno español para tratar de evitar el problema que se avecina?

Preguntas orales y escritas

(a)   Según los datos del texto, la esperanza de vida al nacer es de 72 años para los hombres y de 78 para las mujeres. ¿A qué factores puede deberse esta diferencia de seis años?

(b)   ¿Crees que el hecho de que la mayoría de los países desarrollados mantengan bajas tasas de natalidad es bueno? Razona tu respuesta, exponiendo los pros y los contras.

Text 4.4

Los jóvenes y la constitución de nuevos hogares y familias

1 En las páginas precedentes se han revisado distintas aportaciones al estudio de los jóvenes y la formación de los hogares, poniendo atención especial en el hogar independiente, al que algunos jóvenes acceden (y muchos otros querrían acceder), antes del matrimonio.

5 Se trata de un rito de paso, desprovisto hoy en día de las connotaciones simbólicas de protesta propias de los años sesenta, que forma parte de un complejo proceso de transición a la vida adulta. El actual alargamiento de la educación, junto con la crisis del empleo y la vivienda constituyen, sin duda, un freno a la emancipación, un

10 retraso de la misma, particularmente la residencial. Pero, al mismo tiempo, estas circunstancias parecen estar afectando las expectativas de futuro de buena parte de los jóvenes. Según un reciente avance de informe, 'la mayoría tiene la idea de que el futuro es tan incierto que sólo se justifica vivir al día'. Este sentir de la juventud actual en España

15 puede que esté dando fundamento al tipo de joven afincado en el hogar de origen, independiente económicamente incluso, pero sin prisa por irse de la casa paterna, ya que el ahorro (o el gasto) necesario para embarcarse en la adquisición de un alojamiento propio le supone privarse del ocio y del consumo que permiten los primeros sueldos.

20 Al mismo tiempo, se ha resquebrajado en la sociedad española actual la forma típica de ser adulto. La adultez es un destino incierto o por lo menos cuestionado, secuencial. Al igual que ha desaparecido el modelo único de noviazgo y se da una coexistencia de diversas relaciones heterosexuales previas al matrimonio. Lo que prima, en

25 cambio, es la cultura y la ideología del individualismo.

En este contexto se abren camino las nuevas formas de convivencia, que parecen todavía hoy más deseadas que practicadas, debido asimismo a los condicionantes del mercado laboral e inmobiliario, además del control social ejercido por la familia. Vivir solo a estas

30 edades supone haber alcanzado una situación económica suficiente para el mantenimiento de un alojamiento independiente, como soporte básico de una forma de convivencia y de un estilo de vida elegidos casi siempre. Por ello, el significado de las experiencias de 'soledad elegida' tiene que ver con el logro de un estatus socioeconómico

35 deseado. En otros casos, en cambio, se trata de un estado más o menos transitorio tras el desenlace de la cohabitación o previo a ésta. Vivir en pareja, 'sin papeles', implica asimismo poder disponer de una

vivienda independiente y materializar la emancipación del hogar
familiar o poner fin al alojamiento compartido con otros individuos.

40 *Solitarios* y *cohabitantes* protagonizan nuevas formas de convivencia,
estrechamente entrelazadas, pero que no conllevan, necesariamente,
un rechazo del matrimonio, ni de la descendencia. Simplemente, se
posponen esos dos incidentes del ciclo vital. Como se pospone el
momento de ir al servicio militar o de concluir los estudios o de aceptar

45 un empleo como definitivo. Como se alarga el concepto mismo de
adolescencia o de juventud.

Se ha observado que la estructura de los hogares españoles se
caracteriza por un desusado apego de los jóvenes a dejar la casa
paterna para constituir un hogar propio. En realidad lo que sucede es

50 que entre la mayoría de edad y la fecha del matrimonio tiene lugar
un largo proceso por el que los jóvenes van soltando poco a poco los
lazos de dependencia familiar. Cada vez son más proclives a una
primera fase de vivir solos o juntos varios jóvenes o por parejas como
experiencias previas al matrimonio y a la nueva residencia definitiva.

(Miguel S. Valles, 'Los jóvenes y la constitución de nuevos
hogares y familias', en Amando de Miguel, *La sociedad
española 1992–93*, Alianza Editorial, 1992, pp. 173–4.)

Ejercicios

Léxico

Explica el significado de los vocablos y expresiones siguientes:

el hogar independiente (l.3)	embarcarse (l.18)
un rito de paso (l.5)	resquebrajarse (l.20)
un avance de informe (ll.12–13)	primar (l.24)
vivir al día (l.14)	mercado inmobiliario (l.28)
dar fundamento (l.15)	el desenlace (l.36)
afincado (l.15)	conllevar (l.41)

Gramática y estilo

(a) Explica la función de 'buena' en 'buena parte' (l.12). Propón alternativas
para esta expresión.

(b) ¿Crees que el signo de puntuación que separa las oraciones: 'La adultez
. . . secuencial' (ll.21–22) y 'Al igual . . . previas al matrimonio' (ll.22–24) es
adecuado? Razona tu respuesta.

(c) ¿Existe alguna diferencia de significado entre los marcadores temporales
'hoy en día' (l.5) y 'hoy' (l.27) en el texto? ¿Debería haberla? ¿De cuál de
ellas es 'hoy día' sinónimo?

(d) Identifica todos los marcadores temporales utilizados en el texto. ¿En qué caso se utiliza cada uno de ellos, a qué momento del tiempo se refieren?

(e) Construye frases con 'embarcar' y 'embarcarse' (l.18). Haz lo mismo con 'ir' e 'irse', 'dormir' y 'dormirse'.

Comprensión

(a) ¿A qué connotaciones se refiere el autor en las líneas: 'Se trata de un rito de paso, desprovisto hoy en día de las connotaciones simbólicas de protesta propias de los años sesenta . . .' (ll.5–6)?

(b) ¿En qué sentido se ha resquebrajado la forma típica de ser adulto? Describe lo que consideras 'forma típica' y la 'forma actual'.

(c) ¿De qué manera ejerce la familia un control social sobre los jóvenes adultos? ¿Ocurre esto sólo en España o se puede aplicar a todos los países?

(d) ¿Qué debemos entender por: 'sin papeles' (l.37)?

(e) Resume, en no más de 30 palabras, la información contenida en el último párrafo. Traduce luego el párrafo completo al inglés.

(f) ¿Crees que los jóvenes de tu país tienen tantos problemas como los españoles a la hora de emanciparse?

Preguntas orales y escritas

(a) ¿Crees que la emancipación de los jóvenes es un fenómeno social importante en las sociedades occidentales contemporáneas?

(b) El autor del texto afirma que el concepto de adolescencia o de juventud se está alargando. ¿Qué quiere decir con ello? ¿Qué importancia social tiene este fenómeno?

Text 4.5

Los magrebíes en España

1 Durante años, España, país de tradición migratoria, ha visto los países
del Magreb como una zona más de destino de sus emigrantes. Argelia
(la región de Orán) y el norte de Marruecos han llegado a acoger en
fechas no muy lejanas (años cuarenta y cincuenta de nuestro siglo,
5 en vísperas de nuestra diáspora europea) incluso hasta un 35 y un 41
por ciento de la mano de obra que abandona el país.

Durante años también, España ha sido el país de paso de una
emigración magrebí, marroquí sobre todo, a Europa. Cada verano,
varios cientos de miles de ciudadanos del vecino norte de Africa han
10 cruzado y cruzan el estrecho en los dos sentidos: en 1987 pasaban del
medio millón y en 1991 de los 700.000. Lo paradójico es que todo
este trasiego no se haya convertido en presencia de una colonia amplia
hasta fechas bien recientes. Y las razones están más en nosotros, en
las estructuras del país de acogida, que en la naturaleza de los flujos.
15 No se trata de que no hayan existido asentamientos de marroquíes
ya desde la independencia sino que nunca han presentado una
envergadura hasta el último lustro. Por otra parte, no se tenía constancia ni del número ni del ritmo de los asentamientos, pero se era
consciente de que los datos oficiales no reflejaban la realidad. De ahí
20 la guerra de cifras que ha opuesto a los que, por razones de solidaridad
con los colectivos de inmigrantes ilegales creían un deber alinearse
en la magnificación del número y aquellos que, conscientes de la
posible instrumentalización política de 'creencias peligrosas' ligadas
a la difusión de cifras exageradas, daban mayor credibilidad a datos
25 más controlados elaborados a partir de las estadísticas difundidas por
los Ministerios de Trabajo e Interior.

El reciente proceso de regularización llevado a cabo del 10 de junio
al 10 de diciembre de 1991 ha permitido cuantificar una buena parte
de los inmigrantes ilegales que oscilaban según las distintas hipótesis
30 entre los 366.500 en 1986 y los 73.000 a 117.000 en 1989. Los
132.934 expedientes recibidos para su regularización indican desde
luego que la cifra de ilegales es superior pero las condiciones en las
que se ha llevado a cabo el proceso permiten indicar que no está muy
lejos de la realidad a 15 de mayo de 1991, fecha de presencia en
35 nuestro país impuesta como tope para la regularización. Otra cuestión
es que sin duda el número ha crecido en una parte nada desdeñable
desde entonces aunque sea difícil de cuantificar.

Lo que sí se puede establecer es una periodización de los ritmos de asentamiento de la colonia marroquí en España, tradicional-
40 mente dividida en tres grandes fases: un período de 1960 a 1975 de asentamientos inestables; otro de 1975 a 1986, coincidiendo con el cierre de fronteras en Europa, y un tercero posterior a 1986, con posterioridad a la promulgación de la Ley de Extranjería en España. Lo que resultaba difícil era de cuantificar los ritmos de asentamientos.
45 La utilización de los archivos del Consulado de Marruecos en Madrid como fuente de investigación ha permitido una primera aproximación a un posible establecimiento de dichos ritmos. La inscripción en el Consulado ha sido requisito imprescindible para la permanencia en España hasta el último proceso de regularización (. . .)
50 Durante los años sesenta, se observa una media de 85 inscrip- ciones consulares anuales. Madrid, como en cierto modo toda España, queda fuera de los flujos migratorios que buscarán otros destinos. Un importante sector (en torno al 41 por ciento) lo constituye una emigración de carácter etnopolítico integrada por judíos. Dejando a
55 un lado este período, entre 1970 y 1991 podemos destacar cuatro momentos más o menos delimitados. Un primero puede cifrarse entre 1970 y 1976, con un medio de 430 inscritos por año. Los efectos del cierre de fronteras en Europa empiezan a percibirse, si bien no de manera nítida hasta un segundo momento que podría considerarse
60 entre 1977 y 1987, años en los que la media asciende hasta 560. Pero el verdadero boom migratorio no se produce hasta 1988–89, con más de 1.300 inscripciones cada año, para superar las 3.000 en 1990 y las 7.000 en 1991. En estos veintidós años el número de inscripciones consulares se ha elevado a 23.000 con los siguientes ritmos: un 15
65 por ciento entre 1970 y 1976; un 27 por ciento en la década 1977 a 1987; el 58 por ciento restante entre 1988 y 1991, si bien desglosado en un 12 por ciento en 1988–89 y un 46% en 1990 y 1991.

Desde 1986, fecha del anterior proceso de regularización que siguió a la promulgación de la Ley de Extranjería, el número de marroquíes
70 inscrito en el Consulado ha sido de 13.654, cifra que no dista mucho de los 9.788 expedientes resueltos en Madrid, si bien es claro que no todos los inscritos permanecen en la actualidad en España, ni se inscribieron todos los venidos, ni se han regularizado todos los que vinieron desde la fecha de 1986. Conviene por tanto constatar que,
75 aunque no estamos hablando de cifras comparables, presentan sin embargo una relativa coherencia.

(Bernabé López García, *Las migraciones magrebíes y España*, ALFOZ No 91–92, 1992, pp. 54–7.)

Ejercicios

Léxico

Explica el significado de los vocablos y expresiones siguientes:

vísperas (l.5)	proceso de regularización (l.27)
diáspora (l.5)	expedientes (l.31)
la mano de obra (l.6)	fecha tope (ll.34–35)
país de paso (l.7)	desdeñable (l.36)
asentamientos (l.15)	nítida (l.59)
tener constancia (ll.17–18)	la promulgación (l.69)
guerra de cifras (l.20)	

Gramática y estilo

(a) ¿Qué se expresa mediante la perífrasis: '. . . han llegado a acoger . . .' (l.3)? Construye frases con 'llegar a' + infinitivo y 'llegar hasta' + infinitivo y explica la diferencia de matiz.

(b) Lee las siguientes cifras: 1991, 700.000, 366.500, 1986, 73.000, 132.934, 430, 13.654, 9.788.

(c) ¿Por qué se repite el verbo en presente en: '. . . han cruzado y cruzan . . .' (ll.9–10)?

(d) Explica las construcciones: '. . . no se tenía constancia . . . pero se era consciente . . .' (ll.17–19). ¿Por qué piensas que las ha utilizado el autor? Construye frases utilizando frases similares.

(e) Explica el papel que desempeña 'nada' en el enunciado afirmativo: '. . . el número ha crecido en una parte nada desdeñable . . .' (l.36). Haz frases siguiendo el mismo modelo.

(f) Escribe de nuevo la frase que sigue, evitando la redundancia: '. . . y un tercero posterior a 1986, con posterioridad a la promulgación de . . .' (ll.42–43).

(g) ¿Qué vocablo netamente castellano podría sustituir a 'boom' (l.61)?

Comprensión

(a) Explica por qué se define a España como 'país de tradición migratoria' (l.1).

(b) ¿Por qué crees que España fue sólo país de paso para los magrebíes hasta fechas recientes? ¿Cómo entiendes las razones aducidas por el autor: 'Y las razones están más en nosotros, en las estructuras del país de acogida, que en la naturaleza de los flujos' (ll.13–14)?

(c) Explica, utilizando tus propias palabras, lo expuesto en las líneas: 'De ahí la guerra de cifras . . . difundidas por los Ministerios de Trabajo e Interior' (ll.19–26). Luego tradúcelas al inglés.

(d) ¿Qué ha facilitado la cuantificación de los ilegales establecidos en España?

(e)   Busca toda la información que puedas sobre la Ley de Extranjería.

(f)   ¿Cómo podemos explicar el 'boom' migratorio a partir de 1988?

(g)   ¿Crees que la cifra 'oficial' de marroquíes establecidos en España, en la actualidad, es exacta?

Preguntas orales y escritas

(a)   Desde tu punto de vista, ¿a qué factores se debe que España haya pasado de ser un país de tradición emigratoria a ser un país receptor de emigrantes de otros países?

(b)   ¿A qué se refiere el autor cuando habla en el texto de 'guerra de cifras' (l.20)? ¿Qué importancia tiene este fenómeno?

Text 4.6

El planeta de los náufragos sociales: Hay menos 'pobres de solemnidad', pero se mantiene la tasa de pobreza relativa – El tener o no trabajo es decisivo para pertenecer al club de desheredados

1 El pobre de la sociedad española ha cambiado. El mendigo con mitones, sin un lugar donde dormir ni nada para comer, ha descendido, estadísticamente hablando. Hay menos 'pobres de solemnidad'. Los esfuerzos hechos en materia de gasto social han conseguido reducir
5 la pobreza severa, según el último trabajo de la Fundación Foessa, patrocinado por Cáritas.

Pero la tasa de la denominada pobreza relativa, por el contrario, casi no se ha movido en la última década, pese a que la renta per cápita de los españoles ha crecido a buen ritmo.
10 ¿Por qué los casi 8 millones de personas que viven en la llamada pobreza relativa se han mantenido estos diez años?

El núcleo

El director de Estudios de Cáritas es categórico. 'No se ha modificado la estructura tradicional de la pobreza. Se relaciona con las mismas
15 variables: actividad sin actividad, ocupación y tipo de estudios', explica Víctor Renes. Aunque la protección social, los salarios sociales, la rama asistencial del seguro de desempleo o las pensiones de viudedad han atacado con eficacia la pobreza severa, el 'núcleo' de la estructura de la pobreza se mantiene, o incluso aumenta (. . .).
20 El tener o no tener trabajo es, cada vez más, un factor decisivo para pertenecer o salir del club de los náufragos. Entre los desempleados, hay un colectivo especialmente condenado: los parados de larga duración. También sufren más que otros la escasez de recursos los pensionistas que dependen de pensiones distintas a las de jubilación o
25 las de invalidez. En cuanto a la 'casta' de los que 'trabajan', tampoco es una garantía: los trabajadores del campo asalariados siguen siendo los más pobres.

El catedrático de Economía, Gregorio Rodríguez Cabrero, también asegura que las políticas sociales de la década de los ochenta han sido
30 decisivas para atacar la pobreza más 'dura', pero han sido insuficientes para atacar la pobreza relativa (. . .)

Más de uno se preguntará, con razón, cómo se ha mantenido en estos años un alto grado de paz social si 2 de cada 10 personas de un país ganan menos de 38.000 pesetas al mes.

35   La respuesta se llama la familia y el Estado de bienestar, estos son los dos pilares que ayudan a explicar el relativo grado de integración social.

Presión

'Este país, que ha tenido que abrir sus fronteras al exterior, que ha
40   recibido fuertes presiones de la globalización de la economía, si no mantiene un mínimo Estado de bienestar no podría afrontar más tensiones. La familia y el gasto social compensan el paro y la precariedad laboral', asegura Cabrero.

Por si fuera poco, al igual que en la economía mundial con los
45   países ricos y los más pobres, las desigualdades sociales se agrandan entre las clases sociales españolas. Una división impuesta por los que tienen buen trabajo, y bien remunerado, y los que no lo tienen: jóvenes, mujeres, personas de más edad, extranjeros pobres y minusválidos.

50   'La pobreza se ha instalado en el mundo del trabajo. Todos los recientes estudios coinciden en un dato preocupante: hay un porcentaje importante de familias en situación límite y con trabajo', asegura Víctor Renes, responsable de Estudios y de Documentación de Cáritas (. . .)

55   A la lucha contra la pobreza en España, se le han sumado dos problemas. El primero, el de su propia escasez de recursos para evitarla, el segundo, la ola reformadora del Estado de Bienestar, que va desde quienes proponen recortarlo hasta los que piden sin rodeos su disolución.

60   'Es el gran drama y la paradoja de este país', ha asegurado Gregorio Rodríguez Cabrero. 'Cuando España acometió el proceso de industrialización, sin haberlo concluido tuvo que empezar a desmontarlo. Cón la protección social, ha pasado lo mismo. No se había acabado, cuando ha llegado una enorme presión para que se recorte'.

65   ## Demandas

Víctor Renes cree que las soluciones que se adopten han de tener en cuenta puntos que no pueden olvidarse. El director de Estudios de Cáritas asegura que las economías tendrán que hacer frente a ajustes del gasto si se quiere crear empleo e inversión, pero habrá que mirar
70   con lupa dónde meter la tijera, si no se quiere aumentar la pobreza severa o la relativa. 'Que vean que la actividad y el empleo no son ya

mecanismos suficientes de distribución de la riqueza. Habrá que plantear nuevos instrumentos', dice Renes. Además, hay que tomar conciencia de que algunos mecanismos económicos pueden ser
75 rentables desde el punto de vista de la actividad productiva, pero no lo son para la economía social. 'Habrá que volver a considerar qué es el crecimiento económico'.

Los sistemas de protección social, mixtos y descentralizados, seguirán jugando un papel fundamental, porque si no la crisis económica y
80 política que crearían seria impresionante, creen algunos expertos.

Todo parece apuntar a que, en función de lo que ocurra también en la Unión Europea, el gasto social va a seguir siendo un pilar importante en la lucha contra la pobreza. Como siempre, la última palabra la tienen los políticos.

(Luis Sacristán, *El Mundo*, 8 de enero de 1995.)

Ejercicios

Léxico

Explica el significado de los vocablos y expresiones siguientes:

mendigo (l.1)	pensiones de viudedad (l.17)
mitones (l.1)	minusválidos (l.49)
pobres de solemnidad (l.3)	mirar con lupa (ll.69–70)
patrocinado (l.6)	meter la tijera (l.70)
pobreza relativa (l.7)	tomar conciencia (ll.73–74)
protección social (l.16)	

Gramática y estilo

(a) Justifica el uso del singular del sustantivo 'pobre' en: 'El pobre de la sociedad española ha cambiado' (l.1).
(b) Explica la utilización de 'ni' y 'nada' en la frase: '... sin un lugar para dormir ni nada para comer . . .' (l.2). Construye frases siguiendo este modelo.
(c) ¿Qué indica el autor con la expresión 'más de uno' (l.32)?
(d) Justifica el uso del futuro en la oración: 'Más de uno se preguntará . . .' (l.32). Construye frases similares.
(e) ¿Qué connotaciones tiene para ti el vocablo 'minusválido' (l.49?)?
(f) Explica la estructura de la oración: 'Que vean que la actividad y el empleo . . .' (l.71). Escribe de nuevo las líneas que contienen estas palabras textuales de Renes, en estilo indirecto.
(g) Traduce al inglés las líneas: 'Los sistemas de protección social . . . creen algunos expertos' (ll.78–80). Luego, escríbelas de nuevo, en español, de manera que su significado quede más claro.

Comprensión

(a)   ¿Cómo entiendes la expresión 'actividad sin actividad' (l.15)?
(b)   ¿A qué se denomina el 'club de los náufragos' (l.21)?
(c)   ¿En qué sentido son los que trabajan una 'casta' (l.25)?
(d)   Explica, con tus propias palabras, de qué manera se ha instalado la pobreza en el mundo del trabajo.
(e)   ¿De dónde proviene la presión para que se recorte la protección social?
(f)   ¿Qué medidas puede adoptar el Gobierno español para aliviar la pobreza, en vista de la crisis económica por la que está pasando?

Preguntas orales y escritas

(a)   El Estado de Bienestar es anacrónico e injusto. Defiende o critica esta afirmación.
(b)   ¿Cómo definirías el concepto de pobreza relativa?
(c)   ¿Qué dimensiones incluiría, en tu opinión, un concepto de pobreza adecuado para la sociedad en la que vives?

Text 4.7

Insumisión y Código Penal

1   Si hubiera que buscar una noticia que sirviera de hilo conductor al año que acaba de terminar pienso que ésta sería la relativa a la insumisión.

  Difícil será encontrar una crónica periodística de cualquier semana del año ayuna de noticias sobre este tema; noticias tejidas de encierros,

5   encarteladas, manifestaciones, declaraciones cada vez más numerosas y de personalidades relevantes del amplio espectro social, asociaciones, sindicatos y partidos políticos y también sensatas iniciativas parlamentarias insensatamente desoídas por el Gobierno y sus aliados parlamentarios.

10   Hoy día el clamor contra la criminalización de la insumisión es un grito que se levanta de todos los rincones y con todos los acentos de España.

  Se quiera reconocer o no, los únicos presos de conciencia que hoy existen en la Comunidad Europea son los insumisos españoles.

15   No se me alcanzan los motivos o razones que impiden un cambio radical en esta materia.

  La Ley Penal debe ser la expresión del cuadro de valores mayoritariamente aceptado por la sociedad. Es el código de ética mínimo cuya transgresión justifica la imposición de una pena. Ello supone

20   una sintonía entre ley penal y consenso social. Así la Ley actúa como factor de cohesión social y su aceptación consolida el sistema democrático. Rota esta sintonía, se crea un divorcio entre el sistema legal y el cuadro de valores imperantes en la sociedad, y en esta situación la ley penal se pervierte y lejos de ser un instrumento de pacificación

25   social pasa a ser un agente de confrontación y tal vez de deslegitimación de todo el sistema jurídico porque que la ley sea democrática no garantiza por este sólo hecho que sea justa.

  Creo que está fuera de toda duda la legitimidad en abstracto de imponer prestaciones personales obligatorias como expresión del cuadro

30   de valores que vertebra el Estado Social y Democrático de Derecho.

  En todo caso, ese servicio obligatorio debe ser – debería ser – único, con dos opciones en clave de rigurosa igualdad: Servicio militar y Servicio civil, éste no sustitutorio de aquél, sino alternativo y a tal efecto no debe olvidarse que el artículo 30 de la CE cuando habla de

35   prestación social sustitutoria no responde a cuanto se está exponiendo.

  La respuesta a la negativa de la prestación del servicio militar y del sustitutorio ha sido la criminalización de la conducta y la imposición de la pena de cárcel a los insumisos.

Esta solución es un completo despropósito por la clase e intensidad
40 de la respuesta, pero además ignora que el valor del pacifismo que se
encuentra en la raíz de muchas de las actitudes del insumiso, es un
valor que también goza de reconocimiento desde el propio preámbulo
de la Constitución aunque se apueste por él de forma radical y en
términos no asumidos mayoritariamente por la sociedad.

45 Es una cuestión de oportunidad política y por tanto de sintonía con
la sociedad el mantenimiento del servicio militar obligatorio, del que
se deriva el servicio sustitutorio, o, por el contrario, tender a un ejército
profesional que eliminaría de raíz todo el actual problema porque, en
tal hipótesis, no habría lugar a un servicio civil obligatorio.

50 En política tan importante como llegar es llegar a tiempo, y el
mantenimiento de esta situación se dilata peligrosamente sin encontrar justificación alguna ni desde el punto de vista social ni desde la
defensa de los bienes en conflicto. La mesura y el sentido común parecen alejarse de esta materia. La respuesta penal es la última ratio y
55 la experiencia demuestra que con su cohorte de juicios, condenas y
cárcel, ni es la reacción justa ni la oportuna, ni la proporcionada, ni
la que hoy demanda la sociedad ante el fenómeno de la insumisión.

Prémiese al que asume como manifestación de un deber de
solidaridad compartida, la prestación del servicio obligatorio, pero
60 despenalícese a quien por no aceptar la solidaridad impuesta la
rechaza. Cierto que se coloca al margen de la legalidad, pero de ello
no se deriva necesariamente su criminalización, ni menos su entrada
en prisión.

Existen otras medidas dentro del derecho penal, y sobre todo existen
65 otras posibilidades de respuesta extramuros del Código Penal.

Merecería la pena explorar otras posibilidades como el establecimiento de sanciones premiales – integradoras de una discriminación
positiva – en favor de los que aceptan la prestación obligatoria como
sería favorecerles en el acceso a determinados puestos de trabajo, por
70 ejemplo, mejor respuesta, a mi juicio, que la de inhabilitación para la
función pública, como ahora se sugiere, medida que resulta tanto
más inadecuada si se suma a la pena de cárcel como sorprendente y
desagradablemente se prevee en el último Proyecto de Código Penal
en su artículo 595.

75 La solidaridad es uno de los valores más nobles del ser humano,
pero sólo es concebible en un marco de estricta voluntariedad. Tal
vez sea hora de reflexionar seriamente sobre la conveniencia de tener
un ejército profesional, pero mientras tanto no incrementemos el
ejército de insumisos presos por sus convicciones. Búsquense otras
80 respuestas por parte del Poder Legislativo.

Esta ha sido la petición que a lo largo del pasado año y en cuarenta
ocasiones han efectuado al Gobierno de la nación al amparo del

artículo 2 del Código Penal los cinco Tribunales de la Audiencia de
Bilbao. Previsiblemente continuará reiterándose la petición a la vista
85   de los cientos de causas en espera de juicio.
La urgencia del tema y el daño que se está causando no admiten
más demora.

(Joaquín Giménez García, *El Mundo*, 31 de enero de 1995.)

Ejercicios

Léxico

Explica el significado de los vocablos y expresiones siguientes:

la insumisión (l.2)	imperantes (l.23)
encierros (l.4)	prestaciones (l.29)
encarteladas (l.5)	un despropósito (l.39)
el clamor (l.10)	eliminar de raíz (l.48)
presos de conciencia (l.13)	la mesura (l.53)
la Ley Penal (l.17)	Proyecto de Código Penal (l.73)
una pena (l.19)	al amparo de (l.82)
una sintonía (l.20)	causas (judiciales) (l.85)

Gramática y estilo

(a)   Escribe de nuevo el primer párrafo comenzando: 'Si hay que . . .'. ¿De qué
forma cambia el significado de la frase?

(b)   ¿Qué expresa el autor mediante el uso del futuro en: 'Difícil será . . .' (l.3)?
¿Se conseguiría el mismo efecto expresivo mediante el uso del condicional?
Haz frases con ambos e indica si adviertes alguna diferencia.

(c)   Explica la construcción: 'Se quiera reconocer o no . . .' (l.13) y utiliza
construcciones similares en frases inventadas por ti.

(d)   ¿A qué tipo de lenguaje pertenece la expresión: 'No se me alcanzan los
motivos . . .' (l.15)? Escríbela de nuevo, en estilo formal, utilizando también
el verbo 'alcanzar'.

(e)   Explica el significado y función de 'que' en: '. . . porque que la ley sea
democrática . . .' (l.26).

(f)   Explica la repetición del verbo en condicional en la oración: '. . . ese servicio
obligatorio debe ser – debería ser – único . . .' (l.31).

(g)   Añade el signo de puntuación que creas conveniente para darle sentido a la
frase: 'En política tan importante como llegar es llegar a tiempo . . .' (l.50).

(h)   Identifica el tiempo y modo de 'prémiese' (l.58), 'despenalícese' (l.60),
'búsquense' (l.79) y justifica su uso.

(i)   Busca en un diccionario el vocablo 'premial' (l.67). ¿Qué quiere decir? ¿A
partir de qué sustantivo se ha formado? Trata de formar adjetivos similares.

(j)   ¿De qué verbo proviene 'prevee' (l.73)? Conjuga el presente y pretérito de indicativo.

Comprensión

(a)   ¿Cuál es la actitud de los españoles, en general, ante la criminalización de la insumisión? ¿Por qué?

(b)   Explica con tus propias palabras las ideas contenidas en el párrafo que comienza: 'La Ley Penal debe ser . . .' (l.17).

(c)   ¿Puede la ley ser democrática si no expresa los valores mayoritariamente aceptados por la sociedad?

(d)   Define el servicio social sustitutorio. ¿Está de acuerdo el autor con su implementación? ¿Por qué? ¿Cuál es tu opinión?

(e)   ¿Qué significa: '. . . inhabilitación para la función pública' (ll.70–71)?

(f)   ¿Qué otras medidas pueden tomarse contra los que se niegan a realizar la prestación del servicio social obligatorio?

(g)   ¿Crees que debería existir un servicio civil obligatorio para las mujeres también?

Preguntas orales y escritas

(a)   ¿Crees que las leyes de tu país son un verdadero reflejo de los valores mayoritarios de la sociedad? Ejemplifica tu respuesta.

(b)   Según el autor del artículo, los insumisos son presos de conciencia. Defiende o ataca esta afirmación.

Text 4.8

Religión, política y modernidad en España

1   En resumen: a pesar de los significativos esfuerzos de las autoridades
de la Iglesia para adaptarse a la democracia, la casi repentina
desaparición de una considerable cantidad de protección política, y
la experiencia real del pluralismo ideológico y de la concurrencia
5   en el mercado, las ha sumido en un estado de relativa inseguridad
conducente a su ansiedad actual. Bajo estas nuevas condiciones los
clérigos han tomado una actitud más bien compleja y, por lo menos,
ambivalente. Por un lado, la Iglesia, como hemos señalado, apoya
oficialmente a través de organizaciones como Cáritas, políticas e ideas
10 situadas completamente a la izquierda de los favorecidos por los
social demócratas moderados que gobiernan los asuntos públicos
del país. Por otro lado, adopta a la vez posiciones extremadamente
conservadoras, sobre todo en cuestiones referentes a la familia y a la
moralidad privada. Un culpable conveniente y fácil de identificar se
15 ha hallado en un supuesto movimiento socialista láico y antirreligioso.
Aunque no se ve porqué debería haber una contradicción importante entre ambas actitudes, los fieles, y los votantes, perciben con
frecuencia una cierta esquizofrenia en el apoyo simultáneo a estos
dos conjuntos de valores. De todos modos, un velado apoyo a los
20 partidos conservadores de la oposición es también evidente. Cuando
el presidente del gobierno, Felipe González, se quejó de que la Iglesia
española no era políticamente neutral, aunque su papel durante la
transición no sólo había sido neutral, sino que había sido favorable a
un cambio político pacífico, recibió la réplica del cardenal Tarancón,
25 quien se mostró de acuerdo en el papel que la Iglesia había tenido
en el acontecimiento histórico, pero insistió en que, actualmente,
las relaciones eran tensas. Parece como si, a un nivel profundo, la
Iglesia católica española sintiese que continúa teniendo una función
excepcional que jugar, y que forma parte de la esencia de la nación
30 de tal modo que la hace diferente a cualquier otra institución. De
aquí su reticencia a ser tratada como cualquier otra Iglesia. Por otra
parte, la prueba de los hechos muestra que no es tratada de tal modo
por las autoridades civiles y políticas.

    La concepción que la Iglesia tiene de sí misma y de su lugar en la
35 nación, frecuentemente parece ignorar los masivos cambios culturales
y morales que están ocurriendo en el país en su camino hacia lo que
podría denominarse hipermodernidad. Al mismo tiempo, en el país
ha tenido lugar una 'desideologización' extremadamente rápida, incluso

vertiginosa, y una pérdida de participación política de los ciudadanos
40 a partir de 1982. El panorama ideológico español ha cambiado por
completo: los anarquistas, liberales, comunistas y socialistas que com-
petían en su día, han desaparecido. Las 'alternativas' al orden social
predominante provienen ahora de otros lugares y plantean diferentes
amenazas a la vieja visión hegemónica del mundo. La ecología, el
45 feminismo, los derechos humanos, el movimiento antinuclear, una
proliferación de grupos 'nueva era', y un afán por formas no reguladas
de religión, con frecuencia sincréticas y de naturaleza 'blanda', atraen
a sus propios seguidores y compiten, como en el resto de Europa, no
sólo con las respetables ideologías políticas, sino también con la Iglesia
50 establecida. Cierta acomodación por parte del catolicismo a estas
nuevas tendencias ha ocurrido ya, pero en conjunto, es limitada y
poco entusiasta. El entorno cultural y político del catolicismo ha
cambiado hacia lo desconocido, pero el catolicismo no parece estar
preparado para afrontarlo, a pesar de algunos esfuerzos como los
55 que realizaron Juan XXIII en el Vaticano, o el eminente General
de los jusuitas, padre Arrupe, éste último apartado de sus facultades
posteriormente por Juan Pablo II.

Es demasiado pronto para saber cuales serán los efectos concretos
que el nuevo antagonismo eclesiástico tendrá sobre los numerosos
60 cristianos que todavía pertenecen a la Iglesia pero que no comulgan
para nada con el diagnóstico politizado que la jerarquía hace de los
males españoles. En este contexto, es difícil decidir si la inclinación de
los clérigos, tanto liberales como conservadores, a adoptar sus controvertidos puntos de vista actuales, es sólo un signo de supervivencia
65 de posiciones anteriores 'más duras', asumiendo que la 'modernidad
avanzada' supone una cierta 'blandura' de creencias y conductas
hacia los creyentes y no creyentes por igual. También podría tratarse
de un signo de cierta 'modernidad' en tanto esta condición ambigua
conduce asimismo a formas específicas de activismo y de militancia.
70 En este caso, la nueva belicosidad de la clerecía, más que un resto
superviviente del viejo estilo 'militante', sería parte esencial de la
tendencia que hoy en día hace la religión más controvertida y a los
religiosos más militantes respecto a sus compromisos sobrenaturales
y mundanos en algunos países occidentales, proyectando así dudas
75 sobre cualquier entendimiento acrítico de 'blandura' de la nueva fe.
Si éste fuera el caso, habría más argumentos para creer que se ha
completado ya la reincorporación española a las grandes corrientes
de la cultura occidental.

(Salvador Giner y Sebastián Sarasa, 'Religión, política y
modernidad en España', *Revista Internacional de
Sociología*, No 1, Tercera Epoca, pp. 48–50.)

Ejercicios

Léxico

Explica el significado de los vocablos y expresiones siguientes:

sumir (l.5)

laico (l.15)

velado (l.19)

sincréticas (l.47)

comulgar con (ll.60–61)

controvertidos (ll.63–64)

clerecía (l.70)

Gramática y estilo

(a) '. . . han tomado una actitud . . .' (l.7). Sustituye 'tomar' por un verbo más apropiado al sustantivo que lo acompaña.

(b) Compara y explica la función y el significado de 'que' en los dos casos en los que aparece a continuación: 'Parece como si . . . la Iglesia . . . sintiese que continúa teniendo una función excepcional que jugar . . .' (ll.27–29). Construye frases siguiendo el segundo modelo.

(c) Explica las diferencias de uso, si es que las hay, entre las dos formas del imperfecto de subjuntivo.

(d) 'De aquí su reticencia a ser tratada . . .' (ll.30–31). Justifica el género del participio pasado en esta oración. Construye frases para ejemplificarlo.

(e) Explica la utilización de 'sí misma' en la frase: 'La concepción que la Iglesia tiene de sí misma . . .' (l.34). Utiliza el mismo tipo de expresión, en cualquiera de sus formas, en frases hechas por ti, con funciones diversas – complemento directo, indirecto, etc. ¿Hay alguna diferencia de uso?

(f) ¿Se podría sustituir 'cuales' por 'que' en: 'Es demasiado pronto para saber cuales serán los efectos . . .' (l.58). Justifica tu respuesta.

(g) ¿Hay alguna diferencia de significado entre 'político' (l.24) y 'politizado' (l.61)?

(h) ¿Cuál es el sujeto de: '. . . de tal modo que la hace diferente . . .' (l.30)? Escribe de nuevo las líneas en las que aparece esta frase de forma que el estilo resulte más elegante, gramaticalmente.

Comprensión

(a) ¿Por qué se encuentran las autoridades eclesiásticas en un estado de ansiedad?

(b) Según el texto, los hechos prueban que a la Iglesia católica no se la trata como a cualquier otra Iglesia. ¿Puedes proporcionar algún ejemplo de estos hechos?

(c) ¿Por qué habría habido una 'desideologización' (l.38) y una pérdida de participación política de los ciudadanos desde 1982?

(d) ¿Cómo describirías la 'vieja visión hegemónica' (l.44) del mundo?

(e) ¿Qué entiendes por 'religiones de naturaleza blanda' (l.47)?

(f)   ¿Qué argumentos indicarían que se ha completado la reincorporación española a las grandes corrientes de la cultura occidental?

Preguntas orales y escritas

(a)   ¿Crees que la Iglesia debe ser políticamente neutral?

(b)   En un Estado como el español, que se define como laico en la Constitución pero que cuenta con una fuerte tradición católica, ¿debe la Iglesia católica ser tratada de forma diferente al resto por el hecho de tener un mayor número de fieles?

(c)   ¿Qué papel juega la religión en las sociedades occidentales contemporáneas?

Text 4.9

El Estado catequista

1 Uno de los logros de nuestra Constitución de 1978 ha sido la
superación del tradicional y beligerante confesionalismo de los poderes
públicos en nuestra historia, causa de no pocos de nuestros pasados
problemas políticos; sin embargo, de una manera subrepticia y con-
5 cordada el confesionalismo parece que quiere volver por sus fueros:
el jefe del Estado participa como tal o por delegación en la ofrenda
a nuestro señor Santiago, formulando una oración en un templo
católico; las fuerzas y cuerpos de seguridad ciudadana celebran
oficialmente no a los héroes y prohombres de la libertad, sino a
10 patrones celestiales como la Virgen del Pilar – con título de capitana
– o a los Ángeles Custodios; la celebración del dogma de la Inmaculada
Concepción, cuyo sentido ignora la mayoría de la población, incluidos
los católicos, compite con la celebración de la Constitución, y para
más inri no hay equipo de fútbol que no gane una copa que no pe-
15 regrine a la Virgen del lugar: Almudena, Pilarica, Amatxo de Begoña
. . . para dedicarle su triunfo, metiendo así a Dios y a los santos en sus
particulares emulaciones deportivas, en claro y antideportivo tráfico
de influencias ante la corte celestial.

Ahora, lo que nos faltaba: se quiere incorporar la asignatura de
20 religión en el currículo académico como si de una asignatura más
se tratara. Se rompe con ello, a mi juicio, el último límite de una
consideración verdaderamente aconfesional del Estado, y por otro lado
creo que se hace un flaco favor a la verdadera religiosidad, que, a lo
que parece, no puede sobrevivir entre nosotros si no cuenta con el
25 apoyo del Estado catequista.

Entiendo yo que la misma enseñanza de una religión determinada
en centros públicos, aun sin valor académico, en la escuela pública es
ya una importante concesión al confesionalismo, que rompe en cierto
modo la neutralidad religiosa del Estado e interfiere en la misma
30 ordenación de los horarios lectivos, estableciendo discriminaciones
en el interior de la comunidad escolar entre unos alumnos y otros en
función de adscripciones confesionales; pero llevar el asunto hasta
pretender cualificar como asignatura académica a la religión me
parece ya manifiestamente anticonstitucional. ¿Cuál es la finalidad
35 de la enseñanza religiosa sino la catequesis, es decir, la indoctrinación
de principios, actitudes, sentimientos inspirados en una revelación y
en una tradición determinadas? ¿Qué sentido tiene equiparar una
enseñanza de esta naturaleza con el aprendizaje de la química, la

geografía, las matemáticas, la historia o la ética? ¿Qué religión es esa
40 que no es capaz de generar espontáneamente sus propios medios de
catequesis, de motivar a sus adeptos para profundizar en su fe, y
precisa del apoyo de la burocracia del Estado para realizar esa tarea?
¿En qué posición quedan los ciudadanos feligreses de otras Iglesias o
de ninguna que no puede computar académicamente sus conoci-
45 mientos sobre Lutero, Calvino, el Talmud, el Corán, el Tao, Spinoza,
Nietzsche o Marco Aurelio?

Tengo para mí que este proyecto de insertar la religión católico-
romana en el currículo académico es un signo de prepotencia política,
pero de debilidad religiosa. De esta manera, la propia Iglesia reconoce
50 así su incapacidad para transmitir sus enseñanzas sin contar con
la plausibilidad y el prestigio de una asignatura curricular. ¿Dónde
quedan las palabras de san Pablo: 'Hablamos sabiduría entre los que
han alcanzado la madurez en la fe; no la sabiduría de este mundo'
(1 Corintios 2, 6)? Parece ser que la Iglesia-aparato quiere igualar su
55 sabiduría a la sabiduría de este mundo y que compute como tal.

Ha faltado entre nosotros una clara conciencia de la importancia
del laicismo como espacio de libertad individual, en el que cada uno
pueda seguir sus propias luces sin presiones ni condicionamientos
institucionales, de ahí la escasa beligerencia con la que hemos reac-
60 cionado frente a ciertas concesiones de confesionalismo como las
mencionadas. No se trata de tocar a rebato y resucitar la vieja cuestión
religiosa que tanto arruinó la convivencia política durante la II
República, pero quizás ha llegado el momento de que quienes creemos
realmente que la laicidad del Estado es un componente importante de
65 la ética política de la ciudadanía no podemos ya simplemente decir
'Por la paz, un Avemaría'.

¿Qué necesidad real tiene el catolicismo de que su doctrina sea
incorporada como una asignatura al currículo académico? ¿En qué
medida va a hacer eso a los niños católicos mejores en su fe religiosa?
70 ¿No es esa medida más bien un acto de confesionalismo ofensivo
para la mayoría sin beneficio real para nadie? ¿No es suficiente
consideración para con la Iglesia católica romana el actual sistema
concordatario: el sostenimiento de los sacerdotes católicos a cargo
del Estado, la enseñanza de la religión católica en la escuela pública
75 en horario lectivo, el sostenimiento mediante subvenciones de la
escuela confesional?

No vamos a resucitar el fantasma – tan fácil de manipular políticamente – del anticlericalismo comecuras, pero creo que sí podemos
decir a nuestros conciudadanos católicos que respeten la actual
80 situación de la enseñanza religiosa y que renuncien a la imposición
de un trágala de esa naturaleza, que nada bueno puede aportar a la

verdadera religiosidad y, en cambio, tan lesivo puede ser para nuestra convivencia por lo que tiene de menosprecio de la Constitución.

85 Es hora de que, sin perjuicio de los importantes problemas materiales que deben interesarnos políticamente (paro, convergencia europea, terrorismo, regeneración de las instituciones), concedamos también la importancia que se merece a cuestiones más espirituales, como el respeto a las conciencias individuales garantizado por la neutralidad religiosa del Estado, de modo que podamos crear entre 90 todos y para todos un espacio de moralidad civil en el que podamos encontrarnos, sin renunciar por ello cada uno de nosotros a su inspiración particular. Así sea.

(Javier Otaola, *El País Digital*, Opinión, 8 de julio de 1996.)

Ejercicios

Léxico

Explica el significado de los vocablos y expresiones siguientes:

concordada (ll.4–5)	catequesis (l.35)
volver por sus fueros (l.5)	feligreses (l.43)
por delegación (l.6)	seguir sus propias luces (l.58)
la ofrenda (l.6)	tocar a rebato (l.61)
prohombres (l.9)	un trágala (l.81)
para más inri (ll.13–14)	lesivo (l.82)
tráfico de influencias (ll.17–18)	menosprecio (l.83)
un flaco favor (l.23)	

Gramática y estilo

(a) Explica el significado de la expresión 'como tal' en: '. . . el Jefe del Estado participa como tal . . .' (l.6). Construye frases utilizándola.

(b) Estudia la construcción: '. . . no hay equipo de fútbol que no gane una copa que no peregrine a la Virgen del lugar' (ll.14–15). Tradúcela al inglés y compáralas. Construye frases siguiendo este modelo.

(c) Estudia y justifica la estructura: '. . . como si de una asignatura más se tratara' (ll.20–21).

(d) Justifica la inversión de sujeto-verbo en: 'Entiendo yo . . .' (l.26).

(e) ¿Es la preposición 'a' necesaria en '. . . pretender cualificar como asignatura académica a la religión . . .' (l.33). Justifica tu respuesta.

(f) ¿Qué connotación tiene el demostrativo 'esa' en: '¿Qué religión es esa . . .' (l.39)? ¿Es adjetivo o pronombre?

(g) Justifica el indicativo en la oración: '. . . de la ética política de la ciudadanía no podemos ya simplemente . . .' (ll.64–65).

(h) Justifica los subjuntivos en la oración: '. . . sí podemos decir a nuestros ciudadanos que respeten . . . y que renuncien . . .' (ll.78–80). Construye frases siguiendo este modelo.

(i) Explica el efecto que se persigue obtener con la utilización de las cuestiones interrogativas en el tercer párrafo.

(j) ¿Cómo describirías el tono del artículo? ¿Qué recursos se utilizan – lingüística y estilísticamente hablando – para comunicar las diversas emociones del autor sobre el tema?

Comprensión

(a) ¿Qué es lo que ha despertado la furia del autor?

(b) ¿Por qué no está de acuerdo con ello?

(c) Explica el significado de las palabras: '. . . es un signo de prepotencia política pero de debilidad religiosa' (ll.48–49).

(d) ¿Qué entiendes por 'Iglesia-aparato' (l.54)?

(e) ¿Cuál es el significado de: '. . . no podemos ya simplemente decir "Por la Paz un Avemaría"' (ll.65–66)?

(f) Crees que el Estado debe hacerse cargo de los gastos de la Iglesia mencionados en el texto?

(g) ¿A qué se refiere el autor con: '. . . el fantasma del anticlericalismo comecuras . . .' (ll.77–78)?

(h) ¿Estás de acuerdo con la opinión general expresada por el autor?

Preguntas orales y escritas

(a) '. . . no hay equipo de fútbol que gane una copa que no peregrine a la Virgen del lugar . . . para dedicarle su triunfo' (ll.14–16). ¿Crees que esto se explica por la religiosidad de la sociedad o por otros factores?

(b) ¿Crees que la Religión debe incluirse, como una asignatura más, en los planes de estudio de los centros públicos de enseñanza? Razona tu respuesta.

Text 4.10

Atónitos pero no tanto

1   Cuenta D. Juan Díaz del Moral en su 'Historia de las agitaciones campesinas andaluzas' que, en la primera década del siglo, cuando los trabajadores recién organizados ensayaron sus primeros actos masivos de protesta, la palabra huelga general ejercía un efecto
5   mágico en las voluntades de aquellos hombres. A su llamada, todos abandonaban las faenas que tenían entre manos en la confianza de que aquella enérgica y solidaria manifestación de descontento sería suficiente para arrancar de quien correspondiese soluciones y lenitivos a sus problemas (. . .)
10   Salvadas todas las distancias, el eco masivo y pacífico que ha obtenido la llamada al paro general del pasado día 14 también produce asombro. Los observadores de ahora pueden quedar igualmente atónitos ante el espectáculo y encontrar dificultades similares para comprenderlo. ¿Qué ha sucedido para que la llamada al paro haya
15   despertado tanta unanimidad? ¿Acaso hay razones objetivas que lo justifiquen cuando, además, ejerce el gobierno un partido de izquierda? Sin establecer comparaciones, obviamente imposibles, entre aquellas experiencias de principio de siglo y lo sucedido ahora, puede que existan ciertas claves comunes que ayuden a comprender lo sucedido.
20   Creo que el éxito de la convocatoria se debe a la superposición y confluencia de agravios y quejas diferentes para los distintos grupos de personas que la han seguido. También a la creciente dificultad o incapacidad del gobierno y el propio partido socialista para conseguir el apoyo real, cotidiano, y no sólo electoral, de la sociedad a sus
25   proyectos de reforma. Por último, a la propensión de la sociedad a liberar sus tensiones en un acto catártico de comunicación y afirmación colectiva frente al poder, sobre todo cuando éste difícilmente se doblega a ciertas demandas de los gobernados, que ha encontrado ocasión propicia de expresión en esta convocatoria.
30   Cabe poca duda de que el éxito del paro del día 14 es de los sindicatos, que han estimulado y dirigido el movimiento de protesta. Pero sería erróneo pensar que sus solas reivindicaciones y capacidad de movilización han sido suficientes. Los sindicatos han conseguido sumar a la protesta a muchas personas que por razones distintas tenían
35   motivos de queja (. . .) Sólo una trama social amplia de descontento diverso y difuso, flanqueada por los que asumieron una actitud pasiva, de no resistencia ni enfrentamientos, ante el posible éxito de la convocatoria puede explicar la respuesta colectiva que ha tenido.

Aunque las reivindicaciones sindicales subsumían, directa o indi-
40 rectamente, una parte importante de los motivos anteriores, no los
agotaban. Es cierto que la ruptura del diálogo y el entendimiento
entre el gobierno y la UGT ha aumentado la tensión hasta hacer
saltar la chispa del desacuerdo en la política social. Pero sería, cuando
menos, simplificar el diagnóstico de la situación pensar que ella sola
45 se bastó para que la tea ardiera (. . .)

Pero la confusión se presta poco a la racionalización y, probablemente, hubiera sido mejor para todos una protesta más nítida.
La pregunta es ¿era posible? La escasa articulación que todavía
presenta la sociedad española, a pesar de lo que se ha avanzado en
50 este sentido en los últimos años, no es el mejor medio para que pueda
darse una firme respuesta positiva a esta pregunta. El sistema de
partidos sólo está a medio construir, los sindicatos y partidos tienen
bajos niveles de afiliación y las organizaciones de intereses sectoriales
consolidadas son escasas (. . .)

55 Algunas de las dificultades anteriores se han producido por los
problemas de relación entre el gobierno, el partido socialista y las
sociedades en torno a su proyecto de cambio y modernización. Como
todos sabemos desde hace tiempo, las leyes solas son insuficientes
como motores del cambio social. Hace falta además que las personas
60 y los grupos que han de ponerlas en práctica las asuman y se com-
prometan con ellas sin pasividad y mucho menos resistencia. Para
ello hay que negociar, pactar, convencer y comprometer a la sociedad
o parte de ella en el proyecto. Y apoyar y no dejar desasistidos a
quienes se involucran en él. Todo esto no se consigue sólo con el
65 apoyo electoral. Se consigue mediante un diálogo fluido y permanente
con la sociedad y los sectores de ella más identificados con el proyecto.
Y una presencia activa que lo mantenga día a día vivo, en todos los
lugares a los que debe llegar. Creo que el partido en el gobierno no ha
conseguido este tipo de presencia en la sociedad y de ello se derivan
70 algunos de los problemas acumulados, aunque la cuestión no sea
imputable exclusivamente a él (. . .)

El 'día después' es, no obstante, lo más importante. Si todo lo dicho
hasta aquí es verosímil, habrá que enfocarlo con la idea de que
este país sigue queriendo que algo cambie, añadiendo una nueva
75 dimensión: que cambie la forma y parte del contenido del cambio
hasta ahora vivido. La experiencia del día 14 puede dejarnos atónitos,
pero no tanto.

(Manuel Pérez Yruela, *El País*, Opinión, 22 de diciembre de 1988.)

Ejercicios

Léxico

Explica el significado de los vocablos y expresiones siguientes:

ensayar (l.3)	una trama social (l.35)
faenas (l.6)	flanquear (l.36)
atónitos (l.13)	saltar la chispa (l.43)
la convocatoria (l.20)	la tea (l.45)
agravios (l.21)	imputable (l.71)
propicia (l.29)	

Gramática y estilo

(a) Justifica el uso del pretérito en la oración: '. . . cuando los trabajadores recién organizados ensayaron sus primeros actos . . .' (ll.2–3).

(b) ¿Crees que la elección del verbo 'arrancar' en: '. . . sería suficiente para arrancar de quien correspondiese . . .' (ll.7–8) añade una connotación emotiva a la frase? Justifica tu respuesta.

(c) Identifica y justifica el tiempo/modo del verbo en: '. . . para que la llamada al paro haya despertado tanta unanimidad' (ll.14–15).

(d) Estudia la construcción: 'puede que existan' (ll.18–19). Construye frases siguiendo este modelo. ¿Qué otros operadores podrían haberse utilizado en vez de 'puede que'? ¿Debe el verbo que los sigue estar siempre en subjuntivo, en todos los casos? Ejemplifícalo.

(e) 'Hacer saltar la chispa' (ll.42–43): utiliza 'hacer' en frases que tú inventes, con el mismo significado que en el texto.

(f) ¿Cuál es la función gramatical de los infinitivos 'simplificar' (l.44) y 'pensar' (l.44)?

(g) Construye frases con 'bastar para' (l.45) y 'bastar con'.

Comprensión

(a) Explica, con tus propias palabras, a qué se debió el éxito de la convocatoria de huelga general de 1988.

(b) ¿Qué papel desempeñaron los sindicatos en dicho éxito?

(c) ¿Qué crees que quiere decir el autor cuando habla de 'una protesta más nítida' (l.47)?

(d) ¿Qué razones expone el autor para poner en duda la posibilidad de que ésta se hubiera llevado a cabo?

(e) ¿Qué necesitan las leyes para poder actuar como motores del cambio social?

(f) Trata de explicar la última línea del texto resumiendo las ideas expuestas en el mismo.

Preguntas orales y escritas

(a) ¿Qué importancia social y política tiene una huelga general que haya sido ampliamente secundada por los ciudadanos de un país?

(b) Elige, entre las afirmaciones que siguen, aquella con la que estarías más de acuerdo: 1. 'Las leyes van a remolque del cambio social'. 2. 'Las leyes son motores del cambio social'. Justifica tu elección.

Text 4.11

Ocio y estilos de vida

1 La televisión es, sin duda alguna, el medio más popular en penetración
y en intensidad. Las tres horas y media diarias de audiencia colocan a
la sociedad española al igual, si no por encima, de la mayoría de las
naciones europeas. Al relativamente reciente monopolio del Estado
5 en televisión, siguió la proliferación de los canales llamados auto-
nómicos y, a éstos, la concesión de los canales privados, los municipales y, finalmente, la recepción de canales extranjeros mediante
satélite. Frente a los 24 millones de televidentes diarios, los radioyentes
suponen algo más de 15 millones, con un reparto similar de emisoras
10 estatales, regionales, municipales y privadas. A diferencia de la televisión, la radio ha conocido los canales privados desde sus inicios y
ello hace que esta audiencia sea mucho más extensa que la de la
Administración Pública. Tres datos relevantes destacan tras una visión
panorámica de este ocio mediático:

15 • En primer lugar, el *bajo nivel medio* de la sociedad española en la
  lectura de prensa, al mismo tiempo que la coincidencia en los
  otros dos medios, con el resto de la población europea.
  • En segundo lugar, la *disparidad de penetración entre unas regiones
  españolas* y otras en los tres tipos de medios, con diferencias
20 superiores a los diez puntos percentuales.
  • En tercer lugar, el *paralelismo de penetración entre los tres grandes
  medios* en todas las regiones.

Un cotejo del número de periódicos editados por 1.000 habitantes
pone de manifiesto, no obstante, la crisis internacional de difusión
25 que padece la prensa, la desventaja española respecto a países como
Francia, Italia e Irlanda:

Tabla 12.50. Ejemplares por 1.000 habitantes

	Francia	Italia	España	Irlanda	Grecia	Portugal
1970	238	143	102	232	80	82
30 1989	193	99	75	181	—	47

FUENTE: INE en A. de Miguel: *La sociedad española* 1992–93.

La disparidad entre las diferentes regiones de España es patente en
lo referente a la audiencia de radio y, más aún, en lo relativo a la

Gráfico 12.12.   PORCENTAJE DE AUDIENCIA DIARIA

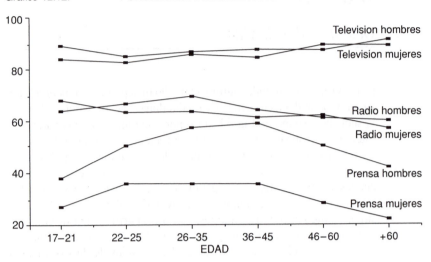

FUENTE: Encuesta FOESSA 1993.

lectura de la prensa diaria. Mientras apenas se observan diferencias
35   en la audiencia televisiva, que va desde un máximo de teleaudiencia
diaria en Extremadura de 97,2%, hasta un mínimo de 77,5% en
Murcia. Esta escasa diferencia se agranda en la audiencia de radio,
que va desde un máximo de 72,4% en Navarra, hasta un mínimo de
43,0 en Murcia. Finalmente, en donde la diferencia de audiencia es
40   más notable es en lo relativo a la lectura diaria de prensa, ya que las
diferencias van desde un máximo de lectura diaria de 70.1 en Navarra,
hasta un mínimo de 22,8 en Murcia y de 23,8 en Castilla-La Mancha.
    En tercer lugar, las tres audiencias (televisiva, de radio y de prensa)
distan mucho de seguir parámetros paralelos. Ello no sólo por el hecho
45   de que la caída diferencial en la audiencia es, como hemos apuntado,
mucho más abultada en la prensa que en la televisión, sino porque
la audiencia de televisión es enteramente distinta a las otras dos
audiencias. La audiencia de radio, por su parte, se parece más, pero
en ningún modo se identifica con ella, en sus altibajos, a la audiencia
50   de prensa. Las tres audiencias, por consiguiente, obedecen, dentro de
un entorno común de relativa aceptación social, a matices y fuerzas
diferentes en lo relativo a su difusión espacial regional.
    Los hombres constituyen sistemáticamente una audiencia más
asídua que las mujeres. Sus porcentajes de audiencia diaria son sis-
55   temáticamente superiores a los de las mujeres en los tres medios.
Pero mientras en la audiencia televisiva tales diferencias son mínimas,
en la radio comienzan a distanciarse y resultan abiertamente dispares
en el consumo diario de prensa. A pesar de esta diferencia, en ambos

casos, entre hombres y mujeres, la audiencia televisiva ocupa el primer
60 lugar, seguida por la de la radio y rematada por la de la prensa.
Ningún grupo de edad entre los hombres lee más de lo que oye la
radio cualquier otro grupo de mujeres, por ejemplo, y ningún grupo
de hombres oye la radio con mayor frecuencia que la que presenta
cualquier grupo de mujeres al ver la televisión.

65 A estas dos discrepancias, la que se desprende del sexo y la que
se sigue del tipo de medio, hay que añadir una tercera, a saber: la
evolución de las tres diferentes audiencias, a lo largo de los años, es
paralela pero no igual. El paso de los años hace variar las audiencias,
con el mismo ritmo y forma para los hombres que para las mujeres,
70 pero la dirección y la velocidad de las variaciones no es la misma en
la radio y la televisión que en la prensa. Cada uno de estos medios
varía y evoluciona, tanto para hombres como para las mujeres, de
forma específica. En términos generales esta evolución:

- Es ascendente y progresiva en la audiencia de televisión. Con los
75   años se intensifica esta audiencia tanto en unos como en otras.
- Es descendente y progresiva en la audiencia de radio, siguiendo
   una línea opuesta a la de la audiencia televisiva.
- Es curvilínea y no recta en la audiencia de prensa, de forma que
   asciende primero con la edad para, tras alcanzar el cénit entre los
80   treinta y cuarenta, descender bruscamente con los años.

(José Ignacio Ruiz Olabuenaga, 'Ocio y estilos de vida', en
AA.VV. *V Informe sociológico sobre la situación social en España.
Sociedad para todos en el año 2000*, Fundación FOESSA, Fomento
de Estudios Sociales y Sociología Aplicada, 1994, pp. 1958–61.)

Ejercicios

Léxico

Explica el significado de los vocablos y expresiones siguientes:

canales (l.5)	un cotejo (l.23)
emisoras (l.9)	asidua (l.54)
ocio mediático (l.14)	

Gramática y estilo

(a) ¿Hay alguna diferencia, en cuanto a su efecto expresivo, entre las expresiones:
'sin duda alguna' (l.1) y 'sin ninguna duda'?

(b) ¿Cómo catalogarías la expresión 'a diferencia de' (l.10)? Utilízala en frases
que construyas tú.

(c)   ¿Es el vocablo 'percentuales' (l.20) correcto? Búscalo en un diccionario.

(d)   Lee y comenta las líneas que comienzan con: 'Mientras apenas se observan . . . de 77,5 en Murcia' (ll.34–37). ¿Qué observas?

(e)   Justifica el uso de 'más de' (l.61) y 'más que' (ll.53–54) en las oraciones en las que aparece respectivamente.

(f)   Haz una lista de los vocablos empleados normalmente en la descripción de gráficos. Utilízalos para describir el gráfico.

Comprensión

(a)   Explica la diferencia entre emisoras estatales, regionales, municipales y privadas.

(b)   Amplía, utilizando tus propias palabras, la información contenida en los puntos que se mencionan entre '. . . de este ocio mediático' (l.14) y 'Un cotejo del número . . .' (l.23).

(c)   ¿Se puede explicar de alguna manera la disparidad de penetración de los distintos medios entre las distintas regiones?

(d)   ¿A qué puede deberse la disparidad de audiencias entre las regiones, con respecto a un mismo medio?

(e)   Compara la audiencia masculina de los tres medios con la audiencia de los mismos en las distintas regiones. ¿Se obtiene alguna conclusión?

(f)   Representa, en un gráfico, la información contenida en los tres últimos puntos del texto.

Preguntas orales y escritas

(a)   Expón las razones que, a tu juicio, explican la mayor popularidad de la televisión sobre otros medios de comunicación.

(b)   ¿Estás de acuerdo con los que afirman que la televisión ha traido consigo un aumento de la violencia en nuestra sociedad?

(c)   Defiende la utilización de los medios de comunicación para fines publicitarios.

Text 4.12

Los autores españoles vencen a los extranjeros: Las editoriales combaten la crisis con libros baratos y con circuitos de venta alternativos

1   El mundo de las letras empezó a vislumbrar la crisis económica en 1990, estalló en 1991 y fue a peor en 1992 (el año de los grandes fastos, el más malo para la edición); 1993 aportó un tímido inicio de recuperación, que se ha confirmado en 1994. Las editoriales han
5   afrontado muchas crisis, pero consideran editores y distribuidores que la del 91–92 ha sido una de las más duras. Pese a tantos problemas, el sector sigue siendo uno de los más dinámicos de la industria cultural, y se enfrenta con imaginación al reto de vender libros: colecciones de quiosco, como la de RBA, que ha logrado cifras
10 espectaculares de más de 500.000 ejemplares. O los libros baratos, con la pionera Alianza Cien, con ocho millones de ejemplares vendidos en un año. O la consolidación de los grandes espacios multiculturas. O la proliferación de colecciones de bolsillo, con ediciones muy dignas y cuidadas, que funcionan estupendamente: *Breve Historia de España*,
15 de Alianza, ha vendido en seis meses 120.000 ejemplares.

     Otro filón con que se han enfrentado a la crisis los editores es el de los escritores autóctonos. Todo el mundo coincide: 'El negocio está ahora en los españoles'. Hay fenómenos casi extraliterarios, de un poder excepcional de comunicación con el público: Antonio Gala y
20 Terenci Moix. Las cifras cantan: *El manuscrito carmesí*, más de 400.000 ejemplares; *La pasión turca*, 300.000, o *Venus Bonaparte*, de Terenci, que salió a finales de noviembre y a finales de diciembre ya había vendido 40.000 ejemplares. Pero también cantan los números de escritores menos populares: los 80.000 ejemplares de *Nubosidad va-*
25 *riable*, de Carmen Martín Gaite, o de *Corazón tan blanco*, de Javier Marías. Y *Malena es un nombre de tango*, de Almudena Grandes, va por la novena edición, con más de 80.000 ejemplares y que, sin duda, rebasará los 100.000 en los próximos meses. Y un ejemplo más, esta misma semana en un sólo día, la FNAC ha vendido 1.000 ejemplares
30 de *Paula*, de Isabel Allende.

     Otra de las tendencias que se ha impuesto es la proliferación de títulos de la llamada historia inmediata: sobre banqueros, proyectos políticos, problemas económicos. Opinan los críticos que en general 'son bastante malos', pero son también síntoma de normalización, el

35   intento de respuesta a una crisis de todo orden. Los libros de 'historia inmediata', que Sergio de Otto (Temas de Hoy) califica de 'esporádicos', sufren como ninguno el cada ves más grave problema de la circulación del libro: muchos títulos e incapacidad de las librerías para contenerlos. Los 'esporádicos' apenas logran permanecer tres semanas.

40   La racionalización del sector editorial es la asignatura pendiente. Los más optimistas, como Ángel Lucía (Debate), opinan que 'el trabajo más duro ya está hecho'. Y coincide Andreu Teixidor (Destino): 'Habrá grandes transformaciones en la distribución y comercialización porque ya empieza a existir la infraestructura para ello'.

45   **Adelantos**

Y en la literatura, ¿se ha producido algo realmente nuevo? Ahí los críticos son más duros: el mercado se ha impuesto. Para Rafael Conte, ha habido 'con excepciones, claro, un sometimiento de la literatura al mercado'. Y Ángel Lucía considera que 'se ha producido una

50   mercantilización de los autores, con grandes adelantos'. El crítico Ignacio Echevarría lo dice de otra manera: 'La literatura española vuelve a posiciones más conservadoras respecto al gusto y al mercado, con formulaciones líricas o autobiográficas, con apuestas sobre seguro. Hay cierta simetría en lo ocurrido en la política y en la cultura: los

55   primeros noventa han barrido la euforia y las expectativas de los ochenta; se ha vuelto a lo conservador'.

La opinión general es que no se ha producido nada nuevo, a no ser el auge global de los españoles. En conjunto siguen dominando los escritores cuarentones, que empezaron a publicar en los setenta

60   y sobre todo en los ochenta. Están convencidos de que no pertenecen a ninguna corriente o tendencia, que lo que les distingue es el individualismo. Pero algunos críticos aseguran que sí tienen una característica común: 'Los autores se decantan ahora claramente por el contenido'.

65   Lo que sí parece cierto es que esa nueva narrativa aún no tiene recambio y todos señalan como falsos movimientos las pretendidas generaciones X o Cero.

Los distribuidores consultados ponen el acento positivo: 'Se venden más libros que antes y, aunque en España lee sólo una inmensa

70   minoría, ésta se ha hecho más inmensa que nunca'. Y otra buena noticia de la media década: se restablece el puente literario con Latinoamérica, al menos en el sentido hacia España: No hay editorial que no publique a un nuevo autor del otro lado Atlántico.

(Rosa Mora, *El País*, 6 de enero de 1995.)

Ejercicios

Léxico

Explica el significado de los vocablos y expresiones siguientes:

el mundo de las letras (l.1)	espacios multiculturas (l.12)
vislumbrar (l.1)	ejemplares (l.15)
fastos (l.3)	historia inmediata (l.32)
colecciones de quiosco (l.9)	mercantilización (l.50)
pionera (l.11)	recambio (l.66)

Gramática y estilo

(a) ¿Por qué se ha utilizado la forma regularizada del superlativo de 'malo' en: 'el más malo' (l.3)? ¿Podría encontrarse la misma en otros registros?

(b) ¿Expresa 'o' disyunción en las frases: 'O los libros baratos ...' (l.10), 'O la consolidación de ...' (l.12), 'O la proliferación de ...' (l.13)?

(c) 'Las cifras cantan' (l.20), '... cantan los números ...' (l.23). Explica la acepción de 'cantar' en estas expresiones así como la diferencia de significado entre los vocablos 'cifras' y 'números'.

(d) Explica lo expresado por el verbo 'ir' en la frase: '... va por la novena edición ...' (ll.26–27). Construye frases utilizándolo con el mismo sentido. ¿Qué otros significados puede tener 'ir por'? Ejemplifícalos.

(e) Resume las líneas: 'El mundo de las letras ... en 1992' (ll.1–2), utilizando sólo el verbo 'ir' en la expresión 'ir de mal en peor'.

(f) ¿Cuál es el sentido de la expresión 'a no ser' (ll.57–58)? ¿A qué otra expresión es equivalente? ¿Qué otras expresiones con el infinitivo conoces?

(g) Explica como afecta el sufijo 'ones' el significado del vocablo en 'cuarentones' (l.59). Aplica el mismo sufijo a diversos sustantivos, masculinos y femeninos, y analiza su efecto en cada caso.

Comprensión

(a) ¿Cómo se ha enfrentado el mundo de las letras a la crisis económica?

(b) ¿Qué crítica se hace en el texto – positiva o negativa – a los libros de la llamada 'historia inmediata' (l.32)?

(c) ¿Cuál es el mayor problema con que se enfrenta ahora la circulación del libro?

(d) ¿Qué comparación se hace entre la escena literaria y la escena política españolas en el momento actual?

(e) Explica lo que debemos entender por la afirmación: 'El mercado se ha impuesto' (l.47).

(f) Explica exactamente qué se entiende por 'inmensa minoría' (ll.69–70).

(g) ¿Cómo ves el futuro del mundo de las letras español?

Preguntas orales y escritas

(a)   ¿Es el mercado un factor que constriñe la innovación literaria? ¿Por qué? ¿Qué medidas adoptarías para solucionar este problema de desarrollo cultural?

(b)   ¿A qué se puede deber que sean los autores autóctonos los que parecen triunfar en el mercado literario español?

Text 4.13

Funciones sociales de la fiesta

1   Una vez delimitadas las características que constituỳen la urdimbre
mínima del fenómeno festivo en general, y de la feria en particular,
esto es, sus orígenes económico y religioso, su constitución en nuevo
rito o manifestación sacra en el marco de un proceso general de
5   secularización y de constitución de nuevas religiones profanas, así
como su carácter expresivo, público y comunitario, se pasa en el
presente apartado a delimitar brevemente las funciones sociales que
le son propias.

    Ante todo, la fiesta es un *fenómeno reproductivo*, un proceso por el
10   que la comunidad, los individuos que en ella habitan, reproducen la
vida cotidiana, sus fisuras, diferencias y desigualdades. Para ello se
vale de su *carácter esencialmente paradójico*, mediante la creación de
situaciones de cambio e inversión de status en el seno de un contexto
eminentemente reproductivo (. . .)

15   Es precisamente la fiesta uno de los mecanismos que suelen
contribuir a crear la idea de comunidad. Pero debido a su esencia
paradójica la fiesta supone *tanto reproducción como reestructuración*,
actuando como mecanismo de regulación social. Por un lado, mediante el uso de ritos, llamémosles civiles, reproduce la imagen de la
20   vida cotidiana, por otro, permite tanto la adquisición de estatus por
parte de individuos que antes no lo poseían, como la posibilidad de
distendir los conflictos latentes existentes, funcionando así como
'válvula de escape'.

    Para cumplir con la primera función, en el contexto ya indicado
25   de 'consagración de lo profano', se constituye en uno de los ritos
pertenecientes al durkhemiano *divin social*, y más concretamente, en
una de las manifestaciones más evidentes de las emergentes religiones
culturales, o más en general, religiones civiles. A grandes líneas, y
siguiendo a Salvador Giner, la religión civil 'consiste en el proceso de
30   sacralización de ciertos rasgos de la vida cotidiana a través de rituales
públicos, liturgias cívicas o políticas y piedades populares encaminadas
a conferir poder y a reforzar la identidad y el orden en una colectividad
socialmente heterogénea, atribuyéndole trascendencia mediante la
dotación de carga numinosa a sus símbolos mundanos o sobrena-
35   turales, así como de carga épica a su historia'.

    La fiesta, como manifestación sacra, incorpora la cultura popular
en forma de ritual civil, mediante la creación de identidad colectiva.
Ello hace posible la integración de sectores populares en el seno de la

comunidad, desvaneciendo las diferencias de estatus y poder en el
40   magma de una identidad común. Este es su principal resultado y
objetivo, la creación de una identidad colectiva compartida que co-
hesione a los individuos bajo el amparo de la imagen de la *communitas*.
La religión civil, y su manifestación lúdica, la fiesta, se caracteriza, al
igual que la comunidad, por ser apartidista, difusa, vaga, popular y
45   tradicional, y en esencia, conservadora. De ahí la afinidad electiva
que las caracteriza.

Pero a la vez que desarrolla una función de reproducción social,
posibilita también la reestructuración. La fiesta se caracteriza también
por ser un momento de liberalización de los controles sociales, donde
50   los individuos, a la vez que reafirman su estatus, tiene posibilidades
de adquirir otros, o incluso, invertir el orden y estratificación sociales,
aunque sea momentáneamente. Tal y como indica Salvador Rodríguez
Becerra, esta función (. . .) puede comprobarse 'en (. . .) Andalucía.
Las fiestas patronales, las romerías, son magníficas ocasiones para
55   revalidar posiciones que se han ido ganando con el trabajo y con
otros medios'.

Para ello suelen utilizarse diferentes ritos de *passage*, como por
ejemplo, la 'fiesta de los quintos' en los pueblos, o más en particular
las fiestas de cumpleaños. Por lo general 'los cambios han ido pro-
60   duciéndose poco a poco y la comunidad sabe de ello, pero necesita,
sin embargo, la expresión pública y su reconocimiento'.

Además, su función reestructuradora se manifiesta en forma de
'válvula de escape', por la que algunos de los conflictos sociales latentes
se difuminan en el contexto de una identidad colectiva compartida,
65   en el seno de la comunidad, reforzando su cohesión interna. Las fiestas,
en algunos casos, pueden llegar a ser la única via posible de expresión
de estos conflictos no explicitados. Por ello, quizás, las fiestas, y máxime
las que cumplen esta función, se encuentren localizadas temporal y
espacialmente de una forma precisa. Un ejemplo paradigmático de
70   este tipo de fiestas es el carnaval.

Así pues, al igual que las fiestas cumplen dos funciones sociales,
puede argumentarse que existen básicamente dos *tipos de fiestas*: la
comunitaria y la libertaria. En el primer tipo priman los elementos
que conllevan a la consagración de lo comunitario por medio de ritos
75   civiles. Los cuales sirven de mecanismos para que estas sean, ante
todo, incluyentes e integradoras, capaces de cohesionar a todos los
que pertenecen a una misma comunidad.

Debido a su carácter integrador, en ellas es muy importante la
dimensión pública y la expresiva, el hecho de compartir elementos
80   culturales y simbólicos, bajo el arco de bóveda de una religión civil.
En ellas los intereses particulares se transforman en un único interés
común. Es posible 'darse cuenta de que es más justo y legítimo, desde

el punto de vista de la razón expresiva, salir al exterior de los hogares
y correr al *ágora* de la *polis* a confraternizar comunitariamente con el
85   resto de los conciudadanos, una vez olvidado por un momento el
ordinario egoísmo (. . .) privado'.
    Por contra, en las fiestas libertarias prima la idea de libertad de los
encorsetamientos y controles sociales. Ello posibilita la adquisición de
estatus y su reconocimiento, ya sea momentáneamente, o de hecho,
90   en el caso de que existan ritos de paso. Con ello se abre las puertas a
procesos de reestructuración social (. . .)
    Como toda manifestación religiosa, en su desarrollo tienen lugar
ritos, en este caso civiles, como por ejemplo, el encendido de la portada,
normalmente adornada con una imagen que representa a la ciudad,
95   el paseo de caballos, que entronca el fenómeno festivo con sus
orígenes, o el baile por sevillanas, como forma tradicional de expresar
la identidad.
    (Clemente J. Navarro Yañez y Rafael Serrano del Rosal, *La
comunidad y la fiesta*, Ayuntamiento de Córdoba, 1995, pp. 120–3.)

Ejercicios

Léxico

Explica el significado de los vocablos y expresiones siguientes:

ante todo (l.9)	carga numinosa (l.34)
la vida cotidiana (ll.10–11)	fiestas patronales (l.54)
valerse (ll.11–12)	romerías (l.54)
válvula de escape (l.23)	máxime (l.67)
a grandes líneas (l.28)	el arco de bóveda (l.80)
liturgias cívicas (l.31)	encorsetamientos (l.88)

Gramática y estilo

(a) El vocablo 'status' (l.13) aparece escrito más adelante como 'estatus' (ll.20,
    39, 50, 88). ¿Se trata de un error ortográfico o de impresión? Justifica
    ambas formas y defiende la que te parezca más 'correcta'.
(b) Explica el uso y significado del adverbio 'precisamente' (l.15).
(c) '. . . mediante el uso de ritos, llamémosles civiles . . .' (ll.18–19). ¿Qué tipo
    de pronombre es 'les'? Explica en qué consisten el laísmo y el leísmo.
(d) Justifica la utilización del pronombre personal neutro en las frases en las
    que aparezca.
(e) ¿Por qué se ha elegido utilizar el vocablo inglés 'passage' en: '. . . ritos de
    passage . . .' (l.57)?
(f) Justifica el subjuntivo en la oración: 'Por ello, quizás, las fiestas . . . se
    encuentren localizadas . . .' (ll.67–68).

(g)   ¿Puedes justificar el signo de puntuación que separa la oración de relativo: 'Los cuales sirven de mecanismos . . .' (l.75), de la que le precede?

(h)   ¿Es 'estas' en '. . . para que estas sean . . .' (l.75) adjetivo o pronombre? ¿Qué signo gráfico diferencia el uno del otro? Practícalo escribiendo frases con ambos.

(i)   Justifica la utilización de los vocablos griegos – o de origen griego – 'ágora' (l.84) y 'polis' (l.84).

Comprensión

(a)   ¿En qué sentido es la fiesta un 'fenómeno reproductivo' (l.9)?

(b)   ¿Cómo desempeña la fiesta su función de 'válvula de escape' (l.23)?

(c)   Traduce al inglés la definición que S. Giner ofrece de 'religión civil' (l.29) y luego explícala con tus propias palabras.

(d)   ¿Cuál es esa 'afinidad electiva' (l.45) que caracteriza tanto a la fiesta como a la comunidad?

(e)   ¿Estás de acuerdo con los autores cuando afirman que en una comunidad se desvanecen las diferencias de estatus?

(f)   ¿En honor de quién se organizan las fiestas de los quintos?

(g)   Resume en pocas palabras las funciones sociales de la fiesta.

Preguntas orales y escritas

(a)   ¿Consideras que las fiestas de tu país tienen las mismas funciones sociales de las que hablan los autores del texto?

(b)   Aparte de las funciones sociales que se ponen de manifiesto en el texto, ¿cumplen las fiestas otro tipo de funciones?

Text 4.14

Los desafíos de la nueva etapa

1   Cuando Felipe González habló el 6 de junio de 1993 del *'cambio sobre el cambio'*, creyó estar reiniciando una etapa. Quizá por ello lanzó lo de impulso democrático. Pero estaba equivocado: era el final de una etapa, no el comienzo de otra. Los acontecimientos de esta convulsa
5   legislatura lo ponen al descubierto. La fórmula del 82 ya no existe. En realidad, se trata no sólo de un fin de ciclo de gobierno, sino del final de un ciclo político, económico y de la misma sociedad española. La nueva etapa se va a enfrentar con tres grandes interrogantes que no han encontrado todavía una respuesta.

10 **Crisis del Estado de bienestar**

El envejecimiento de la población exigirá un aumento de la parte del PIB que se dedique a la protección social, quizá hasta un 0,5 por ciento más en los próximos diez años. El paro de larga duración, los cambios familiares, las tendencias negativas ante el trabajo asalariado
15 de la mujer, ponen en peligro que los derechos sociales puedan ser garantizados por el Estado, sin tener que acudir a los impuestos indirectos. Es todo un concepto de solidaridad social el que está en trance de morir, con penosos efectos sobre la cohesión y la paz sociales. Hoy está tomando cuerpo un concepto de ciudadano meramente
20 consumidor de servicios y 'renacionalizado' frente al fantasma de la inmigración que recorre Europa.

Estado y nacionalidades

El segundo gran desafío de esta nueva etapa de la democracia es el del Estado. La cuestión del Estado no ha sido aún resuelta, aunque la
25 Constitución haya dado un paso de gigante en este ámbito. Las nacionalidades y regiones tienen un papel cualitativamente muy importante, y sus competencias son ya definitivamente *políticas*, por más que aún no se sienten representadas al máximo nivel y no lo estarán hasta que el Senado no experimente un giro copernicano y
30 pueda vehiculizar las energías de esas nacionalidades y regiones, sin que esto signifique ningún tipo de privilegios.

En realidad, la cuestión vasca y la cuestión catalana están encontrando un cauce que es disfuncional. Porque su planteamiento reivindicativo no se integra con el del resto de nacionalidades y
35 regiones en un esquema jurídico y político multilateral y público,

sino que se dilucida a través de la permanente negociación de '*partido a Gobierno*', o sea de CiU o del PNV a Gobierno, o, más exactamente, de Pujol o Arzalluz a González. De modo que los avances competenciales son irregulares y se hacen a golpe .de apoyo parlamentario 40 sincopado, sin que una global visión de Estado organice este crecimiento desordenado del sistema autonómico.

Un magnífico ejemplo de esta disfuncionalidad es lo que yo llamo '*antimodelo policial*', en el que coexiste una Ertzaintza todopoderosa, con una incipiente policía autonómica catalana, y dos cuerpos 45 nacionales de seguridad que se solapan, junto con casi 60.000 policías locales, más otras policías autonómicas. Otro ejemplo es el sistema fiscal autonómico, sin corresponsabilidad, pero con una dinámica de gastos irrefrenable. Y, junto a lo anterior, una Administración que no se ha desprendido de lastres y corruptelas históricas, en la que 50 no hay aún un modelo de Administración periférica, que sigue adoleciendo de ineficacias y lentitudes, y con preocupantes zonas de oscuridad y de '*Estados dentro del Estado*'.

Otra parte de la cuestión del Estado es también el Parlamento, que hasta la pérdida de mayoría absoluta ha estado dormido y que, se ha 55 visto adelantado por los medios de comunicación y por los jueces. El Parlamento del siglo XIX tiene serios problemas de adecuación a la realidad del siglo XXI, y habrá que enfrentarse en serio a hacer de él la institución central de la democracia, que no tiene por qué oscilar entre la parálisis o la pelea barriobajera ayuna de argumentos. Y 60 sigue estando pendiente la sanación de la enfermedad crónica de nuestro sistema judicial, al que la voluntad individual salva a veces de las insuficiencias profundas de unos procedimientos absurdamente imposibles, una oficina judicial caótica y una ausencia de ayuda técnica para complejísimos sumarios propios de la sociedad de la 65 ingeniería financiera y de la telemática.

La Unión Europea

Y el tercer desafío para la nueva etapa, el de la mundialización de las decisiones y el del futuro inmediato de una España integrada en Europa, no parece halagüeño. La deriva nórdica de la Unión Europea, 70 la orientación más liberalizadora que cohesionadora de sus políticas, la peligrosa idea del 'núcleo duro', la incapacidad de profundizar en la Unión Política para, entre otras cosas, evitar que los mercados financieros jueguen con los gobiernos democráticamente elegidos, sitúan a nuestro querido país en una posición nada fácil. La entrada 75 de la Europa del Este puede hacerse a costa de los Fondos de Cohesión que llegan al Sur. El tambaleante sistema monetario se organiza cada vez más en torno al marco alemán, que tiene en el Bundesbank un cancerbero inexpugnable.

Reequilibrio de las fuerzas políticas

80 Junto a esos tres macroproblemas, de dimensiones cualitativamente diferentes a lo que ha vivido nuestra democracia hasta hoy, resulta que el modelo de fuerzas políticas en presencia ha cambiado profundamente. Este es otro rasgo de la nueva etapa. La derecha se ha unido y ha encontrado una alternativa. La izquierda se ha

85 reequilibrado merced a la caída del PSOE y el auge de IU. Los nacionalistas han sabido aprovechar la debilidad del Gobierno para, esencialmente en el caso de CiU, adquirir una presencia política desmesurada, si se compara con su estricta magnitud electoral. También ha habido un reequilibrio sindical, aunque presidido por la

90 cultura de la unidad de acción.

Pues bien, con ese escenario y con estos agentes políticos, ¿que le espera a España en el próximo siglo? ¿Con qué proyecto, como país, moveremos nuestras fuerzas? ¿Con qué energías espirituales? Es absolutamente imprescindible reencontrar un proyecto ilusionante,

95 que pueda conducir a nuestra sociedad, y que haga renacer el sentido colectivo de la responsabilidad civil. Un sentimiento así es el que se requiere para hacer frente a los tres poderosos desafíos que la nueva etapa de la democracia española hemos visto reclama, es decir: una sociedad y una ciudadanía solidaria, un Estado moderno y una Europa

100 con cuyos objetivos España pueda sentirse identificada (. . .)

(Diego López Garrido, 'Hacia una nueva etapa
de la democracia española', *Revista de
Estudios Sociales y Sociología Aplicada,*
Documentación Social No 99–100, (Cáritas
Española) Abril–Septiembre 1995, pp. 111–13.)

Ejercicios

Léxico

Explica el significado de los vocablos y expresiones siguientes:

PIB (l.12)	Ertzaintza (l.43)
impuestos indirectos (ll.16–17)	solaparse (l.45)
en trance de (ll.17–18)	adolecer (l.51)
penoso (l.18)	pelea barriobajera (l.59)
tomar cuerpo (l.19)	ayuna (l.59)
un giro copernicano (l.29)	halagüeño (l.69)
vehiculizar (l.30)	la deriva (l.69)
dilucidar (l.36)	tambaleante (l.76)
los avances competenciales (ll.38–39)	cancerbero (l.78)
a golpe de (l.39)	desmesurada (l.88)

Gramática y estilo

(a) 'Quizá por ello lanzó lo de . . .' (ll.2–3). ¿Por qué tiempo del subjuntivo se podría sustituir aquí el pretérito? Justifica la elección de uno o de otro y haz frases similares con ambos.

(b) ¿De qué manera nos indica el autor que un incremento del 0,5% del PIB para la protección social le parece casi impensable? Construye frases utilizando el mismo recurso.

(c) ¿Por qué no es necesario el subjuntivo en la frase introducida por 'por más que' (ll.27–28)? ¿Qué otra expresión sería sinónima de ésta en este contexto?

(d) ¿Qué tipo de palabras son 'todopoderoso' (l.43) y 'barriobajera' (l.59)? ¿A partir de qué se ha formado cada una de ellas? Haz dos listas de palabras formadas de manera similar.

(e) Explica la diferencia de significado entre 'corrupción' y 'corruptela' (l.49).

(f) '. . . que la nueva etapa de la democracia española hemos visto reclama . . .' (ll.97–98). ¿Qué se ha omitido en esta oración? ¿De qué tipo de lenguaje es típica esta omisión?

Comprensión

(a) ¿Por qué no es ya aplicable, en tu opinión, la fórmula política del 82?

(b) ¿Qué debemos entender por 'las tendencias negativas ante el trabajo asalariado de la mujer' (ll.14–15) y cómo pueden éstas hacer peligrar la supervivencia de los derechos sociales?

(c) Explica lo que entiendes por '. . . un concepto de ciudadano . . . "renacionalizado" frente al fantasma de la inmigración que recorre Europa' (ll.19–21).

(d) ¿Cómo puede el Gobierno 'vehiculizar las energías' (l.30) de las distintas nacionalidades y regiones?

(e) Explica, con tus propias palabras, por qué se califica de 'disfuncional' (l.33) el cauce que siguen las cuestiones vasca y catalana.

(f) ¿Cómo explicarías lo que quiere decir el autor con la expresión 'Estados dentro del Estado' (l.52)?

(g) ¿Qué opinión le merece al autor el Parlamento en su forma actual?

(h) ¿Termina el artículo con una nota positiva?

Preguntas orales y escritas

(a) ¿Es una ciudadanía solidaria condición sine qua non de un Estado de bienestar fuerte?

(b) El texto introduce dos fenómenos a primera vista contradictorios, a saber, la globalización de las decisiones y la creciente importancia de las nacionalidades y de las regiones dentro de los Estados. ¿Crees que estos fenómenos son realmente contradictorios? Justifica tu respuesta.

Chronology

1939   April: Spanish Civil War comes to an end
       Sept: War breaks out in Europe. Spain claims to be neutral
       Nov: Establishment of the Council for Scientific Research (CSIC)

1940   Jan: Law establishing system of state-sponsored trade unions
       June: Spain declared to be nonbelligerent in World War II
       Sept: Establishment of tribunal to suppress freemasonry and communism
       Oct: Franco and Hitler meet at Hendaye

1941   Jan: King Alfonso XIII abdicates in favour of his son, don Juan de Borbón
       June: Spanish Blue Division sent to fight on Germany's side
       Sept: Creation of state holding company INI

1942   May: Adultery included in the Penal Code
       July: Law on the Cortes issued
       Oct: Law regulating labour relations (*Ley de Bases del Trabajo*)

1943   March: Don Juan de Borbón asks Franco to restore the monarchy
              Political offenders submitted to military justice
       Oct: Spain reverts to neutrality in relation to World War II
       Nov: Blue Division returns to Spain

1944   Jan: USA puts embargo on export of oil to Spain
          New restrictions in electricity supply

1945   Prolonged drought throughout the year makes food shortages worse
       March: Don Juan de Borbón asks Franco to step down
       July: Charter of Spanish people promulgated
       Aug: Formation of Republican government in exile
       Oct: Referendum Law approved

1946   Feb: UN condemns Franco's regime
          First elections for the official trade unions
       July: Agreement between Spain and the Vatican on government funding for the Catholic Church
          Establishment of National Statistics Institute (INE)
       Dec: UN recommends withdrawal of ambassadors from Madrid

1947 May: First big strikes in the Basque Country
        June: Spain excluded from Marshall Plan
        July: Law of Succession approved in a referendum
        Aug: Establishment of works councils

1948 Feb: France opens its frontier with Spain
        Aug: Agreement between Franco and don Juan de Borbón to have Prince Juan Carlos educated in Spain
        Oct: PCE abandons armed struggle against Franco

1949 June: Explosion of ten bombs during Franco's visit to Barcelona

1950 Nov: UN allows its members to resume diplomatic relations with Spain

1951 March: General strike in Barcelona
        April: General strike in the Basque Country

1952 March: End of rationing of bread, meat and cooking oil
        Nov: Spain becomes a member of UNESCO

1953 Aug: Spain signs a concordat with the Vatican
        Sept: Spain signs a defence agreement with the USA
        Dec: Important strike in Bilbao

1954 Dec: Meeting without agreement between Franco and don Juan de Borbón

1955 Dec: Spain becomes a member of the United Nations

1956 Feb: University students' clashes in Madrid cause ministerial reshuffle
        April: Spanish Morocco is granted independence
        June: Establishment of National Institute for Emigration
        Oct: First broadcast of Spanish television

1957 Feb: Opus Dei technocrats enter the government

1958 Jan: Spain becomes a member of the OEEC (later known as OECD)
        April: Law on Collective Bargaining Agreements
        May: Principles of the National Movement define the regime's ideology
        July: Spain becomes a member of the International Monetary Fund (IMF) and the World Bank (IBRD)

1959 Feb: Euskadi Ta Askatasuna (ETA) is founded
        July: Stabilization Plan is published
        Dec: President Eisenhower visits Madrid
                  S. Carrillo elected General Secretary of PCE

1960 Jan: The Spanish bishops publish a declaration of support for low-paid workers

1961 May: Agreement of clandestine trade unions (UGT, CNT, ELA-
                 STV) to coordinate their activities against the regime
        July: ETA attack against Madrid-Barcelona railway line

1962 Feb: Spain requests negotiations with EEC
        April: Most important strikes under Franco so far, beginning in
                 Asturian coal industry
        May: Strikes spread to other parts of Spain
                 Prince Juan Carlos marries Princess Sofia in Athens
        June: Important gathering of anti-Franco groups in Munich

1963 March: Norms established for film censorship
        April: J. Grimau, PCE member, is executed, allegedly for Civil War
                 crimes
                 Large international protests against Spain
        June: Entry of Spain into GATT
        Aug: Execution of several anarchists
        Sept: Spain and USA renew military bases agreement
        Dec: Social Security law

1964 Jan: First Development Plan comes into effect
        March: New application for EEC entry is rejected
        April: Franco's regime commemorates 25 años de paz
        May: Miners' strike in Asturias
        Sept: Manifesto published by intellectuals opposing repression in
                 Asturias and censorship
        Dec: Law of Association

1965 Oct: UN approves a resolution favourable to Spain in the dispute
                 over Gibraltar

1966 Jan: Student disturbances in support of demand for a democratic
                 students' union
        March: Fraga's press law removes censorship
        Sept: CCOO successful in union elections
        Dec: Organic Law of the State approved in a referendum

1967   Continuation of student disturbances, Universities of Madrid
                 and Barcelona closed for ten days
        March: CCOO declared illegal
        June: CCOO hold their first national assembly
        July: Law of Religious Freedom
        Dec: EEC agrees to negotiate a Preferential Treaty with Spain

1968   Further university closures in Madrid and Seville as demon-
                 strations continue
        Aug: ETA kills M. Manzanas, Head of Secret Police in Guipúzcoa
        Nov: Spain is elected member of UN Security Council

1969 Jan: State of emergency declared in the whole country in reaction to students' protests
       Feb: Second Development Plan approved
       July: Prince Juan Carlos is appointed successor to Franco
       Aug: MATESA affair leads to government crisis
       Nov: Acceptance by ILO of report on Spain recognizing the importance of the clandestine unions in industrial relations

1970 June: Spain signs preferential trade agreement with the EEC
       Aug: General Law of Education
       Oct: President Nixon on official visit to Spain
       Dec: ETA members condemned to death by military tribunal. Sentences commuted by Franco
                University closures

1971 Jan: First attacks by French farmers on lorries taking Spanish produce into France
       Feb: New Trade Union Law

1972 May: Third Development Plan is approved
       Aug: Major split in exiled PSOE
                Felipe González elected General Secretary
       Oct: Police withdraw from universities

1973 Jan: Third Development Plan comes into effect
       Aug: UGT Congress: Nicolás Redondo elected General Secretary
       Oct: Meeting of OPEC countries heralds beginning of first oil crisis
       Dec: Carrero Blanco, Prime Minister, assassinated by ETA
                Arias Navarro chosen to replace him

1974 July: Franco ill in hospital, hands over power to Prince Juan Carlos temporarily
                Junta Democrática set up in Paris
       Sept: Franco resumes functions as Head of State
       Oct: PSOE elects Felipe González as General Secretary

1975 June: *Plataforma Democrática* set up in Madrid
       Sept: Five terrorists executed
       Oct: Franco seriously ill. Prince Juan Carlos becomes Head of State for the second time
       Nov: Franco dies in Madrid after a long illness
                Prince Juan Carlos crowned King of Spain
       Dec: T. Fernández-Miranda appointed president of the Cortes and the Council of the Realm
                C. Arias Navarro confirmed as prime minister
                Arias's government presents a programme of limited reforms

1976 Jan: Wave of strikes and protests in various parts of Spain calling for amnesty for political prisoners

Feb: King Juan Carlos makes an official visit to Catalonia

March: Five demonstrators killed in a clash with police in Vitoria

The two main opposition groups, *Junta Democrática* and *Plataforma de Coordinación Democrática*, form a coalition popularly known as the *Platajunta*

April: UGT holds its first congress in Madrid since the Civil War

May: Two constitutional reform bills concerning the Monarchy and the Cortes are announced by the government

Right of Assembly Law approved

June: King Juan Carlos addresses the US Congress promising a democratic system for Spain

Legalization of political parties

July: Arias Navarro tenders his resignation

Adolfo Suárez appointed prime minister

The new government grants amnesty to political prisoners, excluding terrorists

Sept: Meeting between Suárez and F. González to discuss legalization of PSOE

Suárez explains to the most senior officers in the armed forces his plans for political reform

Government puts final touches to Political Reform bill (LRP)

Oct: M. Fraga and six other Francoist figures launch a right-wing coalition: *Alianza Popular*

Nov: The Cortes give their approval to the Law for Political Reform

Dec: PSOE holds its 27th congress in Madrid, the first one held in Spain since 1932

S. Carrillo holds an illegal press conference in Madrid

Spaniards give their overwhelming support to the LRP in a referendum

Carrillo is detained by the police

1977 Jan: Five PCE supporters assassinated in Madrid (Atocha) by right-wing extremists

Feb: The PSOE is legalized

March: Eurocommunist summit held in Madrid, even though the PCE is still an illegal party

New electoral rules established by governmental decree

April: The National Movement, Franco's single party, is disbanded

Suárez legalizes the PCE

Law permitting trade union organization

May: Suárez announces his intention to take part in the forthcoming election as leader of UCD

		Don Juan de Borbón renounces his dynastic rights in favour of his son, King Juan Carlos
	June:	First democratic elections since 1936. Victory for UCD
	July:	Spain requests membership of EEC
	Aug:	A seven-man committee is chosen to draft a new constitution
	Sept:	Massive demonstration in Barcelona demanding autonomy for Catalonia *Generalitat* is restored
	Oct:	The leaders of all the main political groups sign the Moncloa Pacts
	Nov:	Spain becomes a member of the Council of Europe
	Dec:	Removal of film censorship
1978		Pre-autonomous status given at various points of year to Aragon, Canary Islands, Valencia, Andalusia, Balearic Islands, Castille-Leon, Extremadura, Asturias, Murcia, Castille-La Mancha
	Jan:	Basque autonomy is provisionally restored
	Feb:	Negotiations for Spain's entry to EEC begin. Economic pressures cause an important ministerial reshuffle
	March:	A provisional autonomous government is established in Galicia Government begins negotiations for entry into NATO
	April:	PCE's 9th congress. The party renounces its Leninist legacy Tierno Galván's PSP joins forces with the PSOE
	May:	Creation of IMPI (Instituto de la Pequeña y Mediana Empresa Industrial)
	June:	CCOO, the communist trade union, holds its first legal congress
	July:	General Sánchez Ramos assassinated by ETA
	Oct:	The Spanish Cortes give their approval to the new constitution
	Nov:	A military plot against the new democracy is uncovered in Madrid
	Dec:	Spaniards give their support to the new constitution in a referendum. It will become law three weeks later Suárez dissolves parliament and calls elections for 1 March 1979
1979	Jan:	The Military Governor of Madrid is killed by ETA A conservative coalition (*Coalición Democrática*) is formed in preparation for the forthcoming elections Legislation to liberalize the entry of foreign banks comes into effect
	March:	Second general election and second UCD victory
	April:	First local elections The left gains control of most of Spain's major cities
	May:	The PSOE holds its 28th congress. F. González stands down as leader when the party refuses to renounce Marxism

	June:	Meeting of OPEC countries heralds second oil crisis
	July:	UGT signs National Wage Agreement (AMI) with the National Employers' Organization. CCOO left out
	Sept:	The Military Governor of Guipúzcoa is killed by ETA
		The PSOE holds an extraordinary congress. F. González regains control of the party
	Oct:	Catalans and Basques approve their respective statutes of autonomy

1980   Jan: Crisis in Suárez's government over the question of Andalusian autonomy

Feb: Approval in the Cortes of Workers' Statute

Andalusians vote in favour of full autonomy in a referendum

March: Regional elections in the Basque Country with a victory for nationalist parties

Catalans elect their first regional parliament. Nationalist coalition led by Jordi Pujol wins the election

May: Major changes in Suárez's government

PSOE tables a censure motion but government survives

Sept: New ministerial reshuffle as a result of internal tensions in UCD

Suárez wins a vote of confidence in the Cortes

Dec: Galicians approve their statute of autonomy in a referendum

1981   Jan: Conflict in the PCE over the interpretation of Eurocommunism

Suárez announces his resignation as prime minister and leader of UCD

Feb: King Juan Carlos booed by nationalist deputies while addressing Basque parliament in Guernica

UCD elects A. Rodríguez Sahagún to replace Suárez as party president

King proposes L. Calvo Sotelo as new prime minister

The Spanish Cortes taken over by a unit of civil guards while voting to confirm Calvo Sotelo as prime minister in an attempted military coup

King Juan Carlos addresses the nation on television. The attempted military coup collapses

Calvo Sotelo finally confirmed as prime minister

June: Government, UGT, CCOO and CEOE sign National Employment Agreement (ANE), covering pay and employment creation

Divorce Law approved

First industrial restructuring plan approved

Oct: AP wins first regional elections in Galicia

Andalusian statute of autonomy ratified in a referendum

Nov: F. Fernández Ordóñez and a small group of UCD deputies and senators leave the party

		Serious confrontations in the PCE lead to expulsion of some prominent members of the Central Committee
		Rodríguez Sahagún, UCD's president, resigns
		Calvo Sotelo takes over UCD's presidency
	Dec:	Spain applies to join NATO
		The PSOE hands in to the Moncloa Palace a protest against NATO supported by 600,000 signatures
1982	May:	The PSOE obtains an overall majority in Andalusian elections
		Spain becomes a member of NATO
	June:	The main leaders of the 23 February 1981 coup are given long prison sentences
	July:	A. Suárez abandons UCD to form a new party – *Centro Democrático y Social* (CDS)
		Law approved regulating regional autonomy: *Ley Orgánica de Armonización del Proceso Autonómico* (**LOAPA**)
	Aug:	Calvo Sotelo dissolves parliament and calls a general election
	Oct:	General election. PSOE obtains an overall majority in both houses
	Nov:	ETA assassinates General Lago Ramón, one of Spain's most senior officers
		Carrillo resigns and proposes G. Iglesias as new PCE General Secretary
	Dec:	F. González voted in as new prime minister
		Devaluation of the peseta
1983	Feb:	National Agreement signed by UGT, CCOO and CEOE (AMI-11)
		RUMASA, one of Spain's largest holdings, is expropriated for financial and fiscal irregularities
	May:	Local and regional elections: won by PSOE
	June:	Solchaga, Minister of Industry, announces the government's plans for industrial restructuring
		Several leading figures in the PSOE speak against Spain remaining in NATO
	Aug:	Constitutional Court repeals some of the provisions in the LOAPA
	Sept:	Attacks in the French Basque Country by GAL
	Oct:	F. González links Spain's membership of NATO with accession to the EEC
	Dec:	G. Iglesias confirmed as General Secretary by PCE congress
		Funding support approved for film industry
1984	Jan:	Lieutenant-General Quintana Lacaci assassinated by ETA in Madrid

Feb:	PNV's victory in Basque election
April:	J. Pujol and CiU gain an overall majority in Catalan election
May:	J. Pujol accused of involvement in the financial irregularities of Banca Catalana
Aug:	University Reform Law
	The Government acknowledges its willingness to negotiate with ETA
Sept:	Garaikoetxea, the Basque leader, demands the right of self-determination for his country
	French authorities agree for the first time to extradite some ETA members
Oct:	UGT, government and CEOE sign National Wage Agreement (AES): CCOO refuses to participate
Dec:	Creation of the Zonas de Urgente Reindustrialización (ZUR)
	PSOE's 30th congress supports the idea of Spain remaining in NATO

1985

Feb:	Full communications between Spain and Gibraltar are restored
April:	Carrillo and some of his supporters leave the PCE
May:	Conflict between the government and the UGT over the reform of pensions
	Parliament approves abortion law
June:	Spain signs treaty of accession to EEC
July:	Law regulating the right to education (LODE)
	National Plan for Training and Integration into Employment (Plan FIP)
Aug:	Law of Trade Union Freedom
Nov:	Huge demonstrations (more than half a million in Madrid) against NATO membership
	Regional election in Galicia with the victory of *Coalición Popular*
Dec:	J. Altares Peña, a civil guard general, is assassinated by ETA

1986

Jan:	Spain becomes a member of the EEC
	Left-wing groups form a coalition, known as *Plataforma Cívica*, to campaign against NATO
March:	In the NATO referendum the government's proposal for continued membership is supported by a majority of voters (52.5%)
April:	Most of the groups in the *Plataforma Cívica* decide to form an electoral coalition, to be know as *Izquierda Unida*
June:	General election: the PSOE maintains its overall majority
July:	Twelve civil guards are killed in a terrorist attack carried out by ETA
	Restructuring and reindustrialization plan approved
Oct:	ETA kills General R. Garrido Gil in San Sebastián
Dec:	Fraga, AP's leader, resigns

1987 Jan: Union elections dominated by UGT and CCOO, with UGT
                  ahead

         Feb: A. Hernández Mancha is elected new AP leader

         June: Local, regional and European elections: the Socialists win again
                 but their support continues to decline
                 An ETA bomb kills fifteen people in a Barcelona hypermarket

         July: Single European Act comes into force

         Oct: Creation of state enterprise Repsol

         Nov: A. Gutiérrez elected general secretary of CCOO

1988 Feb: J. Anguita replaces G. Iglesias as PCE leader
                 Government announces opening of negotiations with ETA

         May: J. Pujol and his party hang on to their overall majority in
                 Catalan election

         Oct: Fraga returns to solve leadership crisis in AP

         Dec: A general strike called by main trade unions paralyses the
                 country

1989 Jan: Spain assumes presidency of EU
                 Hernández Mancha, AP leader, steps down
                 AP holds its 9th congress in Madrid changing the party's
                 name to *Partido Popular* (PP)
                 ETA offers a two month truce to facilitate negotiations with
                 the government

         Feb: Negotiations broken off between unions and government

         April: In view of lack of progress, government brings contacts with
                 ETA representatives to an end

         May: Partial privatization of state enterprise Repsol

         June: European elections: Socialist victory and disappointing results
                 for PP
                 Spanish currency enters ERM

         July: UGT and CCOO develop common platform and UGT
                 supports entry of CCOO into European Trade Union Con-
                 federation
                 Major reforms to the stock exchange are introduced

         Sept: José María Aznar becomes leader of PP
                 UGT decides, for the first time in its history, not to support
                 the PSOE in the forthcoming elections

         Oct: The PSOE obtains its third victory in a parliamentary elec-
                 tion, but its majority is reduced to one seat

         Dec: Catalan and Basque politicians repeatedly demand the right
                 to self-determination
                 M. Fraga is elected president of Galicia in the regional elections
                 The King's Christmas message reminds Spaniards of the indis-
                 soluble nature of their nation

1990 March: Students and church organizations protest against the educational reform law (LOGSE)

April: P. Naseiro, PP's treasurer, is detained on the grounds of alleged bribery. The scandal will later involve other figures in the party

May: Creation of the Instituto Cervantes to promote Spanish language and culture in other countries

Aug: Gulf War: Spanish government decides to send ships to the Gulf

Oct: General Law on the Reform of the Education System (LOGSE)

1991 Jan: ETA kills the Military Governor of Guipúzcoa
A. Guerra, deputy Prime Minister, is forced to resign as a result of his brother's involvement in financial scandals

May: Regional and local elections – the PSOE loses control of some autonomous communities and major cities
National newspapers report about FILESA, the mysterious company used to finance the PSOE's electoral campaign

June: Government confirms continuance of military service but length reduced to nine months after hostile campaign

Sept: Socialist government and PP reach an agreement about future development of the *estado autonómico*

Oct: King Juan Carlos addresses the UN referring to Gibraltar as 'a colonial problem'

Nov: Congress approves the controversial *Ley Corcuera* which strengthens police powers

Dec: Maastricht Treaty signed

1992 Jan: Spain recognized as world leader in organ transplants
The government decides to send Spanish soldiers to join the UN forces in Yugoslavia
J. García Valverde, Minister of Health, resigns as a result of a financial scandal during his period as head of RENFE

Feb: Complete liberalization of all capital movements
ETA assassinates four members of the armed forces and one civilian in Madrid
The *caso Ibercorp*, a financial scandal involving the governor of the Bank of Spain, comes to light

March: Regional elections in Catalonia. The nationalist CiU increases its majority. The socialist vote continues to decline
The government increases to a year the period of employment required before being eligible for unemployment benefit

April: Convergence Programme approved 1992–96
Official opening of the Seville Expo to commemorate the discovery of America

May:	General strike against labour market reform
June:	Establishment of Teneo (public sector enterprise) approved
July:	Opening of the Barcelona Olympics
Oct:	Spanish Congress ratifies Maastricht Treaty with a big majority
	Government establishes Economic and Social Council (CES)
Dec:	National Agreement on Continuing Education
	Allocation of EU cohesion funds agreed at the Edinburgh summit

1993

Jan:	F. González receives the Charlemagne award for his *Europeísmo*
Feb:	Congress approves a new law on strikes agreed between the PSOE and the trade unions
March:	Government launches communications plan including motorways and high speed trains to bring Spain nearer to the rest of Europe
April:	B. Garzón, a famous judge, included as number two in the PSOE's list for Madrid
May:	Government forced to devalue peseta in the run-up to the election
June:	General election: fourth consecutive socialist victory, but PSOE needs to reach agreement with Basque and Catalan nationalists
	ETA kills seven people in Madrid
Oct:	Nicolás Redondo, UGT's general secretary for the last 20 years, resigns
Nov:	Corcuera, Interior Minister, resigns when his new law on police powers is declared unconstitutional
Dec:	L. Roldán, Head of the Civil Guard, is replaced for his alleged involvement in large-scale corruption
	For the first time ever public opinion polls put the PP ahead of the PSOE
	UGT rocked by a financial scandal involving cooperative housing
	The Bank of Spain takes over Banesto, one of Spain's largest banks, and dismisses its chairman, Mario Conde

1994

	Labour market reforms: various decrees and laws
Jan:	General strike to protest against new employment regulations
April:	M. Rubio, governor of the Bank of Spain, is accused of insider dealings and other illegal activities
	C. Méndez replaces N. Redondo as UGT leader
	L. Roldán (Head of the Civil Guard) escapes from Spain
June:	In the European elections the PP obtains a clear victory
	In the Andalusian election the PSOE loses its overall majority
July:	ETA kills three people in Madrid, one of them a general
Sept:	Ceuta and Melilla are given statutes of autonomy

	Oct:	Elections in the Basque Country where PSOE support continues to decline
1995	Jan:	Autonomy given to Bank of Spain in determining monetary policy

Oct: Elections in the Basque Country where PSOE support continues to decline

1995 Jan: Autonomy given to Bank of Spain in determining monetary policy

ETA murders G. Ordóñez, PP's leader in Guipúzcoa

Feb: L. Roldán captured in rather bizarre circumstances in Laos and brought back to Spain

March: Spanish currency devalued to keep it inside the ERM

April: ETA attempts to kill Aznar in Madrid with a car bomb

May: Doctors go on strike for seven weeks

Local and regional elections with a clear PP victory in most major cities and autonomous communities

June: E. Alonso Manglano, Head of Secret Service (CESID) resigns over accusations of telephone tapping

Two senior ministers, N. Serra and García Vargas, tender their resignation in the wake of the CESID scandal

July: Spain takes over EU presidency

INI and INH are replaced by SEPI (incorporating Repsol and Teneo) and AIE

Sept: J. Pujol refuses to support the socialist government's budget thus making early elections inevitable

Nov: Catalan elections: Pujol's party loses its overall majority

Congress grants the Supreme Court authority to open proceedings against J. Barrionuevo, ex-Minister of the Interior, for his possible part in organizing the GAL, the counter-terrorist group involved in a 'dirty war' against ETA during the 1980s

Dec: The Spanish Foreign Minister, J. Solana, becomes General Secretary of NATO

A small group of distinguished socialist intellectuals ask F. González not to stand for re-election

PCE's congress: bitter confrontations between J. Anguita and the leadership of CCOO

An ETA car bomb kills six people in Madrid

At the request of the party executive, F. González agrees to lead the Socialists at the forthcoming election

1996 Jan: Barrionuevo (ex-Minister of the Interior) and Vera are charged with directing the operations of GAL

Marcelino Camacho, historic leader of CCOO, loses presidency of union as reform group emerges as majority

Feb: 850,000 demonstrate in Madrid against terrorism

March: General election: PP emerges as largest party but dependent on support of minority parties with whom negotiations begin

April:	Negotiations with minority parties continue
May:	Jose María Aznar is invested as president with the support of Catalan and Basque nationalists (at a price)
	The new government announces a cutback in government expenditure of 200,000 million pesetas without specifying where the cuts will fall
July:	Government freezes salaries of civil servants and employees in public enterprises
Sept:	The unions call strikes against public sector pay freeze
Oct:	Aznar declares in Dublin that there is no doubt that Spain will be able to comply with the Maastricht criteria
Nov:	Aznar gives notice of further labour market reform in 1997

Index